rowohlt
BERLIN

Golineh Atai

IRAN – die Freiheit ist weiblich

Rowohlt · Berlin

Originalausgabe
Veröffentlicht im Rowohlt · Berlin Verlag, Dezember 2021

Satz aus der DTL Dorian
bei Dörlemann Satz, Lemförde
Druck und Bindung CPI books GmbH, Leck, Germany
ISBN 978-3-7371-0118-9

Den Unzähligen, deren Stimmen nie gehört
und deren Geschichten nie erzählt wurden

INHALT

PROLOG: HÖRT UNS, SEHT UNS!

Teheran am 6. Juli 1980. Fast anderthalb Jahre waren seit der Ankunft des Revolutionsführers vergangen. «Zieht euch schwarz an. Denn ihr geht zu einer Beerdigung. Ihr trauert um eure letzten Grundrechte, eure letzte Freiheit», hatten sie ihr gesagt. Wie leicht es war, nach einer Revolution die Hälfte der iranischen Bevölkerung, die Frauen, einfach zu vergessen. Meine Mutter kleidete sich von Kopf bis Fuß in Schwarz, setzte eine große Sonnenbrille auf, brachte mich zu meiner Großmutter, mit der sie nur wenige Worte wechselte. Mutter und Tochter standen auf entgegengesetzten Seiten der Revolution, sie hatten sich nicht viel zu sagen. Aber wer hatte das schon in dieser Zeit, alle misstrauten einander. Weder hatte meine Mutter ihre alten Kolleginnen aus dem Erdölministerium angerufen und überredet mitzukommen. Noch hatte sie mit ihren Cousinen darüber gesprochen – warum auch, wenn die eine im Jahr zuvor beschlossen hatte, ein Kopftuch zu tragen. Was für einen Sinn hatte es überhaupt, sie auch nur darauf anzusprechen? Die eine hatte ihre Identität gerade gefunden. Die andere fühlte, wie ihre Identität verlorenging.

Es war, als ob die Erde sich an tausend Stellen auftat und immer neue Risse, neue Gräben die Menschen voneinander entfernten. Mutter fühlte sich entsetzlich allein. Früher als alle hatte sie gespürt, wie eine Dunkelheit aufzog, während andere unbeirrt nur Licht sahen. Sie brach jeden Tag aufs Neue zusammen, als sie merkte, wie ihre Liebsten sich veränderten, als sie merkte, wie ihr der Boden unter den Füßen entglitt, als sie merkte, wie sie ihr Land und ihr altes Leben verlieren würde.

Was sie vorhatte, war gefährlich. Aber die Vorstellung, dass ihre fünfjährige Tochter bald mit Kopftuch und Mantel zur Schule gehen musste oder als Kind verheiratet werden konnte, quälte sie noch mehr als die Angst. Nur wenige Tage nachdem Ajatollah Ruhollah Chomeini aus einer Air-France-Maschine entstiegen war, seinen Fuß auf iranischen Boden gesetzt und die Regierung des letzten Monarchen gestürzt hatte, erhob er das Schwert seiner Revolution als Erstes gegen die Frauen. Fast alle Gesetze, die fünf Jahrzehnte sozialer Gewinne für die Frauen bedeutet hatten, sollten seiner Idee des Islam zum Opfer fallen. Fassungslos verfolgte meine Mutter die Hinrichtung der ehemaligen Bildungsministerin Farrochru Parsa, die erste Ministerin des Landes, die in den Jahren zuvor im Iran so viele Vereinigungen und Netzwerke für Frauen aufgebaut hatte. Mitten in der Nacht hatten Revolutionäre der Siebenundfünfzigjährigen einen schmutzigen Sack über den Kopf gezogen, ihre Füße zusammengebunden, einen Strick um den Hals gelegt. Als der Strick riss und sie zu Bewusstsein kam, nahmen sie ein kräftiges Drahtseil, ließen sie an einem Baum erhängen und schossen noch drei Kugeln auf den leblosen Körper.

Meine Mutter wollte mit anderen Frauen vor dem Amtssitz des Präsidenten demonstrieren. Tage zuvor hatte der Revolutionsführer ein Dekret erlassen, das Frauen dazu verpflichtete, eine Verschleierung zu tragen. Vielleicht ließ der Präsident mit sich reden, vielleicht sah er die Sache etwas anders und würde vermitteln? Vielleicht aber wollten sich die Frauen nur nicht eingestehen, dass ihre Hoffnung vergeblich war, nachdem der Präsident erst kürzlich die Unverschleierten kritisiert hatte: Frauenhaare seien etwas, das den Frauen Macht über die Männer verleihe. Wenn in der zukünftigen idealen islamischen Gesellschaft alle gleich sein sollen, dann müsse jeder Faktor eliminiert werden, der eine Überlegenheit über einen anderen ermögliche, hatte er gesagt.

Ungeachtet aller Hoffnungslosigkeit startete meine Mutter ihren weißen Paykan – das erste im Iran hergestellte Auto, in den 1970ern Symbol für den Einzug der Moderne. Neben ihr saß Frau Soleimani, die Tochter der Nachbarin, hinten nahm Badri Chanum Platz, eine Mutter im Tschador, daneben ihr Sohn Mohsen, ein Verwandter meines Vaters, der auf die Frauen während der Demonstration aufpassen sollte und zugleich Mitglied einer urbanen marxistisch-leninistischen Guerillabewegung war. Badri Chanum war auf der Suche nach einer Braut für Mohsen und wollte sich deswegen Mamas Nachbarstochter näher anschauen; vielleicht, spekulierte sie, war der Junge an ihr interessiert. Sie selbst trug zwar einen Tschador, aber sie war gekommen, weil sie nicht wollte, dass ihren Töchtern irgendeine Art von Verschleierung aufgezwungen wird. Nein, diese Zeiten sollten endgültig vorbei sein, sagte sie. Es gab nicht wenige Mütter im Tschador, die genau so dachten wie Badri Chanum. Auf der ersten Demonstration für die Bewahrung der Frauenrechte, im März 1979, hatte eine Frau im Tschador sich entrüstet, wenn Herr Chomeini so weitermache, werde sie, die sie eine Muslimin sei, aus dem Islam austreten.

Meine Mutter parkte in der Nähe des Regierungsviertels. Waren es zweitausend, dreitausend oder mehr Frauen? Es waren jedenfalls viel weniger gekommen als noch im Frühjahr 1979, kurz nach der Revolution. Monarchistinnen, Linke oder einfach nur Iranerinnen, die vom Verlauf der Revolution desillusioniert waren. «Viele waren zu diesem Zeitpunkt schon geflohen. Und sehr viele hatten panische Angst vor den Angriffen der Fanatiker. Das Risiko, an einem solchen Protest teilzunehmen, war zu groß geworden. Es sollte unser letztes, unser allerletztes Aufbäumen sein», erinnert sich meine Mutter.

«Ich weiß noch, wie die Männer von der Marxisten-Guerilla mit uns liefen, wie sie versuchten, uns zu beruhigen und etwas abzuschirmen von den Tausenden Gegendemonstranten, die die Islamisten aufgefahren hatten.» Vor dem Präsidentensitz schwenkten die Frauen schwarze Kopftücher. «Wir haben keine Revolution gemacht, nur um Rückschritte hinnehmen zu müssen!», riefen sie. Millionen Frauen aller Schichten hatten sich im Namen der Befreiung an der Revolution beteiligt, aber niemals hatten sie damit gerechnet, dass ihre Männer nun plötzlich mehrere Frauen heiraten, sich bedingungslos scheiden lassen und der Ehefrau wie eines Möbelstücks entledigen konnten.

Niemals hatten sie geahnt, dass die Geschlechter in der Gesellschaft fortan rigoros getrennt würden. Dass die Frau nur noch Gebärende, nur noch in der «Flagge der Revolution» gekleidet sein sollte, wie der Revolutionsführer sagte: im schwarzen Tschador. «Tod den ausländischen Püppchen», skandierte die Gegenseite: die extrem rechten Männer der neuen Republik, die sich Hesbollahis nannten, Anhänger der «Partei Gottes». «Die Regierung soll diese Prostituierten endlich hinauswerfen. Wenn nicht, nehmen wir die Dinge selbst in die Hand.»

«Die Freiheit der Frau ist die Freiheit der Gesellschaft», hatten die Demonstrantinnen ein Jahr zuvor gerufen. «Unsere Freiheit ist universell, weder westlich noch östlich», hatten sie im Chor geschrien. Jetzt, mehr als ein Jahr später, rechneten die Demonstrantinnen damit, dass ein Hesbollahi jede Sekunde ein Messer ziehen und zustechen würde, wenn die Frauen sie so laut wie damals herausfordern würden. Nun hatte sich die Schlinge eng um ihren Hals gelegt. «Heute sagen sie uns, wir sollen uns verschleiern, morgen dürfen wir nicht mehr arbeiten und übermorgen nicht mehr aus dem Haus», klagte eine. Meine Mutter musste an ihre Mutter denken, die mühsam ihr Abitur in der Abendschule nachgeholt, eine Stelle als Stenotypistin in der Abteilung für kulturelle und internationale Angelegenheiten des Bildungsministeriums ergattert und damit jahrelang die Nachhilfelehrer der drei Kinder bezahlt hatte, damit sie gute Universitäten besuchen konnten – der Traum von einem Studium war ihr selbst verwehrt geblieben. Ein halbes Jahr vor der Revolution wurde meine Großmutter zur Assistentin der Referatsleitung befördert. Doch die neuen Männer an der Macht setzten ihrer Karriere ein jähes Ende: Sie vertrieben sämtliche Frauen aus den Ministerien. Wer wäre Großmutter wohl geworden, wäre die Revolution nicht gewesen?

Die Männer der «Partei Gottes» und ihre Einpeitscherin, eine Frau im schwarzen Tschador, verfluchten die Demonstrantinnen, trieben sie auseinander, die Menge löste sich auf, eine Hetzjagd begann. Ein paar Frauen wurden festgenommen und später angeklagt, andere verschanzten sich in den Toiletten des nahegelegenen Sprachinstituts, bis die Bärtigen sie dort fanden und bedrängten. Meine Mutter rannte durch die Straßen, Badri Chanum mit ihrem Tschador und Frau Soleimani, die junge Nachbarstochter, hechelten ihr hinterher. Ein khakigrüner BMW bremste scharf vor ihnen, der Fahrer öffnete die Tür, sie sollten schnell einsteigen. «Ich muss doch zu meinem Auto zurück», sagte meine Mutter. «Vergessen Sie das Auto, es ist verdammt gefährlich hier. Wo sollen wir Sie hinbringen?» Sie ließ sich bei der Familie meines Vaters absetzen, die mit den Augen rollten, als sie sie in ihrem schwarzen Aufzug sahen. Den Protest meiner Mutter und ihre Eigenarten hatten sie noch nie nachvollziehen können – hatten die reichen Kaufmänner der Großfamilie doch für die Rückkehr des Ajatollah gebetet und ihm Geld geschickt, in Erwartung des Paradieses auf Erden. Am Abend saßen sie alle vor dem Radio, der Sprecher verlas, dass «nur noch eine kleine Minderheit der Iranerinnen» an ein «sündiges Leben» dachte. Die revolutionäre Nation würde über diese Frauen entscheiden, und diese Parasiten würden für immer vom Körper der Nation entfernt. Alle Frauendemonstrationen wurden fortan für illegal erklärt.

Gegen Mitternacht fuhren sie Mutter zu ihrem Auto zurück. Die Islamisten hatten alle Fahrzeuge im Viertel zertrümmert – in der Annahme, dass es sich um die Autos der demonstrierenden Frauen handelte. Nur Mohsen kauerte in der Dunkelheit immer noch neben dem Eigentum meiner Eltern. Erleichtert winkte er meiner Mutter zu, als sich ihre Blicke trafen – ein Moment, den beide nie vergessen sollten. Dank Mohsen hatte ihr weißer Paykan keine einzige Schramme abbekommen. Alle vier Teilnehmer der Demonstration waren unversehrt. Was für ein Glück.

Als Mutter am nächsten Morgen die Schlagzeilen in der Tageszeitung las, musste sie weinen. Bitterkeit stieg in ihr auf. Die Demonstrantinnen waren als leichte Mädchen, Go-Go-Tänzerinnen und Huren verunglimpft worden. «Ich bin keine Prostituierte, hörst du?

Ich bin keine Prostituierte!», sagte meine Mutter zu ihrer Mutter, als sie mich abholte. «Prostituierte» war damals das Codewort der Islamisten für jede Frau, die ihre verloren gegangenen Rechte einforderte. Es erklang überall, Tausende Male: in den Ministerien, Universitäten, Schulen und Fabriken, auf den Straßen. Für die neuen Machthaber war die Frau die Quelle der Unordnung, Ursprung des Bösen. Wochen später zerschlugen die Islamisten die Grabplatte von Sediqeh Dowlatabadi, eine der ersten Feministinnen des Landes, die in den 1920er Jahren unverschleiert aus dem Haus gegangen war. Händler, die ihre Waren an Frauen ohne Verschleierung verkauften, wurden attackiert. Männerbanden bedrohten Unverschleierte mit Steinen, Messern, Knüppeln oder Rasierklingen; manchmal reichte es, Nagellack oder Sandalen zu tragen, um ihren Zorn auf sich zu ziehen. Frauen wurden vor den Augen von sich progressiv und liberal wähnenden Männern gesteinigt.

Alles strebte auseinander. Gewissheiten verflüchtigten sich, Bindungen lösten sich auf, niemand ertrug mehr den anderen. Mohsen wanderte später nach San Francisco aus, und als meine Mutter und ich den Iran am 17. September 1980 verließen, war die väterliche Familie zum Abschied nicht einmal zum Flughafen gekommen, so wütend waren sie über die Pläne meiner Eltern, im Ausland Zuflucht zu suchen. Am Tag unserer Abreise war der Flughafen Teheran zum Bersten gefüllt mit Menschen, die nur noch wegwollten. Die Einreise nach Deutschland war für jeden Iraner ohne Visum möglich, und in Frankfurt wartete mein Vater auf uns. Er sagte, dass er wieder und wieder von einem Krieg geträumt hatte – so wie er vor der Revolution wieder und wieder von Aufruhr und Tod geträumt hatte.

Tage später, in Teheran, versammelten sich die Älteren der Familie, um, wie die Tradition es verlangte, den leeren Platz meiner Eltern zu füllen und die Zurückgebliebenen zu trösten, deren Kinder, eines nach dem anderen, das Land verließen. Plötzlich bebte die Erde. Die Gäste erstarrten: Irakische Kampfflugzeuge hatten den Flughafen bombardiert. Der Krieg hatte begonnen. An eine baldige Rückkehr der Kinder und Enkel war nun nicht mehr zu denken.

Heute suchen die Kinder der Revolution nach den Ursachen jener Erschütterung, die viele Mütter als «Erdbeben», «Orkan» oder Beginn einer «Plage» beschreiben. Die Kinder versuchen, sich vorzustellen, wie die letzte Dekade vor der Revolution ausgesehen haben mag. Eine Zeit voll greller Widersprüche, eine Zeit der intellektuellen Schizophrenie, der Gleichzeitigkeit von Moderne und Antimoderne. Achtunddreißig Prozent der Studierenden waren Frauen. Frauen waren Verkehrspolizistinnen, Richterinnen, Fabrikdirektorinnen. Rund zwei Millionen der insgesamt achtzehn Millionen Frauen im Land gingen einer Arbeit nach. Fünfunddreißig Prozent der Frauen waren alphabetisiert, ihr Anteil stieg rasant. Doch Frauenrechte waren Segnungen von oben, Geschenke der Krone, verteilt von einem Monarchen, der die Idee der Demokratie für eine vom Westen erfundene «Unordnung» hielt. Kaum jemand hatte für diese Frauenrechte gekämpft, kaum jemand war sich ihrer bewusst, viele hielten sie einfach nur für selbstverständlich. Deshalb standen diese Grundrechte auf einem wackligen, unbeständigen Fundament.

In jenen Tagen, in denen meine Mutter vor einer wild gewordenen Männerbande flüchtete, sollte in Teheran eigentlich etwas ganz anderes stattfinden: Für den Sommer 1980 hatte der Iran die Frauen der Welt in seine Hauptstadt eingeladen – zur zweiten internationalen Frauenkonferenz der Vereinten Nationen. Fünf Jahre zuvor hatten die UN zum ersten Mal seit ihrer Gründung das Thema für sich entdeckt und das erste «Internationale Jahrzehnt der Frau» ausgerufen. Denn auch wenn die UN-Charta von «gleichen Rechten für Männer und Frauen» sprach: Das UN-Sekretariat war bis dahin patriarchalisch geprägt, Frauen hatten sich kaum etabliert auf der internationalen Bühne der Vereinten Nationen. Das änderte sich mit der ersten Frauenkonferenz 1975 in Mexiko – auf der die iranische Delegation eine treibende

Kraft gewesen war: Sie initiierte die Resolutionen, die die Länder auf eine Überprüfung der Fortschritte verpflichteten. Sie versprach die großzügigste Spende für die Gründung des ersten «Internationalen Forschungs- und Ausbildungsinstituts zur Förderung der Frau». Und sie hatte den Ehrgeiz, dieses neue Sonderorgan der Vereinten Nationen in Teheran anzusiedeln. Zusätzlich zum Institut wollten die Iranerinnen eine Bibliothek und ein Frauenkulturzentrum aufbauen, die Einrichtungen sollten vor der zweiten UN-Frauenkonferenz 1980 die Arbeit aufnehmen.

Meine Mutter musste eigentlich nur in ihre Familie schauen, um die Widersprüche ihrer Zeit wahrzunehmen. Während der Rocksaum der Frauen in der Hauptstadt immer weiter nach oben rutschte, pilgerte Mamas Tante nach Mekka und zog fortan nur noch den Tschador an. Die Malerei, für die sie eine große Begabung hatte – etliche prächtige Porträts und Landschaften schmücken nach wie vor in großen Goldrahmen ihre Wohnung –, galt für sie seitdem als unislamisch, zum Leidwesen ihres Mannes, der ihren Sinneswandel nicht nachvollziehen konnte. Auf der anderen Seite der Familie war Mamas Großvater, Schatzmeister der ersten iranischen Nationalversammlung, der im Dauerstreit mit seiner Frau lag: Er sah sich als Mann jener Moderne, die der erste Pahlawi-Monarch ins Land gebracht hatte. Er trug Eau de Cologne auf, er band sich eine Krawatte um, zum Entsetzen seiner Frau, die seine Erscheinung als «verdorben» betrachtete. Zusätzlich zum Tschador hatte sie noch einen schwarzen Gesichtsschleier, sie wetterte jeden Tag über Reza Schah und verdammte den westlichen Aufzug ihres Mannes. Als dieser die Schimpftiraden seiner Gattin nicht mehr ertrug, soll er sich ausgeschlossen und eine ganze Nacht auf der Terrasse, im Schnee liegend, verbracht haben – und später an den Folgen der Unterkühlung gestorben sein.

Es war, als ob über allem Fortschritt und aller säkularen Modernisierung ein feiner Hauch Ironie lag – oder: ein Fragezeichen, eine Verwirrung, ein Paradoxon. Sie drückte sich aus in den offiziellen

Schriften der Eliten, die dem Land ein gewaltiges Modernisierungsprogramm auferlegten – und zugleich den antisäkularen Diskurs jener Intellektuellen übernahmen, die den Iran als Hort der Authentizität, Reinheit und Mystik darstellten und als spirituellen Zufluchtsort vor der verhassten westlichen Moderne idealisierten. Sie zeigte sich in den Debatten über Verschleierung und Entschleierung: Der eine Schriftsteller beklagte die krankhafte Verwestlichung der Gesellschaft. Der andere hatte, eine Generation zuvor, den schwarzen Schleier als Leichentuch angeprangert. Die Unfreiheit der Frau führe zur Unfreiheit der Gesellschaft, die Misere der Frau zur Misere des Landes.

Die Verwirrung zeigte sich auch in bedeutungsleeren Ritualen, etwa wenn auf dem Land gewöhnliche Frauen mit Tschador jedes Jahr dazu angehalten wurden, Blumen an den Statuen von Reza Schah niederzulegen – nur um seines Erlasses von 1936 zu gedenken, in dem der erste Pahlawi-Monarch den Frauen das Tragen des Tschadors verboten hatte. Erst nach seinem Abtritt war der Ganzkörperschleier aus schwarzem Crêpe de Chine wieder zurückgekommen. Wahrscheinlich wussten weder jene, die die Frauen zur alljährlichen Blumenzeremonie anhielten, noch die verschleierten Frauen selbst, warum sie dem alten Herrscher huldigten.

Als die amerikanische Journalistin Barbara Walters 1977 den Sohn Reza Schahs, Mohammad Reza Pahlawi, fragt, ob er glaube, dass Frauen in seinem Land auf der gleichen Stufe stünden wie Männer, sagt dieser mit einem Zögern: «Wenn Sie die Menschenrechte meinen, dann ja.» – «Nun», so Barbara Walters weiter, «Sie haben den Frauen ihre Rechte gegeben. Aber sind die Frauen genauso intelligent wie die Männer?» Wieder ein Zögern: «Nun, es gibt Fälle. Sicherlich gibt es Ausnahmen. Und phantastische Frauen. Aber …» – «Hier und da gibt es welche, meinen Sie?» – «Ja. Aber im Durchschnitt …» – «Glauben Sie, dass Ihre Frau regieren kann wie ein Mann?» Der letzte Schah des Iran, dessen Frau im Interview neben ihm sitzt, seufzt: «Ich ziehe es vor, nicht zu antworten.» – «Sie haben Ihre Frau zur Herrscherin des Landes gemacht. Und Sie sind sich nicht sicher?» Die Eheleute schweigen, eine ganze Ewigkeit lang, bis die Monarchin lächelt, lacht und schließlich zur Decke blickt. Drei Monate später schaffte die Regierung des Schahs den Posten der Ministerin für Frauenangelegenheiten ab – ein erster Machtabtritt, ein erstes stillschweigendes Zugeständnis an die Islamisten, was diese jedoch nicht besänftigte, sondern ermutigte.

Zähneknirschend akzeptierte meine Mutter ihre Herabsetzung zum Bürger zweiter Klasse. Als sie 1993 zurückflog und ihre Eltern besuchte, vergaß sie eines Tages, ihre Haare zu verhüllen. Sie machte sich hübsch für eine Einladung, zog einen langen Kaftan an, schminkte sich und wähnte sich offenbar in einem anderen Land oder in einer anderen Zeit, als sie das Haus verließ, um ein Geschenk zu kaufen. Sofort fielen ihr die Blicke auf: Die Menschen starrten sie an wie eine Geisteskranke. Leicht verwirrt betrat sie eine Konditorei und wunderte sich, dass der Händler sofort hinter ihr die Tür verschloss. «Wie sind Sie denn aus dem Haus gekommen?», fragte er sie irritiert. «Wieso? Was meinen Sie?» Plötzlich sah sie sich selbst auf der verspiegelten Wand. Sie riss die Augen auf, stieß einen Schrei aus und schlug sich mit beiden Händen auf den Kopf. Aber da war sie, die Gesetzesbrecherin, bereits in der Moschee an der Ecke gemeldet worden. Der Bäcker schickte seinen Lehrling, um ihr ein Kopftuch zu holen. Sekunden später stand ein junger Milizionär vor ihr. Meine Mutter entschuldigte sich wortreich, sie hatte Glück, wieder einmal, und trotzdem zitterte sie am ganzen Leib, war benommen von ihrem eigenen Schlag auf den Kopf. Der Schrecken und das Gefühl, zutiefst schuldig zu sein, begleiteten sie noch lange Zeit. Ihre Haare waren eine ernste, große Straftat.

Auswanderer packen ihre Geschichten ein und nehmen sie mit. Keiner fängt am neuen Ort von vorne an – weil niemand *wirklich* alles zurücklassen kann. Wir sind physisch getrennt von den Orten, die uns geformt haben, aber wir geben sie niemals auf. «Mutterländer sind Burgen aus

Glas», schreibt die britisch-türkische Schriftstellerin Elif Shafak. «Um sie zu verlassen, muss man etwas brechen – eine Mauer, eine soziale Konvention, eine kulturelle Norm, eine psychologische Barriere, ein Herz. Was du zerbrochen hast, wird dich verfolgen. Emigrant zu sein bedeutet also, für immer Glasscherben in der Tasche zu tragen.» Ja, es stimmt: Wir vergessen die winzigen Scherben einfach, wir haben große Pläne, wir streben nach vorne. Aber wenn wir die Scherben berühren, schneiden wir uns an ihnen, bei der kleinsten Berührung fügen sie uns Schmerz zu. Sie sind immer da, und sie werden uns niemals verlassen, auch wenn wir uns mit aller Macht und Entschlossenheit abgewendet haben von den Dummheiten und Grausamkeiten und Absurditäten des verlassenen Ortes.

Manchmal packen wir die Scherben aus und setzen sie zusammen. Als ich anfing, die Geschichten dieses Buches zu sammeln und aufzuschreiben, kam mir immer wieder die eigene Geschichte in Erinnerung. Eine Freundin drückte mir schließlich die Zeichnung eines iranischen Karikaturisten in die Hand und sagte: «Das bist du. Das ist deine Familie.» Das Motiv zeigt drei Menschen, Mutter, Vater, Kind. Sie verlassen einen Ort, sie wenden sich ab, gehen gebückt, wie gegen einen aufziehenden Sturm. Sie sind dicht aneinandergeschmiegt, um nicht weggeweht zu werden, das Hab und Gut und die Erinnerungen sind verstaut in einem Proviantsack am Stock. Den Stock trägt der Vater aber nicht über der Schulter, er hält ihn nicht mit der Hand, nein, der Stock steckt fest, er ist wie ein Speer in seinen Rücken gerammt, an dem eine Wunde klafft. Das kleine Kind, das seine Hand hält und in die Welt stolpert, bin ich.

«Es reicht nicht mehr, uns aus der Ferne zu betrachten. Es reicht auch nicht mehr, nur physisch hier zu sein. Es reicht nicht mehr, in ein bisschen Landeskunde und Exotik einzutauchen», sagt mir ein Freund, als ich über die Notwendigkeit eines Buches über den Iran spreche. Im Zeitalter der sozialen Medien, sagt er, könne sich jede und jeder mehr denn je mit dem Iran beschäftigen und selbst aus der Ferne so tief wie noch nie in das Land eintauchen. «Aber es geht um mehr als das», sagt er. Ihr dort drüben müsst mitfühlen. Eure Komfortzone verlassen. Ihr müsst unsere Einsamkeit spüren. Ihr müsst unseren Schmerz sehen und ertragen. Ihr müsst euch Dingen nähern, die wie ein Platzregen in euer Gesicht peitschen und euch aus den Angeln heben. Ihr könnt euch umdrehen und wegschauen – aber was auch passiert, niemand kann die Wahrheit über das, was mit uns geschieht, aufhalten.»

Wenn man mich fragen würde, was mich am meisten erschrocken hat beim Zuhören und bei der Recherche für dieses Buch, dann ist es nicht die Tatsache, dass im Iran für einen nichtigen Grund Haft, Folter oder Hinrichtung möglich sind. Nein, das ist die Realität dieses Landes, seit über vier Jahrzehnten. Erschreckend ist vielmehr, dass einerseits die Wut auf das politische System wächst – «Unsere Wut ist dabei, größer zu werden als eure Macht», lautet ein mittlerweile geflügelter Protestspruch – und andererseits so wenig bis nichts von dem, was im Iran täglich passiert – Hausdurchsuchungen, gezielte Schüsse auf friedliche Demonstranten, Inhaftierungen von Frauenrechtlerinnen, Streiks und Proteste –, es in die westliche Öffentlichkeit schafft. Diese Unverhältnismäßigkeit zwischen der Tragik der Ereignisse vor Ort und dem Fehlen der Schlagzeilen und Diskussionen hier verursacht bei vielen Menschen im Iran ein Gefühl des absoluten Alleinseins und der Ohnmacht. Das Gefühl, unsichtbar zu sein. Der Eindruck, dass ein iranisches Menschenleben nichts wert sei – nicht einmal einen Bericht –, erzeugt eine tiefsitzende Frustration, die in meinen Gesprächen immer wieder auftaucht.

Also versuche ich, den Stimmlosen eine Stimme zu verleihen. Jenen zuzuhören, die an den Rand gedrängt worden sind, zum Schweigen gebracht, verlassen wurden, bevor sie sich erhoben. Ich höre Frauen zu, die kämpfen. Wann haben Sie, liebe Leserinnen und Leser, ihnen das letzte Mal zugehört? Sie wollen gehört und gesehen werden, ausdrücklich auch hier, weit weg vom Schauplatz ihrer Tragödie. Sie wollen, dass wir uns mit ihnen und ihrem Leben beschäftigen. Mehr als je zuvor suchen sie den Kontakt und den Austausch mit den Frauen jenseits ihrer Grenzen. Was macht der tägliche Kampf mit diesen Frauen? Welche Opfer bringen sie?

Die Feindschaft gegen Frauen gehört zu den politischen Grundpfeilern der Islamischen Republik Iran. «Wenn die islamische Revolution kein anderes Ergebnis haben sollte als die Verschleierung der Frau, dann ist das per se genug für die Revolution», hatte der Revolutionsführer Chomeini einst gesagt. Sein Staat kann mit seinen Erzfeinden ins Gespräch und in Verhandlungen treten – aber nicht mit den Iranerinnen. Die politischen Machthaber haben mehr Angst vor den Frauen als vor ihren ideologischen Gegnern. Über die Frau kontrolliert das Regime die Gesellschaft. Wenn es einen tiefgreifenden Wandel im Iran geben sollte, wird er auf die Frauen zurückgehen, die Jahrzehnte dafür Opfer brachten, ohne sich einschüchtern zu lassen. «In rechtlicher Hinsicht sind die Frauen die größten Leidtragenden im über vierzig Jahre währenden Experiment der Islamischen Republik. In politischer Hinsicht haben die Frauen diesem Regime den größten Schaden zugefügt», bringt es die iranische Anwältin und Menschenrechtlerin Mehrangiz Kar auf den Punkt.

Die Interviews mit den Frauen, deren Geschichten in diesem Buch versammelt sind, fanden jeweils über mehrere Tage statt, zwischen Herbst 2020 und Sommer 2021. Entweder habe ich mit ihnen per Videoanruf gesprochen, in der Küche oder im Wohnzimmer, zuweilen während sie kochten, rauchten, Umzugskartons auspackten und so gekleidet waren, wie sie sich in der Öffentlichkeit nie zeigen dürften. Manchmal bekam ich kleine, zerknüllte, eng beschriebene Zettel aus dem Gefängnis. Oder ich konnte die Frauen zu Hause besuchen. Sie sind verschleiert oder unverschleiert. Sie leben in Maschhad, im äußersten Nordosten des Landes, am Kaspischen Meer, sie leben in Teheran oder an der Grenze zu Pakistan und Afghanistan. Manche sind in die Türkei geflohen, von dort weiter nach Belgien, Slowenien, Kanada oder in die USA. Die Einblicke, die sie mir gewährten, sind oft von schonungsloser Offenheit. Wo zu befürchten ist, dass ihre Interviews unmittelbare Auswirkungen auf die Haft haben oder zur Strafverfolgung ihrer Angehörigen führen könnten, habe ich auf Details verzichtet. Ich vergebe keine «Haltungsnoten» für die Protagonistinnen. Ich bewerte nicht, wo andere sofort dem Schubladendenken verfallen. Ich zeige, wo der Kampf für Menschlichkeit in einen politischen Kampf mündet. Die politische und gesellschaftliche Ordnung, gegen die diese Frauen kämpfen, lenkt gerne von ihrem eigenen Versagen ab, indem sie ihre Kritikerinnen moralisch abwertet und vernichtet. An diesem zynischen Propagandaspiel, denke ich, können sich nur die Feinde der Demokratie beteiligen.

Jede Protagonistin – ob Tochter eines Klerikers, Journalistin, Ingenieurin, Studentin, regierungsnahe Angestellte oder Mutter und Geschiedene – hat eine Entwicklung in der Gesellschaft angestoßen, ein Nachdenken ausgelöst, ist zum Vorbild geworden, im Kleinen wie im Großen. Als Frauen stehen sie an der vordersten Front des Widerstands gegen Unrecht. Als – größtenteils – Vertreterinnen der unteren Mittelschicht sind sie diesem Unrecht noch intensiver ausgesetzt, steht für sie noch mehr auf dem Spiel. Sie sind in ihrem Denken weiter, als jede höfliche Reformerin es sein könnte – sogar wenn sie selbst noch an Reformen glauben. Sie sind nicht Teil der Machtelite, sondern stehen ihr gegenüber. Sie haben das Regime in seinem Wesen kennengelernt, erkannt und an einem bestimmten Punkt innerlich überwunden. Und schließlich sind die Heldinnen dieses Buches nur wenige von unzähligen, deren Geschichten der Welt erzählt werden müssen.

Womit wir abschließend beim politischen Grundvokabular wären. Kein Bericht über den Iran kommt ohne die Unterscheidung zwischen «Reformern», «moderaten» oder «pragmatischen Konservativen», «Hardlinern» oder «Ultrakonservativen» aus, wenn es darum geht, die politische Arena des Landes von links bis rechts und den Machtkampf um die Identität des Iran zu beschreiben. Die politischen Gruppierungen und ihre wechselnde Beteiligung an der Regierung ermöglichten es dem Regime, dem Rest der Welt die Illusion einer lebendigen Demokratie zu vermitteln – mit Millionen von Wählern. Als ob diese Wahlen frei und fair wären, als ob eine echte Alternative bestünde. Mitnichten.

Eine der wichtigsten Trennlinien verläuft zwischen «prinzipientreuen Hardlinern», angeführt vom Obersten Führer Chamenei, und «Pragmatikern» oder «Moderaten», an deren Spitze lange der ehemalige Präsident Hassan Rohani stand. Erstere glauben an die strikte Einhaltung der Ideale der Revolution von 1979: islamische Sitten im Inneren, Widerstand nach außen. Letztere stellen wirtschaftliche Interessen vor revolutionäre Ideologie – eine Politik nach chinesischem Modell.

Wohl am schillerndsten ist die Gruppe der «Reformer». Mit der Ära der «Reformen» ist die zivilgesellschaftliche Öffnung unter dem ersten, von 1997 bis 2005 regierenden Reformerpräsidenten Mohammad Chatami gemeint, der Demokratie und Theokratie für vereinbar hielt – obwohl sein Vorbild, Revolutionsführer Chomeini, über die Demokratie rein gar nichts Gutes zu sagen hatte. Die heutigen Reformer gehörten zu den radikalsten Kräften in den ersten Jahren der Revolution und beteiligten sich mit Eifer an der Demontage der Frauenrechte. Im Gespräch mit mir bezeichneten manche sich selbst im Rückblick als «schlimmer als die Taliban». Ich fragte mich oft, ob sie von Schuld getrieben sind – oder vom Wunsch, etwas wiedergutzumachen, wenn sie immer wieder behaupten, dass sie doch nur auf jenen demokratischen Islam drängen würden, den der Revolutionsführer von Anfang an gefordert habe. Haben sie die Werke Chomeinis je gelesen?

In der ersten Reformära unter Chatami entstanden zahlreiche Zeitungen, formierten sich juristisch anerkannte Nichtregierungsorganisationen, veränderte sich der Zeitgeist: hin zu größeren Freiheiten für Frauen, hin zu mehr Öffnung und Kontakt mit dem Westen. Bereits wenige Jahre nach Chatami wurde das reformistische Projekt weitgehend eingestellt. Die letzte Hoffnung der Reformer war die sogenannte

Grüne Bewegung von 2009, als Millionen auf die Straße gingen, um friedlich – und vergeblich – gegen die manipulierte Wiederwahl des Hardliners Mahmud Ahmadinedschad zu protestieren, der die Repression dramatisch verschärfte und mit religiös-revolutionärer Rhetorik die Auslöschung Israels forderte. 2009 markierte ein Schlüsseljahr, eine Wende, ein Jahr der Wahrheit. Ich ging damals selbst mit grünem Kleid und grünen Armbändern demonstrieren. War ich vorher regelmäßig in den Iran gereist, konnte ich seitdem, wie Tausende andere, nicht mehr meine Familie besuchen, nicht mehr von meinen Liebsten Abschied nehmen. Bei den Präsidentschaftswahlen 2013 und 2017 hatten die an den Rand gedrängten und nach rechts gerückten Reformer keine andere Möglichkeit mehr, als den «Zentristen» und «Moderaten» Hassan Rohani zu unterstützen, der viel von Bürgerrechten sprach – und unter dem, welch Ironie, die Zahl der zivilen Opfer des Regimes steil anstieg. Mit Rohani ging es den Reformern weniger um politische als um wirtschaftliche Freiheiten und den Handel mit dem Westen. Sie waren nun das von oben eingesetzte, lächelnde Gesicht des Regimes, das mit dem Westen verhandelte, um die Sanktionen aufzuheben – vor allem, als 2015 das Nuklearabkommen unterzeichnet wurde.

Mit dem Geistlichen Ebrahim Raissi wählte der Machtkern im Juni 2021 zuletzt einen loyalen Soldaten zum Präsidenten – einen Justizchef, der Todesurteile schnell und effektiv ausgestellt hatte und der nun als Präsident den Willen des Obersten Führers exakt und prompt umsetzt. Vielleicht hat das System nun endlich sein wahres Gesicht gezeigt, alle Anmaßungen auf eine vermeintliche Pluralität abgelegt und deutlich gemacht, dass es nichts mehr als eine «elektorale Despotie» ist, wie der australische Politikwissenschaftler John Keane es ausdrückt: Wahlen ohne Demokratie, Wahlen ohne Repräsentation, Wahlen, um die Macht vor dem Volk abzuschirmen. Und die Wählerinnen und Wähler? Nach fast einem Vierteljahrhundert inszenierter Reformen haben sie sich von den Reformern abgewandt, weil sie keine einzige echte Reform gesehen haben. Die niedrigste Wahlbeteiligung – allein nach offiziellen Zahlen wählten über die Hälfte der Wahlberechtigten nicht –, die höchste Zahl ungültiger Stimmen, mehr als vier Millionen: Eher waren die Wahlen 2021 ein «Nein» in einem Referendum.

Wir haben zu lange nicht verstanden, wer die alles entscheidende Macht im Iran verkörpert. Wir haben die Etiketten zur Kennzeichnung der «Reformer» und ihnen nahestehender Kreise von Anfang an falsch interpretiert. Wir haben die zunehmende Bedeutungsleere dieser Kategorie nicht erkannt. Reformer zu sein bedeutet nicht, sich hinter den Volkszorn auf der Straße oder marginalisierte Minderheiten zu stellen. Reformer zu sein bedeutet, es sich nicht mit dem Obersten Führer zu verscherzen. Und als «Entlastungsventil» des Regimes zu fungieren, wenn der Druck im System irgendwo zu groß ist.

In Wahlen kann nur der Kandidat des Obersten Führers gewinnen. Die iranische Verfassung stattet den Führer mit einer gewaltigen Macht aus: Ajatollah Chamenei, der den Posten 1989 von Revolutionsführer Chomeini geerbt hat, besitzt die Gewalt über Militär, Revolutionsgarden, Milizen und Ordnungskräfte, über die Sicherheitsdienste, Justiz und den staatlichen Rundfunk. Er ist der oberste Ideologe, der die Richtlinien setzt – auch in außenpolitischer Hinsicht. Der amerikanisch-iranische Politikwissenschaftler Karim Sadjadpour spricht von zwei parallelen Regimen, die zusammenarbeiten: «Diejenigen an der Macht nehmen Geiseln, bauen Nuklearprogramme auf, unterstützen Milizen in den Nachbarländern, verüben Attentate und sind für westliche Politiker und Verhandler unzugänglich. Diejenigen ohne wirkliche Macht negieren die Aktivitäten derjenigen an der Macht und sind für den Westen zugänglich.» Die Islamische Republik Iran ist ein zweigeteilter Staat, in dem gewählte Institutionen die täglichen Staatsgeschäfte verwalten – im Schatten des weitaus mächtigeren Obersten Führers. Dieser hat erhebliche Macht, aber eine geringe Rechenschaftspflicht, er kann jede Verantwortung auf Gewählte – sprich: auf den Präsidenten – abwälzen. Eine der Hauptsäulen seiner Macht sind die Revolutionsgarden, die, wie sie selbst sagen, genau wissen, was sie dem Führer bringen müssen, wenn er nach einem Hut verlangt: einen Kopf. Die Revolutionsgarden zerschlagen Massenproteste, beugen einem militärischen Staatsstreich vor, sie haben eine korrupte Schattenwirtschaft aufgebaut und eine Medienholding gegründet, mit der sie ihre Botschaften in erstaunlich modernem Gewand unters Volk bringen.

Alle politischen Fraktionen im Iran sind Teil des islamistischen Establishments. Sie wollen das Überleben des Gottesstaates und die Herrschaft des Stellvertreters Gottes auf Erden sicherstellen. Die Gruppierungen unterscheiden sich allein in ihren Methoden. Die Mittel sind verschieden – das Ziel ist gleich. Wir aber tun immer noch so, als ob sich im Iran liberal-progressive und illiberal-reaktionäre Machtgruppen diametral gegenüberstünden. Wir tun immer noch so, als ob unsere Unterstützung der Reformer die Demokratisierung des Iran herbeiführen würde. Und wir haben uns immer noch nicht mit der eigentümlichen Inkonsistenz ihres Reformprojekts beschäftigt, geschweige denn die Verfassung der Republik verstanden. Mittlerweile bin ich der Überzeugung, dass die typischen Kategorisierungen in unserer Berichterstattung über den Iran schon lange ins Leere laufen – weil wir den Elefanten im Raum allzu gerne übersehen wollen: Die Diktatur der Rechtsgelehrten stellt Gottessouveränität vor Menschensouveränität. Sie beansprucht die einzig wahre Interpretation des Islam – nach der sich die gesamte Gesellschaft ausrichten muss. Sie legitimiert politisch motivierte Gewalt. Sie lässt keine Trennung zwischen Staat und Religion zu. Diese Ordnung ist seit 1979 weitgehend reformunfähig.

Die in diesem Buch porträtierten Frauen sehen das, was wir nicht sehen oder nicht sehen wollen, unmittelbar und detailscharf vor sich. Sie haben den Mut, dem Elefanten im Raum direkt ins Auge zu blicken. Ihre Illusionen sind überwunden. Sie haben das Spiel durchschaut. Vielleicht können wir von ihnen lernen, die Dinge endlich beim Namen zu nennen. Hören wir ihnen zu, sehen wir sie, damit wir erkennen, was jeden Tag im Iran geschieht.

1. DIE TOCHTER DES MULLAHS

Sie erinnert sich genau daran. An diese Sehnsucht, ihr Leben zu verlassen und eines dieser Mädchen zu sein. Als sie 1971 ins Kuhsangi-Viertel zogen, wo die Familie damals noch bei der Großtante lebte, ging Fatemeh Sepehri immer heimlich an die Tür. Der allmorgendliche Weg der Schulmädchen führte am Haus vorbei. Fatemeh wollte sie sehen. Ihre blauen Uniformen, ihre blütenweißen Krägen, ihre verzierten Haarreifen. Mittags kamen sie zurück, und Fatemeh schlich sich wieder an die Tür. Sie musste aufpassen, nicht dabei erwischt zu werden, wie sie den Schülerinnen nachschaute – und träumte. Als sie mir diese Erinnerung erzählt, stützt sie die Ellenbogen auf den Tisch, hält ihr Gesicht mit beiden Händen, macht eine kurze Pause, und ihr Blick schweift wehmütig ins Weite.

«Vor der Revolution durfte ich das Haus nicht verlassen», erzählt sie. Damals kamen die Aktivisten der staatlichen Alphabetisierungskampagne immer wieder vorbei – im ganzen Land waren sie unterwegs – und drängten ihren Vater, das Mädchen in die Schule zu bringen, ins Internat sogar. Vergeblich. Der Vater, ein angehender Mullah, wollte nicht, dass sie hinausgeht – und dabei, Gott behüte, vielleicht sogar ihren Tschador, den Ganzkörperschleier, ablegt. Wenn Fatemeh Sepehri die Außenwelt betrat, dann nur, um zum nahegelegenen heiligen Imam-Reza-Schrein zu gehen. Nicht in den Park. Schon gar nicht ins Kino. Der einzige Ausflug waren die gelegentlichen Besuche der Familie im Dorf, in dem Fatemeh geboren wurde, unweit von Maschhad. «Unser Tschador musste immer ganz weit vorne sein und das halbe Gesicht bedecken», erinnert sie sich und lacht laut auf: «Nicht wie jetzt, jetzt ist er ja total weit hinten.» Ich lache mit. Bis sie sagt: «Ich möchte, dass der Oberste Führer, Ajatollah Seyyed Ali Chamenei, zurücktritt. Samt seinen Wahlurnen, seinen Richtern, seinen Präsidenten, seinen Parlamentsabgeordneten. Ich will, dass die Islamische Republik gründlich weggefegt wird. Ich verlange, dass der Iran eine säkulare Demokratie wird. Ein Staat, der die Allgemeine Erklärung der Menschenrechte endlich achtet.»

Ausgerechnet die Tochter eines Geistlichen. Ausgerechnet die Frau eines Märtyrers. Ausgerechnet im heiligen Maschhad ist Fatemeh Sepehri aufgewachsen, in der Pilgerstadt im Nordosten des Landes, in der spirituellen Kapitale der Islamischen Republik, diesem Stück «Himmel auf Erden». Ausgerechnet dort, wo Religion, Ökonomie und Staatsgewalt miteinander verschmelzen, wo Märtyrerverehrung sinnbildlich für die gegenwärtige Ordnung steht, stellt eine gläubige Frau und praktizierende Muslimin alles in Frage. Maschhad, das bedeutet wörtlich: die Stätte des Märtyrertums. Der Platz, an dem der achte Imam der Zwölferschiiten begraben liegt, der einzige Imam auf iranischem Boden – vor tausendzweihundert Jahren angeblich vom Kalifenherrscher mit Weintrauben vergiftet, ermordet wie fast alle schiitischen Führer, die stellvertretend für die Menschen litten. Die zwölf Imame, das sind Ali, der Schwiegersohn des Propheten Mohammed, und eine bestimmte Reihe seiner Nachkommen. Sie sind im schiitischen Verständnis von Gott zur politischen Herrschaft über die islamische Gemeinde auserwählt. Die Imame stehen dem schiitischen Menschen näher als Gott selbst; als göttliche sündlose Lichtwesen sind sie Mittler Gottes und Adressat der Rituale. Mit einer Wallfahrt und einem – zumindest symbolischen – Märtyrertod können die Schiiten ihre Schuld bei ihren religiös-politischen Oberhäuptern begleichen.

Der Wallfahrtsort in Maschhad ist der größte Schreinkomplex der Welt – größer noch als Mekka, größer als der Vatikan. Er gleicht einem funkelnden Lichterschloss. Neun Höfe, achtundzwanzig Hallen, Bibliotheken, Museen. Monumentale Kuppeln mit hellblau glasierten oder goldenen Ziegeln – im Innern wie prächtige Audienzzelte, die den Himmel zeigen sollen. Das Auge kann sich nicht sattsehen an den riesigen Kronleuchtern, an den Tausenden funkelnder, zu Mosaiken geschliffener Spiegelsteine, an den zu Teppichmustern zusammengefügten Wandkacheln, an den Blumen- und Schriftornamenten, am grün-roten Marmorboden mit den fein geknüpften Persern und schließlich an der mit Gold beschlagenen Grabkammer – alles wirkt betäubend schön und schwer.

Unter dieser Stätte der Trance wurde ein Autobahnring gezogen. Maschhad, das ist die zweitgrößte Stadt des Landes. Die Bevölkerung hat sich in den letzten vierzig Jahren auf über drei Millionen verdreifacht und wächst und wächst. Mit zwanzig Millionen Besuchern jährlich ist der Bauboom in der Stadt ein Dauerzustand. «Wer kommt, will zum Schrein, wer bleibt, will Geschäfte machen», erklärt mir ein Einheimischer aus der Familie der Schreinwächter und Schreindiener – jene dreihundert Männer, denen die Reinigung und Verwaltung des Schreins obliegt und deren Dienst vererbt wird. Je höher ihr Rang, umso näher am Heiligengrab ihre letzte Ruhestätte. Maschhad ist ein Knotenpunkt, dessen Wirtschaft in die ganze Region ausstrahlt, ja weit darüber hinaus. Nicht dass man in diesem Land besonders sauber sein Brot verdienen könne: «Der Basar um den Schrein herum wurde schon vor der Revolution ‹Basar der Diebe› genannt – wegen seiner überteuerten Souvenirs und Waren», lächelt der Mann. Geschäfte in Maschhad, das bedeutet Business mit Touristen, Landwirtschaft und Lebensmittel, Industrie und Bergbau. Was in Teheran fünf Sterne sind, sind in Maschhad nur vier: Nirgends hat das Land so prächtige Hotels, mit Säulen, Palmen, üppigen Interieurs. Die Pilger wollen angenehm wohnen, im Überfluss speisen. Überhaupt: Das Irdische ist offenbar die Hälfte des Reisegenusses, für ein berühmtes Lammspieß-Restaurant fliegen Teheraner sogar mal eben nach Maschhad.

Und die Einheimischen? Lange dachte ich, sie seien besonders fromm, besonders systemverbunden, besonders streng. «Also erstens: Die Iraner insgesamt sind im Vergleich zu früher weniger religiös, sogar weniger gottesgläubig. Das Schiitentum ist für das Land von enormer Bedeutung – aber innerlich? Kaum. Erst recht gilt das für die jüngere Generation», erklärt der Mann aus der Familie der Schreinwächter. «Weil sie aus der Nähe vieles selbst erfahren kann, hat die jüngere Generation einen wahrhaftigeren Blick auf die Dinge hier. Deswegen kann man genau beobachten, wie sich ein freier, säkularer Teil der Gesellschaft abspaltet, der eben nicht die Überzeugungen und Riten der Vorfahren teilt und einen immer größeren Raum einnimmt. Außerdem: Die Aufpasser und Sittenwächter hier kommen nicht aus dem Volk; in Maschhad trifft man weniger die typischen Männer in Zivil mit Knüppeln in der Hand – die öffentliche Moral obliegt hier mehr den offiziellen Sicherheitsorganen. Natürlich, Konzerte und Musik sind in der Stadt schon vor der Revolution nicht Sitte gewesen» – aber offenbar doch all jenes, das die Wallfahrt zum irdischen Vergnügen macht, denke ich mir. Und erinnere mich an die Iranerinnen, die mit Pilgern aus dem Irak und Pakistan ein paar Stunden die Ehe eingehen: die moderne und durch schiitische Rechtskniffe sanktionierte Form der Prostitution, die so verbreitet ist, dass Nutzer sozialer Medien Maschhad prompt zum schiitischen Thailand umbenannten. Und ein weiterer Gedanke: Wären die Maschhadis besonders gehorsam und staatstreu, wären sie wohl 2017 nicht auf die Straße gegangen, um gegen Armut und Ungleichheit zu protestieren.

Die Familie des Obersten Führers stammt zwar aus dem iranischen Aserbaidschan. Doch Ajatollah Ali Chamenei selbst ist in Maschhad geboren, und wer das System der tausend Familien in der Stadt kennt, der weiß, wie die Macht im Land funktioniert, wenn aus dem Maschhader Beziehungsgeflecht die obersten Führungsreihen besetzt werden. Wer dem Führer loyal ergeben ist und ihm effizient dient, steigt auf, so wie der in Maschhad geborene Ebrahim Raissi, der 2021 von Chamenei zum Präsidenten ausgesucht und gewählt wurde. Wer aus der Familie ausschert – wie Chameneis Schwager Scheich Ali Teherani, der mit Frau und Kind in den Irak zog und von dort gegen das Regime agitierte –, der kann Gnade erfahren, wenn er bereut. Allerdings wird sie nicht allen Geistlichen und ihren Nachkommen zuteil. Chameneis Schwager lebt nun – nach einem Gefängnisaufenthalt – unbehelligt in Teheran.

Maschhad ist Macht. Maschhad ist eine Trumpfkarte des Regimes. Maschhad ist Pietät und Profit. Hier treffen sich das Materielle und das Spirituelle. Die Schia-Geistlichkeit verfügt seit Jahrhunderten über enormen Reichtum, aber noch nie war sie so reich wie jetzt – durch die Verwaltung des Grabmals und den Besitz der Stiftung *Astane Qods Razavi*, die den Schrein betreut. Wer dem achten Imam seine irdischen Güter überlässt, kann sich himmlischen Segens gewiss sein – im Jenseits, aber auch schon im Diesseits. Eine solche Schenkung – eine Investition des Gläubigen ins Nachleben – trifft sich mit dem Interesse des göttlichen Statthalters im Hier und Jetzt. Im Jahr 42 nach der iranischen Revolution heißt dieser Vertreter Gottes auf Erden Ali Chamenei. Es ist mittlerweile Chameneis Stiftung geworden, erfahre ich aus Maschhad, seitdem dieser einen ihm hörigen Verwalter eingesetzt habe. Die Stiftung *Astane Qods Razavi* ist der Schlüsselplayer in Maschhads Wirtschaft. Spötter sprechen von einer heiligen Geldmaschine, hat sie doch ein mehrere Milliarden Dollar schweres Budget. Sie sammelt Bargeld, Land, Immobilien, Schmuck und Kunst, Aktien und Firmen. Die Megastiftung ist im Grunde ein Konglomerat aus öffentlichen Einrichtungen wie Universitäten und Museen, kleineren Stiftungen und verschiedensten Unternehmen. *Astane Qods Razavi* besitzt mehr als die Hälfte des Grund und Bodens in der Stadt, nebst Bauernhöfen, Hunderten Dörfern und landwirtschaftlichen Flächen im ganzen Land.

Lange wurde die Stiftung eigenständig geführt, nachdem Revolutionsführer Chomeini einen Verwalter ernannt und damit einen armen Mullah zum ökonomisch mächtigen «Imperator der Provinz Chorasan» aufsteigen lassen hatte – dessen ältester Sohn später gar US-Staatsbürger wurde. Chamenei hingegen dulde kein Machtzentrum neben sich und habe die Stiftung ganz und gar seinen eigenen Launen unterworfen, erklärt der Einheimische. Der Wirtschaftsflügel der Organisation habe die Tradition schon lange verlassen. Es gehe ihr nicht mehr um die Umverteilung des Reichtums, nein, sie sei nicht mehr nur ein wohltätiger, sondern ein strategischer, profitorientierter Investor in Öl und Gas, Verkehr und Finanzen, Zucker und Hefeproduktion, Teppiche und Schwerindustrie. Die Stiftung baut Shoppingzentren, Eisenbahnlinien oder eine Brücke über den Euphrat in Syrien. Dabei zahle sie nicht einmal Steuern, wollen einige Insider wissen.

Astane Qods Razavi konkurriert mit der Holding *Khatam al Anbija* – der «Wiederaufbauzentrale», mit der die Revolutionsgarden die gesamte iranische Wirtschaft kontrollieren – sowie mit einer Holding der iranischen Ordnungskräfte, der *Taavone*-NAJA-Stiftung, um den Titel des «größten Wirtschaftsplayers des Iran». Allerdings ergänzen sich die ersten beiden Akteure eher: *Astane Qods Razavi* bringt das Kapital, die Holding der Revolutionsgarden schnappt sich den Auftrag und stellt die ausführenden Experten zur Verfügung. Kommentatoren vergleichen die Maschhader Stiftung mit einem autonomen Staat im Staate: Sie decke in jedem Bereich den Bedarf mit eigenen Kräften ab. Solange das Land international isoliert ist, funktioniert dieses Modell perfekt – und es erlaubt, jede internationale Sanktion zu umgehen.

Wer die Wirtschaft des Iran begreifen will, muss die parastaatlichen und undurchsichtigen *Bonyads*, die Stiftungen, verstehen lernen. *Bonyads* legen den privaten Sektor des Iran lahm. Mit ihrer Hilfe plündern die Kleptokraten des Landes Gemeinbesitz. Durch sie wird öffentliches Geld in private, korrupte Hände geschleust. *Bonyads* beeinflussen und kontrollieren fast alle iranischen Spitzenunternehmen. Sie spielen gar mit der Idee, das Land anstelle der Regierung zu regieren. Wer die Rolle des Führers Ali Chamenei begreifen will, muss über die höchste religiöse und politische Macht hinaus auch die größte ökonomische Macht in dessen Händen in den Blick nehmen, resümiert die von iranischen Journalisten gegründete Denkfabrik «Doublethink» in ihrer Analyse der ökonomischen Machtverhältnisse.

Die weiblichen Stimmen verstummen

Von der Tochter eines Mullahs, die in Maschhad aufwuchs, hätte ich auf den ersten Blick vielleicht mehr Leidenschaft für ihre heilige Stadt erwartet. Aber auf die Frage, was Maschhad so besonders mache, antwortet Fatemeh Sepehri lediglich mit einem Gleichnis: «Ein Bewohner Kaschmirs wurde gefragt, welche Stadt er am meisten liebe. Er sagte: Nur Kaschmir. Und mein Kaschmir ist Maschhad.» Als wir uns zwischen Winter 2020 und Sommer 2021 über den Bildschirm begegnen, trägt die Fünfundfünzigjährige das erste Mal eine rote Weste und ein kleines schwarzes Kopftuch mit bunten Blumen darauf. Ihre vollen grauen Haare, im Salz-und-Pfeffer-Ton, wie es auf Persisch heißt, schauen hervor und verleihen ihrem dunklen, ungeschminkten Teint etwas Jugendliches. Ich erkenne sie kaum wieder – in ihren Interviews mit Menschenrechtlern und iranischen Auslandsmedien trägt sie immer einen schwarzen Tschador, darunter ein schwarzes Kopftuch, das alles bedeckt: «Mein offizielles Outfit», lächelt sie, und ich muss unweigerlich an das schwarze, allumhüllende Gewand orthodoxer Nonnen denken, als sie mir beim zweiten Interview so gegenübersitzt.

Ich möchte mehr über ihre Kindheit wissen. Die Strenge der Eltern. Trotz des Schmerzes, der offenbar wird, wenn sie erzählt, will sie dem mittlerweile verstorbenen Vater ihre Liebe bekunden, sie vermisst ihn sehr. «Einmal, ich war fünf oder sechs, rief er mich zu sich und sagte: ‹Fatemeh, nicht, dass ich irgendwann deine Ärmel oben sehe, dein Kopftuch nach hinten geschoben, ohne Tschador. Selbst wenn ein Mann zu uns kommt, der *mahram* ist – der dich nicht heiraten darf, wie die Onkel oder Großväter –, wirst du nicht lange in unserer Runde sitzenbleiben, nicht an unserem Plaudern und Vergnügen teilnehmen.›» Fatemeh Sepehri lacht bitter. Sie schaut mich an und sagt: «Einmal hab ich das meinen Brüdern erzählt und sie gefragt: ‹Wäre es nicht besser, wenn Vater einfach gesagt hätte, dass er mich gar nicht sehen will?›»

Der Vater, damals ein *Talabeh*, ein Religionsstudent, brachte ihr bei, den Koran zu lesen, die arabischen und die persischen Buchstaben. Mit fünf Jahren beherrschte sie die Koranlektüre. Das reiche völlig aus, mehr Bücher solle sie nicht lesen, meinte der Vater. Doch die kleine Tochter blätterte fortan ständig in seinen theologischen Büchern: «Das waren alles Werke über islamische Rechtsprechung. Fatwas der Rechtsgelehrten, die man liest, um zu erfahren, wie man den Alltag bewältigen soll, etwa mit welchem Fuß man zuerst die Toilette betritt und mit welchem man hinausgeht», sagt sie amüsiert. Mit anderen Worten: Handlungsanweisungen, wie etwas zu reinigen, zu tätigen, zu betrachten ist – oftmals sinnentleerte islamische Pseudoweisheiten, die ganzen Generationen lebenslange Zwangsneurosen einbrachten. Als die Familie in die Großstadt umzog, in ein kleines Haus unweit des Schreins, durfte die einzige Tochter immerhin schneidern lernen, in einer Mädchenschule. Einmal, als ihr Vater sah, dass sie ständig in seine Bücher vertieft war, brachte er zwei Werke mit, die er kommentarlos ins Regal stellte. «*Kaschkul* Band eins und zwei», erinnert sie sich. Lyrik und Prosa aus dem *Diwan* klassischer persischer Schriftsteller, ein bisschen schiitisches Recht, ein bisschen Mathematik, Astrologie und Weisheitssprüche. «Ich schloss aus der Tatsache, dass er selbst diese beiden Bücher nie anschaute, dass er sie offenbar für mich gekauft hatte. Auch wenn er es mir nie sagte.»

Fatemehs Mutter sorgte dafür, dass ihre einzige Tochter kaum Zeit zum Lesen fand. Es gab kein *Hamam*, kein Badezimmer im Haus, kein warmes Wasser, keine Waschmaschine, das Geschirr wurde kalt gespült. Im Winter mussten der Ofen und der Samowar mit Öl gefüllt und angezündet, der *Korsi* warmgehalten werden – ein niedriger Tisch mit einer Decke darauf, darunter ein Becken mit glühender Kohle, die nicht rauchen durfte, sonst meckerten alle über den Gestank. So etwas wie «ausschlafen» kannte Fatemeh nicht, der Koran und das Gebet waren am frühen Morgen Pflicht. Die Kleidung und die Windeln der sechs Brüder musste Fatemeh mit der Hand waschen. Bei zweien schnitt sie selbst die Nabelschnur durch. Von einer Geburt im Krankenhaus hielt die Mutter nichts, die Geschwister gebar sie alle zu Hause. Achtmal erlitt sie eine Fehlgeburt.

Der Vater ihrer Mutter, Hossein, war der Erste im Dorf, der ein Radiogerät besaß. Die Familie war tiefreligiös, ein Bruder des Vaters, Molla Abdollah, warnte alle, nie zu Hossein zu gehen: Dessen Brot sei sündig, weil er ein Transistorgerät zu Hause habe. Wenn ihr Vater nicht im Dorf war, stahl sich Fatemeh davon, zum Großvater mit dem Radio, und hörte Musik, gesungen von Sängerinnen wie Hayedeh, der Diva des vorrevolutionären Iran mit legendärer Opernstimme. «Das mache ich immer noch. Ich genieße die Altstimme von Hayedeh, ich kann mich nicht beherrschen, so sehr bin ich ihr verfallen», sagt Fatemeh. Einen Fernseher besaß die Familie vor der Revolution nicht, die persischen Popstars hatte sie in ihrer Kindheit nie gesehen. Wenn der Vater die Frauen beim Kleiderwaschen im Garten mit einem Radio erwischte, schimpfte er auf sie und die Musik, immer und immer wieder. Wie anders Fatemeh Sepehri ist, denke ich mir. Wie anders als jene, die immer noch weiblichen Gesang für sündhaft halten. Für die Tochter eines Mullahs ist der Klang von Hayedeh ein Gottesgeschenk.

Seit 1979 ist es im Iran für Frauen verboten, in der Öffentlichkeit zu singen. Hayedeh, die persische Maria Callas, musste ihre Heimat verlassen, um ihre Karriere fortsetzen zu können. Dabei war öffentlicher Gesang von Frauen im Iran über Jahrzehnte selbstverständlich. Eine der ältesten Aufzeichnungen stammt von 1924, als Ghamar ol Moluk Wasiri im Teheraner Grand Hotel am damals angesagten Lalezar-Boulevard vor Männern und Frauen auftrat, mit lockigem Pagenkopf und westlicher Kleidung. Im Revolutionsjahr 1979 verschwanden sämtliche Melodien und Stimmen – bis auf religiösen Klagegesang, Märsche und später Klänge, die an klassische Musik erinnerten. Ajatollah Chomeini sprach wenige Monate nach seiner Ankunft im Iran davon, dass Musik die Jugend korrumpiere. Instrumente und Tonträger wurden beschlagnahmt, Musikunterricht verschwand aus den Lehrplänen, Konzerte und Auftritte wurden verboten. Revolutionswächter machten Jagd auf Kassetten und Schallplatten. Es dauerte Jahre, bis weltliche Musik zurückkehrte und singende Frauen verbotenerweise in sozialen Medien auftauchten. Lud eine Männerband eine Frau live oder im Studio zum Solo ein, riskierte sie ihr Recht, überhaupt Musik machen zu dürfen. Der Sologesang einer Frau ist nach wie vor illegal, denn er wecke unziemliche Gelüste und errege die Männer nur unnötig, wie die Revolutionäre und ihre Erben bis heute meinen.

Fatemeh Sepehris Vater hatte sich erst kurz vor der Revolution ein kleines, batteriebetriebenes Radio gekauft, das aber nur er selbst an- und ausschalten durfte. Er brachte Zeitungen mit, wenn er von den Kundgebungen der Revolutionäre nach Hause kam. Es herrschte keine offene Atmosphäre, das Kind fühlte sich niemals ruhig und in Sicherheit. Als Fatemeh im Dorf ein Nachbarsmädchen zum Essen einlud und die Mutter das später entdeckte, wurde sie ausgeschimpft. Besuch wurde nicht geduldet, das Haus sollte «rein» bleiben. Monatelang schmollte und schwieg ihre Mutter. Das Beleidigtsein erträgt Fatemeh Sepehri bis heute nicht. Als sie wieder einmal ausriss, um einen Onkel zu besuchen, wurde sie verprügelt. Eine Episode, die die Erwachsenen dazu bewog, das vorlaut gewordene Mädchen, das nun offenbar einen eigenen Willen entwickelt hatte, zu verheiraten: «Sie ist groß geworden und muss zur Braut werden. Wem sollen wir sie geben?» Als Fatemeh Sepehri kurz nach der Revolution mit einem Cousin des Vaters verheiratet wurde, war sie fünfzehn Jahre alt. Man hatte sie nie gefragt. Nie tat sie ihre Meinung dazu kund. Ein Jahr später gebar sie ein Kind.

«Meine Kindheit war sehr schlimm. Aber mein restliches Leben auch.» Sie seufzt. «Es ist vorbei, wie auch immer es verlief. Es war bitter. So viel Strenge hatte ich nicht verdient.» Doch als einziges Mädchen mit sechs Brüdern aufzuwachsen bezeichnet Fatemeh Sepehri als Glück. Sie lächelt. Für sie alle, besonders aber für die zwei Kleinsten, die mittlerweile nicht mehr im Iran leben, ist sie mehr eine Mutter gewesen. Die Brüder – sie gingen alle zur Schule – warfen den Eltern später vor, der Tochter keine Wahlfreiheit, keine Chance auf Bildung gegeben zu haben: «Sagt es ihr jetzt, gebt es zu, sprecht offen, sie leidet darunter. Sagt ihr, dass Ihr nichts Schlechtes wolltet für sie!» – «Aber die Religion, die gab doch alles vor», wunderte sich der Vater. Er habe doch nur gemäß seiner väterlichen Pflicht gehandelt. Und die Eltern hätten Fatemeh doch geliebt.

«Es war, als ob Vater sein religiöses Programm herunterspulen musste», sagt Fatemeh in unserem Gespräch. «Ich selbst bin sehr überzeugt vom Islam. Aber eben nicht von allem, was sich Islam nennt oder zum Islam gemacht wird. Unmoralische Handlungen lehne ich ab. Zuallererst geht es um die Ethik, die die schiitischen Imame uns mitgegeben haben: Was ist gut und machbar für mich und folglich für meine Mitmenschen? Jetzt schweife ich ab, aber Hinrichtungen – das ist etwas, das mich wirklich quält. Es heißt, das stehe im Koran. Aber ich kann und will das nicht akzeptieren. Ein Leben, das Gott gegeben hat, darf nur von Gott genommen werden. Meine Eltern hingegen hingen den Auffassungen des herrschenden Systems an. Sie dachten, wenn der Prophet seine Tochter mit neun Jahren verheiratet hatte, müssten sie es ihm gleichtun.» Ihren eigenen vier Kindern wird Fatemeh Sepehri später nie sagen, was sie anzuziehen, wie sie auszusehen oder wann sie aufzustehen haben.

Der Krieg als Gründungsmythos der Republik

Das Eheleben dauerte nicht einmal zwei Jahre. Ihr Mann war wie ihr Vater angehender Mullah, fast sieben Jahre älter, aus einer Familie, die Schwiegertöchtern stets feindlich begegnete und ihnen verschlossen blieb. Die Teenagerbraut Fatemeh kaufte sich den *Diwan* des persischen Dichters und Mystikers Hafis sowie ein Kochbuch, Stifte und Hefte und las und schrieb. Aber ihre Ehe ließ es kaum zu, eigene Vorbilder zu suchen. Eine Tochter kam auf die Welt. Als der Revolutionsführer die Konterrevolution fürchtete und der Neutralitätserklärung der Armee misstraute, gründete er eine mächtige Schattenarmee, die er in der neuen Verfassung festschrieb. Fatemeh Sepehris Ehemann schloss sich dieser Miliz an und wurde Mitglied der *Sepah*, der Iranischen Revolutionsgarde. In Torbat-e Dscham, südlich von Maschhad an der afghanischen Grenze, war er verantwortlich für das Personal und besuchte seine Frischvermählte nur noch alle zwei Wochen. Dann sagte er ihr, er wolle an die Front, in den Krieg gegen den Irak. In seinem Verständnis war die Unterdrückung im Iran zwar überwunden worden, aber woanders gehe sie weiter, angeblich quäle sie die Schiiten überall. Deshalb müsse die Flamme der Revolution auch ins Ausland getragen werden.

Der Angriff Saddam Husseins auf den Iran im September 1980 und der darauffolgende Krieg waren in den Worten des iranischen Führers ein Segen Gottes. Seine neugegründete Vorhut, die Revolutionsgarde, kämpft bis heute im In- und Ausland gegen die «Arroganz» – eine Chiffre für die westliche Welt. Die Garden brauchen den Krieg, damals wie heute, ob im Irak oder in Syrien, als revolutionären Treibstoff für ihre Selbstlegitimation und ihr Selbstverständnis. In den acht Jahren der Kämpfe sagte Chomeini immer wieder, dass der Iran seine Revolution mit dem Krieg in die Welt exportiere, den revolutionären Islam auf dem Schlachtfeld verwirkliche, dass der Iran mit dem Krieg die Wurzeln seines revolutionären Baums gestärkt, die zwei Großmächte Sowjetunion und USA besiegt und gar den Triumph Palästinas ermöglicht habe.

Der Krieg – ein Segen, eine Leidenschaft: *Krieg, Krieg – bis zum Sieg!* Vater Sepehri nahm ebenfalls für zwei Monate teil. Einer von Fatemehs Brüdern, der nur bis zur fünften Klasse zur Schule gegangen war, folgte ihm. Er wurde schwer verletzt und war sieben Jahre in Gefangenschaft, nach der Rückkehr musste er operiert werden. Der «Schützengraben von Imam Ali», dem Vetter, Schwiegersohn und nach schiitischer Überzeugung einzig rechtmäßigen Nachfolger des Propheten, im Jahr

661 durch Bluträcher ermordet – der Schützengraben von Imam Ali durfte nicht leer bleiben, raunten sie sich in der Familie zu, verstanden sie sich doch immer noch als «Partei Alis», als unterdrückte Schiiten, die der Welt Gerechtigkeit bringen wollten. Also zog auch der Bruder von Fatemeh Sepehris Mann in den Krieg – und starb.

«Erinnern Sie sich noch, wie viel Werbung gemacht wurde für den Krieg?», fragt mich Fatemeh. Ich? Zu diesem Zeitpunkt war ich doch gar nicht mehr im Iran. Der Krieg begann zweiundsiebzig Stunden nach meiner Ankunft in Deutschland – mit den Raketen Saddam Husseins auf den Flughafen Teheran, von dem wir kurz zuvor abgeflogen waren. Ich erinnere mich an Luftpostbriefe, an knackende Geräusche bei den Telefonaten mit der Großmutter, die unerwartet endeten, an die zitternde Stimme meiner Mutter am Hörer, als sie wissen wollte, was in einer Bombennacht passiert war, an die dicken roten Klebestreifen auf den Fenstern meiner Großeltern, die das Glas vor dem Zerbersten schützen sollten und die sich nie wieder entfernen ließen. Und dann erinnere ich mich an meine Persischstunden, zu Hause mit meiner Mutter, in Deutschland: In den mitgebrachten Lehrbüchern der Islamischen Republik hieß der Krieg «Die heilige Verteidigung» oder «Der dem Iran auferlegte Krieg», und ich konnte nie verstehen, warum das Heilige von bösen Mächten aufgezwungen war. Ich erinnere mich an die Lektion über den Kindersoldaten, der Granaten auf einen irakischen Panzer warf und starb – Opfermut und Heldenkraft, die strahlende Schönheit des Märtyrertodes.

Die etwas krächzende Stimme von Fatemeh Sepehri holt mich zurück. «Erinnern Sie sich noch, wie die Männer sich einen Sprengstoffgürtel umbanden und am Unterleib einen Löffel anbrachten, um sich im Paradies für die versprochenen Jungfrauen zu erhalten? Selbst ein Siebzigjähriger aus meiner Verwandtschaft wollte an die Front, er wurde getötet. Heute geht niemand mehr kämpfen. Niemand. Da muss man schon viel auf den Tisch legen, dass einer in den Krieg zieht. Mein Mann sagte damals nie: ‹Ich geh zur Front, um das zu holen und das zu bekommen.› Was haben dieses Regime, was haben diese Leute doch für ein Glück gehabt, dass die Menschen mit Herzblut kämpfen gingen und ihr letztes Hab und Gut opferten. Und jetzt? Nichts davon ist mehr übrig. Chomeini hatte so viel versprochen und so viel gelogen, als er noch in Neauphle-Le-Château im französischen Exil lebte. Selbst vor den Toten auf dem Großfriedhof Behescht-e Zahra machte er Versprechen! Seine tatsächliche Politik war dann das Gegenteil. Der Krieg war sein großes Glück. Ein großes Beschäftigungs- und Ablenkungsprogramm für das ganze Volk, jeder dachte nur noch an die Rettung des Vaterlandes und vergaß seine Wünsche und Erwartungen an die neue Regierung: ‹Besser nichts wollen, besser nichts sagen, es ist ja Krieg, wir müssen den Feind von unserem Boden vertreiben.› Acht Jahre dauerte der Krieg, acht Jahre, damit Chomeini jeden – Verzeihung – Analphabeten und Trottel beherrschen konnte, niemandem mehr Rechenschaft schuldig war, alle vormals politischen Verbündeten und späteren Gegner in Gefängnisse werfen, in Massengräbern verscharren lassen und das ganze Land unter die Erde bringen konnte.»

Für Fatemeh Sepehri ist klar: Der Krieg half, den Gründungsmythos der Islamischen Republik zu etablieren. David gegen Goliath, der historische Kampf der rechtschaffenen schiitischen Underdogs gegen die sunnitischen Diktatoren, der Kampf ihres Imam Hossein, des Prophetenenkels, gegen den Ummayaden-Kalifen Jazid in Karbala – der Krieg war wie die Neuauflage eines Klassikers. 1964, mehr als zehn Jahre vor der Revolution, hatte der Revolutionsführer prophezeit, dass seine Soldaten bereits in den Kinderwiegen lägen und auf den Spielplätzen seien. Er behielt recht. Fatemeh Sepehris Mann war einer dieser Soldaten. Heute werden Studenten zu den Schlachtfeldern von damals gefahren: Die Jugend soll sich «mit epischen Legenden und Lichtgestalten vertraut machen, um später die Unabhängigkeit des Landes zu gewährleisten». Dass dabei Ausflugsbusse auf den gefährlichen Strecken in weit abgelegene Gebiete in Unfälle gerieten und etliche Teilnehmer dieser Exkursionen starben, wischen die Organisatoren einfach beiseite; so ist das nun einmal, denken sie sich wohl.

Die meisten Iranerinnen und Iraner haben heute keine Erinnerung mehr an den Krieg. Siebzig Prozent sind unter dreißig, also danach geboren. Der Revolutionsfuror der Jugend von 1980 ist ihnen völlig fremd. Sie sind nüchterner, realistischer, hinterfragen vieles, sind unabhängiger von aufgezwungenen Meinungen – zu diesem Schluss kommen selbst Soziologen, die im Iran forschen dürfen. Das Bild, das dieser Jugend vom Krieg vermittelt wird, ist das eines für das Regime nützlichen, sittlichen Lehrwerks voller Emotionen. Mit der Wahrheit hat das wenig zu tun. Ein Grenzstreit, der zu einem acht Jahre tobenden Stellungskrieg ausartete? Er wäre wohl einfach zu lösen gewesen, wäre er nicht einer persönlichen Fehde entsprungen. Ajatollah Chomeini und Saddam Hussein: Zwei absolutistische Führer mit totaler Macht kämpften um die Vorherrschaft in der Region. Zeitzeugen erinnern sich, dass der Persönlichkeitskult auf beiden Seiten jedes kritische Denken verhinderte. Das Anzweifeln der offiziellen Kriegsgründe kam einem Staatsverbrechen gleich. Jede Seite glaubte an die große Verschwörung und stellte den feindlichen Staatschef als zionistischen Agenten dar. Mehr als eine Million Tote kostete der Krieg, die Mehrzahl iranisch – und fast alle iranischen Opfer kamen aus den ärmeren Schichten.

Die Revolutionsgarden legten während und nach dem Krieg den Grundstein für den Aufbau eines Verteidigungsrings jenseits iranischer Grenzen: schiitische Stellvertreterarmeen und Legionen, ob im Libanon mit der Hesbollah, im Irak mit der Badr-Brigade, in Syrien oder im Jemen. Das iranische Revolutionsregime befehligte die ersten islamischen Selbstmordattentäter. Zugleich machten viele Iraner ebenjene Revolutionsgarden, ihren verblendeten Eifer und ihre Unerfahrenheit für den ausbleibenden Sieg verantwortlich. Erst vor kurzem tauchte eine wichtige Quelle für diese Schuldzuweisung auf. Eine der BBC in London zugespielte Tonaufnahme von einer geheimen Sitzung von

Befehlshabern Anfang der 1980er Jahre enthüllt die Unzufriedenheit und die Wut vieler Soldaten über die Inkompetenz der *Sepah*-Kommandeure. Sie hatten keinerlei strategische Erfahrung, verheizten die Männer, schickten Tausende Kinder durch Minenfelder, ließen Verwundete im irakischen Sumpfland einfach zurück. Die Kritiker auf jener *Sepah*-Konferenz wurden später kaltgestellt oder starben an der Front. Die Kommandeure von damals sind heute zentrale Akteure des Regimes – und oft zu fabelhaftem Reichtum gekommen.

Das Leid der Märtyrerwitwen

Es war im Januar 1982, als Fatemeh Sepehris Ehemann als Aufklärer durch den Schnee stapfte, am Kopf getroffen und getötet wurde. Seine Leiche wurde nie gefunden. Sie liegt immer noch irgendwo im kurdischen Sanandadsch. Nicht einmal seine Tasche durfte seine Frau auspacken und behalten, sie wurde den Verwandten gegeben. Fatemeh wird still und schluchzt, als sie das erzählt, ohne den geringsten Anflug schiitischer Todesromantik und Verklärung. Was dann in ihrem Leben folgte, entfremdete sie endgültig von der jungen «Islamischen Republik». Ihr Gatte hatte in seinem Testament gefordert, dass man seine Frau in Ruhe lassen möge. Sein Hab und Gut gehöre ihr, sie sei die Erziehungsberechtigte seiner Tochter. Doch was war eine Märtyrerwitwe im neuen Iran schon wert? Die Schwiegereltern meldeten sich zu Wort, die mächtige Märtyrerstiftung schaltete sich ein. Die Eltern des Märtyrers beanspruchten einen Teil des Vermögens. Die Enkelin wollten sie selbst erziehen. Die junge Witwe wehrte sich, sie wollte vor Gericht klagen. Die Märtyrerstiftung drohte ihr und legte den Fall – der «Tradition» entsprechend – nach dem islamischen Recht aus. Der Wille des Märtyrers sei zudem gar nicht registriert, hieß es. Selbst wenn sie ihren Protest direkt zu Chomeini trüge: Der Stiftung entkäme Fatemeh Sepehri nicht.

So kam es, dass die junge Mutter zurück zu ihrem Vater ziehen musste, ihr mütterliches Recht über die Tochter verlor und die Kleine viele Jahre in dem Glauben aufwuchs, ihre Mutter sei so etwas wie die große Schwester. So kam es, dass Fatemeh Sepehri nur ein Achtel des gemeinsamen Vermögens erhielt. So kam es, dass das Sparkonto der Kleinen, mühsam von der Mutter mitfinanziert, nur von der Märtyrerstiftung geführt werden durfte und diese das Geld – das Vermögen eines Märtyrers – nicht nur nicht vermehrte, sondern irgendwann veruntreute, zum Entsetzen der Mutter. So kam es, dass Fatemeh Sepehri ihr Geld nicht anlegen und sich von ihrem Anteil keine Wohnung kaufen konnte, weil diese dank der islamischen Tradition fast gänzlich dem Schwiegervater zugesprochen worden wäre. So kam es, dass Fatemeh Sepehri ihre Witwenrente nicht rechtzeitig oder nur mit Abzügen auf ihrem Konto fand, und zwar immer dann, wenn der launische Schwiegervater meinte, die Kleine zu wenig gesehen zu haben. So kam es, dass sie auch Jahre später von der Stiftung keinen Kredit für eine Wohnung erhielt. So kam es, dass ihre erwachsene Märtyrertochter um ihr zustehende Versicherungszahlungen hart kämpfen musste, als sie ihre erste Arbeitsstelle antrat. Die Stiftung wollte ihr nichts geben, da viele junge Männer aus Märtyrerfamilien ja arbeitslos seien und diesen Männern die Hilfen ja eher zustünden als den Frauen.

Als Fatemeh Sepehri fast sechsunddreißig Jahre später mit dem Finger auf den obersten Mann im Staate zeigte und für ihre Forderung nach dem Rücktritt des Führers, Ajatollah Chamenei, ins Gefängnis kam, dort dem Mann begegnete, der sie verhörte, und im Gericht ihren Richter traf, rechnete sie mit dem islamischen Recht ihrer Gefängniswärter ab und schlug sie mit ihren eigenen Waffen: Wenn ihr gesagt werde, dass der Wille ihres gefallenen Gatten nicht registriert sei – habe denn etwa der Prophet jemals seinen Willen registriert? Und wehklagten die Schiiten nicht seit tausendvierhundert Jahren darüber, dass der Prophetentochter ihr Erbe entrissen worden sei? Dass einst ein fruchtbares Gebiet voller Dattelpalmen, das der Prophet seiner Tochter persönlich vererbt hatte, von den sunnitischen Unrechtsherrschern konfisziert worden sei? «Ihr habt den Willen eines Märtyrers mit Füßen getreten. Ihr habt uns Märtyrerfamilien eine große Lüge aufgetischt und dem iranischen Volk eine noch größere. Ihr habt uns als Augenlicht des Volkes bezeichnet, während ihr den Teppich unter meinen Füßen eingerollt, mitgenommen und unter euch aufgeteilt habt.»

Doch zuvor gab es andere Gefängnisse in ihrem Leben. Sie durfte zwar endlich zur Abendschule, holte einige Jahrgangsstufen nach, wobei ihr der kleine Bruder Nachhilfe erteilte. Sie arbeitete gelegentlich als Koranlehrerin. Dann aber heiratete sie erneut und gebar drei Kinder. «Mein zweiter Mann unterstützte mich finanziell nicht, und er erlaubte nicht, dass ich am Präsenzunterricht teilnehme», erzählt sie bitter. «Ich besuchte also eine Fernschule und schaffte es bis zur Firdausi-Universität von Maschhad, wo ich Management studierte, das Meckern meines Ehemannes darüber ertrug und nebenbei auf die Kinder aufpasste. Ich hatte nicht die besten Noten, aber ich schaffte das Diplom nach vier Jahren, mit Fleiß und Disziplin.» Der Ehemann wollte ihr nicht einmal Haushaltsgeld für den Alltag zur Verfügung stellen. Schließlich packte er seine Sachen und verließ Fatemeh und die Kinder, ohne auch nur einmal zurückzublicken – nach zwanzig Ehejahren.

Das neuerliche Unglück war ein Segen für Fatemeh Sepehri, auch wenn sie einige Jahre trauerte. «Im Koran steht, dass Ereignisse, die uns quälen, uns auch zugutekommen können», lächelt sie. Gott wollte also, dass sie aus diesem Käfig herauskommt. Jetzt war sie allein. So war es besser. Jetzt konnte sie eine beschwerliche Reise antreten, deren Errungenschaften, wie sie heute sagt, süß waren. Zumindest bittersüß, denke ich. 2007, im selben Jahr, als der Revolutionsführer davon sprach, dass die Märtyrerfamilien der Revolution «Frischblut injizierten» und dem Iran halfen, nicht zur Kolonie herabgewürdigt zu werden, im selben Jahr, als Chamenei die Märtyrerfamilien bereits vor «kritischem Denken» warnen musste, wurde Ali Asghar Sepehri, ein Chemiestudent und Fatemehs kleiner Bruder, an der Polytechnischen

Universität Teheran festgenommen, für ein Semester der Universität verwiesen und zu einer Bewährungsstrafe verurteilt. Im Zuge der Studentenproteste – einige Kommilitonen hatten in ihren Zeitschriften Freiheiten gefordert und eine Karikatur des Führers gedruckt – war es an den Universitäten schon vor dem Schicksalsjahr 2009, dem Jahr der manipulierten Präsidentschaftswahlen, unruhig geworden. Fatemehs Bruder Ali hatte öffentlich die Presse- und Versammlungsfreiheit für Studentenvertretungen und deren Publikationen eingeklagt. Als der Vater von den Behörden vom widerspenstigen Treiben des Sohns erfuhr, bat er den Allmächtigen um Beistand. «Wahrlich, wir gehören Allah, und wahrlich, wir kehren zu ihm zurück», murmelte er erschrocken. Die Geschwister taten heimlich alles, damit Ali in Teheran bleiben konnte und die Eltern nichts weiter erfuhren.

Alis Festnahme war der entscheidende Funke in Fatemehs Leben. Dass er den Propheten beleidigt haben sollte, empfand sie als Hohn. Fatemeh Sepehri war seit 1981, dem Jahr, als die Märtyrerstiftung sie um ihr Erbe betrog, keine Anhängerin der Revolution mehr. Als die Iraner über die Islamische Republik abstimmten, war sie zu jung, um teilzunehmen. Sie ging nicht zu den Demonstrationen am Jahrestag der Revolution, auch nicht zum Freitagsgebet, anders als ihre Mutter. Sie ging zur Wahlurne, aber nur bis zu jenen schicksalsträchtigen Präsidentschaftswahlen im Jahr 2009. Ansonsten hielt sie die ganze Zeit ihren Mund, sagt sie mit Nachdruck. Sie war still – bis zur Verhaftung von Ali. Ihr Bruder Mohammad Hossein sei in dieser Zeit ebenfalls wachgerüttelt worden. Als Student hatte er für den stets lächelnden Reformerpräsidenten Mohammad Chatami Stimmen gesammelt. «Er sagt immer, dass er sich dafür vor dem iranischen Volk entschuldigen müsse. Auch er begriff damals, dass das Regime nicht dem Volk dient, das Geld des Landes stiehlt und nichts außer Straftaten begeht.» Fatemeh Sepehris Haus wurde nun zum Stammtisch der Brüder. Ihre neuen Vertrauten: ehemalige Gefangene, seit Jahrzehnten aktive Menschenrechtler und die Mütter hingerichteter Iraner.

Als Mohammad Hossein, der Physiklehrer, erzählte, dass er mit Aktivisten im In- und Ausland einen Brief an den Revolutionsführer schreiben und ihn auffordern wolle zurückzutreten, war für Fatemeh Sepehri klar: Jetzt war auch sie frei. Jetzt konnte sie endlich entscheiden. Jetzt wollte sie anders denken, anders handeln und zeigen, dass es Rechte einzufordern gilt, dass sie ein Mensch ist und nicht nur ein Ding, das auf den Kopf bekommt. Sie wollte an der Seite ihres Bruders stehen, sie wollte mit Nachdruck den von ihm mitverfassten Aufruf verbreiten: «Es ist an der Zeit, dass die Menschen, dass die Denkerinnen und Denker, dass fürsorgliche Individuen eine nationale Bewegung anführen, indem sie jede pragmatische Haltung, die erst zur Zerstörung unserer Kultur und des Reichtums unseres Landes geführt hat, ablegen.» Mit den «Pragmatikern» waren die Reformer und Leisetreter gemeint, die die Politik des «Weiter so» mit ermöglicht hatten. Und weiter: «Es ist an der Zeit, mit aller Ehrlichkeit in den Ring zu treten und grundlegende Veränderungen in der Verfassung sowie den Rücktritt des Führers zu fordern, der seine Autorität täglich zu Unrecht ausdehnt.»

Fatemeh begleitete Mohammad Hossein zu einem Sitzstreik der Lehrer vor das Bildungsministerium. Und dann hatte sie die Idee, ebenfalls den Rücktritt des Führers zu fordern, dieses Mal aber nicht von vierzehn Männern unterzeichnet, sondern von vierzehn Frauen. «Ich will, dass die Frauen – jene Menschen, die am meisten in dieser Gesellschaft verwundet und gequält wurden – zu Wort kommen.» – «Gender-Apartheid» warfen die Frauen in ihrer Erklärung dem Revolutionsführer vor. Vier Jahrzehnte der Herrschaft dieses Obersten Juristen des islamischen Rechts hätten dazu geführt, dass die Hälfte der iranischen Bevölkerung auf eine unmenschliche Art und Weise ausgeschlossen worden sei, eine Hälfte mit allen Fähigkeiten und Fertigkeiten, mit der gleichen Menschenwürde, den gleichen Rechten. Sie forderten eine Regierungsform, in der die Würde der Frauen wiederhergestellt werde. Die Petition war ihr in der Verfassung verbrieftes Recht: Weder sammelten sie sich in einer gewalttätigen Bewegung, noch riefen sie zu Aufruhr auf. Doch dieses theoretische Recht bedeutete praktisch, mit einem Bein bereits im Gefängnis zu stehen. «Haben Sie mein Foto gesehen? Ich halte ein Schild hoch, neben meinem Sohn: ‹Nein zur Islamischen Republik!› Ich bin sehr zufrieden über meinen Schritt. Ich bin mir dessen gewiss. Ich will den Rücktritt von Chamenei. Nein zur Islamischen Republik. Der Iran soll territorial unversehrt bleiben. Die Verfassung soll geändert werden. Mit meinem ganzen Herzen strebe ich die Verwirklichung dieser Forderungen an.» Ich bemerke das kraftvolle «Inschallah», das Fatemeh Sepehri ans Ende ihrer Forderungen stellt, allen Kritikern zum Trotz, die sie und ihre Mitstreiterinnen und Mitstreiter für nutzlos und naiv halten.

August 2019. «Auch dies wird vergehen.» Als sie die Kalligraphie des persischen Weisheitsspruchs auf der Gefängniswand sah, fühlte sie die Stille in ihrem Herzen. Jemand musste den Schriftzug so angebracht haben, dass die Wächterinnen ihn übersehen hatten. Alles Irdische ist vergänglich, auch die Herrschaft der Gefängniswärter, dachte sich Fatemeh Sepehri. Mit einer großen inneren Ruhe hatte sie die Erklärung der vierzehn Frauen mitverfasst. Anstelle von Angst fühlte sie nur Gerechtigkeit. Sie wusste genau, auf was sie sich eingelassen hatte. Dann gingen sie und ihr Bruder vor dem Gerichtsgebäude demonstrieren, für die Freiheit eines politischen Gefangenen, der als Versehrter aus dem Krieg gekommen war und in den sozialen Medien gegen die Herrschaft der islamischen Rechtsgelehrten und den Führer opponiert hatte. Die Menge versammelte sich, einer der Mitstreiter bezeugte Fatemeh Sepehri seine Ehre, küsste dreimal ihren schwarzen Tschador. «Ich hätte früher kommen sollen, ich hätte seit 1981 hier stehen müssen», sagte sie sich, «ich komme spät, aber jetzt bin ich dabei.» Vierzehn Demonstrierende wurden festgenommen. Diese Zahl schien sie und ihren Bruder zu begleiten. Ein Zeichen! Und auch im Frauentrakt des Untersuchungsgefängnisses waren es wieder vierzehn in ihrer Zelle. Es war also vorbestimmt, dass sie hier waren, sagte sie sich lächelnd.

Als sie von den Gefängnistagen erzählt, klingt nichts in ihrer Stimme nach Kapitulation. Fatemeh skizziert vielmehr die letzten Tage eines dem Untergang geweihten Systems, das in seinen Gefängnissen so unzulänglich und korrupt ist wie in all seinen anderen Behörden und Organen. Diese viel zu kleine, abgewetzte Gefängniskleidung, die aufgestickte Waage der Justitia auf dem blauen Gefängnis-Tschador – als ob sie sich hier um Gerechtigkeit scherten. Die verdreckte Augenbinde, die sie sich jedes Mal zum Verhör überstreifen musste. Die drei alten Decken, die in der Einzelzelle ihr Bett waren: eine als Matratze, eine als Kissen, die dritte zum Zudecken. Die Tatsache, dass nirgendwo in der Zelle die Gebetsrichtung markiert war. Später im Frauengefängnis: das Mobiliar, das nicht etwa vom Staat gekauft worden war, sondern von Bahais stammte, einer verfolgten Glaubensgemeinschaft im Iran, deren Vertreter jahrelang in diesem Gefängnisbereich festgehalten wurden. Die Bettwanzen in den Matratzen. Alles so jämmerlich wie der politische Überbau.

Die Verhöre waren ein Nervenkrieg. Fatemeh Sepehri setzte dem Mann vom Geheimdienst zu, indem sie ihn mit der Logik des Regimes konfrontierte und dabei die Sprache der Propaganda benutzte, um das System vorzuführen. Möglichst so, dass sie das letzte Wort behielt. Sie maß die iranischen Politiker an den Maßstäben, die diese an den verhassten Westen setzten. Ein zermürbendes Pingpongspiel, das der Verhörten und den Verhörbeamten gleichermaßen Kraft raubte, wie sie feststellte. Zur Debatte standen zunächst die sittlichen Normen der stets in einen schwarzen Tschador gehüllten Frau. «Wissen Sie, ich verrichte das Gebet. Ich faste. Ich trage den Hidschab. Aber ich halte meine Kinder nie dazu an. Meine Töchter sehen aus wie Sie …», lächelt Fatemeh Sepehri mich an, als wir über das Verhör sprechen. Später entdecke ich, dass ihre zweite Tochter ihre Haare tatsächlich so kurz trägt wie ich – und sie auch in einer öffentlichen Ansprache nicht bedeckt.

«Jeder soll so aus dem Haus gehen, wie er oder sie mag», sagte

Fatemeh Sepehri dem perplexen Verhörbeamten. Sie will das Ende der Hidschab-Kontrollen auf den Straßen, die die Frauen zur Verzweiflung treiben; das Ende eines Systems, in dem Autofahrerinnen, deren Kopftuch beim Fahren herunterrutscht, geblitzt werden und Bußgeld zahlen müssen, damit sie nach Monaten ihr konfisziertes Auto zurückbekommen; das Ende eines Systems, das von Anfang an seine ganze Energie darauf verwendet hat, Weiblichkeit unter Kontrolle zu halten, um die eigenen männlichen Triebe zu beherrschen. In den Prophetenaussprüchen, sagt Fatemeh, stehe es doch geschrieben: Wenn den Menschen etwas verboten werde, würden sie umso gieriger danach. «Moment mal. Moment mal. Sie wollen noch mehr Freizügigkeit als jetzt?» Der Beamte störte sich bereits an der vermeintlichen Laxheit, mit der das Verschleierungsgebot umgesetzt wurde: Die Hosenbeine seien zu kurz, das Fußgelenk schaue hervor, die Mäntel seien zu weit offen.

Aufschlussreich der Dialog, der sich dann entwickelte: «Na und? Zu kurz, zu offen – was geht Sie das an? Was geht mich das an?», fragte sie ihn. «Nun, wir haben Blutzoll gezahlt. Wir haben für unser Land Blut vergossen, für den Schutz dieser Erde.» – «Ganz sicher nicht für die Kleidung der Iranerinnen. Und jetzt sagt mir nicht, dass ihr in Syrien kämpft, damit unser Schleier nicht nach hinten rutscht, wie eine eurer Märtyrerfrauen uns weismachen wollte. Ihr habt nur gekämpft, um Baschar al-Assad auf dem Thron zu halten, und ihr habt schutzlose Frauen und Kinder dort umgebracht. Nichts anderes.» – «Und was machen Sie in dem von Ihnen gewünschten politischen System eigentlich mit Homosexuellen?» – «Nichts, wir lassen sie so sein, wie sie sind. Das ist so privat wie Kleidung oder Religion.» – «Frau Sepehri, wir müssen die Würde der Gesellschaft schützen. Das wäre eine Schande.» Aber als sie ihn fragte, warum sich die Staatsgewalt nicht um Armut, Arbeitslosigkeit, Drogensucht und die Unterschlagung gigantischer Geldsummen kümmere – «Ist das denn keine Schande?» –, bekam sie keine Antwort.

Die Belästigung von Frauen im öffentlichen Raum hat mit der Zwangsverschleierung seit der Revolution erkennbar zugenommen, berichten Iranerinnen. Was machen wir in ihrem Iran mit den Männern, frage ich Fatemeh Sepehri. Können die mit der Freiheit umgehen? «Wenn der Mensch frei ist, lernt er Grenzen kennen und respektiert den Raum anderer», entgegnet sie. «Mein jüngerer Bruder lebt in den USA. Er geht gerne schwimmen. Er sagte mir, dass im Schwimmbad kaum jemand den anderen angafft. Wie damals bei uns, vor der Revolution. Jeder geht seinen eigenen Dingen nach, kümmert sich um sich. Heißt das etwa, dass im Westen nicht derselbe Gott existiert? Der Gott, der den Muslimen mit der Erzählung von Himmel und Hölle überliefert wurde?»

Will sie Lebenshilfe, hört die Koranlehrerin am liebsten einem populären iranischen Psychologen zu, der von Kalifornien aus seine Programme einem Millionenpublikum vermittelt, aus den Lehren von Erich Fromm und Carl Gustav Jung zitiert, traditionelle Erziehungsvorstellungen auseinandernimmt und dazu aufruft, sich mit den eigenen Gefühlen vertraut zu machen. Der ganze iranische Alltag wird behandelt: Eltern, die sich für ihre Kinder aufopfern, Liebende, die nie geliebt haben, aber immer die Liebe der anderen verlangen, oder die irrige Vorstellung von der «Heiligkeit» der Kultur. Fatemeh Sepehri schwebt ein Iran der Vielfalt vor. Jede und jeder – ob Muslimin, Christ, Zarathustrierin oder Bahai – solle ihren oder seinen eigenen Tempel besuchen. Jeder nach seiner Fasson. Jede mit ihrem eigenen Gewand, ob mit oder ohne Hidschab. Was am Tag des Jüngsten Gerichts passiere, sei eine ganz persönliche Angelegenheit, jede und jeder müsse so leben, wie es ihm oder ihr möglich sei. Woanders gehe es doch auch! Wie konnte es nur geschehen, dass unter den Augen der schiitischen Herren eines Nachts die kleine Moschee der sunnitischen Minderheit in Maschhad niedergewalzt wurde? Wie konnte die Islamische Republik nur die Minderheiten im Land ihrer Rechte berauben und Streit und Zwist zwischen den Volksgruppen säen? Je mehr sie darüber nachdachte, umso mehr fühlte sie, dass offenbar eine Mehrheit im Land ähnlich dachte: Nur ein säkularer Staat, nur eine nichtreligiöse, demokratische Regierung konnte diese Schande beenden, damit alle im Land endlich in Frieden und Wohlstand leben konnten.

Und die Frauen? «Ich persönlich denke, dass in der Islamischen Republik die Frauen stärker sind als die Männer. Die Herrschenden haben das in Gänze verstanden. Deshalb unterdrücken sie uns.» Als Fatemeh vor Gericht fragte, warum sie der «Heiligenbeleidigung» beschuldigt werde – sie habe in allen Verhören gesagt, dass sie stolz darauf sei, eine Muslimin zu sein –, warf ihr der Richter vor, sie habe die iranische Gesetzgebung als frauenfeindlich bezeichnet, will heißen: die islamischen Rechtsgelehrten – Männer – mit Füßen getreten. «Gut, dann sage ich es nun auch hier im Gerichtssaal und fordere, dass die Anklageschrift korrigiert wird: Euer Gesetzbuch ist frauenfeindlich. Mein Mann verließ mich und die drei Kinder, ohne sich auch nur einmal umzudrehen. Er nahm unser gesamtes Leben mit. Wenn unsere Gesetzgebung nicht frauenfeindlich wäre, hätte ich ihn vor Gericht auf Unterhalt für mich und meine Kinder und auf Vermögensteilung verklagen können.»

Einige Jahre vor der Revolution waren progressive Gesetze zum Schutz der Frau verabschiedet worden. Die Reformen hatten die Scharia, das islamische Recht, umgangen. Zum ersten Mal in der iranischen Geschichte kümmerten sich Familiengerichte mit Richtern, die ein juristisches Examen abgelegt hatten, und nicht Geistliche um Scheidungsfälle. Nur das Gericht konnte die Ehe beenden – selbst dann, wenn der Ehemann sich nicht von seiner Frau trennen wollte. Das unilaterale Recht auf Scheidung wurde abgeschafft, das Gericht entschied, wer das Sorgerecht über das Kind bekam. Die männliche Polygamie wurde auf eine Zweitfrau begrenzt. Das Recht der Frau auf Arbeit wurde gefördert, bezahlter Mutterschaftsurlaub und Kinderbetreuung wurden ermöglicht.

Die Geistlichkeit verurteilte damals diese Gesetze als «Prostitutionsförderung» und prophezeite moralischen Verfall. Linke Parteien und Gruppen kritisierten die Gesetze als «Verwestlichung» des Iran. Klerus und Linke setzten gemeinsam die Revolution in Gang. Die Gesetzgebung zum Ehe- und Scheidungsrecht war Revolutionsführer Ruhollah Chomeini offenbar so wichtig, dass er bereits fünfzehn Tage nach seiner Rückkehr aus dem französischen Exil Irans fortschrittliches und ihm verhasstes Familienschutzgesetz aufhob. Das Bajonett seiner Revolution zückte er zuallererst gegen die Frauen. Das Heiratsalter für Mädchen setzte er auf neun Jahre herab. Männer konnten wieder vier Frauen heiraten und so viele schiitische «Zeitehen» eingehen, wie sie wollten. Eine Frau hatte nicht mehr dasselbe Recht auf Scheidung wie ein Mann, der sich nach Belieben scheiden lassen konnte. Und Richter*innen* gehörten fortan der Vergangenheit an.

Der in den 1970er Jahren aufsteigende politische Islam ließ sich von der patriarchalischen Vorstellungswelt des *Fiqh*, der traditionellen islamischen Gesetzgebung, leiten. Und gerade Frauen aus verarmten, benachteiligten Schichten, die mehr als andere Gewalterfahrungen machten, spürten die ganze Härte der neuen Gesetze. Das Haupthindernis der Iranerinnen – so formulieren es heute die bekannten Frauenrechtlerinnen Mehrangiz Kar und Azadeh Pourzand – war nicht der Islam, der je nach Zeit, Ort und Anlass anders interpretiert wird, sondern die Natur der Islamischen Republik: ein «theokratisches System, erschaffen aus der politischen und gesetzlichen Verschmelzung von Regierung und Religion».

Ironischerweise protestierten gerade Frauen aus traditionellen Schichten am lautesten gegen die Aufhebung des Gesetzes: Die Revolution machte aus vielen dieser passiven Frauen Aktivistinnen. Fatemeh Sepehri ist eine von ihnen. Sie begegnete im Laufe ihres Lebens vielen weiteren Frauen, die von der Märtyrerstiftung und den Familien ihrer Männer um ihr Recht gebracht worden waren. Im Gefängnis lernte sie das ganze Ausmaß der Frauenfeindlichkeit des Regimes kennen. «Es ist doch das Recht jeder Frau zu leben. Und wenn sie es in der Ehe nicht konnte, dann muss sie zumindest nach der Trennung anständig leben können, so unterstützt werden, dass sie sich nicht prostituieren oder ein Verbrechen begehen muss, um ihre Kinder aufziehen zu können. Ich habe eine Frau gesehen, die ihrem Mann ihr ganzes Hab und Gut gegeben hatte, nur um weiter ihr Kind sehen zu dürfen. Der Mann war auf ihre Bitten nicht eingegangen, und sie hatte nichts mehr. Was machte der Richter? Er schaute sie mit einem kranken Blick an und trieb sie in eine neue Ehe: ‹Heirate, mach Kinder, dann bist du abgesichert!›»

Die Frauen der Revolution erheben sich

Die zwei Töchter von Fatemeh Sepehri haben früher als die Mutter die Lektion gelernt. Ensieh, die jüngere mit den kurzen Haaren, wandte sich mit ihrem Handy an die Öffentlichkeit, als ihre Mutter verhaftet wurde, unverschleiert, und bat die Welt um Hilfe. Prompt wurde auch sie angeklagt. Mahbubeh, die erste Tochter, hatte jüngst einen Autounfall, ein Bus streifte sie von hinten, der Fahrer floh. Sie verfolgte ihn, stellte ihn an einer Kreuzung und rief die Polizei, bis die Sache geregelt wurde. Als ihr Onkel sie fragte, warum sie ihn nicht zur Hilfe gerufen habe, wehrte sie ab: «Onkel, ich wollte dich nicht anrufen. Der Kerl hat gesehen, dass ich eine Frau bin. Deshalb ist er geflohen. In diesem Land müssen Frauen so handeln, dass sie von den Männern in aller Deutlichkeit wahrgenommen werden.» Fatemeh Sepehri erzählt mit Stolz von ihrer Tochter und wiederholt mit fester Stimme: «Frauen verarzten ihre Wunden, indem sie ihr Recht einfordern – vom Mann, vom Land, vom Präsidenten, vom Führer. Gebt uns unser Recht! Die Zukunft des Iran sind die Frauen. Die Mütter der Gefangenen. Die Mütter der Getöteten. Die Mütter der Gefolterten. Sie werden das Genick der Islamischen Republik brechen.»

«Auflehnung gegen den Einsatz in Syrien» war ein weiterer Anklagepunkt gegen Fatemeh Sepehri. Immer wieder wies sie den Verhörbeamten darauf hin: Der Kampf müsse doch im Iran selbst ausgetragen werden. Er sei der Einsatz gegen Armut, Arbeitslosigkeit und Drogensucht. «Wir kämpfen in Syrien gegen den Islamischen Staat», beschwichtigte er sie. Die Menschen, die auf iranischen Straßen im Müll nach Essen wühlen – ein mittlerweile typisches Bild in den Großstädten –, waren für den Verhörbeamten fast alle Ausländer, Afghanen und Pakistaner. Fatemeh Sepehri folgte seiner Ausrede und machte einen konstruktiven Vorschlag. «Und woher kommen die Drogen zu uns? Etwa nicht aus Afghanistan? Sehen Sie, dann bringen Sie Ihre Streitkräfte doch an unsere Grenzen. Dort, an der Grenze, können sie den IS abwehren, dort können sie Drogenimporte eindämmen, dort können sie die ausländischen Müllsammler, wie Sie sie nennen, aufhalten.» Jeden Tag fragte sie den Verhörbeamten nach ihrem Krieg in Syrien.

«Unser Land steht unter Sanktionen», sagte der Verhörbeamte weiter. «Wir haben nichts. Die Oliven, die Sie auf dem Markt sehen, kommen aus Syrien.» Fatemeh Sepehri lachte laut auf. Als ob es keine iranischen Oliven gäbe! «Was waren denn die Errungenschaften Ihrer Rufe nach dem Tod Israels und Amerikas? Sie erliegen Trugschlüssen, hören Sie auf mit Ihrer Haarspalterei, kümmern Sie sich um Ihr eigenes Land! Sie haben hier, dreißig Jahre nach dem Krieg, nach den Naturkatastrophen der letzten Jahre, vieles nicht wiederaufgebaut – und dann bauen Sie Häuser in Syrien?» – «Nun, Assad hat uns im Krieg geholfen, und wir sind seiner Familie zu Dank verpflichtet.»

Fatemeh Sepehri seufzte tief und wiederholte: Das also war die Verbundenheit, der immer noch nicht abgegoltene Dank an den syrischen Diktator. Er bestand darin, Syrer zu töten – für Baschar al-Assad. Während Assad geholfen wurde und die Stiftung des Kommandeurs der Revolutionsgarden, Ghassem Soleimani, riesige Summen hin und her schob, konnte Fatemeh Sepehris Schwiegertochter kein Pflanzenöl mehr auf dem Markt finden, weil den Fabriken im Iran die Rohstoffe für die Herstellung fehlten. Die Wirtschaft des Landes sei eingeschlafen, da gebe es eben keinen Mais und keinen Sesam mehr, erklärte ihr der Händler. Der Metzger konnte Fatemeh Sepehri keine

Hühnerschnitzel verkaufen – sie solle ein ganzes Huhn nehmen. Als sie nach dem Preis der Hühnerfüße fragte – etwas, das im Dorf, in dem Fatemeh Sepehri aufgewachsen war, den Hunden zum Fraß gegeben wurde –, erschrak sie. Wie nur sollte sie die Hühnerfüße den Enkeln schmackhaft machen? Eine Suppe kochen und ihnen am besten nichts sagen, dachte sie.

Fragt man Journalisten im Westen, so werden Sanktionen und der Zusammenbruch der Ölexporte als Hauptgrund für die iranische Wirtschaftskrise genannt. Laut Insidern und Experten im Land hingegen haben die seit Jahrzehnten grassierende Korruption und eine fehlgeleitete Politik die Wirtschaft des Iran an den Rand des Einsturzes gebracht: die ineffiziente Bürokratie, das Missmanagement der Wechselkurse, enorme und ungerechte Energiesubventionen, die Entwertung der Währung und die daraus folgende massive Inflation, der Schutz verlustreicher heimischer Industrien und ein destruktives Geschäftsklima – die Regierungen hätten alle verantwortungslos gewirtschaftet. Vor allem Vetternwirtschaft und Einkommen dank politisch erwirkter Privilegien (die sogenannte politische Rente) behinderten den wirtschaftlichen Fortschritt. Ohne Transparenz würden die Bürgerinnen und Bürger selbst nach Aufhebung der Sanktionen nicht vom Volksvermögen profitieren.

«Aber in dieser Misere», empört sich Fatemeh Sepehri, «geht es den Männern an der Macht vor allem darum, dass der Schleier nicht nach hinten rutscht! In dieser Misere besteht das einzig konsequente politische Handeln in der Bekämpfung der Frauen. Wissen Sie, seit wie vielen Jahren in Isfahan und woanders Säureanschläge auf Frauen stattfinden? Hunderte. Aber kein einziger Täter wurde gefunden. Kein einziger. Warum wohl nicht? Weil die Männer an der Macht selbst dahinterstecken.» Eine Fotografin, die die Opfer dieser Anschläge dokumentierte, ihre verschwundenen Augen und verätzten Gesichter in Porträts festhielt, ist seit kurzem in Haft, ergänze ich. Und die Revolutionsgarden nahmen mehrere Frauenrechtlerinnen fest, die eine Kampagne für die Opfer lanciert hatten. Die Erinnerung an die grauenvolle Tat ist den Machthabern offenbar unangenehm.

Und so ist es nachvollziehbar, dass der Feind von Fatemeh Sepehris Feind ihr Freund ist. Wer die Geldkanäle und Einkommensquellen des Regimes stilllegt, hat ihre Zustimmung. Selbst wenn sie persönlich darunter leidet, will sie «die Zähne zusammenbeißen», denn: Wenn *sie* hungert, sollen auch die Verantwortlichen hungern. Warum auch sollte es sie kümmern, fragt sie mich, ob die Verantwortlichen genug Geld haben – wenn bei ihr nichts davon ankommt? Wo seien denn die Gelder gelandet, die vom damaligen amerikanischen Präsidenten Barack Obama nach dem Atomdeal im Jahr 2015 freigegebenen wurden? Das Land habe nichts von ihnen gesehen. Donald Trumps Sanktionspolitik sei die einzig richtige Gangart gewesen, ist sie überzeugt, als wir nach seiner Abwahl miteinander sprechen. Trump habe die Ölexporte des Regimes eingeschränkt und die außenpolitischen Abenteuer der Funktionäre zumindest etwas abbremsen können.

Mit dieser Meinung steht Fatemeh Sepehri nicht allein da. Viele Iranerinnen und Iraner teilen ihre Sicht. Sie ist so populär, dass selbst die Tochter eines verstorbenen Reformpolitikers und Expräsidenten, Faezeh Rafsandschani, sie nach Trumps Wahlniederlage gegen Joe Biden vertrat, und das auch noch in einem Interview im Iran, in vollem Bewusstsein der damit verbundenen Gefahren: «Als Amerikanerin hätte ich Trump nicht gewählt. Aber für den Iran hätte ich seine Wiederwahl gerne gesehen. Wenn der Druck Trumps fortbestanden hätte, wären wir gezwungen gewesen, unsere Politik zu ändern. Und diese Änderungen wären zum Wohl des Volkes gewesen.»

Ich schüttele indes den Kopf und will Fatemeh Sepehri erklären, was für ein gefährlicher Antidemokrat der ehemalige US-Präsident ist. Seine Politik des maximalen Drucks habe überhaupt nichts gebracht, will ich ihr erläutern – außer die Hardliner zu ermutigen und das Volk ärmer werden zu lassen. Doch ich halte kurz inne. Und werde mir bewusst, dass Fatemeh Sepehri jedes Recht hat, sich von einem Donald

Trump gesehen und verstanden zu fühlen. Wer bin ich, dass ich eine im Iran populäre Meinung, die ich immer wieder gehört hatte und hören werde, nicht anerkenne und nicht dokumentiere – nur weil sie vielleicht von den Ansichten der Intellektuellen abweicht? Nur weil sie die Politik eines in Europa zu Recht höchst unbeliebten Mannes gutheißt? Nur weil ich, die ich im freien Westen lebe, diesen Teil von Volkes Stimme, diese Wut und Verzweiflung, vielleicht nicht «schick» genug finde für mein Bild der Lage? Will ich den Schrei, der dahintersteckt, etwa verschweigen?

Einige Wochen nach unserer Begegnung schickt Fatemeh Sepehri zusammen mit dreißig weiteren Aktivisten einen Brief an Trumps Nachfolger Joe Biden und fordert ihn auf, den maximalen Druck auf den Iran aufrechtzuerhalten, Menschenrechtler zu unterstützen und die Entschlossenheit vieler Iraner anzuerkennen, die – in einem fairen Referendum – für eine säkulare Demokratie stimmen wollten. Wie hatte Fatemeh Sepehri es beschrieben? «Der Weg ist lang, aber die Errungenschaften sind süß.» Vielleicht dauere es noch zehn Jahre, bis dieses unreformierbare System sich seinem Ende nähere. Bis die immer kleiner werdende Minderheit, die ökonomischen Nutzen aus dem System ziehe und in Luxus lebe, das Ende der Annehmlichkeiten begreife. Bis die russischen Waffen, die die Republik aufrechterhielten, zur Neige gingen. «Die da oben haben uns betrogen. Das, was sie taten, stand uns nicht zu. Und wir haben dafür zweiundvierzig Jahre lang bezahlt», murmelt sie am Ende unserer Begegnung.

Neun Monate blieb Fatemeh Sepehri im Gefängnis. Als der Oberste Führer sie begnadigte, lehnte sie seinen Erlass erbost ab. Sie wolle weiter in der Haftanstalt bleiben, sagte sie mit beißendem Spott, denn zumindest hier könne sie vom kostenlosen Strom und Wasser profitieren, beides hatte Ajatollah Chomeini 1979 dem iranischen Volk versprochen – ohne sein Versprechen je einzulösen. Die Drohungen ihrer Verhörbeamten konnten ihrer Verhöhnung der Islamischen Republik nichts anhaben. Das Strafmaß lautete schließlich fünf Jahre auf Bewährung und mehr als hundert Peitschenhiebe. Sie sollte nichts davon publik machen. Als sie widerwillig das Gefängnis verließ – ihr kranker Bruder ist bis heute dort –, protokollierte sie jeden Tag ihrer Haft für die Öffentlichkeit. Ein Dokument des moralischen Triumphs über das Regime. Sie beendete ihre Tonaufnahme am Ghadir-Fest, ein Feiertag, der daran erinnert, wie – der Überlieferung zufolge – der Prophet Mohammed seinen Schwiegersohn Ali zu seinem rechtmäßigen Nachfolger ernannt hatte. Für Fatemeh aber mahnte der Feiertag daran, dass die Islamische Republik wahrlich schlimmer ist als die Feinde der Partei Alis, schlimmer als die Feinde der Schiiten.

Monate später tauchten in den iranischen sozialen Medien mehrere Fotos aus dem Privatleben eines prominenten Regimefunktionärs auf. Ein investigativer Journalist hatte sie gefunden. Ein Foto soll die Tochter des Direktors der Märtyrerstiftung, Hamid Ali Samimi, in Australien zeigen. Sie trägt auf Instagram ein lose gestricktes, knappes Top und präsentiert ihre durchtrainierten Bauchmuskeln. An ihrem Arm prangt ein fröhliches, persisch inspiriertes Tattoo. Ein weiteres Foto zeigt Samimis Sohn und eine heiter lachende, unverschleierte Frau. Es heißt, er habe mit seiner Gattin in den Niederlanden erfolgreich Asyl beantragt.

Fatemeh Sepehris Bruder Mohammad Hossein, der Physiklehrer, sitzt immer noch hinter Gittern. «Er ist eigentlich zu krank für eine Haftstrafe, an seinem Körper sind Folterspuren zu sehen», erzählt sie. Die Besuchszeiten wurden gekürzt und seine Telefonkarte einbehalten, er kann nicht mehr mit seiner Frau und seinen zwei kleinen Kindern telefonieren. Sein Zustand versetzt die Schwester in brennende Wut. Bei ihrem letzten Besuch im Gefängnis wandte sie sich an die Wärter und sagte: «Wenn man die Feder immer fester spannt, wird sie eines Tages beim Aufspringen euch alle hinauswerfen.»

Im August 2021 wurden Fatemeh Sepehri und einige Mitstreiter in einem Park in Maschhad mit Elektroschockern angegangen und festgenommen. Nach einer Woche durfte sie das Gefängnis verlassen.

2. DER WENDEPUNKT

Als ich im Flugzeug die schneebedeckten Alpen sehe, frage ich mich, ob Shiva sich bei ihrem ersten Anblick wohlfühlte, ob die Gipfel ihr vertraut vorkamen und sie sogleich an Teheran erinnerten, ihre Heimatstadt am Fuß des Elburs-Gebirges. Dass mich die Reise zu ihr ausgerechnet nach Südosteuropa führen würde – ich bin irgendwo zwischen Italien, Österreich, Kroatien und Ungarn gelandet –, hatte ich nicht erwartet, als ich zehn Jahre zuvor auf das Schicksal von Shiva aufmerksam geworden war. Die Hauptstadt von Slowenien: eine gepflegte, romantische, irgendwie mediterrane Postkartenidylle. Während ich über kopfsteingepflasterte Gassen zu ihrer Wohnung laufe, vorbei an einem Brunnen mit antiken Wassergöttern, einer Burg auf einem Hügel, an Cafés am Ufer der Ljubljanica, denke ich zurück.

Im April 2011 wünschte ich mir, ich hätte Shiva Nazar Ahari persönlich kennengelernt. Was trieb diese Frau an? Wer war sie? Ihr Foto war hinter mir auf einer großen Leinwand eingeblendet, sie hatte glatte dunkelbraune Haare, große Augen, hohe Wangen, elegante Hände und einen türkisblauen Schal, der ihr Gesicht locker und sanft umrandete und ihre persische Schönheit unterstrich. Eine Augenweide. Während vor dem Neckar Forum der Stadt Esslingen eine riesige Flagge der Islamischen Republik wehte, stand ich im festlich geschmückten Saal vor Shivas Porträt und stellte das Leben der Studentin dem Publikum vor. Eine Frau Mitte zwanzig, die von der Stadt mit dem internationalen Theodor-Haecker-Preis für «politischen Mut und Aufrichtigkeit» geehrt worden war, aber nicht nach Deutschland reisen durfte, um die Auszeichnung entgegenzunehmen. Der Gemeinderat Esslingens hatte in einer Resolution die Bundesregierung aufgefordert, auf die iranische Regierung einzuwirken, damit die unmittelbar drohende Strafe für Shiva Nazar Ahari – vierundsiebzig Peitschenhiebe und vier Jahre Haft – ausgesetzt werde. Die Trägerin des Internationalen Menschenrechtspreises der Stadt habe doch «lediglich von ihrem Menschenrecht auf Rede-, Meinungs- und Versammlungsfreiheit Gebrauch gemacht». Im Saal wurden ihre Worte verlesen: «Dort, wo dein Herz für nur einen einzigen Menschen und seine Rechte zitterte, dort fing dein Wanken an. Dort fingen die Verhöre und Fragen an. Dort, wo dein Herz für nur einen Menschen zitterte, für einen Gefangenen, für eine Frau, für ein Kind, das arbeiten muss, dort fing dein Vergehen an. Dort begingst du die erste Straftat, wo du begannst, an den Menschen zu glauben, wo du begannst, den Menschen zu verteidigen, und sonst nichts mehr.»

«Die Anklage gegen Shiva gipfelt in dem Vorwurf, eine *Moharebe*, eine Feindin Gottes zu sein. Juristisch ist damit der Weg zur Todesstrafe frei», erklärte ich auf der Bühne, während ich das Stirnrunzeln und die Fassungslosigkeit in den Gesichtern einiger deutscher Gäste vor mir bemerkte. Ich sprach weiter: «Kurz nach der Revolution bezeichnete das Regime alle Oppositionellen als ‹Feinde, die gegen Gott und seinen Propheten Krieg führen›. Revolutionsführer Chomeini erhob vor seinem Tod den Führer zu einem, wie er sagte, ‹Zweig der absoluten Herrschaft des Propheten Gottes›. Damit wurde der Kampf gegen den Führer zu einem Kampf gegen Gott. Nach traditionellem islamischem Recht bedeutet *Moharebe* übrigens: Verbreitung von Unheil auf Erden, Brunnenvergiftung, Räuberunwesen, Töten unbewaffneter Menschen.» Einigen im Publikum fiel es sichtlich schwer, das Gesicht einer modernen und ausgesprochen selbstbewusst blickenden Frau mit archaisch anmutenden Begriffen aus einer anderen Zeit zusammenzubringen.

Als ich erstmals im Oktober 2020 an Shivas Tür in Ljubljana klingle, höre ich einen Hund. Ich gehe eine Steintreppe hoch, dann durch einen Korridor, als mir Hanna aufgeregt entgegenkommt, ein weißer Cocker-Dackel-Mischling mit langen braun-schwarzen Ohren, die wie Zöpfe aussehen. Shiva und ihr Mann Pujesch lächeln mich an: «Wir haben Hanna aus dem Iran mitgebracht, und sie platzt vor Glück hier.

Auf die Steinwüste Teheran kann sie getrost verzichten nach diesem grünen Paradies.» Nachdem die beiden mir ihre Stadt gezeigt haben, die nun seit fast zwei Jahren ihr neues Zuhause ist, wird Hanna von Shiva im Bad gewaschen und zärtlich abgetrocknet, nach jedem Gassigehen die gleiche Prozedur; eine sehr persische Art, Haustiere zu halten, denke ich mir. Pujesch, der in Teheran ein Kulturcafé geführt hatte, hat Makkaroni im Reiskochtopf zubereitet und wie einen Kuchen gestürzt. Während wir die Nudelkruste krachend zerbeißen, reden wir über das Viertel in Teheran, in dem Shiva aufgewachsen ist. Nezamabad im Osten der Stadt ist eher ein Arbeiterviertel, laut und grob, Schlägereien waren keine Seltenheit, die Jungs gerierten sich als Aufpasser, die die Ehre der Mädchen verteidigten. «Und du spürtest diese ständige Beobachtung», sagt Shiva. Sie erinnert sich an den Geruch von Brot in ihrer Straße, an den Duft von Tomatenmark, das ihre Mutter im Garten zubereitete, an den Geruch von Opium, das in Nezamabad geraucht wurde, und an die gegrillte Leber, die der Laden an der Straßenecke verkaufte.

Die «verbrannte Generation»

Teheran in den 1980ern. Shiva war die mittlere Tochter der Familie, drei Schwestern, ein Bruder. Sie lebten in einem damals noch typischen Teheraner Wohnhaus: zwei Stockwerke. Unten wohnte die Großmutter, oben die Familie, die Kinder hatten nur ein Durchgangszimmer, und wenn Shiva ungestört lernen wollte, verkroch sie sich auf die Treppe zum Dachboden oder ins Badezimmer. Niemand in ihrer Familie war nach der Revolution ausgewandert. Ihre Familie war nie besonders politisch, fällt ihr auf. Oder vielleicht doch? Ihr Vater sei auf die Revolutionsdemos gegangen. Ihre Mutter blieb «der ganzen Revolutionssache gegenüber skeptisch, seit dem ersten Tag». Sie hatte früh geheiratet und bald das erste Kind bekommen. «Ich hätte mir so sehr gewünscht, dass meine Mutter nach der Heirat studiert, eine Ausbildung gemacht hätte. So sehr», seufzt Shiva. Der Vater arbeitete in einer Druckerei oder verkaufte Holz, eröffnete eine Konditorei oder versuchte sich als Autoverkäufer, immer mit Verlust, er sei zu ehrlich fürs Geschäftemachen gewesen. In der Erziehung der Kinder war er der Lockere, die Mutter die Strenge, nicht besonders religiös, aber konservativ, vor allem gegenüber den Töchtern. Sie achtete genau darauf, mit wem sie verkehrten, nicht dass noch irgendwo ein *Boyfriend* im Spiel war, eine voreheliche Liebelei.

Die Schule beschreibt Shiva als einen Folterort, so wie Mädchenschulen im Iran eben sind: Wer aus dem Rahmen fällt, muss gehen, und den meisten wird das Leben zur Hölle gemacht. Ein kleiner Handspiegel in der Tasche, weiße Sportsocken, ein Haarreif unter dem obligatorischen Kopftuch, eine hervortretende Haarsträhne, all das konnte zu Diskriminierung und Ausschluss führen. Shiva hatte Spitzennoten, sie führte eine Clique an und war frech wie ein Junge. Als sie eine Dose mitbrachte, die ihr Vater ihr geschenkt hatte – ein Scherzartikel mit herausspringender Feder –, und die Mitschülerinnen sich um sie sammelten und über das wundersame Ding lachten, wurde sie für einige Tage der Schule verwiesen. Die Dose bekam sie nie zurück. Ihr Vater weinte, nachdem er in die Schule zitiert worden war. Seine Tränen und die Erniedrigung, die die Schule ihm zugefügt hatte, vergaß sie nie.

«Nennen wir es ein Lagersystem. Oder ein Dreckssystem», sagt sie heute, als sie ihre Erinnerungen abtastet und sich ein besonders schmerzhaftes Ereignis ins Gedächtnis ruft. Ein Tag im November 1997, als die iranische Fußballnationalmannschaft gegen Australien spielte, um sich – erstmals seit langem – für eine Weltmeisterschaft zu qualifizieren. Shiva liebte Sport, sie liebte Fußball, aber sie wusste genau, wie gefährlich es war, Bilder von Fußballspielern zu sammeln, über Fußball auch nur zu sprechen oder mit den Freundinnen im Schulhof Fußball zu spielen – sie hatte bereits Verweise dafür bekommen –, geschweige denn zum Tag der Austragung ein Radio in die Schule mitzubringen.

Für die Teenagerin war das Spiel ein Jahrhundertereignis, der Iran war zurück auf der Weltbühne, einige Eltern baten um Nachsicht, doch ausnahmsweise eine Stunde ausfallen zu lassen, die Schule aber blieb hart. Sie erlaubte ihr lediglich, nach dem Unterricht fiebrig ihre Utensilien in die Tasche zu werfen und keuchend nach Hause zu rennen, um noch einige Minuten von der zweiten Halbzeit mitzubekommen. An der kollektiven Siegesfreude auf der Straße durfte die Teeagerin – als Frau – nicht teilnehmen. Immer noch schwingt Wut in ihrer Stimme mit, wenn sie sich an diesen Tag erinnert. Als wir auf dem Sofa sitzen und gemeinsam die Olympischen Spiele in Tokio anschauen – Shiva hat sich per VPN in das iranische Netz eingeschaltet und streamt die Übertragung des Spiels der iranischen Volleyballmannschaft gegen Polen auf dem Fernseher, sie feuert die Mannschaft an, sie kennt alle Regeln –, muss sie jäh daran denken, dass Frauen im Iran immer noch nicht in der Halle oder im Stadion ihren Sportlern und Mannschaften zujubeln dürfen. Ihr Gesicht verfinstert sich kurz.

«Vielleicht veränderte sich etwas im Iran, als ich siebzehn oder achtzehn war. Oder ich selbst veränderte das Kräftespiel. Oder beides.» Shiva Nazar Ahari war ein Kind der ersten Revolutionsdekade, jener Zeit, in der mehr als zwanzig Millionen Kinder geboren wurden – ein Bevölkerungsschock während eines Krieges, einer Rezession und einer Inflation, gleich einer Wassermasse, die in ein viel zu schmales Flussbett gepumpt wurde und später als «verbrannte Generation» in die Bücher einging. Als die Kinder der Revolution erwachsen wurden, brach die Zeit der Reformen an. Shiva nennt es Renaissance, ein geistiges Erwachen, das sich für sie zuerst in den Gesichtern der Frauen ausdrückte. Irgendetwas sei passiert, aber was genau, das fragt sich Shiva bis heute. Der plötzlich auftauchende dunkelblaue Lack auf den langen Fingernägeln der Cousinen, deren nun zu einer geschwungenen Linie gezupften Augenbrauen – alles Veränderungen, die, wenn überhaupt, traditionell erst nach dem Schulabschluss einsetzten und zu früh in Shivas Welt einbrachen. Während ihre älteren Schwestern auf ihrer eigenen Hochzeit noch nicht einmal ihren Oberlippenflaum entfernen und die Cousinen bis vor kurzem noch nicht einmal offene Schuhe tragen durften, besuchte nun jede Teenagerin ein Kosmetikstudio: Was zur Hölle war plötzlich los?, fragte sie sich.

Noch etwas veränderte sich: Es war die Zeit, als die Familie eine Satellitenschüssel auf dem Dach montierte und über die Exilmedien erfuhr, wann und wo eine Demonstration gegen die Regierung stattfinden sollte. Es war die Zeit des ersten und letzten Reformerpräsidenten, Mohammad Chatami. Die Zeit der wiedererstarkten Studentenbewegung, die Zeit einer neuen studentischen Nachrichtenagentur, die viele Studenten in die Reformerpresse hievte. Es war die Zeit, als Shivas Biologielehrerin in der Klasse über «die Lage im Land» diskutierte und die Schulkameradinnen ständig «Sitzstreiks» organisieren wollten für diese oder jene Forderung. Die Zeit, als die Studentinnen bei den nationalen Aufnahmeprüfungen der Universitäten erstmals vor ihren männlichen Mitbewerbern lagen, die Zeit, als zum ersten Mal der Internationale Frauentag öffentlich begangen wurde. «Ich glaube, es ist nichts Ungewöhnliches im Iran, dass du in einem bestimmten Alter, wo du klar denken kannst und deine Umgebung gesehen und analysiert hast, zu einem protestierenden Menschen wirst. Alles um dich herum bringt dich zu dieser Schlussfolgerung, dass etwas nicht stimmt in diesem Land. Wenn du eine Frau bist, ist das noch größer und klarer für dich.» Shiva war achtzehn, als sie zusammen mit ihrer Mutter und ihrer Schulfreundin Hanieh das erste Mal auf eine Demonstration ging: eine Mahnwache zum Gedenken an die gewaltsame Niederschlagung der Proteste des Jahres 1999, als Studenten in Teheran tagelang gegen die Schließung einer Zeitung und weitere Einschränkungen der Pressefreiheit demonstrierten und von Polizeikräften in Zivil und den Paramilitärs des Regimes brutal angegriffen wurden. Der Anblick der Fotos von den verbrannten Zimmern des Studentenwohnheims und die Nachricht über mehrere Tote waren ihre politische Reifwerdung, sagt sie. Der Reformerpräsident stellte sich nicht hinter die empörten Studentinnen und Studenten. «Er war von Anfang an feige», erinnert sie sich. Die Studentenbewegung wurde daraufhin deutlich radikaler in ihren Forderungen, in den folgenden Jahren erklang gar der Ruf, die Herrschaft der islamischen Rechtsgelehrten abzuschaffen.

Für Shiva war klar: Sie wollte auf die Universität. Nicht unbedingt nur, um zu studieren, sondern um als Dissidentin zu arbeiten. Es folgten kurz hintereinander zwei weitere «politische Aktionen», die letzte, im Jahr 2002, bestand darin, vor der Teheraner Universität nachts ein paar Kerzen zur Erinnerung an die Opfer der Attentate vom 11. September anzuzünden – offiziell eine Kundgebung gegen Terrorismus und für Mitgefühl mit den amerikanischen Opfern, aber für Shiva ging es in erster Linie darum, auf einer Veranstaltung zu erscheinen, die dem Regime überhaupt nicht schmeckte. Kaum dreißig Menschen kamen. Sie lief um den Platz und hatte noch nicht einmal die Kerzen ausgepackt, als sie festgenommen und zur Polizeiwache gebracht wurde. Als sie und die anderen darum baten, ihre Familien anrufen zu können, wurde ihnen spöttisch entgegnet, der amerikanische Präsident George W. Bush werde sich schon noch bei ihren Verwandten melden. Bereits die Fahrt zur ersten Haftanstalt war eine groteske Show; sie sollten sich bücken, sonst würden sie erschossen, und allerlei andere Drohungen, die sie beeindrucken sollten. Dabei waren die Frauen und Männer der Kerzenaktion einfache Bürgerinnen und Bürger und keine bekannten Aktivisten. «Ich sah, wie einer dieser verdammten Offiziere sich gerade für das Abendgebet rituell gereinigt hatte, und in diesem doch angeblich reinen Zustand fing er plötzlich an, einen Gefangenen aus unserer Gruppe heftig zu verprügeln», erinnert sich Shiva. Was vom Glauben in der Achtzehnjährigen noch übrig war – in der Kindheit eingepflanzt, mit Warnungen vor dem Höllenfeuer und Sprüchen wie «Ihr werdet an den Haaren aufgehängt, wenn ihr sündigt» im Laufe der Zeit zur Gewohnheit und Routine verknöchert, wie das Tragen eines Tschadors und das Verrichten des Frühgebets –, verschwand im

Gefängnis schließlich mit der Erkenntnis, dass jede Religiosität von Anfang an falsch war.

Shiva wurde mit zehn anderen Frauen in eine viel zu kleine Zelle gepfercht. Sie legten sich auf den verdreckten Teppichboden, zählten die Kakerlaken und tauschten im Minutentakt den Platz vor der einzigen Sauerstoffquelle, den Schlitz in der Tür, an dem jede für einen Moment Luft holen konnte. Dann wurden sie ins berüchtigte Evin-Gefängnis gebracht, Trakt 240, in den normalerweise nur besonders ungehorsame Gefangene verlegt wurden. Shivas winzige Einzelzelle stank nach Erbrochenem und mehr, der Dreck triefte von den Wänden. Sie wollte beten, das Ritual verlangte von ihr eine Waschung, weil sie gerade ihre Regelblutung hatte – aber jede Bitte darum wurde abgewehrt. Erst nach zwei Wochen durfte sie duschen, nach vier Wochen an die frische Luft. Die Eltern verpfändeten das Haus des Großvaters – die Bewährungsstrafe, damit die Tochter nach einem Monat das Gefängnis verlassen konnte. Danach betete sie nie wieder. «Was für eine Idiotie, unerfahrene, harmlose Menschen, die noch nie wirklich politisch aktiv waren, einem solchen Unrecht auszusetzen. Es war kein Wunder, dass in ihnen allen, genau wie in mir, ein politischer Tatendrang erwachte», sagt Shiva.

Nach dieser Erfahrung waren die Fronten klar gezogen. Sie war jung und radikal, sie forderte Meinungsfreiheit, Demokratie, die Trennung von Staat und Religion. Sie boykottierte sämtliche Parlaments- und Präsidentschaftswahlen, sie wandte sich ab von vermeintlichen Reformern wie dem damaligen Präsidenten Mohammad Chatami, den sie für unfassbar verzagt hielt. Mit einigen ehemaligen Mitgefangenen gründete sie die Frauenorganisation «Tara», veröffentlichte Erklärungen, besuchte politische Zirkel und Proteste. Wären Humanwissenschaften im Land frei gelehrt worden, wären sie ihre erste Wahl gewesen, aber so schrieb Shiva sich an der Universität im Fach Bautechnik ein, in Ermangelung von Alternativen und weil «der Ingenieur» ein gesellschaftliches Ideal war. Shivas Vorbilder indes saßen im Gefängnis:

Es waren Männer, Aktivisten und Studenten, die im Protestjahr 1999 verhaftet worden waren, nach dem brutalen Überfall auf das Wohnheim der Universität Teheran. Das Schlimmste für einen Gefangenen ist, nicht mehr gehört und vergessen zu werden, dachte sie sich. Was sie selbst in ihrer Zelle erlebt hatte, wurde zum Zentrum ihrer Arbeit, und sie entwickelte sich zur Stimme der politischen Gefangenen. Shiva trat dem Studentischen Komitee zur Verteidigung politischer Gefangener bei. Deren Anführer hatte die erste unabhängige Studentenorganisation gebildet, dafür lange Jahre in Haft gesessen und aus dem Gefängnis heraus Folter und Misshandlungen politischer Gefangener enthüllt – ein säkularer Demokrat, der nicht an die Reformierbarkeit des Regimes glaubte.

Das war Anfang der 2000er Jahre, die Zeit der aufkommenden Blogger. Shiva schrieb Berichte über politische Gefangene, ihre Handynummer kursierte im Gefängnis. Als sie erneut bei einer Demonstration festgenommen und zum Verhör zur Staatssicherheit gebracht wurde, schmiss der Vater, der stets ruhig und nett gewesen war, Shivas sämtliche Lehrbücher in die Badewanne und wollte sie anzünden. Sie solle einfach überhaupt nichts mehr lernen, sie habe jedes Maß überschritten und dürfe nicht mehr aus dem Haus. Ihre Mutter kam ihr zu Hilfe, sie befürwortete die akademischen Ambitionen der Tochter. Shivas Noten waren die besten unter den Geschwistern, aus dem Kind solle doch was werden, an sie knüpften sie doch ihre Hoffnungen. Vergeblich, denn eines Morgens stand die Polizei im Haus, durchsuchte die Wohnung. Erneut wurde die Tochter einen ganzen Tag lang verhört, und wenn Shiva heute darüber nachdenkt, wie viel Angst die Behörden allein vor ihrer lächerlichen Frauenorganisation mit gerade einmal vier Mitgliedern hatten, muss sie den Kopf schütteln, so kindisch erscheint ihr der damalige Aktivismus und die Reaktion des Staates, der hinter dem Namen «Tara» eine illegale Befreiungsbewegung vermutete.

Bei Shivas nächster Aktion – ein Sitzstreik vor dem Teheraner

UN-Büro – begleitete sie ihre Mutter als Aufpasserin. Prompt wurden beide festgenommen und ins Evin-Gefängnis gebracht. Dieses Mal kam Shiva in Trakt 209, der der Staatssicherheit unterstand und in dem politische Gefangene inhaftiert sind. Aus nächster Nähe durfte sie erleben, dass sie ihre Kraft von ihrer Mutter geerbt hatte, die gefasst und gelassen blieb. Sie hatte es fortan immer mit demselben Sicherheitsbeamten zu tun. Nach einem Monat kam sie auf Kaution frei, Mutter und Tochter erhielten Bewährungsstrafen. Nun redete die Familie auf die Mutter ein, sie solle aufhören, ihre Tochter zu unterstützen, zwei Bewährungsstrafen im zarten Alter von zwanzig Jahren könnten das ganze Leben der jungen Frau ruinieren. Aber Shiva hatte sich bereits innerlich von der Familie entfernt. Sie hörte nicht auf die Sorgen der Mutter. Und die Eltern sperrten sie nicht ein. Nur Hanieh verlor sie, ihre Mitstreiterin und Schulfreundin, deren Eltern den Umgang mit Shiva verboten. Die Abkehr von Hanieh riss ein Loch in ihr Leben, so schmerzhaft, dass sie es bis heute spürt.

Nach acht Jahren des Reformerpräsidenten Mohammad Chatami – eine Amtszeit, die für viele so enttäuschend ausfiel, dass sie 2005 überhaupt nicht mehr zur Wahl gingen – gewann ein für viele Iraner unbekanntes Gesicht in der Stichwahl das Amt. Er war für die Interessen der Armen angetreten, wie er sagte, und versprach, mit der Korruption aufzuräumen. Es dauerte nur wenige Monate, bis viele in Mahmud Ahmadinedschad einen vom Obersten Führer eingesetzten Lügenbaron erkannten. Die international bekannteste seiner Lügen: Es habe nie einen Holocaust gegeben. Ahmadinedschad glaubte sich auserwählt, die Ankunft des zwölften Imams, des letzten Nachfolgers des Propheten Mohammeds, zu bahnen – des Mahdi, des Rechtgeleiteten und Messias des Schiitentums, der der Lehre zufolge als Kind in einen Brunnen gefallen ist, seitdem im Verborgenen lebt und vor dessen Wiedererscheinen die Welt in Chaos versinken würde. Mit seinem aus vielen Revolutionsgarden bestückten Kabinett bereitete sich Ahmadinedschad auf die Apokalypse und die Rückkehr dieses Weltretters vor. Sein sektenartiger, auf einem wörtlichen Koranverständnis basierender Glaube an den Messias diktierte ihm, dass zunächst Israel vernichtet werden müsse, bis der Erlöser erscheine. Innerhalb des Landes verdüsterte sich derweil die Lage der Dissidenten und Menschenrechtsaktivisten merklich. Die Zahl der Hinrichtungen vervierfachte sich allein in Ahmadinedschads erster Amtszeit bis 2009.

Einige Monate nach den Wahlen gründete Shiva mit ihren Mitstreiterinnen und Mitstreitern das Komitee der Menschenrechtsreporter. Sie war jeden Tag rund um die Uhr in Bereitschaft, bekannt für ihre Disziplin, stets erreichbar, mit dem Handy am Ohr oder unter dem Kissen; ihr Schlaf war leicht, Freizeit und Reisen vermied sie, sie musste stets in der Nähe des Internets sein, damals gab es nur Anschlüsse über das Festnetz. Dass Aktivisten aufpassen müssen, nicht auszubrennen, hielt sie für sentimentalen Kitsch. In den Telefonaten und Treffen mit Gefangenen während der Hafturlaube erlebte sie, wie manche Helden ihren Heiligenschein verloren. Sie lernte, dass einige Männer sie schlicht auch deshalb anriefen, um eine Frauenstimme zu hören. Andere wurden zu langjährigen Vertrauten. Als sie den Hungerstreik eines berühmten studentischen Aktivisten in Haft dokumentierte und zehn Tage später seinen unerklärlichen Tod kommunizieren musste, stand sie unter Schock, auf der Fahrt zur Trauerfeier im Nordiran wurde sie wieder einmal festgenommen.

Shiva beschäftigte die Frage, wie sie internationale Medien dazu bringen konnte, nicht nur über einen bestimmten Kreis von politischen Gefangenen zu berichten, sondern auf das Schicksal möglichst vieler unterschiedlicher Menschen zu schauen. Hatte nicht jeder Gefangene die gleichen Rechte? Was war etwa mit jenen, auf die das Regime mit Razzien Jagd machte, um sie dann als «Gangster und Hooligans» auf offener Straße dem Volk vorzuführen, mit einem Sack über dem Kopf, in Frauenkleidern oder mit einer Gießkanne im Mund, wie sie zur Reinigung in persischen Toiletten verwendet wird? Was war mit diesen entwürdigten Männern, die in einer widerwärtigen Show des Grauens zur Schau gestellt und auf der Straße ausgepeitscht wurden, um die Öffentlichkeit einzuschüchtern?

Der offizielle Grund für solche Razzien und Paraden war die «Eindämmung von Kriminalität»; den Männern wurden zumeist Gewalt und Unruhestiftung, Ehrverletzung oder Belästigung vorgeworfen, ihnen sollten «die Hörner abgeschliffen» werden. Der Staat hatte so leichtes Spiel, Unschuldige in die Menge zu schleusen, als Kriminelle darzustellen und mit anzuklagen, und mit den Jahren sollte diese Praxis immer mehr auch dazu dienen, ganz gewöhnliche Demonstranten festzunehmen. Shiva nahm sich einiger dieser Gefangenen an und schrieb einen Bericht, obwohl sie für die Auswahl ihrer Fälle Kritik erntete. Ihre Recherchen führten sie in ein damals noch gänzlich unbekanntes Gefängnis im Süden von Teheran. Sie war die Erste, die Kahrisak entdeckte, einen Ort, an dem Gefangene schwer gefoltert und gezwungen wurden, Tierlaute nachzuahmen, wo Menschen in käfigähnlichen Zellen festgehalten, ihnen täglich nur ein Stück trockenes Brot zum Essen gegeben wurde und wo der Gang auf die Toilette in wenigen Sekunden erfolgen musste, da sonst Schläge drohten. Zwei Jahre nachdem Shiva die Anlage entdeckt hatte, geriet Kahrisak als Folterstätte für politische Demonstranten in die Schlagzeilen.

Drei Fotografien von Shiva aus dieser Zeit vor der großen Unruhe sind in meinem Gedächtnis haften geblieben. Die erste ist vom Juni 2005, als Shiva die Blüte der ersten Frauenbewegung des nachrevolutionären Iran erlebte. Sie stand inmitten Hunderter Frauen vor der Universität Teheran, es waren die letzten Tage der Chatami-Regierung. Shiva trug ein schwarzes Kopftuch, das sie bis zu ihrem Hinterkopf heruntergezogen hatte, und ein helles Jeanskleid über ihrer Hose, die Ärmel hatte sie bis zu den Ellenbogen hochgeschoben, in der linken Hand hielt sie ein weißes Plakat, darauf in schwarzen Buchstaben: «Ungerechtigkeit ist, wenn Frauen diskriminiert werden.» Neben ihr ihre Freundin Nuschin, mit gesenktem Blick und schwarzer Sonnenbrille, auf ihrem Plakat stand: «Wir Frauen fordern unsere Menschenrechte.» Um beide herum ein Meer von weißen Plakaten mit schwarzen Lettern.

Als ich Shiva das nun sechzehn Jahre alte Foto zeige, ist aus Teheran gerade die Nachricht gekommen, dass die Fotografin Nuschin für vier Jahre ins Gefängnis gehen muss, wegen Heiligenbeleidigung und staatsfeindlicher Propaganda. Und eine weitere Nachricht: Irans Trainerin der weiblichen Alpin-Ski-Nationalmannschaft darf nicht zum Training mit ihrem Team nach Italien, weil ihr Ehemann ihr keine Erlaubnis gegeben hat zu reisen – gemäß dem Gesetzbuch sind Frauen auf das Einverständnis ihrer Männer angewiesen. Shiva seufzt. «Du siehst, all die Jahre sind wir auf der Stelle getreten. Wir sind in einem Hamsterrad. Die Geschichte unseres Landes dreht sich im Kreis. Sie ist eine unbarmherzige Wiederholung …»

Das Sit-in an der Teheraner Universität, auf dem Hunderte Frauen Verfassungsänderungen forderten, bildete den Auftakt der bekanntesten Graswurzelbewegung iranischer Frauen: die «Eine-Million-Unterschriften-Kampagne». «Gewalt gegen Frauen ist Gewalt gegen die Menschheit», stand auf ihren Plakaten. «Auf Frauenrechte zu achten bedeutet nicht, Männerrechte einzugrenzen.» – «Die Charta der Frauen: Gleichheit, Gerechtigkeit, Freiheit, Frieden und Solidarität.» Eine Demonstrantin hatte auf Englisch geschrieben: «Es ist eine verdammte Schande, dass wir um unsere Rechte *bitten* müssen.» Die Reporter in der Menge waren sichtlich überrascht über die Anzahl der Menschen, eine solche Versammlung war eine Premiere in der Islamischen Republik. Als Shiva an jenem Sommertag auf dem Platz war, versuchte die Polizei, die Teilnehmerinnen voneinander zu trennen und so ihr Zusammenkommen zu verhindern.

Shiva hatte mit dem Komitee mehr als genug Arbeit, aber sie besuchte Workshops und Events der Fraueninitiativen und sehnte eine Möglichkeit herbei, mit den Aktivistinnen mehr zu unternehmen. Ein

Jahr später, am Vorabend des Jahrestags des ersten Sit-ins, wurde sie angesprochen, ob sie nicht mit den Organisatorinnen den Demonstrationsort in der Stadtmitte inspizieren wolle. Man plane etwas Großes und wolle im Vorfeld eine Strategie entwickeln, falls die Frauen wieder auseinandergetrieben würden. «Für mich läutete dieser Tag etwas Neues ein. Die neuen Kontakte waren ein gutes Omen. Das war eine neue Etappe. Bis dahin war ich noch nicht erwachsen, ich war noch ein Mädchen, das für sich selbst arbeitete. Aber ab da an tauchte ich in etwas Neues ein.»

Als Shiva am Nachmittag den Platz erreichte, sah sie mehr Polizeieinheiten als Teilnehmer. Der Staat wollte die Versammlung erst gar nicht gestatten. Polizistinnen in Zivil traten die Frauen – darunter Vertreterinnen von Studentenorganisationen, eine ehemalige Parlamentsabgeordnete, Aktivistinnen einer Universität – oder zerrten sie auf den Boden, zogen an ihren Haaren, sprühten Pfefferspray, schwangen Schlagstöcke und führten Dutzende Teilnehmerinnen ab. Shiva musste aufpassen, nicht erneut in Haft zu landen, ihre Bewährungsstrafe war noch nicht abgegolten. Sie kehrte nach Hause zurück und berichtete internationalen Medien von den Festnahmen.

Zwei Monate später lancierten die Organisatorinnen der Demonstration die «Eine-Million-Unterschriften-Kampagne». Das Ziel: die breite Öffentlichkeit über den rechtlichen Status von Frauen aufzuklären und mit Hilfe von Unterschriften im ganzen Land eine Petition zur Änderung frauenfeindlicher Gesetze auf den Weg zu bringen. Die Vision war, die gesellschaftlichen und kulturellen Normen zu verändern, die zu diesen Gesetzen geführt hatten. Die Kampagne sollte die Machthaber an all jene internationalen Konventionen erinnern, die der Iran einst unterzeichnet und zu denen die Regierung sich verpflichtet hatte. Die Tür-zu-Tür-Kampagne erreichte die Provinz und fand in allen Schichten Widerhall. Sie war pragmatisch genug, dass islamische und säkulare Feministinnen gemeinsam an einem Strang zogen. Shiva erinnert sich, dass auch reformernahe Kräfte und linke Aktivistinnen mitmachten. Der größte Erfolg der Kampagne: Sie schuf ein breites Bewusstsein über Frauenrechte – etwas, das Shiva als konkret, spürbar und nachhaltig empfand. Ein bislang vom Staat totgeschwiegenes Problem entwickelte sich so zu einem der wichtigsten Wahlkampfthemen für viele Bürger – und im Wahlkampf 2009 waren Frauen in allen Versammlungen zahlreich vertreten. Im Parlament half dieses veränderte Bewusstsein, Änderungen des Erbschaftsrechts zu bewirken, wodurch Frauen endlich das Erbe ihres Mannes zustand. Und es zeigte sich auch, als die Zahlung von Blutgeld bei Unfällen für weibliche und männliche Opfer angeglichen wurde oder als besonders sexistische Abschnitte des neuen Familienschutzgesetzes gestrichen wurden. «Unsere Postkarten an das Parlament hatten Wirkung gezeigt», ist sich Shiva sicher.

Das veränderte Bewusstsein schlug sich zeitgleich in anderen Kampagnen nieder, mit denen Frauen sich Zugang zu Sportveranstaltungen in Stadien erstreiten oder die mittelalterliche Strafpraxis der Steinigung abschaffen wollten. «Als einige Frauen der Kampagne verurteilt wurden, demonstrierten andere für sie, vor dem Gericht, vor der Haftanstalt, und wurden ebenfalls festgenommen. Jede dachte an die Nächste, jede fühlte mit der anderen. Es war eine so schöne Verbindung und Einheit zustande gekommen – die so nie wieder zurückkehren sollte.»

Die zweite Fotografie von Shiva ist aus dem Jahr 2009. Sie balanciert vorsichtig eine große Schüssel Gips auf ihrem Kopf, ihre Arme halten das Gefäß. Mit dem schwarzen Mantel und dem Kopftuch voller weißer Flecke wirkt sie wie eine Künstlerin im Atelier, ein frecher Pony auf der Stirn, eine Zigarette im Mundwinkel, die großen Augen nach oben gerichtet. An den landesweiten Feiertagen zum Frühlingsanfang arbeitete Shiva in der Gesellschaft zur Verteidigung von Straßen- und Arbeiterkindern, renovierte und malerte zusammen mit den Kindern. An diese Zeit vor den Präsidentschaftswahlen 2009 denkt sie am liebsten zurück, ich sehe ihr Lächeln immer wieder aufblitzen, wenn sie erzählt. Sie hatte damals ihr Bachelorstudium abgeschlossen und erfuhr, dass sie sich nicht für einen Master einschreiben konnte. Das Bildungsministerium verwies sie an die Staatssicherheit, sie sollte dort erst einmal «ihre Probleme lösen», dann könne man ihr helfen. Spätestens zu diesem Zeitpunkt war Shiva klar, was die Herren der Staatssicherheit von ihr erwarteten: Entweder sie stellte jegliche Aktivität ein, oder sie arbeitete für sie als Spitzel. Beides war für sie unvorstellbar. Sie begrüßte die Tatsache, nun eine «Sternchenstudentin» zu sein – so wurden jene genannt, die ihr Studium nicht fortsetzen durften, weil sie durch Haftstrafen und politische Aktionen aufgefallen waren.

Shiva wurde fortan Mitglied im «Rat zur Verteidigung des Rechts auf Bildung», und hier beginnt die Geschichte der dritten Fotografie, auch sie stammt von 2009: Shiva auf der Straße in einem blaugrünen Hippiekleid, eine kreative Interpretation der geltenden Verschleierungsgesetze, sie trägt eine winzige hübsche Tasche aus handgewebtem Stoff und ein loses weißes Kopftuch, das mehr wie eine dünne Schalmütze aussieht. Auf der Stirn ein weißes Band mit roten Sternen. Lange Zeit hielt ich das Band für ein modisches Accessoire, bis mir Shiva erzählte, dass sie die Sterne mit ihrer Mutter genäht hatte, um sie auf den Versammlungen des Rats als Symbol des Rechts auf Bildung zu tragen; sie standen sinnbildlich für ihre eigene Lage als «Sternchenstudentin» – deren Existenz der Präsident, Mahmud Ahmadinedschad, mit einer seiner vielen Lügen verneint hatte: Im Iran gebe es überhaupt keine Bildungsausschlüsse, der Begriff «Sternchenstudent» sei ihm völlig unbekannt.

Die Grüne Bewegung und die Hoffnungen auf die Reformer

Iran im Wahljahr 2009. In den zwei Amtszeiten des Reformerpräsidenten Chatami war eine Zivilgesellschaft entstanden, die sich unter Ahmadinedschad weigerte, einfach aufgelöst zu werden. Sie sah sich nun vielmehr als unverrückbar an und gab ihre übergroße Hoffnung auf Veränderungen innerhalb des Systems nicht auf. Shiva war ein Kind dieses Anspruchs auf Veränderung, eine Verkörperung ebenjener selbstverständlichen Erwartung, dass es kein Zurück mehr geben könne, nur noch ein Vorwärts. Sie war immer noch eine «Boykottiererin», wie sie sich nannte. Weder wollte sie für die Stäbe der zur Wahl angetretenen Oppositionellen Mir Hossein Mussawi und Mehdi Karrubi arbeiten, die sie beide für systemkonform hielt, noch ihre Stimme für einen von ihnen abgeben. Mussawi war ein ehemaliger Premierminister der ersten Revolutionszeit, ein Künstler und Maler zwar, der sich lange Jahre radikal aus der Politik zurückgezogen hatte – aber sprach er nicht ständig davon, die «goldene Ära» des Revolutionsführers zurückzubringen? Und war diese Ära golden, wenn unter Mussawis Ägide doch Tausende politische Gefangene hingerichtet worden waren? Der zweite, Karrubi, war ein Geistlicher mit einem weißen Turban, der stets eng an der Seite des Revolutionsführers Chomeini gestanden hatte, aber nun sogar Wahlslogans zur Freilassung politischer Gefangener erlaubte.

Sämtliche Freunde Shivas, die sich vier Jahre zuvor von den Wahlen ferngehalten hatten, waren Parteigänger von Mussawi oder Karrubi geworden. Ja selbst Iraner im Ausland trugen erstmals die Erkennungszeichen Mussawis: grüne Bändchen und Schals. Im Rededuell deckte er die Lügen Ahmadinedschads auf, stellte ihn mit einer Frage zu den unbemerkten Leerstellen seines Budgets sogar bloß. Das war ein neuer Ton, ein neuer Wagemut, eine ungewöhnliche Direktheit. Doch Shiva war nicht überzeugt. Sie vermied die Farbe Grün, um keine falschen Assoziationen zu wecken. «Ihr macht euch doch lächerlich. Wie habt ihr euch überhaupt so sehr verändern können? Die werden doch nicht zulassen, dass es einen echten Wandel gibt. Wie leichtgläubig ihr seid! Wie naiv eure Hoffnungen sind!», warf sie ihren Freunden vor.

Doch dann ging sie zu ihnen ins Wahlkampfbüro des Klerikers Karrubi, und es war ihre erste und letzte Erfahrung einer politischen

Freiheit, wie sie in diesem System maximal möglich war. Diese Momente, an einem offiziellen Ort, in einem legalen Büro über politische Ideale und Freiheiten zu sprechen, ohne belästigt, vertrieben oder abgeführt zu werden – das war eine völlig ungewohnte Situation, die sie alle in den Bann zog. «Wir wussten natürlich, dass sich der politische Überbau nicht verändern, dass es keinen fundamentalen Wandel geben würde. Also bist du gezwungen zu sagen: ‹Ich wähle den und den›, damit du in diesem System ein klein wenig Gestaltungsspielraum hast, in der Hoffnung, dass all unsere zivilgesellschaftlichen Initiativen zumindest weiterleben können.»

Etwas Großes und Wichtiges ereignete sich vor ihren Augen, etwas, das sie noch nie gekostet hatte. Alle Menschen waren auf der Straße, schien ihr. Sie war kein Teil der «Grünen Bewegung» geworden, wie die Anhänger der Reformkandidaten genannt wurden. Aber Shiva brannte für ihre Menschenrechtsthemen und ergriff die sich ihr bietende Chance. Sie lief los, Kilometer um Kilometer, und brachte mit Aktivistinnen der Frauenbewegung die Forderungen der Frauen unter die Passanten. «Wir wollen, dass die neue Regierung sich der UN-Konvention gegen Frauendiskriminierung anschließt», hörte sie sich selbst sagen, von Angesicht zu Angesicht mit den Bürgerinnen und Bürgern auf der Straße. Sie verteilte Broschüren, diskutierte und bemerkte dabei plötzlich, dass eine große Menschenmenge sich um sie versammelt hatte. Jene, die die Revolution gesehen hatten, meinten, es sei wie damals gewesen, jenes kleine Fenster, das sich für eine kurze Zeit öffnete, die Diskussionen auf der Straße, gleich einer Zukunftswerkstatt, in der das Zusammenleben entworfen wurde.

Es war merkwürdig: Den Dingen wurde ihr Lauf gelassen. Shiva hatte noch nie erlebt, in der Öffentlichkeit so offen über Politik reden zu dürfen, so etwas passierte immer hinter verschlossenen Türen. «Natürlich hörte ich diese typischen unsinnigen Kommentare iranischer Männer über Frauenrechte. Aber unsere Möglichkeiten waren aufregend. Es ist noch immer aufregend, wenn ich davon erzähle. Ich wollte keine Sekunde verpassen. Ich ging abends von meiner Arbeit in einem Ingenieurbüro direkt auf die Straße. Du konntest nicht fahren, so voll war es! Wir liefen Kilometer zu Fuß, ohne die geringste Müdigkeit zu verspüren. Die von den Unis verbannten Studenten hatten Sterne an ihre Brust geheftet, strömten aus in die ganze Stadt und diskutierten mit Passanten. Niemand scherte sich um uns, es war die absolute Freiheit, wir skandierten: ‹Ahmadinedschad, du Lügner, wir alle haben Sterne.› Die Leute hielten an, hörten uns zu, machten uns Mut und klatschten für uns.»

Vom Hauptbahnhof im Süden bis nach Tadschrisch im Norden der Stadt bildeten die Mussawi-Anhänger eine grüne Menschenkette, zwanzig Kilometer lang. Zu keiner Zeit lief Shiva mehr und aß sie weniger als damals, aber ihre Energie und ihre Hoffnung waren grenzenlos. Sie spazierte neben den Autos, sang das Lied, das sie Jahre zuvor auf der Frauendemo vor der Universität Teheran gesungen hatte: «Oh Frau, oh Gegenwart des Lebens, die Zeit der Knechtschaft ist vorbei, die Rettung der Frau ist möglich, diese Bewegung führt sie herbei.» Manche lachten, manche ermutigten sie, manche wollten, dass sie sich gefälligst wegschere. Ein Witz kursierte unter den Aktivistinnen: «Wenn der bisherige Präsident gewinnt, dann werden wir alle sofort verhaftet, das dauert dann wohl keine vierundzwanzig Stunden!»

Zu Hause waren sie ratlos. Shivas Mutter fragte: «Sollen wir wählen – und wen überhaupt?» Shiva hatte zunehmend das Gefühl, Teil einer riesigen Bewegung zu sein, sie wollte einen Anteil haben an dem großen Aufbruch, der bevorstand – und so gab sie schließlich doch noch ihre Stimme ab, für den ihrer Ansicht nach damals radikalstmöglichen Kandidaten, Mehdi Karrubi, den Mann mit dem weißen Turban – wie Millionen Iraner im festen Glauben, dass der andere von der Führung zugelassene Oppositionskandidat, Mir Hossein Mussawi, ohnehin die Wahl gewinnen würde.

«Ich hatte mich getäuscht in Mir Hossein Mussawi», sagt Shiva heute. «Er sollte teuer zahlen für seinen Widerstand gegen den

Obersten Führer. Das erste Mal in diesem System war ein Kandidat aufgetaucht, der kein ängstlicher, kein dem Führer höriger Mann war. Ich konnte dabei zusehen, wie er sich veränderte, während der Wahlen und danach, er war nicht mehr derselbe Mensch wie zuvor. Wenn ich noch einmal zurückkehren könnte, dann würde ich hinter Mussawi laufen. Ich würde nicht mehr bereit sein, die Straße zu verlassen. Ich würde so lange dort bleiben, bis das große Ereignis stattfindet.» Ich bemerke, wie mich Shivas Urteil über Mussawi überrascht, und denke mir, dass auch sie sich verändert hat in all diesen Jahren: von der radikalen Boykottiererin zur Anhängerin eines Mannes, der zwar dem Führer Chamenei abschwor, aber nicht dem System.

Achtundvierzig Stunden vor der Wahl, an einem Freitag, war der Wahlkampf beendet. Shiva schlief lange, ging ins Kino und schaute sich den Berlinale-Siegerbeitrag «Alles über Elly» an, ein iranisches Gesellschaftsdrama über eine Clique, die zusammen in den Urlaub fährt und in nur drei Tagen von einer heiteren Idylle mit Aussicht auf Happy End in eine beklemmende Finsternis gerät. Der Film war gleichsam die Ouvertüre zum nun folgenden Schauspiel. In der Wahlnacht beschloss Shiva, die Freunde in Karrubis Wahlbüro zu besuchen. Es sollte der letzte Tag sein, an dem sie und ihre Mitstreiter ein Büro hatten, in dem sie zusammen planen, Gespräche führen, rauchen, einen Tee trinken konnten. Vor den Wahllokalen im Land waren lange Schlangen, alles deutete auf eine Rekordbeteiligung, die Stimmabgabe wurde bis zweiundzwanzig Uhr verlängert, aber mancherorts gingen plötzlich die Wahlzettel aus. Eine seltsame Spannung lag in der Luft.

Zwei Tage zuvor hatte Mussawi an den Führer geschrieben, er solle auf die Integrität der Wahlen achten. Einen Tag zuvor titelte Karrubis Zeitung: «Dieses Mal sind wir alle wachsam», in Anspielung auf die Präsidentschaftswahlen von 2005, bei denen es Anzeichen von Wahlfälschung zugunsten Ahmadinedschads gegeben hatte. Die Worte prangten auf einem riesigen Banner auf dem Gebäude von Karrubis Wahlstab. Das Mobilfunknetz war derweil gestört, und am Wahltag stockte das Internet immer wieder. Am Mittag waren die Webseiten der reformernahen Zeitungen blockiert, und wer eine Satellitenschüssel hatte, konnte plötzlich den persischsprachigen Dienst der BBC nicht mehr empfangen.

Während immer noch Menschen ihre Stimme abgaben, verkündeten zwei staatliche Nachrichtenagenturen Ergebnisse, die auf einen Sieg Ahmadinedschads hindeuteten – zogen die Meldung aber wieder zurück. Mir Hossein Mussawi gab in der Nacht eine Pressekonferenz. Er bezeichnete die bekanntgegebenen Zahlen als Betrug. Laut seiner Wahlbeobachter sei er der Gewinner und ein anderes Ergebnis nicht hinnehmbar. Shiva erreichten Meldungen, dass das Wahlbüro Mussawis angegriffen worden sei; sie fragte sich, ob das alles wahr sein konnte. Dann kam die Nachricht, dass sie alle das Wahlbüro räumen sollten, auf Karrubi sei Druck ausgeübt worden, bei einer Erstürmung würde er verantwortlich gemacht werden für das Schicksal seiner Mitarbeiter. Sie versammelten sich auf der Straße. Als kurz vor Mitternacht der Sieg Ahmadinedschads verkündet wurde, sah Shiva, wie manche weinten. «Wieso sollen wir nach Hause? Haben sie uns nicht gesagt, dass dieses Mal alle wachsam sind?», fragten einige um sie herum. Shiva stieg mit ihren Freunden in ein Auto, um durch die Stadt zu fahren und zu begreifen, was passierte.

Die Angst dieser Nacht wurde sie jahrelang nicht los, tiefe Seufzer unterbrechen ihre Erzählung. «Hesbollah-Typen, also Ahmadinedschad-Anhänger, waren überall in der Stadt unterwegs, du erkanntest sie an ihren weißen oder schwarzen Hemden über der Hose. Sie brüllten, dass sie die Wahl gewonnen hätten, hielten einen Jungen mit grünem Bändchen am Auto an und verprügelten ihn brutal. Wir schauten ihnen aus dem Auto dabei zu. Wir blieben stumm und schauten einfach nur zu. Das war etwas, was wir vorher nie getan hätten. Wir hatten nicht einmal den Mut, die Stimme zu erheben, so schrecklich war die Atmosphäre. Ich spürte, wie beim Anblick jedes Faustschlags alles in mir erschrak. Wie alles in mir erfror. Wir weinten.» So lange hatten sie sich zurückgehalten – nun aber hatten die radikalen Kräfte endlich freie Hand. An einer Kreuzung warfen sie ein riesiges Banner mit dem Porträt von Mussawi auf die Straße, den Autofahrern wurde befohlen, über sein Gesicht zu fahren.

Am nächsten Morgen wurde bekannt, dass die Oppositionskandidaten nicht einmal in ihren Heimatstädten Mehrheiten geholt hatten. Mehdi Karrubi redete von lächerlichen, plumpen Fälschungen und Manipulation. «Ich habe mich nie gegen etwas ausgesprochen», würde Mussawi Tage später sagen, als er die Vorgänge verurteilte. Zwanzig Jahre lang war er außerhalb des politischen Spiels gewesen. «Aber nun ist es eine religiöse Pflicht für mich, meine Stimme zu erheben, wenn die Tyrannei herrscht.» Wie ein Automat spulte Shiva ihre Morgenroutine ab. Der einzige Hinweis, dass etwas mit ihr nicht stimmte, war ihre Kleiderwahl. Sie zog ein rot-schwarzes Kleid, ein rotes Kopftuch und rote Sneakers an, ein Ensemble, in dem man sie nicht übersehen konnte, und fuhr zur Arbeit ins Ingenieurbüro. Sie bemerkte eine Stille in der Metro, die so laut war wie ein Schrei, sie sah den Schock in den Augen. Tage zuvor noch war das gesamte Abteil ein grünes, karnevaleskes Hupen und Tröten für die Opposition gewesen, an diesem Tag nur noch stumme Erstarrung – noch nie hatte Shiva die Menschen in ihrer Stadt so eingefallen erlebt. Sie bemerkte das Tränengas auf der Straße zum Büro und musste sich in einem Restaurant das Gesicht waschen. Sie rief ihre Schwester an, sie solle ihr andere Kleider vorbeibringen, sie wolle in die Menge und könne in ihrem Kleid nicht schnell genug rennen. Sie kam nicht einmal durch zum nahe gelegenen Innenministerium, wo die Oppositionskandidaten auftauchen sollten: Die Straßen waren voller Sondereinheiten, Motorräder, ein Bus und Mülltonnen brannten, sie erkannte ihre Stadt nicht wieder. Gingen die Teheraner an Demonstranten für gewöhnlich einfach vorbei, entdeckte Shiva in dieser Nacht die Aufmerksamkeit und das Mitgefühl der Menschen. Zwei lagen am Boden, von einem Elektroschocker getroffen, sofort versammelten sich einige um sie herum. Bewohner schütteten Wasser auf die Köpfe der Demonstranten, um das Brennen in den Augen zu lindern, oder gewährten ihnen Unterschlupf. Als Shiva zu Hause ankam, fiel sie entgegen ihrer Gewohnheit in den tiefen, schweren Schlaf einer Erschöpften.

Die blutige Niederschlagung der Proteste

Es war gegen drei Uhr nachts, als sie klingelten. Shivas Schwester rief nach ihr und schüttelte sie. Schlaftrunken stand sie auf und wusste nur, dass sie nun blitzschnell durch das Atrium in die Nachbarwohnung ihrer großen Schwester verschwinden musste, bei der sie geklingelt hatten. Immer weckten sie zuerst die Nachbarn, kamen so ins Gebäude und standen dann direkt vor der Haustür der verdächtigten Person. Die Eltern sagten den Männern, Shiva sei bei Freunden. Shivas altbekannter Verhörbeamter, glattrasiert wie immer, wollte, dass sie sie anriefen. Die kleine Schwester hatte derweil Shivas Handy in ihrem Slip versteckt und ging auf die Toilette, um das Gerät auszuschalten. Da das Mobilfunknetz in diesen Tagen immer wieder gestört wurde, hatte die Mutter eine gute Ausrede, als sie Shiva nicht erreichte. Die Beamten nahmen Shivas Festplatte und einige Bücher mit.

«Ich weiß nicht, ob ich in dieser Nacht einen Fehler gemacht habe. Jeder an meiner Stelle wäre geflohen, hätte sich versteckt, bis sich alles etwas beruhigt hätte», sagt sie heute. «Mir scheint, dass ich damals den Ernst der Lage nicht erkannt hatte. Ich dachte, wenn sie mich festnehmen, dann bin ich eben einen Monat im Gefängnis, das ist doch besser, als aus dem Land zu fliehen.» Am nächsten Morgen stand Shiva frohen Mutes auf, packte eine Zahnbürste, ein Handtuch und eine Hose ein und ging ins Büro. Eine Verhaftungswelle war in Gang, insgesamt mehr als hundert Menschen, darunter prominente Reformerpolitiker. Shiva las die Namen und konnte nicht begreifen, warum auch sie ins Visier geraten war. Ihre Freunde kamen ins Büro, um sie zum Mitkommen zu überreden, sie solle sich irgendwo eine Weile verstecken. Shiva lehnte ab, sie habe am Abend eine Komiteesitzung, gerade jetzt werde sie gebraucht. Aber da rief schon ihr Verhörbeamter an. Sie solle sich verabschieden und herunterkommen. Unten entdeckte sie, dass die Freunde im Auto auf sie warteten, an die Scheibe klopften und wollten, dass sie einsteigt. Die Beamten standen an einem anderen Gebäude und bemerkten ihren Fehler nicht. Shiva hatte immer noch ausreichend Zeit, über die Hintertür zu fliehen. Trotzdem blieb sie so lange wie festgenagelt vor ihrem Büro stehen, bis ihr Verhörbeamter sie sah. Als er ihr im Auto den Haftbefehl überreichte, fiel ihr das Datum auf. Das Papier war auf zwei Tage vor der Wahl datiert. Der Führer und seine Revolutionsgarden hatten die Festnahmen vorgeplant.

Ich gehe durch Shivas Einträge auf Instagram und bleibe bei einer Story vom Januar 2021 hängen. Zwei Fotos, die hintereinander auftauchen. Das erste zeigt eine junge Frau, blond gefärbte Haare, sie trägt ein schulterfreies, enges schwarzes Kleid mit großen weißen Punkten und schwarze Stiefel und blickt zuversichtlich lächelnd in die Kamera. Vor ihr eine Torte, darauf zwei Kerzen, die die Zahl Sechsundzwanzig bilden, in der gleichen Farbe wie der Lippenstift der Frau. Der Bruder der Frau hat über dem Foto geschrieben: «Islamische Republik, ich hasse dich mit meinem ganzen Herzen. Du hast uns nichts außer Düsternis und Verfall, Hinrichtungen, Blutvergießen und der Vernichtung von Menschenleben gebracht. Du hast das schwärzeste Zeugnis, das eine Regierung je haben könnte. Wenn du nicht gewesen wärst, hätten wir heute den achtunddreißigsten Geburtstag meiner Schwester Neda gefeiert.» Das zweite Bild zeigt eine weiße Gefängniszelle mit einem kleinen metallenen Waschbecken und einer Toilette. Shiva hat über das Foto geschrieben: «Hey, verdammte Einzelzelle. Wie oft ich an deiner Tür lauschte. Wie oft ich in diesem winzigen Raum auf und ab ging. Wie viel ich auf deinen Wänden schrieb.» Ich schaue abwechselnd zwischen den beiden Fotos hin und her und bemerke, dass Shiva fast so alt ist wie Neda, die Frau mit der Geburtstagstorte. Dann wird mir klar: die gleiche Generation, der gleiche Schmerz, der gleiche

Augenblick, in dem eine Hoffnung zum Erliegen kam, durch Tod oder Gefängnis.

Siebenundvierzig Sekunden dauert das YouTube-Video, das der Welt zeigt, wie Neda Agha-Soltan verblutet. Ein Zeugnis, das im Grunde alles einfängt, was 2009 im Iran passierte. Eine junge Philosophiestudentin, die von der Kugel der paramilitärischen Truppen des Führers getroffen wurde und auf der Straße, in den Händen ihres Gesangslehrers, mit dem sie zufällig unterwegs war, inmitten einer Demonstration stirbt. Zuletzt hat sie die Augen auf das Handy gerichtet, das ihre letzten Sekunden festhält. Neda, die kurz vor ihrem Tod noch «Nieder mit dem Diktator» geschrien hatte, war für den alten und neuen Präsidenten des Iran der sprichwörtliche Bodensatz der Gesellschaft. Er verwendete den Begriff «Staub und Schmutz», um die drei Millionen Menschen zu beschreiben, die in einem Schweigemarsch in Teheran gegen die Wahlfälschung protestiert hatten. Für Ahmadinedschad waren sie schlechte Verlierer des gegnerischen Lagers, so deprimiert «wie nach einem Fußballspiel». Und dann wurde klar, wo genau er diese Gegner in seinem Match verortete: Sein Sieg sei eben eine Niederlage für die Vereinigten Staaten und das «unterdrückerische System, das die Welt regiert», rief er in typisch linksislamistischer, populistischer Rhetorik. Ajatollah Chamenei, der Oberste Führer, degradierte die Wähler, die auf der Straße nach dem Verbleib ihrer Stimme fragten, zu einer, so wörtlich, «depressiven Minderheit». Seine Revolutionsgarden sprachen von der «großen Verschwörung gegen das iranische Volk» und von einer «Farbenrevolution» – ein Sammelbegriff für friedliche Proteste junger Menschen in Georgien, der Ukraine oder Belarus, deren ziviler Ungehorsam und moderne Protestformen für Autokraten weltweit zu einem Schreckgespenst wurden. Ein Phänomen, das sie propagandistisch ausschlachteten und als angeblichen Beleg für das Wirken westlicher Geheimdienste präsentierten.

Die Welt sollte nicht sehen, wie die Truppen des Obersten Führers den Protest niederschlugen. Journalisten aus dem In- und Ausland wurden an ihrer Arbeit gehindert oder ausgewiesen, die Frequenzen der ausländischen Sender im Iran gestört. In der Logik eines Regimes, dessen Führer selbst einst aus dem Westen in den Iran geflogen war und die Revolution mit sich gebracht hatte, waren die Urheber von Unruhen immer im Ausland zu verorten, dort saß der Feind. Also mussten neun Mitarbeiter der britischen Botschaft festgenommen werden – das Regime brauchte stets Geiseln für seine Politik, ein Faustpfand, ein Druckmittel. Polizisten in Zivil griffen Studentenwohnheime in Teheran, Isfahan und Schiraz an und töteten mehrere Studenten. Waren es am Ende siebzig, achtzig oder hundert Todesopfer? Nur von achtundsiebzig Getöteten sind die Namen bekannt. Tausende wurden festgenommen, viele Verhaftete in politischen Schauprozessen verurteilt, ihre absurden, weil erzwungenen Geständnisse im Staatsfernsehen ausgestrahlt. Universitäten wurden erneut «gereinigt», weitere reformorientierte Zeitungen geschlossen, das Internet immer mehr zum «Filternet». Ein junger Arzt, der über die Folter politischer Demonstranten im Kahrisak-Gefängnis ausgesagt hatte, war plötzlich tot, angeblich Selbstmord. Karrubi veröffentlichte Belege über Vergewaltigungen in Kahrisak. Mir Hossein Mussawi wollte, dass die Wahlen annulliert werden, stellte sich auf die Seite der Demonstranten und berichtete, welchen Druck man auf ihn ausübte, damit er die Ergebnisse akzeptierte. Anderthalb Jahre später wurden die beiden Oppositionskandidaten ohne einen Gerichtsprozess unter Hausarrest gestellt – unter dem sie bis heute stehen.

Westliche Intellektuelle – von Judith Butler bis Slavoj Žižek und Noam Chomsky – veröffentlichten im Juni 2009 einen Aufruf, der ein Zeichen der Solidarität an die Protestierenden sein sollte, aber offenbar an Bedingungen geknüpft war, wie eine Rechtfertigung und bestenfalls halbherzig klang: Einerseits dürften ausländische Beobachter durchaus die Regierung des Iran kritisieren. Sie seien vom Mut der iranischen Demonstranten inspiriert. Teheran solle wissen:

Nur eine Regierung, die das Volk frei protestieren und debattieren lasse, könne von sich beanspruchen, den Willen des ganzen Volkes zu vertreten. Andererseits jedoch hätten «Jahre der auslandsgeförderten Demokratie-Werbung in verschiedenen Teilen der Welt dazu beigetragen, gegenüber Bürgerbewegungen, die einen Anspruch auf direkte demokratische Legitimation erheben, eine wohlbegründete Skepsis zu verbreiten». Der «offene Brief zur Unterstützung der Demonstranten» war weniger eine Solidaritätserklärung als vielmehr ein Selbstgespräch westlicher linker Intellektueller, der absurderweise die Propaganda des Regimes reproduzierte. Er zeigte vor allem, dass all jene im Westen, die sich für Menschenrechte einsetzten, zu einem klaren und lauten Beistand für Menschenrechtler im Iran nicht fähig waren. Über die deutsche Überwachungstechnologie von Nokia-Siemens, mit der die Revolutionsgarden ihre Gegner schnell ausfindig machen und inhaftieren konnten, verloren die Unterschreiber des Aufrufs ebenfalls kein Wort.

Fünf Jahre nach den Unruhen gelangte ein Video an die Öffentlichkeit. Es zeigt den damaligen Chef der Revolutionsgarden, der vor hochrangigen Funktionären vor einem wahrscheinlichen Sieg der Reformer bei der Wahl von 2009 warnte. Ein solches Ereignis wäre ein Sieg konterrevolutionärer Kräfte: eine «Sorge» und eine «rote Linie» für alle Revolutionäre. Er spielte auf jene an, die in der ersten Reformerregierung des Iran die politischen und kulturellen Grenzen der Islamischen Republik weiter verschoben hatten, als Konservative es bewältigen konnten. Nachdem Ajatollah Chamenei die Proteste nach der Wahl verurteilt hatte, hätten seine Sicherheitskräfte beschlossen, diese einfach zu beenden.

Dass die Welt die Protestbewegung im Iran überhaupt verfolgen und sich von ihr inspirieren lassen konnte – bis hin zu solidarischen Songs von Joan Baez und Bon Jovi –, war vor allem der Präsenz der Demonstranten im Internet zu verdanken. Die Grüne Bewegung war die erste soziale Bewegung, die online verfolgt werden konnte, zwei Jahre vor dem Arabischen Frühling und Occupy Wall Street. Die Hashtags #Neda und #IranElection gingen viral. «Ihr seid das Medium» war der Slogan, mit dem die Iranerinnen und Iraner aufgerufen wurden, als Bürgerjournalisten über das Internet die staatliche Strangulierung der Medien zu durchbrechen. Und manchmal reichte ein einziger Facebook-Post, um ins Gefängnis zu kommen.

«Vergiss nicht, bei alldem, dass wir – du und ich – den Menschen achteten (ob er nun ein Meisterwerk Gottes war oder nicht) und dass wir – du und ich – die Liebe achteten.» In Shivas Wohnung in Ljubljana ist es dunkel geworden. Auf einer Kommode entdecke ich eine schöne glatte Holztafel, darauf in geschnitzten Holzbuchstaben die Verse des persischen Dichters Ahmad Schamlu, eine Arbeit Shivas aus dem Gefängnis. Daneben liegt eine fröhlich aussehende Puppe mit Zöpfen, einem Sommerhut und einem Obstkorb im Arm – die Anwältin Nasrin Sotoudeh hatte sie während einer ihrer vielen Gefängnisaufenthalte für Shiva gehäkelt. Hanna, die Hündin, hat ihren Kopf auf Shivas Beine gelegt, als hätte sie bemerkt, dass Shiva beim Erzählen immer wieder tief seufzt. «Auf der Wache der Staatssicherheit hörte ich von draußen die Rufe der Demonstranten. Ich konnte unter meiner Augenbinde sehr viele Häftlinge erkennen. Im Evin-Gefängnis waren dann so viele Gefangene, dass sie die Toilettengänge rationieren mussten – was einigen sehr schwerfiel. Ich hatte eine saubere, vielleicht drei oder vier Quadratmeter große Zelle, drei Armeedecken waren mein Bett, und wenn ich lag, berührten meine Zehenspitzen die Wand. Es war ganz schrecklich heiß. Das Essen war gut, der Trakt 209 ist bekannt dafür. Und ein- bis zweimal die Woche schickte mir die Familie Obst.»

Sie hörte das Schluchzen und Weinen. Sie kannte es, ein vertrautes Geräusch im Gefängnis. Sie hörte, wie Männer geschlagen wurden. Sie fragte sich, ob im Iran eine weitere Hinrichtungswelle Tausender Gefangener bevorstand, so wie 1988, als Frauen, Männer und Kinder von Kränen baumelten und verscharrt wurden. Dann suchte sie die Wände ab. Gab es vielleicht irgendwo Botschaften in den winzigen Löchern? Shiva wusste, dass die Nachricht einer Vorgängerin die Widerstandskraft steigern konnte. Sie suchte nach eingeritzten Zeilen und hinterließ selbst welche, mit der Spitze einer Zahnpastatube, der Folie einer Marmeladenpackung oder Bleistiften, die sie vom Verhörraum in ihre Zelle geschmuggelt hatte und die ihr oft wieder abgenommen wurden. «Wie grün und frisch bin ich heute, wie wach ist mein Körper, nicht dass der Kummer von jenseits der Berge noch aufkommt», ritzte sie in die Wand. «Ich fühle, wie in den schlimmsten Minuten dieses todbringenden Abendmahls Abertausende Sonnenquellen in meinem Herzen sprudeln, ich fühle gewiss, dass an allen Ecken und Enden dieser verzweifelten Salzwüste Tausende froher Wälder plötzlich aus der Erde sprießen.» Noch Jahre später erzählten ihr Häftlinge, wie sie Shivas Nachrichten entdeckt und darüber in Freude ausgebrochen waren. Ihre Anwältin sollte – sie saß später in derselben Zelle – aus Shivas Wandinschriften erfahren, welcher Vergehen Shiva beschuldigt wurde.

Die Behörden waren kreativ. Aus Neda, von Milizen des Führers erschossen, machten die Staatsmedien eine Frau, die von einem Journalisten der BBC und zugleich von der CIA getötet worden sei. Shiva stellten sie als Kopf einer ausländischen Verschwörung dar, so wie sie 2009 allen, die sich für Menschenrechte einsetzten, unterstellten, mit den Volksmudschahedin in Verbindung zu stehen, einer radikalen, sektenartigen Gruppierung, die vom Irak und von Albanien aus den bewaffneten Umsturz im Iran plante. Das Regime wollte so der Welt weismachen, dass es im Iran nichts Unabhängiges, keine Graswurzelaktivitäten, keine eigenständig denkenden Menschen geben konnte.

Ihr Verhörbeamter ließ sie lange in der Zelle schmoren – eine Taktik, um Gefangene weichzukochen, die sich nach jeder Möglichkeit sehnten, die Zelle zu verlassen. Dann strömten so viele Menschen ins Gefängnis, dass sie sogar ihre winzige Zelle teilen musste. Der Brief des Vaters – «Meine liebe Tochter, Gefängnis und Haft gehörten in unserer Vorstellung nicht zu den Versprechen der Revolution» – war der einzige Moment des Trostes. Nach siebzig Tagen durfte sie ihre Familie schließlich sehen, nach hundert Tagen auf Kaution das Gefängnis verlassen. Ihr Chef im Büro hatte ihre Arbeitsstelle für sie freigehalten, trotz des Drucks von staatlicher Seite. Für Shiva war das ein Ausdruck der Solidarität und Leidenschaft, die diese Zeit der Unruhen prägten. Genau wie in der Familie: Niemand versuchte, Shivas Mutter dazu zu bringen, sich aus der Politik herauszuhalten. Sie erlebte eine neue Haltung, eine neue Bereitschaft, sich füreinander einzusetzen, eine ungeahnte gegenseitige Unterstützung – als ob jeder seinen Anteil an der großen Bewegung haben wollte.

Shiva stürzte sich in die Arbeit des Komitees für Menschenrechtsreporter, das erschien wichtiger denn je, nur bei den Interviews hielt sie sich etwas zurück. Alle nationalen und religiösen Feiertage dieser Zeit waren für die Protestbewegung mit einer besonderen Bedeutung aufgeladen – umso mehr noch der Todestag von Ajatollah Hossein Ali Montazeri. Der einstige revolutionäre Kleriker und Chomeini-Gefährte hatte lange unter Hausarrest gestanden und war mit seiner langjährigen Regimekritik eine Art Vaterfigur der Grünen Bewegung geworden. Sein Tod am 19. Dezember 2009 war für das Sammelbecken der Grünen Bewegung – enttäuschte Wähler, Systemkritiker, Menschenrechtler und Anhänger der Reformer – ein weiterer bitterer Schlag, die Trauerfeier sollte in politischem Protest und erneutem Aufbegehren münden. Shiva organisierte für dreißig Mitstreiterinnen und Mitstreiter einen Bus, um zum Begräbnis in die Stadt Ghom zu fahren. Kaum hatte das Fahrzeug zwei Runden gedreht, wurde es angehalten. Shiva saß in der letzten Reihe, als ihr altbekannter Verhörbeamter einstieg, sie anblickte und sagte: «Hey Shiva, na, hast du alle hier herumlungern lassen? Los steh auf und komm.» Shivas logistische Vorbereitung war ihm Vorwand genug, einen weiteren Anklagegrund hinzuzufügen: Teilnahme an unerlaubten Demonstrationen und Verschwörung gegen die Staatsgewalt. Der einzige Weg, unbehelligt zu bleiben, bestand darin, ihre bisherigen Aktivitäten völlig aufzugeben, gab er ihr zu verstehen.

Hatte sie während der ersten Haftphase noch Energie genug, dem Verhörbeamten die Stirn zu bieten, war jetzt alles anders. Sie hatte nicht erwartet, so schnell wieder in Trakt 209 zu landen. Sie hatte sich auf das Yalda-Fest ihrer Mutter gefreut, die, wie es Brauch ist, für die längste Nacht des Jahres alle Liebsten bei sich haben wollte, an einem mit roten Granatäpfeln und Nüssen gedeckten Tisch, eine seit Wochen vorbereitete Zeremonie. Aber jetzt war sie wieder am Nullpunkt angekommen, alles ging wieder von vorne los. Das Aufwachen in der winzigen Zelle mit dem verdunkelten Fenster versetzte sie in Panik, und sie fühlte sich so schwach, dass sie vor sich selbst Angst bekam und fürchtete, im Verhör auf alle möglichen Bedingungen einzugehen. Sie nahm weder Nahrung noch Flüssigkeit zu sich und wurde unter der Dusche ohnmächtig. Eine Stimme in ihr versuchte, auf sie einzureden, sie aus der Tiefe heraufzuholen, sie an die alte Kraft zu erinnern, immer und immer wieder. Schließlich fing sie wieder an zu essen und zog sich selbst aus dem Tal, nur mit sich allein redend, über Tage, niemand durfte Zeuge ihrer Schwäche sein.

In den Nachbarzellen war das Flehen und Schluchzen lauter als zuvor, der Raum noch angsterfüllter. Immerzu brachten sie neue Demonstranten, sodass sie die Männer in den Frauentrakt stecken mussten. Shiva erinnert sich, wie sie schrie, als sie Prügel und Schläge gegen Mitgefangene hörte. Im Verhör drohten sie ihr voller Hass, dass nun alles vorbei sei, dass alle hingerichtet würden, oder sie logen, dass Mussawi und Karrubi nun festgenommen seien. Sie hörte, dass die meisten Gefährten vom Komitee entweder gesucht wurden oder verhaftet worden waren. Die Widersprüche in den Aussagen der Mitstreiter belasteten sie, und sie fragte sich, ob sie die Schuld an deren Schicksal trug, wie der Verhörbeamte ihr weismachen wollte. Der Frühlingsanfang und mit ihm das persische Neujahr zogen vorbei, ein bitterer Jahresanfang. Nach sechs Monaten durfte Shiva den Hochsicherheitstrakt verlassen. Ihre Eltern verpfändeten drei Häuser, bis Shiva nach neun Monaten auf Kaution freikam. Sie focht das Gerichtsurteil an und erhielt schließlich vier Jahre Gefängnis in der Provinz und vierundsiebzig Peitschenhiebe.

Hatten die Drohungen, nichts über die Haft publik zu machen, in ihr gewirkt? Oder war nicht nur ihr Kampf, sondern der Kampf aller der Leere gewichen? Waren Trotz und Empörung endgültig in Depression gemündet? Shiva war ein anderer Mensch, als sie zurückkehrte. Ihre Freunde hatten das Land verlassen, waren nach Berlin oder New York geflohen. Die Eine-Million-Unterschriften-Kampagne hatte nie genügend Unterschriften gesammelt, die Gründerinnen waren in Richtung Nürnberg, London, Washington aufgebrochen oder verbüßten Haftstrafen. Eine Bewegung konnte zerstört, nicht aber der Wunsch nach Freiheit und Geschlechtergleichheit ausgemerzt werden. Bald würden andere Frauen und andere Bewegungen kommen, eine neue Welle, eine andere Generation.

Derweil fühlte sich Shiva orientierungslos und fiel in eine Depression. Das Netzwerk war ihr abhandengekommen, nahe Freunde verschwunden, ohne dass sie Abschied von ihnen nehmen konnte, es war wie ein Kahlschlag. Die Zusammenkünfte mit Gleichgesinnten – sie schworen sich, dass es fröhliche Runden sein sollten –, endeten in Tränen, die alten Straßenlieder, die jemand mit der Gitarre anstimmte, wirkten seltsam deplatziert. Sie fühlte die engmaschige Überwachung, die sie kaum etwas gestalten ließ. Der Aktivismus des Komitees der Menschenrechtsreporter war zunehmend überflüssig geworden, denn die Familien der politischen Gefangenen wurden mit Hilfe der sozialen Medien zu ihren eigenen Sprechern und Kämpfern, sie brauchten keine Vermittler mehr.

Wäre Shiva geflohen, hätten drei Familien ihr Zuhause verloren. Aus Protest gegen das Urteil beschloss sie, nicht zur Haftvorladung zu erscheinen, sondern darauf zu warten, abgeholt zu werden, neben ihrem Bett stand eine gepackte Tasche. Dieses Mal würde der Gang ins Gefängnis noch schwerer werden, ahnte sie, denn am Abend ihrer Rückkehr ins Elternhaus hatte sie einen Mann kennengelernt, der mit einer Freundin zu Besuch gewesen war. Pujesch war gerade aus Dubai gekommen, er hatte dort einen Job, in Teheran eine Freundin und war in linken Reformerkreisen unterwegs. Er und Shiva wurden ein Paar, mieteten eine Wohnung, und da sie nicht heirateten, musste Shiva den Anschein wahren und bei ihren Eltern übernachten.

Zwei Jahre im Schwebezustand vergingen, in denen Shiva jederzeit abgeholt werden konnte, aber nicht behelligt wurde. Sie konnte nichts planen und beschloss, der Ungewissheit ein Ende zu setzen und die Haft anzutreten. Mit fünfundzwanzig Frauen, die sie fast alle kannte, teilte sie eine Sammelzelle. «Es war wie bei Big Brother», lächelt sie. Ihr Leben bestand aus einer kleinen Bücherei, einer Werkstatt, in der sie stickte oder die Gesichter ihrer Liebsten in Holz schnitzte, weil sie keine Fotos bei sich haben durfte. Einmal in der Woche konnte sie an die frische Luft. Der Höhepunkt war ein gemeinsam eingeübtes Theaterstück, «Der Tod und das Mädchen», die Deutschstunden mit einer Mitgefangenen und die Sonntage mit der Familie und Pujesch, der sich als ihr Bruder ausgab. Der Moment, in dem zwischen den beiden der Vorhang fiel, manchmal mitten im Satz, schnürte ihr jedes Mal die Luft ab. «Wir waren wie Wiederkäuer, die ganzen darauffolgenden Tage holten wir die Erinnerung an das manchmal nur zwanzigminütige Wiedersehen hoch», lacht sie.

Nach mehr als einem Jahr, im Herbst 2013, als unter Hassan Rohani eine neue Regierung angetreten war und Gnadengeschenke verteilte, wurden ihr und anderen Gefangenen erstmals einige Tage Hafturlaub gewährt. Sie beschloss, Pujesch zu heiraten. Es bedurfte keiner Zeremonie und keiner Party, keine Formalitäten, es musste schnell gehen, die Trauringe hatten sie billig auf Teherans Goldbasar erstanden. Sie trug ein weißes Minikleid mit Spitze, ein Blumenband im Haar, Pujesch einen hellen Anzug. Sie posierte vor der Kamera mit einem breiten Lächeln, die Augen blitzten schelmisch, die Hände formte sie zum Victory-Zeichen. Die nächsten zweieinhalb Jahre stellte sie regelmäßig Anträge auf Verlängerung des Hafturlaubs, die stets genehmigt wurden, während einige andere zurückmussten. Es war der ihr altvertraute Schwebezustand, der jeden Lebensplan zunichtemachte – gefangen und doch nicht gefangen. Das Warten, die Ungewissheit, die neue Realität zermürbten sie. Bis sie nach zweieinhalb Jahren schließlich erfuhr, dass sie den Rest ihrer Strafe nicht mehr antreten musste.

Einige Mitgefangene von damals sitzen noch heute in derselben Zelle, und noch immer fühlt sie die Gewissensbisse, wenn sie an sie denkt. «Wieso bin ich draußen und die anderen nicht? Wer bin ich, und wer will ich überhaupt sein hier draußen? Warum erwartet die Gesellschaft von mir immerzu weitere Heldentaten? Muss ich alles öffentlich machen?», fragte sich Shiva unablässig. Sie wusste, wie unbeständig die Menschen über ihre Taten urteilten: «Einmal zieht dich die Gesellschaft hoch, dann lässt sie dich wieder auf den Boden knallen und vergisst dich.» Sie haderte mit allem, die Sinnleere machte sie krank – bis sie den Gedanken ertrug, nach dem offiziellen Haftende als «Freizeitaktivistin» weiter zu wirken, nicht mehr rund um die Uhr, nicht mehr in der ersten Reihe, nicht mehr für alle sichtbar.

Trauer und Freiheit im Exil

Shiva musste eine Arbeit finden. Pujesch hatte die Lizenz für sein Kulturcafé verloren und musste es schließen, bis heute fragt er sich, ob die Heirat mit Shiva der Anlass dafür war. Shiva nahm Kontakt zu alten Bekannten auf, unterstützte eine Kampagne, um mehr Frauen ins Madschles, das iranische Parlament, zu bringen. Die Aktivistinnen stießen auf viel Resonanz – bis auch dieses Kollektiv unter Druck und Einschüchterung zerschlagen wurde: Im neuen Parlament saßen noch weniger weibliche Abgeordnete als zuvor. Weil sie Sport und Fußball liebte, beteiligte sie sich an Einzelprotesten, um Frauen den Zugang zu Sportveranstaltungen und Stadien zu ermöglichen. Sie baute ein investigatives Portal auf, das Recherchen über die dunklen Seiten des Profisports ins Netz stellte, und verdiente Geld damit. Aber im Innern spürte sie eine Sackgasse – als ob sie nichts mehr gestalten konnte, nichts, das eine tiefgreifende Auswirkung gehabt hätte.

Das war der Zeitpunkt, als sie zum ersten Mal auf Pujeschs Bitte hörte, über einen Aufenthalt im Ausland nachzudenken – sie, die den Iran vorher noch nie verlassen hatte. Sie bewarb sich beim International Cities of Refuge Network, eine Organisation, in der über sechzig Städte und Regionen der Welt zusammengeschlossen sind und die Stipendien für Schriftsteller, Aktivisten und Künstler vergibt. Shivas Herz aber wollte in Teheran bleiben, die Nachfragen der Organisation ließ sie lange unbeantwortet, zögerte die Entscheidung immer wieder hinaus. Teheran zeigte ihr derweil seine schönen Seiten, einen weißen Winter, ein Fußballstraßenfest, aber auch seine hässlichen, die dreckige Luft, die verbale Belästigung, die sie jede Minute als Frau in der Öffentlichkeit erfuhr, Menschen, die in Mülltonnen wühlten, Kinderarbeiter auf den Straßen und der sie verrückt machende Gedanke, dieses Leid stumm und mit gebundenen Händen ertragen zu müssen – war sie doch selbst aus einer strauchelnden Mittelklasse, die immer weiter nach unten abrutschte.

Ihr Los fiel schließlich auf Slowenien. Als die slowenische Hauptstadt Ljubljana in einer Pressekonferenz Shiva Nazar Aharis Gastaufenthalt verkündete – nicht ahnend, wie bedrohlich eine solche Öffentlichkeit für eine Menschenrechtlerin im Iran sein konnte –, wusste Shiva nicht mehr, ob sie den Iran überhaupt noch verlassen durfte oder nicht gleich wieder im Gefängnis enden würde. Jeder Akademiker, Journalist, Aktivist, der Geld aus dem Ausland erhält, gilt als westlicher Spion und Staatsfeind. Wieder befand sie sich im Schwebezustand, wieder verschob sie die Abreise. Bis zur letzten Sekunde blieb sie im Ungewissen, ob sie ihr die Ausreise erlauben würden. Dann rollte die Maschine der Turkish Airlines auf das Flugfeld, beschleunigte und hob ab. Shiva sah aus dem Fenster, fragte sich, ob sie das letzte Mal auf ihre Stadt blickte, und begann, laut und hemmungslos zu weinen. Alle Tränen der vergangenen Jahre hatten auf diesen Moment gewartet. «Es tut mir leid, dass ich dich verlassen habe und gehe», sagte sie laut schluchzend zu ihrem Land, «bitte entschuldige, Iran. Bitte verzeih mir. Aber ich werde zurückkehren. Ich werde als besserer Mensch zurückkehren, damit ich dir helfen kann.»

Wir sprechen über Auswanderung und Exil. Ich sage Shiva, dass ich bei jeder Ausreise aus dem Iran wünschte, ich hätte alle Trauer und allen Schmerz, so zentnerschwer wie Steine, einfach dort zurücklassen können. Sie entgegnet, dass wir dieses Gepäck bis in die Ewigkeit mit uns schleppen müssen. Wir schweigen. «Aber weißt du, trotz allem bin ich froh über die Erfahrung des Weggehens. Sie hat meinen Blick geweitet und mich vieles deutlicher erkennen lassen.» Sie habe erst draußen erkannt, wie unheilvoll die Außenpolitik der Islamischen Republik sei. Sie sei dankbar für die – den Einheimischen so banal erscheinende – alltägliche Freiheit und Ruhe, die sie in Ljubljana verspüre. Das Gassigehen mit Hanna ist kein Spießrutenlaufen mehr, bei dem alle fünf Meter ein Mann ihr die dreckigsten Anzüglichkeiten zuruft, noch eine Spur ekelhafter als sonst, weil sie ein im Islam unreines Tier mit sich führt. Jede Bewegung im Freien ist erlaubt, und sie wird nicht verhaftet, nur weil sie einige Meter mit dem Fahrrad gefahren ist, was einen Mann verbotenerweise erregen könnte. Da ist auch kein Milizionär, der Hanna einfach mitnehmen kann, weil seiner Ansicht nach Hunde nicht auf islamische Straßen gehören. Da ist kein Kopftuch, das immerzu auf die Schulter rutscht und dessen Existenz sie sich schönredet, weil es doch so bunt und hübsch und nichtig ist.

Ihr Blick auf den Iran ist dystopisch düster. Aus der Ferne sieht sie die sozialen Spannungen noch klarer: die Gegensätze zwischen Arm und Reich, die explosionsartigen Proteste, die die Bevölkerung seit 2017 auf die Straße getrieben haben und die nicht von einer aufgeklärten Zivilgesellschaft angeführt werden konnten und «in Kopflosigkeit endeten». Aber auch die Auseinandersetzungen zwischen Frauen, die keine Verschleierung mehr wollen, und jenen, die einen Tschador tragen: Zwischen ihnen entwickle sich eine Aggression und Feindschaft, die in Gewalt münden könne, fürchtet Shiva. Die westliche Sanktionspolitik habe diese Tendenzen verstärkt. «Wir haben einen irakischen Klassenkameraden in unserem Sprachkurs hier. Jedes Mal, wenn wir ihm zuhören, kriegen wir Gänsehaut. Jedes Mal, wenn er erzählt, wie die Sanktionen gegen Saddam Hussein die Gesellschaft in Verelendung führten, wie sie aus Plastikreifen Schuhe nähen mussten, wie der Irak zerfiel und das Volk auch geistig verarmte, sehen wir den Iran der Zukunft vor Augen. Irgendwann werden wir wohl sogar den heutigen Tagen nachtrauern», ist Shiva überzeugt.

Den Trump-Anhängern in der Familie und im Freundeskreis wirft sie eine naive Sicht vor – als ob seine Politik des maximalen Drucks, unter der das Land nach wie vor leidet, das System und die Staatsspitze weggefegt hätte. Mitnichten. «Die Revolutionsgarden machen doch stets ihr eigenes Geschäft, sie verkaufen Öl, sie stehlen und rauben. Die Korruption der Herrschenden und die Ausbeutung haben ihren Höhepunkt erreicht. Es sind die Menschen, die immer ärmer werden, es ist die versprengte Zivilgesellschaft, die unter der Isolation des Landes leidet und niedergeschlagen wird. Die Fundamente, die 2009 noch existierten, sind zertrümmert. Ein Aufschrei aus dem Ausland kann nichts mehr bewirken – weil er dem Regime mittlerweile gänzlich egal ist.»

Ich werfe ein, dass auch unter einem – nach Dialog mit dem Westen strebenden – Reformerpräsidenten Serienmorde an Intellektuellen stattfanden und Studenten getötet wurden. «Das stimmt, und unter diesem Mohammad Chatami musste ich zweimal ins Gefängnis», seufzt Shiva. «So ist eben diese Islamische Republik, in keiner Phase ihrer Entwicklung kannst du mit Sicherheit sagen: ‹Das war die Ursache, und das war die Wirkung.› Aber ich denke, der maximale Druck eines Donald Trump und die so erzeugte Isolation der Machthaber kann die Lage für die Menschen und für die Menschenrechtlerinnen nicht verbessern, im Gegenteil.» Das Regime mag noch zehn, zwanzig Prozent Rückhalt in der Bevölkerung haben, ist Shiva überzeugt. «Aber es ist nicht unbedingt so, dass Unzufriedenheit und das Misstrauen einer Mehrheit über die Lebensdauer des Regimes entscheiden. Selbst mit einem so geringen Rückhalt haben die Mächtigen es geschafft, nie eine Alternative entstehen zu lassen. Wir sind doch nur versprengte Inseln, weit voneinander entfernt. Jeder hat seine eigene Meinung, keiner will neben dem anderen stehen.»

Wollte sie nicht für eine internationale Menschenrechtsorganisation arbeiten, frage ich sie mit Blick auf ihre heutigen Pläne. Sei das nicht ihr Traum gewesen, dem sie jetzt endlich nachgehen könne? «Ehrlich gesagt, ich glaube nicht mehr, dass Menschenrechte etwas zählen in der internationalen Politik. Es geht um politische Interessen und wirtschaftlichen Profit. Die Menschenrechte sind zu einem bitteren Witz verkommen. Wie sonst erklärst du dir, dass China eine Million Menschen in Lager stecken kann – und dennoch die ökonomischen Beziehungen zum Westen florieren? Wie sonst erklärst du dir, dass wir als einfache Menschen aus dem Iran hier in Europa das Problem haben, ein simples Bankkonto zu eröffnen oder eine Kreditkarte zu bekommen? Wie sonst erklärst du dir, dass viele das Land nicht verlassen können oder für ein Visum kämpfen müssen, weil es ihnen so schwer gemacht wird – während die Kinder der Machthaber überall im Westen ungehindert studieren und in Luxus leben können?»

Kurz nach meinem ersten Treffen mit Shiva verstarb der Richter, der Shivas erste und zweite Strafe ausgesprochen und zahlreiche Demonstranten 2009 ins Foltergefängnis von Kahrisak geschickt hatte, in Teheran an Corona. Im Juni 2021, kurz vor den Präsidentschaftswahlen, wandte sich Mir Hossein Mussawi, immer noch unter Hausarrest, an die iranischen Wählerinnen und Wähler. Er unterstütze all jene, die an diesen entwürdigenden und manipulierten Wahlen nicht teilnehmen wollten. Die Lügen der Führung würden die Debatte im Land zunehmend bestimmen und nicht folgenlos bleiben.

Shiva lebt auch nach Abschluss ihres Stipendiums weiter mit ihrem Mann Pujesch in Lubljana, fern jeder iranischen Exil-Community. Dem Drängen ihrer Mutter, ein Kind in die Welt zu setzen, hat sie nie nachgegeben. Sie verfolgt ihr Studium und arbeitet für eine Frauenorganisation, die sich für Menschenrechtsverteidigerinnen im Nahen Osten einsetzt. Der Blick in die Region helfe ihr, den Iran besser zu begreifen. Sie will in ihr Land zurück, auch wenn sie weiß, dass dies Haft bedeutet. Ihr Leben bleibe nach wie vor unplanbar. «Du fragst mich nach 2009. 2009 begann meine Geschichte. Ich möchte diese Hoffnung, diesen Mut, diese Unermüdlichkeit und Lebendigkeit in mir bewahren, diese Energie, über Stunden und Tage ohne Schlaf, ohne Hunger, ohne Durst durchzuhalten, diese Energie, wie die Fünfundzwanzigjährige von damals die Einzelzelle ohne Furcht zu ertragen, weil sie weiß, dass die Zukunft ihr gehört. Jetzt lebt meine Generation in einer dunklen Zeit. Die zivilgesellschaftlichen Grundlagen und Möglichkeiten, wie sie vor 2009 existierten, sind verschwunden. Ein Wandel erscheint weiter weg denn je. Wenn etwas passiert wäre damals, wo stünden wir heute? Dort, wo die Länder des Arabischen Frühlings heute stehen? Oder wären wir weiter gekommen als sie? Ich weiß es nicht.»

3. MUTTER UND DIE VERLORENEN SÖHNE

Maryam heißen die süß duftenden Tuberosen auf Persisch. Maryam heißt die Jungfrau Maria. «Als ich dreizehn oder vierzehn Jahre alt war, sagte ich mir immer, wenn ich groß bin und geheiratet habe und Gott mir eine Tochter schenkt, dann nenne ich sie Maryam», lächelt Schahnaz Akmali. Ob sie damals ahnte, dass sie mit siebzehn heiraten und mit achtzehn ihr erstes Kind bekommen würde? Ob sie ahnte, dass ihr Dasein als Mutter zu ihrer Berufung werden sollte? Dass sie ihre Rechte als Mutter einfordern, alle in ihren Schmerz verstrickten Mütter herbeirufen und versammeln würde, um ihre Stimmen und ihr Wehklagen lauter und lauter werden zu lassen, damit sie endlich wie ein Donnergrollen im ganzen Land erklangen?

Schahnaz wuchs ohne Geschwister auf, mitten im alten Herzen Teherans. «Meine Mutter war eine kraftvolle Frau. Von ihr habe ich gelernt, stark zu sein», erzählt sie. «Ich wurde als Kind aus dem Haus geschickt, um allein einzukaufen, um das Feilschen zu lernen, damit man mich nicht übers Ohr haute, um zu lernen, mich da draußen zu verteidigen, ganz ohne Geschwister. Ich sollte mich in der Gesellschaft sichtbar machen, hieß es. Meine Mutter brachte mir bei, dass Rechte eingefordert werden müssen, dass niemand sie mir einfach so überlässt. Dass ich den Bleistift, der mir weggenommen wurde, selbst wieder zurückbekommen musste.»

Schahnaz lernte das Gebet in der Grundschule, von ihrer Direktorin Frau Farid, die nach Mekka gepilgert war und deswegen *Hajj-Khanum* genannt wurde, die «gepilgerte Dame». Frau Farid trug ein kleines, elegantes Kopftuch, unter dem die Haare hervorschauten, und trommelte die Kinder jeden Morgen zusammen, um die vorrevolutionäre Flagge mit der aufgehenden Sonne und dem Löwen, der ein Schwert hält, zu hissen, die kaiserliche Hymne zu singen – «Lang lebe der König der Könige, und möge sein Ruhm unser Land unsterblich machen» – und für die Eltern und für seine Majestät den Schah zu beten. Als die Mädchen neun Jahre alt waren, mussten sie mittags das islamische *Namaz*-Gebet sprechen. Frau Farid stellte die Kinder im Pausenhof in einer Reihe auf, ein Teppich wurde ausgelegt, sie machte in der Luft vor, wie man zur rituellen Waschung die Arme bewegt und die Füße berührt, dann murmelte sie die arabischen Verse in den Lautsprecher, ohne sich zu bücken und zu beugen. Ein Augenblick, dessen reine, schlichte, unschuldige Schönheit Schahnaz später vermissen sollte.

Schahnaz war dreizehn, als die Revolution und der Krieg eine neue Zeit einläuteten – und der Schulhof erfüllt wurde vom Klang des Korans und der Gebete für die Kommandeure auf den Schlachtfeldern. Sie machte ein naturwissenschaftliches Abitur, heiratete, gebar einen Sohn. Ihr Mann Mohammad gab ihm den Namen Mostafa, weil der Sohn am Mabass-Fest geboren wurde – an jenem Tag, an dem der Überlieferung nach dem Gesandten Gottes, Mohammed, der Erzengel Gabriel erschienen war und ihm befohlen hatte, die ersten fünf Verse des Koran zu lesen, über den allgütigen Herrn, der den Menschen aus einem Blutklumpen geschaffen hatte und ihn durch die Feder lehrte, was er nicht wusste. Der Sohn sollte einen der vielen Beinamen des Propheten tragen: Mostafa, «der Auserkorene», dem die Bürde der Botschaft Gottes auferlegt war. Fünf Jahre nach Mostafa kam eine Tochter zur Welt: Ihr Name war Maryam.

Schahnaz, klein und zierlich, nicht einmal fünfzig Kilo schwer, bäumte sich auf, wie ihre Mutter es ihr früher vorgemacht hatte, wenn der Ehemann und – noch viel mehr – die Schwiegermutter sie einschränken wollten. «Das Ideal der Ehefrau in den frühen 1980ern war die gehorsame Gattin. Aber ich erlaubte ihnen nicht, mir wegen jeder Kleinigkeit auf den Kopf zu schlagen.» Ihr Mann war dreizehn Jahre älter. Er arbeitete vor der Revolution bei einem amerikanischen Unternehmen für Sanitärkeramik, und als die Revolutionsgarden die Firma beschlagnahmten, verlor er seine Stelle. Er lebte fortan von seinem Land und seinen Gärten unweit von Teheran. Obwohl er als ein Mann der Tradition gilt, hat er für die Vermischung von Politik und Religion bis heute nur Spott übrig.

Die Kinder wuchsen im Süden Teherans auf, im Viertel der Mutter. Amirieh ist einer der ältesten Bezirke Teherans, am Nabel der Stadt, seine besten Zeiten hat er lange hinter sich. Unter Schichten von Staub und Abgasen liegen noch einige historische Häuser, kleine beigefarbene Ziegel, weiße Loggien, große Fenster mit spitzen Bögen, in den Innenhöfen Springbrunnen, Granatapfel- und Kirschbäume. Einige dieser Häuser sind mehr als hundert Jahre alt, häufig noch erbaut unter der Kadscharen-Dynastie, mit Fenstern und Türen aus Holz und verschlungenen Schnitzereien auf den Wänden – Erinnerungen daran, dass ein Großteil von Teheran einst aus Häusern mit Obstgärten bestand. Manchmal wurden sie zu Museen und Büros umgestaltet, oft aber haben sie Platz gemacht für mehrstöckige, seelenlose Gebäude, in denen Menschen aus einfacheren Schichten wohnen. Einige wenige alte Platanen sind übriggeblieben. Die alten Straßennamen des Viertels erzählen vom armenischen Hofschneider der Kadscharen, vom Schatzmeister des Kadscharenkönigs Naser ad-Din Schah oder von der Familie, aus der die große Dichterin Forough Farrokhzad und der vorrevolutionäre Fernseh-Entertainer Fereydoun Farrokhzad hervorgingen. In den engen Gassen riecht es nach Essen, Gesprächsfetzen hängen in der Luft, Katzen suchen nach Beute. Große Einkaufszentren und Supermärkte sind in Amirieh noch nicht eingedrungen.

Schahnaz war zweiunddreißig und Hausfrau, als sie 1997 die Scheidung verlangte. «Er hatte seinen Stolz, und ich hatte meinen, wir hatten zu jung geheiratet, wir hatten unsere Eigenarten, und wir hatten unsere Fehler nicht bereinigt – aber wir gingen ohne Hass und üble Nachrede auseinander.» Für die iranische Gesellschaft jener Zeit aber war eine Scheidung ein Tabu – die Frau erduldete, die Frau beugte sich, aber sie trennte sich um Himmels willen nicht, zu verwundbar waren geschiedene Frauen. Schahnaz zerschlug dieses Ideal, aber sie litt an dem Stigma. «Die Freundinnen meiner Tochter sagen, mein erster Akt des Widerstands sei meine Scheidung gewesen. So etwas tat man nicht, so etwas war verhasst. Alle würden missfällig auf dich blicken, hieß es, in der Familie, vor Gericht, unter Freunden.»

Um nicht noch mehr Unbehagen zu erregen, machte sie sich unsichtbar. Sie blieb zu Hause, besuchte niemanden, nicht dass man ihr noch nachsagte, wie man es damals gerne tat, dass diese frisch getrennte Frau sich einen verheirateten Mann angeln wolle! Schahnaz musste eine Arbeit lernen, eine Stelle finden. Sie fing als Sekretärin an, wurde Buchhalterin, eignete sich ganz ohne Ausbildung Wissen an, lernte Physiotherapie. In der IT-Abteilung der Immobilienvereinigung arbeitete sie sich hoch und schaffte es bis zur IT-Zentrale im Rathaus der Hauptstadt. Aber niemand wusste etwas über ihren wahren Familienstand. Wer sie kannte, fragte zuweilen, warum ihr Gatte sie nie abholte. Sie sagte, er sei auf Dienstreise. Wer sie nicht kannte, dachte, dass Mostafa, ihr Sohn, breitschultrig, hochgewachsen und bildhübsch, wohl der Freund und Begleiter dieser schmalen, elfenhaften Frau war. «Lass nicht zu, dass die Schwierigkeiten dich beherrschen – kontrolliere selbst die Schwierigkeiten», sagte sie sich immer wieder. Und so wurde aus der Geschiedenen wieder eine, die es liebte, andere zum Lachen zu bringen. Die Witze erzählte, frech war, tanzte und es genoss, viele Gäste einzuladen.

Am Rande des Bürgerkriegs

Iran im Dezember 2009. Moharram, der erste Mondmonat des islamischen Kalenders und im Schiitentum ein Monat der Trauer, war der makabre Tusch, der das Ende des monatelangen Aufruhrs nach den Präsidentschaftswahlen einläutete. Innen und Außen, Himmel und Erde kamen zusammen für das «grüne Finale». Die ersten Tage des Moharram sind dem Gedenken an das Martyrium des Imam Hossein gewidmet, der im Jahr 680 in der Ebene von Kerbela von den haushoch überlegenen Truppen des Umayaden-Kalifen Yazid eingeschlossen und getötet wurde. Sein Tod und Selbstopfer bilden den Ausgangspunkt der Schia. All jene, die den Enkel des Propheten im Kampf im Stich gelassen hatten, sollen nach seinem Tod ihre Gesichter geschwärzt und an seinem Grab um Vergebung gebeten haben, bevor sie in eine Schlacht gegen Yazid zogen – um den Märtyrertod und damit Vergebung und Erlösung zu finden. Die Prozessionen und Passionsspiele, das Weinen und Wehklagen, um an Hosseins Leiden Anteil zu nehmen, erreichen an Aschura, dem zehnten Tag des Moharram, ihren Höhepunkt.

2009 war der Festmonat, der durch die Jahreszeiten des persischen Sonnenkalenders wandert, auf den Winter gefallen. Diesmal bildete das Opferepos – der Unschuldige gegen den Bösewicht – die Vorlage für den aussichtslosen Kampf um Recht und Wahrheit, den die Anhänger der Grünen Bewegung kämpfen wollten. Am dritten Tag des Moharram fanden sich eine halbe Million Menschen in Ghom ein, am Grab des «Dissidenten-Geistlichen», Großajatollah Hossein Ali Montazeri, der als Theologe den Grundpfeiler der Islamischen Republik als Geburtsfehler offenkundig gemacht hatte: Montazeri hatte der Herrschaft des von Gott erwählten obersten Rechtsgelehrten abgeschworen und sah an seiner Stelle einen vom Volk gewählten, in seiner Macht vom Volk gezähmten Staatschef. Die Proteste an seinem Grab waren nicht das letzte Sich-Sammeln, nicht das letzte Aufbäumen. An Aschura sollten die Straßen mehrerer Städte im Land beben.

Am Vorabend des Feiertags war für den sechsundzwanzigjährigen Mostafa Karimbeigi – ein Abiturient mit Bestnoten, der mit einem Kumpel ein Fachgeschäft für PCs und Mobiltelefone in der Teheraner Bahar-Straße eröffnet hatte, Telefonleitungen verlegte und große Pläne mit seinem Unternehmen hatte – völlig klar, dass er an Aschura zur Demonstration gehen würde. Mostafa war seiner Mutter wie aus dem Gesicht geschnitten, ebene Gesichtszüge, eine vollkommene Symmetrie, ungewöhnlich warme große Augen. Seit der Oberstufe war er politisch aktiv, hatte als Schüler eine Gruppe gegründet, dessen erster Leitsatz in der Ablehnung der – von Revolutionsführer Chomeini entworfenen – Herrschaft der Rechtsgelehrten bestand. Nach Aussage seines entsetzten Lehrers erfüllte bereits dies einen Straftatbestand, der mit der Todesstrafe geahndet werden konnte. Als Teenager war Mostafa zu den Versammlungen an den Jahrestagen der Studentenproteste von 1999 gegangen, und weil er ein Kind war, begleitete ihn manchmal Schahnaz, seine Mutter. Der Junge lebte in Erwartung des großen Aufbegehrens. Wenn im Satellitenfernsehen Demonstrationen am Mohseni-Platz angekündigt wurden oder Exiloppositionelle in ihrem Wahn den unmittelbaren Sturz des Regimes voraussagten, musste Mostafa vor Ort überprüfen, ob das, was er aufgeschnappt hatte, auch zutraf.

2009 ging er nicht zur Wahlurne, denn wer wie Mir Hossein Mussawi als Premier für Tausende Hinrichtungen politischer Gefangener verantwortlich war, war nicht wählbar für ihn, wie er erklärte. Stattdessen nahm Mostafa an sämtlichen Demonstrationen teil, die im Anschluss an den skandalösen Sieg von Ahmadinedschad nach dem Verbleib der Stimmen von Millionen Bürgern fragten – eine seit 1979 ganz grundsätzliche Frage im Land, die dreißig Jahre später nur anders gestellt wurde, kaschiert und abgewandelt in «Wo ist mein Stimmzettel?». Denn eine wirkliche Radikalopposition war eben nicht möglich, so jedenfalls sah es Mostafa, und so sahen es viele protestierende Nichtwähler. Einmal traf ihn ein Schlagstock am Kopf, ein anderes Mal beschlagnahmten sie seine Tasche, dann nahmen sie ihn fest und brachten ihn für ein paar Stunden in die Moschee am Studentenpark.

«Wir versammelten uns immer in seinem Laden und druckten dort unsere Plakate aus. Er ging allein mit seinen Kumpels – mich nahm er nie mit, er meinte, ich hätte zwei linke Füße und würde ihn nur aufhalten», erzählt seine Schwester Maryam. «Also ging ich mit meiner

Freundin Roya und er mit seinem Freund Tumadsch. Mostafa hatte keinen Facebook-Account, ich auch nicht. Mostafa diskutierte über Politik nicht im Netz, sondern auf der Straße. Im Taxi oder im Bus. Er liebte es, mit den Leuten ins Gespräch zu kommen, zu debattieren, sie zu überzeugen. Die Jugendlichen in unserem Englischkurs liebten ihn für seine Art, zu reden und zu agieren.» Maryam gelang es, ihre Mutter mit zur Wahlurne zu schleppen. Aber ihren Vater und Mostafa konnte sie nicht dazu bringen. Mostafa schimpfte mit ihr, als er von ihrer Stimmabgabe hörte. «Ich war einundzwanzig. Ich war jung, hatte gerade mein Studium angefangen und lebte mit meinen Freundinnen in einer Phantasiewelt. Meine Lektion habe ich erst danach gelernt.»

Die Zeit nach der Scheidung der Eltern war hart gewesen für Maryam und Mostafa. Sie waren damals mitten in der Pubertät. Mostafa konnte auch deswegen kein Studium aufnehmen. Jetzt aber verdiente er gut mit seinem Laden und wollte mit seiner Schwester endlich die Träume der Kindheit verwirklichen, auf Reisen gehen, dafür lernten sie Englisch. Hatte er nicht seiner Schwester beigebracht, wie sie durch das Anzünden eines Streichholzes die Mutter sehen konnte? Hatte er ihr nicht gezeigt, wie sie mit ihrer Vorstellungskraft das Zimmer haben konnte, das sie sich immer gewünscht hatte? Jetzt war es so weit. Er würde ihr alles kaufen, was sie brauchte, er unterstützte sie, wo er nur konnte, er stand hinter ihr, bei jedem ihrer Fehler, und vertuschte sie vor den Eltern. Wenn Maryam mit einem Jungen zu lange am Telefon plauderte und die Rechnung explodierte, gab er ihr das Geld. Wenn sie sich mit einem Jungen verabredete und zu spät nach Hause kam, hatte er die Ausrede für sie parat. Für Außenstehende war nicht immer klar, ob sie Geschwister waren oder ein Paar.

Am Vorabend von Aschura saßen sie zusammen, redeten, und Mostafa hörte den Vater, wie er ihn warnte, nicht auf die Straße zu gehen: «Sie werden töten, Mostafa, sie werden töten!» Mostafas Entschlossenheit erschrak ihn: «Ich habe keine Angst davor. Jetzt muss das Volk auf die Straße, und wenn ich nicht gehen soll, wer dann?» Er war sich sicher, dass sich die Regierung an Aschura zurückhalten würde. «Die schießen doch nicht gegen Menschen, die nach Imam Hossein rufen, die metzeln uns doch nicht an Aschura nieder!», wandte er ein, denn Gewalt an Aschura – das kam für die Gläubigen der Kreuzigung von Christen an Weihnachten gleich. Am Morgen weckte ihn seine kleine Schwester, der Vater war nicht zu Hause. Mostafa ging ohne Frühstück. Maryams Herz begann zu pochen, ein eisiger Schrecken durchfuhr sie plötzlich, sie stand auf und wollte ihn küssen, weil sie sich zur Begrüßung und zum Abschied immer küssten, aber da war Mostafa schon die Treppe hinuntergegangen. Er sagte ihr noch, sie solle zu Hause bleiben, sie würden zusammen zu Abend essen. Maryam ging hinaus, rief ihn zweimal an. Einmal sagte er, er stehe an der Kreuzung zur College-Brücke, da sei wahnsinnig viel los, das nächste Mal meldete er sich, aber dann brach die Verbindung plötzlich ab.

Als ich Maryam im Herbst 2020 zum ersten Mal auf dem Bildschirm begegne, sind sie und ihre Mutter mitten im Umzug. «Steht der kleine Tisch noch in der Ecke? Der mit den vielen kleinen Bildern, mit den Kerzen und Blumen?», frage ich. Maryam hat alles schon verstaut, aber für mich packt sie den Karton wieder aus, dekoriert das Familiensymbol von neuem und erzählt zu einigen der eingerahmten jungen Gesichter die dazugehörige Geschichte. Sie streift sich schnell ein Hemd über ihr schwarzes Top, als ich ihr sage, dass ich sie gerne fotografieren möchte. Ihre Haare hat sie gerade blond gefärbt, aber trotzdem sieht sie aus wie ihre Mutter in jung, denke ich, die gleichen großen Augen, der Schmollmund, die bronzefarbene Haut, eine warme Erscheinung. In der Ecke des Wohnzimmers, vor der Haustür, ist eine kleine Küche, mit einem Bartresen, an dem, auf einem Hocker, Maryams Freundin Ensieh sitzt, von Maryam nur Ensi genannt. Beide kichern und necken sich, mit einer für mich zunächst seltsam wirkenden Leichtigkeit. Ich schaue die beiden jungen Frauen an und habe einen schmerzhaften Gedanken: Da sind sie wieder, die zwei Konstanten der iranischen

Realität, Tod und Gefängnis. Doch die beiden lächeln mich an, und in diesem Augenblick ist nichts an ihrer Heiterkeit getrübt.

In dem Augenblick, als Maryam tief Luft holt, um die ganze Geschichte des 27. Dezember 2009 zu erzählen, geht die Tür auf, und ihre Mutter kommt herein – ein Paar Augen und eine dieser OP-Masken im Gesicht, das Tuch noch auf dem Kopf, den Mantel zugeknöpft. Sie wirkt erstaunt und neugierig, als wollte sie fragen, was hier eigentlich los sei, sich zugleich aber zu unserer Runde gesellen. Ich solle sie Mama Schahnaz nennen, bittet sie mich, so heiße sie für alle hier, für alle, die ihre Geschichte hören wollten.

«Wir sahen Mostafa erst sechzehn Tage später wieder», sagt Mama Schahnaz. Er hatte sich nicht mehr gemeldet. Er war unauffindbar in der großen, wütenden, schreienden Menge. «Dieser Monat ist der Monat des Blutes, Yazid wird gestürzt! Niemals Unterdrückung!», schrien die Menschen in Anlehnung an den Ausruf Imam Hosseins vor seiner Selbstopferung im Kampf. Aschura 2009 war der Tag, an dem die Grüne Bewegung der Monate zuvor auf die Straßen zurückkehrte, in mehreren Städten des Landes, und zumindest auf Teherans Revolutionsstraße erinnerte der Tumult an einen Bürgerkrieg. «Chamenei ist ein Mörder, seine Führung unrechtmäßig», skandierten die Menschen. Spezialeinheiten in dunkler Montur rückten vor. Männer in Zivil warfen Steine auf die Menge. Uniformierte auf Motorrädern trieben sie auseinander – und überfuhren vor den Augen aller zwei Demonstranten. Rauchwolken quollen auf über der Stadt, als die Demonstranten Polizeiautos und Motorräder in Brand steckten. Einige Straßen waren irgendwann mit Scherben und Pflastersteinen übersät, die ihnen als Wurfgeschosse dienten. Gegen das Tränengas zündeten sie Mülltonnen an. Als nichts mehr half, sie zu vertreiben, eröffneten die Polizisten das Feuer auf die Demonstranten. Zum ersten Mal wehrte sich die andere Seite. Einige griffen die Polizisten mit deren eigenen Schlagstöcken an, zogen ihre Schutzkleidung aus und reichten sie wie Trophäen umher. Vereinzelt ergaben sich die Ordnungskräfte. Die

Rufe der Menge trommelten zum Kampf: «Ich töte jenen, der meinen Bruder getötet hat.» Einer der ersten Toten war der Neffe des Oppositionsführers Mussawi, der vor seinem Haus von Sicherheitskräften erschossen wurde. Aus Angst vor der Sicherheitspolizei wurden viele der Verletzten nicht in Krankenhäuser gebracht. «Selbst das Regime des Schahs hatte Aschura respektiert», sagte Oppositionsführer Karrubi am Ende dieses 27. Dezember.

Mostafa kam an Aschura nicht nach Hause. Maryam und die Eltern gingen ihn suchen, sahen das Blut in der Hafez-Straße, so viel, dass die Straße gereinigt werden musste. Bis zum Abend streiften sie durch die Stadt. Dann ging Maryam mit Mostafas Freund zur berüchtigten Schahpour-Polizeiwache, oft eine erste Sammelstelle für viele Gefangene, um nach Mostafa zu fragen. Von dort lief sie zur Sicherheitspolizei, dann zu einer anderen Behörde. Am nächsten Tag entdeckte Maryam auf einer Liste der Festgenommenen Mostafas Namen, doch man teilte ihr mit, die Liste sei falsch, es gebe eine andere, der Beamte wühlte in seinen Papieren, las die Namen vor, aber Mostafa war nicht dabei. Als die Mutter von der Arbeit nach Hause kam, stand fest, dass alle Festgenommenen ins Evin-Gefängnis gebracht worden waren. Am nächsten Tag übte Schahnaz sich noch in Selbstkontrolle und fuhr ins Büro, während Maryam und ihr Vater sich jeden Morgen nach Evin begaben.

Vielleicht tausend Familienangehörige standen vor den Gefängnistoren und verrichteten das rituelle Gebet, als Zeichen des Protests. Jeden Tag wurden um die fünfhundert Namen von Festgenommenen verkündet, vier Tage harrten Maryam und ihr Vater dort aus, schließlich beschlossen sie, eine Vermisstenanzeige aufzugeben. Aber die Beamten wiegelten ab: Der Junge habe sich wahrscheinlich mit seiner Freundin für ein paar Tage ans Kaspische Meer davongemacht. Oder vielleicht sei er ein Drogenjunkie, der irgendwo rumläge, in einem der Bäche, die Teherans Alleen säumen. Die Staatsvertreter sparten nicht mit verächtlichen Kommentaren, bis die Familie eine Beschwerde einreichte, um die Krankenhäuser und Haftanstalten absuchen zu können und bei den Gerichtsmedizinern nachzufragen. Sie teilten sich auf, der Vater blieb vor dem Evin-Gefängnis, von früh bis spät, die Mutter nahm sich einige Tage frei und suchte mit der Tochter. Wo war Mostafa?

In den Krankenhäusern war er nicht. In Maryams Englischkurs saß ein Revolutionswächter, der geheimnisvolle Andeutungen machte. Er behauptete, man habe Mostafa gefunden, man habe ihn geschlagen, er sei krank und bewusstlos. Dann wiederum erzählte er, Mostafa gehe es nun besser – und die Familie schöpfte wieder Mut. Während die Suche weiterging, erhielt der Vater Anrufe von Mostafas Mobilnummer, um drei Uhr früh, er hörte, wie jemand schwer atmete. Nun glaubte die Familie, Mostafa zu hören, wahrscheinlich – reimten sie sich zusammen – habe er heimlich das Handy bei sich und könne gerade nicht reden. Der Vater fasste Hoffnung, die Tochter rief die Mutter an, um ihr von den stummen Anrufen zu berichten. Maryam blieb über viele Nächte wach, der Vater wälzte sich in Albträumen und schrie im Schlaf: «Sag laut: La ilaha ila ʾllah! Es gibt keinen Gott außer Gott!», rief er immer wieder. Die Mutter musste sich zwingen, zur Arbeit zu gehen, dort verkroch sie sich auf die Toilette, um heimlich zu weinen. Hätte sie jemandem erzählt, dass sie ihr Kind suchte, dass es auf eine Demonstration gegangen war, es hätte gereicht, um die Familie in Gefahr zu bringen. «Es waren schlimme, schlimme Tage, ich war gezwungen, mich äußerlich entspannt zu zeigen, aber innerlich war ich am Boden. Nach Feierabend, auf der Straße, kamen die Tränen. Gott, was ist mit meinem Kind, wo ist es, wieso antwortet mir niemand? Wo ist mein Sohn, dieser junge Mann, der zweiunddreißig gesunde Zähne hatte, dessen Lippen nie eine Zigarette berührt hatten, dieser hübsche Mann, der seine Mutter mit einem Lachen neckisch fragte, wen sie da geboren hatte, einen Prachtkerl mit einem vollkommenen Körper: ‹Alle Rippen beisammen, Mama!›?»

Es waren vierzehn Tage der Ungewissheit. Aber für die Familie war jede Stunde eine Ewigkeit. Noch einmal gingen sie zur gefürchteten Schahpour-Polizeiwache, dieses Mal, um Mostafa unter den namenlosen Toten zu suchen. Sie zeigten Schahnaz Fotos, und sie glaubte, Mostafa zu erkennen. «Auf dem Bild hatte er nur einen Slip an und war vom Hals bis zum Unterbauch aufgeschlitzt und wieder zugenäht worden», erinnert sie sich. «Mostafa hatte zwar einen Organspenderausweis, aber dieser Anblick … mir wurde schlecht.» Zwei Beamtinnen bestritten, dass das Mostafa sei, den habe man doch ausgeliefert, es folgte ein Wortgefecht, Schahnaz wollte sich an jede noch so kleine Hoffnung klammern. Sie wurde zu einer anderen Wache geschickt, wo sie ihr einen Brief gaben. Schließlich fuhren sie zur Gerichtsmedizin des Kahrisak-Gefängnisses.

Maryam blieb vor dem Gebäude stehen, sie hatte Angst davor, Tote zu sehen. Drinnen wurden der Mutter neue Fotos gezeigt, es war das gleiche Motiv wie zuvor, aber aus verschiedenen Winkeln aufgenommen. «Ich fing an zu schreien. Ich rief umher: ‹Das ist mein Sohn, das ist mein Kind!›» Als Maryam ihre Mutter sah, schien Schahnaz erstarrt zu sein, die Augen blickten regungslos ins Leere. Maryam konnte den Anblick der Fotos nicht ertragen. Ihr Bruder wollte nie, dass sie ihn beim Umziehen sah, geschweige denn nackt. Sie fragte den Beamten, ob er den Toten anhand eines Fotos, das sie selbst mitgebracht hatte, identifizieren konnte. Der Mann bestätigte Mostafas Identität und übergab Maryam unzählige Formulare. «Wie bitte? Ihr seid Mörder, ihr habt meinen Bruder getötet, und jetzt wollt ihr, dass ich Formulare ausfülle?» – «Halt deinen Mund, du Drecksstück. So wie wir deinen Bruder getötet haben, genauso töten wir auch dich, wenn du nicht endlich deinen Mund hältst.» Maryam schrie, schluchzte, rannte hinaus, bis an die nahe Autobahn, auf der ein Laster nach dem anderen vorbeifuhr. Sie wollte sich auf die Straße werfen. Mostafas Freund Tumadsch packte sie von hinten, hielt sie fest, sie brüllte ihn an, dass er an allem schuld sei, er habe am Tag der Demonstration Mostafa aus den Augen verloren, verdammt, er hätte doch auf ihn aufpassen müssen.

Maryams Kopf raste. «Okay, okay, du kannst dich jetzt nicht umbringen. Also reiß dich zusammen, reiß dich wenigstens zusammen», ratterte es ihn ihr. Jetzt lag alles in ihrer Hand. Wie dem Vater die Nachricht überbringen? Sie brachte ihre Mutter zu Mostafas Geschäft, Schahnaz war immer noch erstarrt, die Augen hart geworden, der Mund öffnete sich nicht. Dann suchte sie den Vater auf. Sie wollte ihn im Auto nach Hause bringen, er solle zuerst etwas essen – wenn sie es ihm jetzt gleich gesagt hätte, hätte er tagelang nichts mehr gegessen. Warum sie so blass sei, fragte er. Mitten auf der Fahrt stieg er wütend aus: Wenn sie ihm nichts sage, komme er nicht mit. «Papa, Mostafa ist den Märtyrertod gestorben.» Maryam hält inne, ihr kommen immer noch Tränen, der Satz will ihr immer noch nicht richtig über die Lippen, auch nicht zwölf Jahre später. Er ist eine persische Metapher für einen Tod, der einer größeren Sache dient, in einem anderen Kulturkreis hätte es geheißen: Papa, Mostafa ist tot. Ihr Vater fing an, auf der Straße auf und ab zu gehen und sich auf den Kopf zu schlagen, immer fester, er lief laut schreiend und wehklagend eine kilometerlange Strecke zu Fuß nach Hause, Maryam folgte ihm, die Passanten schauten den beiden hinterher. Zu Hause rief Maryam die Familie an, Tanten, Cousinen, Freunde, Nachbarn. Sie brachte am Ende des Tages ihre Mutter ins Krankenhaus. An diesem Tag fing für Maryam ein anderes Leben an.

Der Kampf um die Toten

Mostafa war tot. Seine Leiche aber war im Besitz der Islamischen Republik, sie durfte das Überleben des Systems nicht gefährden, nicht ein weiteres Feuer entfachen. Kein Regime kennt das Potenzial eines toten Körpers besser als die Islamische Republik, keines weiß besser, die eine Leiche als Märtyrer zu benutzen und die andere Leiche als Müll zu entsorgen, still und heimlich. Die Ermittler der Strafverfolgungsbehörde luden die Familie Karimbeigi vor, um die Sache mit der Leiche in den richtigen semantischen Kontext zu rücken. Damit das klar sei: Israel und Amerika hätten Mostafa getötet, teilten sie dem Vater mit. Er trat zunächst mit Logik ihren Erklärungen entgegen. «Ist Israel denn ein Mann oder eine Frau? Hat Israel denn Hände und Füße? Seid ihr nicht beauftragt, eure Bürger zu schützen? Ich zahle doch Steuern für meine Sicherheit, oder?» Dann wurden die Beamten direkter und roher, drohten unverhohlen, sie würden die Leiche nicht herausgeben, wenn die Familie ausländischen Journalisten Interviews gäbe, außerdem hätten sie kein Recht mehr, «Allahu Akbar», Gott ist groß, zu rufen oder «La ilaha ila ʾllah», es gibt keinen Gott außer Gott, das islamische Glaubensbekenntnis, das die Demonstranten der Grünen Bewegung in den Monaten des Protests von den Dächern geschrien hatten, so wie die Revolutionäre damals, 1979. Ein Klang, der aus ihren Mündern dem Regime nun verhasst war.

Die Eltern warteten fünf Stunden beim Generalstaatsanwalt Teherans, um die Leiche bestatten zu dürfen. Abbas Jafari-Dolatabadi, der Mann mit dem dunklen Stirnmal – ein Kennzeichen besonders frommer Gläubiger, die ihren Kopf so oft auf den Gebetsstein legen, dass ein Abdruck zurückbleibt –, hatte bereits damit begonnen, sämtliche Einrichtungen und Medien der Grünen Bewegung zu zerschlagen. Als seine Sitzung ihr zu lange dauerte, schubste Schahnaz den Leibwächter an der Tür zur Seite und wurde laut, bis eine in einen schwarzen Tschador gehüllte Beamtin ihr das Schreiben reichte, das das Begräbnis möglich machen sollte. Auf dem Teheraner Großfriedhof Beheschte Zahra, wo der Vater die rituelle Waschung vorbereiten wollte, überreichten sie ihm Mostafas zerknüllte, blutgetränkte Kleidung, nicht aber sein Handy und seine Geldbörse. Er durfte nur kurz den Reißverschluss der schwarzen Folie um den Körper seines Sohnes herunterziehen. Er sah Mostafas Gesicht, sah die kleine Wunde auf seiner Stirn und küsste ihn. Mehr war nicht gestattet.

Fast gleichzeitig meldete sich die Staatssicherheit bei Maryam: Sie seien jetzt gerade in der Vorbereitung, Mostafa zu bestatten, entweder käme die Familie jetzt gleich vorbei oder nicht. Ein Krankenwagen brachte die Leiche in den Bezirk Schahriyar, begleitet von drei Autos voller Sicherheitsbeamter. Es war eine stockdunkle, kalte Januarnacht, als die Familie im Dorf Dschughin südwestlich von Teheran ankam, ein Friedhof an einem kleinen Wallfahrtsort. Den Sarg auf den Schultern zu tragen ist nur Männern vorbehalten, aber Mostafas Mutter verkehrte die Verhältnisse. Als sie den Sarg entluden, rannte Schahnaz zu ihm hin, nahm ihn auf die Schulter, mit lauten Rufen: «Es gibt keinen Gott außer Gott.» Ein Akt, der sie für immer verändern sollte. «Die Schahnaz, die die politischen Verhältnisse um sich herum kaum wahrgenommen hatte, die lachte, scherzte, ihre Gäste vergnügte – diese Schahnaz starb in mir in jener Nacht. Ich sagte mir: ‹Lass sie nicht dein Genick brechen. Du darfst nicht gebeugt stehen. Du darfst nicht in die Depression fallen. Jetzt hast du eine Mission.› Und damit wurde eine mächtige Schahnaz geboren – eine, die zur Stimme Mostafas werden musste. Die alles über sein zu Unrecht vergossenes Blut in diese Welt schreien musste. Aus Shahnaz wurde Mama Schahnaz.»

Der ein Meter zweiundneunzig große Mostafa hatte ein zu kurzes Grab. Die Männer mussten erneut schaufeln, und in diesem Augenblick gelang es ihr, ganz kurz ihren Sohn anzuschauen, sein Leichentuch zu streicheln, ein Einschlaflied für ihn zu singen, während die Großfamilie laut nach Gott rief und die Sicherheitsbeamten rundherum alles filmten. Als sie ihn ins Grab legten und seinen Kopf ein letztes Mal enthüllten, strömte Blut hervor. Die Kugel war aus dem Hinterkopf ausgetreten und hatte den Schädel zertrümmert. Da der tiefgekühlte Körper nun auftaute, wurde die Blutlache immer größer. Maryam küsste jedes Häufchen Erde, bevor sie es auf ihn schüttete, dann streute sie kleine rote Herzen ins Loch. Was er wohl gedacht hatte in den letzten Sekunden, fragte sie sich die ganze Zeit. Nach dem Schuss war er doch noch einige Sekunden am Leben. Hatte er sich um die Eltern gesorgt? Hatte er daran gedacht, wie er ihr gesagt hatte, sie solle zu Hause bleiben, er komme bald heim?

Die Männer schaufelten, jemand brachte eine Handlampe, sonst wäre auch dieser Moment im Dunkeln geblieben. Die Dorfbewohner in Dschughin wollten zum Friedhof kommen und an der Zeremonie teilnehmen, sie hörten, wie die Schreie der Mutter die Stille der Nacht zerrissen. Aber die Milizen standen vor den Häusern und hielten jeden mit Gewalt vom Friedhof weg. «Viele unter den Dörflern waren Ahmadinedschad-Anhänger, aber als sie die Geschichte von Mostafa hörten, fielen sie in dieser Nacht von ihrem Glauben an den guten Präsidenten ab», erinnert sich Schahnaz. Sie kannten Mostafa dort, sein Vater besaß Land in dem Bezirk, sie hatten den Sohn in guter Erinnerung, ein höflicher, respektvoller, hilfsbereiter Mann. «Mein Mostafa spendete viermal im Jahr Blut. Und am Ende gab er sein Blut für sein Volk», schluchzt sie. «Er sagte mir immer: ‹Mama, wenn du den Leuten helfen willst, gib ihnen keinen Fisch, bring ihnen das Angeln bei.› Jedes Mal, wenn mein Mostafa einen Auftrag bekam, Leitungen zu verlegen und Telefone anzuschließen, nahm er Mitarbeiter und Auszubildende mit, bei denen das Geld knapp war – Mostafa machte ihre Arbeit, wenn sie nicht besonders kundig waren, aber bezahlte sie, damit sie ein Gehalt nach Hause bringen konnten.»

Die Trauerzeremonie hielt Familie Karimbeigi in der Moschee ab. Es kamen so viele Gäste nach Dschughin, die Anteil nehmen wollten, dass viele noch an der Dorfeinfahrt abgewiesen werden mussten. Sie traten ans Ohr von Schahnaz und sagten, sie seien aus der Provinz gekommen, aus Ahvaz, aus Schiraz, von weit her. Der Vater wollte in der Straße drei *Hedschle* aufstellen – kleine runde Altare mit einem kronenförmigen Aufsatz, ein bunter Hingucker aus grünen und roten Glühbirnen und Spiegelkacheln, in denen ursprünglich ein Brautpaar Platz nahm. Als öffentliches Trauersymbol war die *Hedschle* jedoch mit dem Foto des Toten geschmückt und für einen besonders jungen Menschen gedacht, der noch nicht geheiratet hatte – aufgestellt vor der Moschee oder am Straßeneingang, um an den Toten zu erinnern und vorbeiziehende Passanten zu Gebeten anzuhalten. Den Behörden war solche öffentliche

Symbolik suspekt, Mostafa sei schließlich ein *Moharebe* gewesen, ein *Kafar*, einer, der gegen Gott kämpfte, ein Ungläubiger. Wenn sie ihm die *Hedschle* nicht erlaubten, würde er sich anzünden, sagte Mohammad Karimbeigi. Die Traueranzeige erregte ebenfalls Argwohn. Maryam hatte einen Vers des Dichters Gheysar Aminpour ausgesucht, eine Reflexion über die Frage, wie es sein konnte, dass die einst «beständigen Berggipfel unter der Erde verschüttet und verloren» waren.

Eine Woche später klingelten *Bassidsch*-Milizen an ihrer Haustür – die inoffizielle freiwillige Hilfspolizei des Führers, auch bekannt als Schlägertruppe, die gegen Reformpolitiker, Journalisten, Studenten und 2009 auch gegen Demonstranten eingesetzt wurde. Die Milizen redeten auf die Mutter ein, sie solle einfach öffentlich kundtun, dass Mostafa ein *Bassidsch*-Milizionär gewesen sei, der den Märtyrertod gefunden hatte. Käme sie dem nach, würde die Familie vom Staat als Märtyrerfamilie behandelt werden und von umfangreichen Hilfsleistungen profitieren. «Nein, Mostafa war weder ein *Bassidsch*, noch wollte er einer sein, wir brauchen eure Blumen und Plakate nicht, geht weg von hier», wies Schahnaz sie ab.

Die Karimbeigis fingen an, ausländischen Medien wie dem Sender Voice of America Interviews zu geben und über die Tragödie zu sprechen, die sie heimgesucht hatte. Prompt verboten ihnen die Behörden das traditionelle Gedenken am vierzigsten Todestag. So gingen sie zu dritt an Mostafas Grab. Maryam hatte in der Nacht zuvor geträumt, wie er ihr ausrichten ließ, welches Essen er haben wolle, wie sie ihn ausfragte, ob er durstig gewesen sei an jenem Tag, als er den Tod fand, wie er ihr immer wieder versicherte, dass es ihm gut gehe, wie er ihr seine Schlafstätte, seine Frau, sein Kind, den Wald, in dem er lebte, zeigte. Maryam blieb mit ihrem Bruder verbunden, durch alle Härten, die noch kommen sollten. Als sie mir von ihren Träumen erzählt, erinnert sich ihre Mutter an zwei merkwürdige Begegnungen in jenen Tagen, als sie nach ihrem Kind suchte. Schahnaz war auf ihrer Arbeit für die Betreuung der Kunden verantwortlich, und eines Tages kam ein bekannter Vater dreier toter Soldaten bei ihr vorbei. Er erzählte ihr aus heiterem Himmel, er habe von seinen Söhnen geträumt, die Märtyrer hätten alle eine Botschaft, sie seien alle wach. Dann schenkte er ihr ein Foto seiner drei Söhne und hinterließ Geld für sie. War das ein Zeichen? Am nächsten Tag kam ein Mann vorbei, der sich ihr als gläubiger Christ vorstellte. Er fragte Schahnaz, ob sie wisse, dass Jesus so vieles über die Märtyrer berichtet habe, jene, die durch Selbsthingabe dienen. Jesus habe gesagt, dass «die Märtyrer leben, dass sie Überbringer von Botschaften sind». Schahnaz weint, als sie von diesen Vorfällen erzählt, sie glaubt nicht ans Jenseits, damals wie heute erscheinen ihr diese Begegnungen rätselhaft, denn niemand um sie herum wusste damals, in welcher Lage sie sich befand.

Als ihr die Tränen kommen, entschuldige ich mich bei Mama Schahnaz, es tue mir leid, ihren alten Schmerz geweckt zu haben. Sie winkt ab, nein, der Schmerz sei nie verschwunden, es tue weh, wenn sie auf der Straße Jugendliche sehe, die so alt sind wie Mostafa, er sei immer da. «Als sie mich verhörten, im Gefängnis, sagten sie mir immer, ich solle ihn vergessen, als ob er nie existiert habe. Ich fragte sie, wie das gehen solle. Ein Kind, das in meinem Körper heranwuchs, das ich gebar, das ich auf meinem Schoß großgezogen habe – wie soll ich mein Kind vergessen? Er ist die Zypresse, um die ich mich gekümmert habe, die ich wachsen sah. Wie soll das gehen? Wie könnt ihr nur sagen, er sei tot, er sei weg, es sei vorüber? Für die anderen ist er tot. Für mich nicht. Für mich lebt er.» Ich muss an Mostafas Fotos aus der Kindheit denken. Dunkle Locken, ein runder Kopf und fast ebenso runde Augen, die die Welt verschlingen wollen, so unwirklich hübsch und puppenhaft das Gesicht, so hellwach und schelmisch der Ausdruck, dass man den kleinen Jungen an sich reißen will. «Als ich im Gefängnis war, kam er in meine Träume, er war jede Nacht bei mir, keine Nacht ließ er mich allein. Als er getötet wurde, sah ich ihn im Traum, ich umarmte ihn fest, ich konnte sogar seinen Duft riechen. Elf Jahre sind vorbei. Aber diese Narbe bleibt immer frisch.»

«So einfach, wie wir deinen Sohn getötet haben, können wir deine Tochter töten.» Der Satz, diese zu einer Routine gewordene Drohung der Beamten am Telefon, kreiste fortan in Maryams Gedanken, jetzt ängstigte sie sogar das Geräusch eines Motorrads hinter ihr. Die Phantasiewelt war zu Ende, die Welt der Freunde, der Clique, der *Boyfriends*, der Kinogänge – die Dunkelheit verschluckte alles. Mit dem Tod des Bruders wurde sie zum zweiten Mal geboren, oder sie betrat einen anderen Planeten, oder es war eine zweite Chance. Maryam lernte und verstand, was sie eigentlich vom Leben wollte, vorher war sie ratlos gewesen. Sie gab alle Gewohnheiten ihres ersten Lebens auf, sie machte Fehler und lernte, sie wuchs. Die Geschichte von Mostafa wollten alle von ihr hören, sie verstand, alles hatte einen Sinn. Sie sah, dass sie ihre Eltern retten musste. Sie fing an, die beiden liebevoll dazu zu bewegen, wieder das Haus zu verlassen, sie neckte sie, machte Späße, drängte die Mutter, Farben zu tragen, kaufte ihr rote Kopftücher. «Sonst hätte sie wahrscheinlich zwanzig Jahre lang Schwarz getragen.» Mühevoll überzeugte sie sie, ihre Nägel rot zu lackieren, sich die Haare nach fünf Jahren wieder zu färben – egal, was die Leute sagten, die meinten, das gehöre sich nicht für eine Märtyrermutter. «Ich weiß nicht, ob ich damit Erfolg hatte», murmelt sie. Schahnaz sagt: «Nein, das hast du gut gemacht. Ich bin stolz auf dich, Tochter.»

Keine Trauer ohne Angst. Die Angst, ein weiteres Kind zu verlieren. Oder dass es dem Staat doch noch gelingt, die Erinnerung an ihren Sohn auszulöschen. Eines Tages riefen die Dorfbewohner aus Dschughin Schahnaz an und berichteten, die Grabplatte sei zerstört worden. Der schwarze Grabstein mit dem Gesicht des Jungen, das strahlte und irgendwie entrückt wirkte, engelsgleich. Der schwarze Grabstein, den sie gewaschen und an dem sie für Mostafa gesungen hatte. Zwei Männer auf einem Motorrad seien gekommen und hätten ihn zertrümmert und einige Bruchstücke am anderen Ende des Friedhofs verstreut. Einer der Risse lief schräg über Mostafas Stirn. Die Behörden hatten sich zuvor an der Inschrift gestört, die ihn als «Märtyrer» kennzeichnete –

ihr Mostafa sei doch nicht als Märtyrer gefallen, hatten sie dem Vater mitgeteilt. Was sie eigentlich meinten: Er sei doch «keiner von ihnen» gewesen. Schahnaz beschloss, die Grabplatte wieder zusammenzusetzen – jeder sollte sehen, dass die Regierung sich sogar vor dem Stein fürchtete, unter dem jemand lag, den sie selbst getötet hatte.

Dass die Machthaber die Leichen ihrer Gegner und Opfer nicht herausgeben, ihre Gräber entweihen und die Erinnerung an diese Menschen ausradieren, ist in der Islamischen Republik bis heute geläufig. Schriftsteller, Dichter, Intellektuelle, Marxisten und Monarchisten, junge Demonstranten, alte Könige – als «Ungläubige» gebrandmarkt, verdienen sie nach diesem Verständnis nicht einmal eine letzte Ruhestätte. Nach 1979 hatte Sadegh Chalchali – ein Geistlicher, der in Schnellverfahren die Feinde der Revolution aburteilte und hinrichten ließ – das Mausoleum des Gründers der Pahlawi-Dynastie, Reza Schah, abreißen lassen. Er wollte auch das Grabmal des Achämenidenkönigs Kyros des Großen zerstören, des Gründers des persischen Reiches – bis ein öffentlicher Aufschrei ihn davon abhielt. Die Gräber und Grabsteine linker politischer Gruppierungen auf dem Großfriedhof Behescht-e Zahra wurden zerstört, jene von religiösen Minderheiten wie den Bahais und den Ahl-e Haqq geschändet.

Dissidenten und Opfer der ersten Hinrichtungswellen haben oft keine Grabsteine oder nur unkenntlich gemachte Gräber, auf denen selbst ein notdürftig angebrachtes Namensschild zerstört wurde. Tausende verscharrte die neue Republik später anonym in nicht gekennzeichneten Massengräbern. So zum Beispiel in Chavaran im Osten Teherans, wo zunächst die Kleider und Gesichter der Leichen, ja selbst der Kinder, kaum mit Erde bedeckt waren, wo die Mütter auch Jahre später ihre Liebsten nicht besuchen können, wo Familien für ein Gebet auf der Erde ihrer Nächsten verfolgt werden – ein Ort, der immer wieder von Bulldozern planiert wurde, damit ja keine Spuren und Zeichen, die die Angehörigen hinterlassen hatten, sichtbar blieben. Eine weitere Art, Hinterbliebene psychologisch zu foltern, bestand darin, den Toten zu einem Regimeanhänger zu erklären – oder seinen Tod schlicht zu leugnen. Bei dem 2009 an Folter gestorbenen Demonstranten Ahmad Nejati Kargar bezeichnete das Staatsfernsehen den Tod als Falschnachricht – und verhöhnte so die Hinterbliebenen, die jeden Tag zum Grab gingen, aus Angst, der Körper des jungen Mannes würde exhumiert werden.

Besuchte Schahnaz das Grab des Sohnes, tauchten stets Männer in Zivil auf. Als sie Maryam bedrängten und zum Verhör mitnehmen wollten, stellte sich die Mutter vor die Männer. «Nur über meine Leiche nehmt ihr Maryam mit», sagte sie ihnen. «Im Verhör fragten sie mich, wieso ich immerzu das Grab aufsuchte. Ich solle nach Hause und den Koran lesen für meinen Sohn. Ich sagte ihnen, dass ich das nicht will. Ich will am Grab sein, ich will zusammen mit den anderen Müttern sein, die ihre Kinder verloren haben, denn unser Schmerz ist der gleiche, wir verstehen uns, wir können miteinander reden. ‹Wollt ihr mein zweites Kind auch töten? Bitte, tötet Maryam – euer Handwerk ist das Töten. Tötet mich. Tötet ihren Vater. Aber was bringt euch das Töten eigentlich? An die Stelle von Mostafa sind zehn andere getreten. An meiner Stelle werden hundert andere Stimmen laut, wenn ich nicht mehr bin. Und dann? Was wollt ihr dann mit denen machen?› – ‹Wieso hast du mit dem Ausland gesprochen?›, fragten mich die Beamten immer wieder. ‹Habt ihr mir in diesem Land denn Fragen gestellt, mich um ein Interview gebeten, ist denn jemand zu mir gekommen, um meinen Schmerz anzuhören? Nein, stattdessen habt ihr Mostafas Grabstein zertrümmert. Der Polizeioffizier sagte mir, ich solle den Körper meines Kindes in den Bächen an den Straßen suchen, er habe Crack geraucht und sei bestimmt im Rausch da hineingefallen. Mein Sohn rauchte nicht mal. Er war keiner, der irgendwo hinging, ohne es uns zu sagen. Selbst bei seinen Arbeitsaufträgen holte er unseren Rat. Eure Leute wussten doch, dass eine Kugel seinen Schädel durchbohrt hatte, oder? Diese Kugeln haben Nummern. Ihr wisst es doch. Ihr wisst, wer die Kugel abfeuerte. Ich klage an. Ich klage den Täter an. Ich werde nicht stillhalten. Ich werde nicht davon ablassen, Gerechtigkeit zu fordern. Ich werde nach den Mördern suchen bis zu jenem Tag, an dem ihr mich hinrichtet.›» Und dann zeigte Schahnaz auf ihre Brust und sagte: «Tötet mich!»

Mostafas Grab wurde zu einem Sammelpunkt. Er zog all jene an, die das Unrecht und den Terror nicht vergessen wollten. Mostafas Geburts- und Todestage wurden zu Weckrufen. Schahnaz lud alle ein, deren Wehklagen nirgendwo ertönen durften. Sie reiste kreuz und quer durch das Land, von Qaem-Schahr im Norden nach Dschahrom im Süden, von Maschhad nach Schiraz, von Bodschnurd nach Isfahan, Kermanschah, Paweh, Sanandadsch und Gilan-e Gharb. Überall dort, wo ein junger Demonstrant, der Freiheit und Recht gefordert hatte, getötet worden war, so wie ihr Mostafa, wollte sie mit den Müttern sprechen, ihr Leid dokumentieren und an die Öffentlichkeit bringen. Sie stellte eine Kamera auf und drehte, ohne am Anfang recht zu wissen, wie das alles funktionierte. Sie stand mit der Mutter von Neda Agha-Soltan am Grab, wurde mit Waffen abgeführt und zur Wache gebracht. Sie besuchte die Eltern des – ebenfalls bei einer Demonstration im Jahr 2009 – getöteten Ramin Ramezani, bevor alle Anwesenden verhaftet und verhört wurden. Sie wurde am Grab von Amir Arschad Tadschmehr abgeführt – einem Demonstranten, der 2009 von einem Polizeiauto überfahren worden war und dessen Mutter, eine der berühmtesten Radiostimmen des Landes, nach seiner Ermordung ihre Arbeit beim staatlichen Rundfunk niederlegte.

Wenn jemand es schaffte, die Angehörigen zum Reden zu bringen und die Mauer aus Trauer, Schmerz und Angst zu durchbohren, war es Schahnaz. Sie gab nicht nach, bis sich die Türen Zentimeter um Zentimeter öffneten, bis sie sie hineinließen in ihr Haus, in ihren Gram. Viele Familien verwehrten ihr eine Begegnung. Oder sie wollten nicht, dass sie eine Kamera mitbringt. «Die Eltern von Mostafa Ghanian habe ich siebzehnmal angerufen», erzählt sie. Der Fünfundzwanzigjährige war nach den Wahlen 2009, als er auf dem Dach seines Hauses stand und aus Protest gegen den Wahlausgang wie Tausende andere laut «Gott ist groß» geschrien hatte, von einem Scharfschützen erschossen worden. «Herr Ghanian, ich bin von Teheran nach Maschhad gefahren, um Sie zu treffen.» – «Na und?» – «Ich bin aus Teheran gekommen, Herr Ghanian.» – «Und was geht mich das an? Wir sind nicht zu Hause.» – «Herr Ghanian, der Name meines Sohnes war Mostafa. Ich bin gekommen, um Ihren Mostafa kennenzulernen.» Die Stimme am Hörer verstummte, mehrere Minuten lang. «Herr Ghanian, sind Sie da?» Dann hörte sie die Stimme seiner Frau. «Wir gehen jetzt raus. Wir haben nur eine halbe Stunde.» Schahnaz war so aufgeregt, dass sie auflegte, ohne nach der Adresse der Familie gefragt zu haben. Sie wählte noch einmal die Nummer, entschuldigte sich. «Kommen Sie um vier.» Vor dem Auflegen sagte Schahnaz schnell: «Gut, dann sehen wir uns um drei.»

«Kommen Sie nicht zu uns», hatte ihr der Vater von Saneh Jaleh gesagt. Sein Sohn, ein Kurde aus Paweh und Student an der Kunstakademie, war 2011 in Teheran auf die Straße gegangen, um die Jugendlichen des Arabischen Frühlings in Ägypten und Tunesien zu unterstützen – und dabei erschossen worden. Kurz vor dem Jahrestag seines Todes war Schahnaz in Paweh angekommen, eine malerische Kleinstadt im Zagros-Gebirge, wo überwiegend Kurden leben. Als sie die Klingel läutete und der Vater aufmachte, sagte sie ihm, hätte er ihr die Tür nicht geöffnet, hätte sie einfach so lange draußen im Schnee gewartet, bis er sie reingelassen hätte. «Er lächelte und umarmte mich. Er sagte mir, ich sei ihm wie eine Schwester. Deshalb habe er nicht gewollt, dass ich wegen meines Besuchs bei ihm weiter Schaden nehme. Die Staatssicherheit setzte ihnen zu, sie hatten Angst um mich – deshalb hatten sie meinen Besuch abgelehnt. Seine Frau konnte kaum Persisch, aber wir verstanden uns, indem wir uns einfach umarmten. Manchmal braucht man nicht zu sprechen. Die Sprache des Herzens versteht jeder.»

Die Sprache des Herzens sprach Schahnaz auch mit den Müttern kurdischer Gefangener. Die sunnitischen Kurden im Westen Irans bilden eine große Gruppe unter den politischen Gefangenen und Hinrichtungskandidaten im Land. Wie die Minderheit der Balutschen und Araber werden ihre politischen, kulturellen und sozialen Rechte noch radikaler beschnitten – entsprechend groß ist ihr Groll gegen die Zentralregierung, entsprechend tief verwurzelt ihre Ablehnung des Systems. Als eine erneute Hinrichtungswelle bevorstand, reisten die kurdischen Mütter nach Teheran. Ihre Söhne sollten im nahegelegenen Radschaischahr-Gefängnis exekutiert werden. Schahnaz fuhr zum Azadi-Platz, wo sie mit Bussen eingetroffen waren. Schahnaz fand sie in der Menge, sie nahm sie in den Arm und weinte mit ihnen. «Ich weinte auf Persisch, sie weinten auf Kurdisch. Ohne die Sprache des anderen zu sprechen, war eine tiefe Verbundenheit da. Der Schmerz ist der gleiche, du fühlst ihn, und du bist sofort verbunden mit ihnen», erklärt Schahnaz.

«Wie viele schmerzhafte Erinnerungen soll ich dir erzählen? Es gibt so unendlich viele traurige Schicksale in diesem Land. So viele bittere Begegnungen. Ich fuhr morgens um sieben nach Rascht ans Kaspische Meer, traf die Mutter des mit siebenundzwanzig Jahren auf einer Demonstration erschossenen Masud Haschemizadeh, interviewte sie, fuhr abends zurück und war am nächsten Tag wieder im Büro. Die ganze Welt sollte uns Mütter hören. Die ganze Welt. Erinnerst du dich noch an Alireza Saburi, der 2009 auf einer Demonstration angeschossen wurde? Der Junge hatte eine Kugel im Kopf, die ein mutiger Arzt heimlich herausoperierte. Nach Tagen machte die Belegschaft des Krankenhauses die Mutter und Schwester des Jungen ausfindig. Als jemand ihn verraten hatte und die Staatssicherheit das Krankenhaus nach ihm durchsuchte, versteckte der Arzt den Zweiundzwanzigjährigen in der Kinderabteilung. Sie fanden ihn nicht, das Gefängnis blieb ihm erspart, und er konnte zu Hause genesen, still und heimlich. Ein Jahr später brachten sie ihn ins Ausland, ihm wurde in den USA Asyl gewährt. Und dort starb er kurze Zeit später an einer falschen Dosierung seiner Medikamente, die er seit dem Vorfall täglich einnehmen musste. Im Iran wäre es zu gefährlich gewesen, ihn beizusetzen, also wurde er in Deutschland begraben, wo Verwandte wohnten. Er hatte einen Bruder, der Jahre zuvor im Iran-Irak-Krieg gefallen war. Als ich seine Mutter besuchte, war ihr Gram unvorstellbar. Niemand hatte ihr zugehört, niemand hatte sie aufgesucht, niemand hatte ihre Geschichte erzählt. Und dann ist da noch … ach ja, die Geschichte von dem Jungen, der mit Mostafa an jenem Tag zusammen protestiert hatte, am selben Ort, an der College-Brücke. Ein unglaublicher Kerl, hochintelligent. Seitdem die Kugel ihn traf, ist er querschnittsgelähmt. Seine Mutter erzählte mir, dass sie jedes Mal stirbt und wieder aufersteht, wenn sie den Sohn im Rollstuhl sieht. Wenn du diese Jungs anschaust. Wenn du siehst, welche Jugendlichen dieses Land verloren hat. Jeder von ihnen einzigartig, jeder von ihnen mit unglaublichem Potenzial. Nach den Treffen und Interviews ging es mir tagelang schlecht. Auch wenn es gut war, zusammen zu weinen, denn der Schmerz ist der gleiche, und es war leichter, im Beisein der Mütter meine Trauer zu zeigen als woanders, wo ich nicht zur Last fallen wollte.»

Beim Anblick jener, die Mama Schahnaz traf, einlud, aufsuchte, springt die Vielfalt der Glaubensüberzeugungen ins Auge, die Unterschiede der politischen Lager, Gefangene und Gequälte mit ganz verschiedenen Biographien. Schahnaz machte keine Unterschiede zwischen ihnen. Sie dachte sich: Wenn sie eine Frau war, eine Mutter mit zwei Kindern, und das eine war Arzt und das andere drogenabhängig – war es dann nicht so, dass eine Mutter beide Kinder liebte? Schahnaz suchte Menschen auf, die der Reformbewegung nahestanden – und sie empfing Menschen, die das Regime rundum ablehnten. Menschlichkeit war das Prinzip. Menschlichkeit ist das, was fehlt, erkannte sie. Hätte sie es anders gehandhabt, hätte sie dann nicht genau das ausgeführt, was das Regime wollte und von Anbeginn beherrschte – die Menschen um jeden Preis auseinanderhalten, voneinander trennen, miteinander verfeinden? Also gab sie nicht auf, auch wenn sie immer wieder abgewiesen wurde und ihr Herz nach manch barscher Ablehnung wehtat.

Vor allem, wenn sie das Gespräch mit jenen suchte, die aus den Reihen der Reformer kamen, und erfuhr, dass sie sich nicht mehr melden solle, weil sie «eine Umstürzlerin» sei und man mit solchen Menschen nichts zu tun haben wolle. Den einen ging es um eine Idee. Schahnaz ging es um Menschenleben.

Mehrmals wird unser Gespräch unterbrochen, weil Schahnaz Anrufe bekommt. Minuten später meldet sie sich und sagt, es seien Anrufe aus dem Gefängnis gewesen. «Auch für einige politische Gefangene bin ich Mama Schahnaz», erklärt sie. «Kennst du Arasch Sadeghi, den jungen Studenten, der 2009 auf einer Demonstration festgenommen, zu neunzehn Jahren Haft verurteilt und im Gefängnis gefoltert wurde? Als sie seine Frau ebenfalls verhafteten – sie hatte eine unveröffentlichte Geschichte über Steinigungen geschrieben –, fing ihr Mann Arasch einen sehr langen Hungerstreik an.» Schahnaz dokumentierte seine Aktion. Sie veröffentlichte ihre Telefonate mit ihm auf Facebook, von dort erreichten sie die Welt. «Arasch ist für mich wie Mostafa», sagt sie. Das war einer der Gründe, warum Schahnaz später selbst ins Gefängnis musste.

Ihr Haus und das Grab ihres Sohnes verwandelte sich in eine «Sammelstelle des Mitgefühls», wie ihre Tochter Maryam es nennt. Hierher kamen Menschen, die ähnlich fühlten, ähnlich dachten: «Unser Haus ist wie das Haus einer Mutter, die ihre Kinder um sich versammelt. Der Ort der Verabredung. Es kann sein, dass ich dort mit dir nicht übereinstimme, dass wir eine andere Meinung haben, dass aber unsere Ziele die gleichen sind. Die Islamische Republik fürchtet sich vor dem Mitgefühl, das all ihre Gegner miteinander verbindet. Seit Jahren versammelt dieses Regime selbst die Menschen an Gräbern, vor allem am Mausoleum Chomeinis. So werden Gräber zu Orten der Machtprojektion und der politischen Mobilisierung. Wenn wir uns treffen an Gräbern, fürchtet sich das Regime vor uns, denn die unter der Erde sind nicht die Opfer eines fremden, sondern die seines eigenen Schwerts.»

Jedes Jahr kamen die Menschen bei Familie Karimbeigi zu Mostafas Geburts- und Todestag zusammen. Schahnaz fotografierte die Zeremonien und teilte die Aufnahmen in den sozialen Medien. Wollten Menschenrechtsaktivisten Mostafas Grab besuchen, wurden sie mitten auf der Strecke zwischen Teheran und Schahriyar angehalten und zum Verhör gebracht. Niemand wurde explizit nach Hause eingeladen – die Menschen kamen einfach. Über hundert begrüßten Mostafas Mutter als Mama Schahnaz, selbst die Alten nannten sie so. In den Tagen davor stellten sich die Beamten vor ihr Haus oder riefen sie an. Warum sie für einen Toten Geburtstag feiere. «Mein Sohn ist nicht tot, er lebt», sagte sie. Die Beamten filmten und fotografierten alle Gäste. Das darauffolgende Jahr stellten sie sich mit Schlagstöcken und Elektroschockern vor ihnen auf oder zeigten demonstrativ ihre Waffen, mitten auf der Straße. Schahnaz drohte, sich vor ihnen anzuzünden, wenn sie in der gleichen Montur noch einmal kämen. Mit allen Mitteln versuchten sie, Schahnaz dazu zu bringen, die Zeremonien einzustellen. «Als ob sie für ihre eigenen Toten nicht ständig Trauerfeiern abhalten würden! Im Verhör kritisierten sie, dass ich ja mit meinen Gästen keinen Koran lesen würde. Dass ich mit ihnen die Lieder der Revolutionszeit singen würde, die seit den ersten Massendemonstrationen im Iran wieder populär geworden waren. Dass die Familien bei mir über ihre toten Kinder sprechen und über das Unrecht in diesem Land.» Dass Schahnaz von allen Mama Schahnaz genannt wurde, schien die Männer besonders zu stören. Was das solle? «Weil ich ein Kind verloren und tausend Kinder gewonnen habe. Ich bin die Mutter all dieser Töchter und Söhne. Das ist ein Ehrentitel für mich. Diese Menschen zollen mir Respekt.» Daraufhin drohten ihr die Beamten, sie ins Gefängnis zu bringen.

Am Morgen des 25. Januar 2017 wurde Schahnaz Akmali an ihrem Arbeitsplatz festgenommen. Später an diesem Tag durchsuchten Beamte ihre Wohnung und beschlagnahmten all ihre elektronischen Geräte, einschließlich ihres Laptops. Sie bedrohten Maryam und ihren

Vater und forderten Schahnaz auf, am nächsten Tag zum Verhör zur Staatssicherheit zu kommen. Als sie im Trakt 209 des Evin-Gefängnisses, jenem für politische Gefangene, zwei Männern gegenübersaß, wurde sie erneut gefragt, warum man sie Mama Schahnaz nenne. Als einer von ihnen zur nächsten Frage überging, redete er sie unwillkürlich selbst so an. Schahnaz blickte ihn an. «Na, jetzt haben Sie es selbst gesagt. Jetzt haben Sie selbst ein Verbrechen begangen. Wieso haben Sie mich so genannt? Dieses Gefühl ist also auch in Ihnen hochgekommen. Sie sitzen mir gegenüber. Aber – Sie könnten auch mein Sohn sein. Sind Sie Vater?» Er erklärte, er habe selbst ein kleines Kind. «Dann stellen Sie sich vor, Sie blickten in die Augen ihres kleinen Kindes. Und wenn es aufwächst und groß wird und sich voll entfaltet hat, wird es Ihnen weggenommen. Können Sie mich dann, in jenem Moment, verstehen? Können Sie dann vielleicht begreifen, warum ich immer noch schreie, warum mein Schmerz noch nicht vorüber ist?»

Fünfundzwanzig Tage saß Schahnaz in Isolationshaft, in einer sechs Quadratmeter kleinen Zelle, in der sie ihr nicht einmal den Koran zum Lesen brachten. Die Verhöre dauerten den ganzen Tag, die ewig gleichen Fragen, unterbrochen nur von einem Mittagessen. «Nächstes Mal nehmen wir deine dreckige Tochter mit und sperren sie neben dir ein», drohten sie ihr unzählige Male. Unterdessen riefen sie nachts immer wieder bei Maryam an, um sie mit obszönen Flüchen zu beleidigen. Gegen eine Kaution von umgerechnet fünfundzwanzigtausend US-Dollar konnte sie das Gefängnis verlassen. Die einjährige Haftstrafe trat sie drei Jahre später an. Wegen des Corona-Ausbruchs Anfang 2020 wurde ihr und einigen anderen politischen Häftlingen Urlaub gewährt, später wurde sie begnadigt. In den Verhören und in der Gerichtssitzung boten die Beamten ihr wiederholt an, sie ins Ausland reisen zu lassen, sie könne auswandern, wohin sie auch wolle, ihre Tochter ebenso, um die Kosten bräuchte sie sich nicht zu sorgen. Schahnaz lehnte ab, sie gehöre in den Iran, sie setze keinen Fuß in ein anderes Land. «Wir drei müssen weiter am Grab von Mostafa stehen.

Wir können diesen Ort nicht zurücklassen», dachte sich Maryam. Mostafa hatte nie ins Ausland gewollt, obwohl seine Eltern es ihm vorgeschlagen hatten. Er müsse bleiben, und er müsse kämpfen, hatte er ihnen entgegnet.

Die Familie blieb. Und Schahnaz gewöhnte sich an, die Tür dreifach abzuschließen und sogar den Riegel vorzuschieben, wenn sie aus dem Haus ging und Maryam allein war. Was würde passieren, wenn sie Maryam abholten? Der Gedanke ließ sich nicht los und kreiste unentwegt in ihrem Kopf. Eineinhalb Jahre war Schahnaz von der Arbeit suspendiert. Maryam musste zwei Semester nachholen. Wegen ihres Familiennamens verlor sie ihre Stelle – seitdem hat sie nicht mehr gearbeitet. Sie schrieb sich ein für Soziologie und steckt nun mitten in der Promotion. Die Beamten drohten ihr immer wieder, dass sie jederzeit ihr Recht auf ein Studium und eine Ausbildung verlieren könne. Wenn Maryam das aktuelle Geschehen in sozialen Medien kommentiert, werfen ihr andere, ja selbst ihre Freunde, bis heute vor, wegen ihrer Lebensgeschichte nicht ausreichend objektiv zu sein. Sie habe ja nach wie vor «diesen Groll und Hass», der verhindere, dass sie die Tatsachen sehe. «Selbst wenn ein internationales Medium anruft und mich als Expertin einlädt, um über Gesellschaft und Politik zu sprechen, werde ich nicht ernst genommen. Das belastet mich enorm. Soziologie verstehe ich als meinen Beruf. Aber über meine Analysen spreche ich nur mit meiner engsten Freundin.»

Mit Anfang dreißig ist immer noch kein Freund, kein Mann in ihr Leben getreten. «Frauen in meinem Alter sind normalerweise in einer Beziehung. Ich bin schlagfertig, mit mir kann man sich unterhalten und lachen. Eigentlich ein Typ, auf den viele Männer anspringen. Aber mit jemandem wie mir auszugehen – davor fürchten sich die meisten dann doch. Die denken sich dann: ‹Das ist eine politische Familie, der Bruder wurde getötet, die Mutter war im Gefängnis, ihr Handy wird bestimmt abgehört, ich werde mich ihr also nicht nähern.› In den Verhören wollten sie immer wissen, wer mein Freund sei und was er mache. Als Mama ins Gefängnis ging, hatte ich eine Beziehung. Der Verhörbeamte hatte auch meinen Partner angerufen, ihn mit Flüchen und Beleidigungen überzogen und gebrüllt: ‹Du hast deinen Fuß auf unsere rote Linie gesetzt. Nicht, dass wir dich noch einmal mit dieser Frau sehen!› Der arme Kerl war jünger als ich, er bekam einen riesigen Schrecken – und zack beendete er die Beziehung.» Andererseits hatte auch Maryam sich verändert. Sie konnte nicht mit «irgendeinem Normalo» ein Verhältnis haben. Mit einem, dem vor allem die Farbe seines Autos wichtig war. «Und mit den politischen Jungs – mit denen auch nicht, die haben ständig Gefängnisstrafen, zehn Jahre bei dem, fünfzehn Jahre bei dem anderen. Deswegen bin ich, nun ja, allein geblieben.»

Auftakt des Niedergangs: die Proteste von 2019

Ein Jahrzehnt nach dem Aufruhr der Grünen Bewegung gingen erneut Menschen auf die Straße. Proteste hatte es hier und da gegeben, immer wieder flackerten sie auf, aber die Unruhen im November 2019 waren von besonderer Gewalt und Schärfe geprägt. «Nach 2009 und der Sache mit Mostafa, da gingen sogar meine Kollegen zu mir lange auf Distanz», erklärt Schahnaz. «Selbst die kleine gemeinsame Wegstrecke zur Arbeit mieden sie. Sie flüchteten sich in Ausreden, dass sie besonders viel zu tun hätten. Ich stellte fest, dass vielen die Vorgänge im Land nicht wirklich bewusst waren. Aber zehn Jahre später, als sich die Novemberunruhen ereigneten, waren ganz normale Leute um mich herum viel aufmerksamer, und viel mehr Menschen kamen auf mich zu. Den Schmerz von 2009 haben sie offenbar 2019 begriffen. Als mein Sohn und all die Jugendlichen auf die Straße gingen, waren diese sich der Lage im Land voll bewusst. Sie waren Anhänger der Reformer, oder sie lehnten das System ganz ab. Zehn Jahre später wurden auf der Straße Teenager getötet, die nicht wussten, wie ihnen geschah. Einfache Menschen, die für ein Stück Brot demonstrierten. Jetzt im Rathaus ist es so, dass Kunden sofort anfangen, auf das System zu schimpfen. Damals waren selbst jene, die mich unterstützten, oft ganz still.»

Am 15. November 2019 verkündete Irans Nationale Ölraffinerie- und Vertriebsgesellschaft mitten in der Nacht, ohne irgendeine vorherige Ankündigung, die Benzinpreissubventionen teilweise zu streichen. Der Benzinpreis würde sich um die Hälfte erhöhen, die Menge werde rationiert, und private Fahrer dürften jeden Monat nur sechzig Liter kaufen. Präsident Hassan Rohani sagte, die Regierung handele im öffentlichen Interesse und das gesammelte Geld werde an die bedürftigsten Bürger des Landes verteilt. Doch auch wenn Benzin im Iran – das Land mit den weltweit viertgrößten Rohölreserven – billiger ist als fast überall sonst auf der Welt: Die Durchschnittseinkommen sind zu niedrig, als dass die Menschen ohne einen gehörigen Schock eine derart steile, abrupte Erhöhung akzeptieren konnten.

Die Wut erfasste das ganze Land: Der Innenminister sprach von Protesten in neunundzwanzig der einunddreißig iranischen Provinzen. Menschen ließen ihre Fahrzeuge stehen oder versperrten die Straßen mit Ziegelsteinen. Arbeiterviertel entwickelten sich zu regelrechten Kampfzonen. Zehntausende Demonstranten in mehr als zweihundert Städten blockierten den Verkehr, zündeten Polizeiautos, Banken und Geschäfte an und brannten Tankstellen nieder, ja selbst Moscheen und religiöse Zentren. Porträts des Obersten Führers Ajatollah Ali Chamenei gingen in Flammen auf, ein dem Revolutionsführer Chomeini gewidmetes Denkmal wurde in Brand gesteckt. Sie riefen: «Mullahs – haut ab!», skandierten: «Diktator, schäm dich! Lass das Land aus deinem Griff!», «Das Ölgeld ist verloren, es wurde in Palästina ausgegeben», «Weder Gaza noch Libanon, mein Leben für mein Land Iran», «Habt keine Angst, wir sind alle zusammen» … Einige forderten auf der Straße die Rückkehr der Monarchie, andere wiederholten die Slogans der letzten großen Proteste, als im Winter 2017 Menschen in etlichen Regionen des Landes die Regierung des «moderaten» Rohani kritisiert und erstmals alle Fraktionen der politischen Landschaft des

Iran gleichgesetzt hatten, mit den Rufen: «Hardliner, Reformer – das Spiel ist vorbei.»

Jetzt sprach der Staat wieder von der Hand des Auslands, von Hooligans und Vandalismus. Gleichzeitig zeigten Videoaufnahmen von Bürgern, wie Polizeibeamte zielgerichtet privates Eigentum zertrümmerten und wie *Bassidsch*-Milizen, Revolutionsgarden und Polizisten direkt auf Demonstranten schossen. UN-Menschenrechtskommissarin Michelle Bachelet berichtete von Aufnahmen, auf denen zu sehen war, wie Sicherheitsbeamte offenbar von Dächern und von Hubschraubern aus auf jene Demonstranten zielten, die gerade vor den Sicherheitskräften flohen. Die detaillierten Auswertungen von Amnesty International belegen, dass die Toten durch Schusswunden an Kopf und Brust starben. Amnesty zufolge gebe es zudem «eindeutige Beweise dafür, dass im gesamten Land, einschließlich der Provinz Teheran, diejenigen, die Schusswaffen gegen unbewaffnete Demonstranten und Umstehende verwendeten, zu den iranischen Sicherheitskräften gehörten – einschließlich der Spezialkräfte der iranischen Polizei, Kräfte in Zivil, *Bassidsch*-Milizen und die Revolutionswächter». Amnesty sprach von einem «Amoklauf der iranischen Sicherheitskräfte, um Dissens um jeden Preis zu unterdrücken».

In der Hafenstadt Mahschahr unweit der irakischen Grenze, ein Zentrum der petrochemischen Industrie, berichteten Augenzeugen vom Einsatz schweren militärischen Geräts. Nach dem Summen der Drohnen seien Truppentransporter und Toyota-Pick-ups mit schweren Maschinengewehren vorgerückt, um auf die Demonstranten zu schießen. Im Sumpfland der Provinz am Persischen Golf ereignete sich ein Massaker, bei dem Dutzende niedergemäht wurden. Der Nachhall der Tragödie erreichte das Parlament, wo ein Abgeordneter der südiranischen Region den Präsidenten entsetzt anfuhr: «Das Volk fragt sich, Herr Präsident: Was haben Sie getan, das *nicht einmal* der verdammte, ehrlose Schah getan hat? Und was haben Sie *nicht* getan, das dieser ehrlose Schah aber getan hat?»

Mehr als siebentausend Menschen wurden festgenommen. Menschen, die friedlich an den Protesten teilgenommen hatten, wurden anhand von Sicherheitskameras identifiziert, Minderjährige an ihren Schulen inhaftiert, Verletzte in Krankenhäusern festgenommen, Häftlinge gefoltert. Eine Mir Hossein Mussawi nahestehende Zeitung berichtete, dass bei der Niederschlagung der Proteste allein in Kermanschah, in der Provinz Kurdistan und Westaserbaidschan mehr als tausendvierhundert Menschen getötet wurden. In einer Erklärung meldeten sich vierhundertfünfzig Lehrer des Landes zu Wort, sie führten die Unruhen auf die angestaute Unzufriedenheit über die Korruption im Machtapparat, auf Diskriminierung, Unrecht und Unachtsamkeit gegenüber dem Volk zurück, auf den Entzug bürgerlicher Freiheiten und die Niederschlagung jedweden Protests in den vergangenen vierzig Jahren. Im kanadischen Fernsehen sprach die im Exil lebende iranische Friedensnobelpreisträgerin Shirin Ebadi davon, dass die Novemberunruhen nur ein Auftakt für den Niedergang des Regimes seien – ein Fall, der kurz- oder langfristig stattfinden könne. Der Riss zwischen Volk und Regime gehe so tief, dass er nicht mehr zu kitten sei.

Mehr als einen Monat nach den Unruhen veröffentlichte die Nachrichtenagentur Reuters, der Oberste Führer persönlich habe den Einsatzbefehl zur maximalen Niederschlagung gegeben, angeblich mit den Worten: «Tut alles, um sie aufzuhalten.» In der Folge seien die Sicherheitsorgane überzeugt gewesen, dass die Demonstranten das Ende der Islamischen Republik herbeiführen wollten. Der Führer sei vor allem über den Unmut der Arbeiterschicht besorgt. Reuters berief sich auf drei Beamte des Innenministeriums, die Informationen von Sicherheitskräften, Leichenschauhäusern, Krankenhäusern und Gerichtsmedizinern ausgewertet hatten und von ungefähr tausendfünfhundert Getöteten berichteten – darunter etwa vierhundert Frauen und mindestens siebzehn Minderjährige. Zahlen, die deutlich höher sind als jene internationaler Menschenrechtsgruppen und der Vereinigten Staaten.

Anders als 2009, als internationale Medien auch nach Ausschluss ihrer Kameras und Korrespondenten aus dem Land die Geschehnisse weiterverfolgten, erzeugten die Unruhen zehn Jahre später kaum Resonanz im Westen. Der Nationale Sicherheitsrat des Iran hatte gelernt, das Internet frühzeitig in Gänze abzuschalten – und so alle, auch die Menschen im Land, im Dunkeln zu halten. Wir haben es vor allem den trauernden Müttern zu verdanken, dass uns Informationen über die Opfer erreichten. Wie der Mutter von Puja Bachtiari, einem siebenundzwanzigjährigen Elektroingenieur, dessen gutherziges Lächeln und sanfte Gesichtszüge um die Welt gingen. Als Schahnaz sie besuchte, betrat sie mit einem Foto von Mostafa die Wohnung, hielt ihren Sohn hoch und sagte der Familie unter Tränen: «Seit zehn Jahren habe ich diesen Schmerz.» Die Mutter von Puja rannte zu ihr, umarmte sie, als ob sie Halt bei ihr suchte, beide lagen sich in den Armen und schluchzten lange. Als sie sich gefasst hatten, setzten sie sich hin und erzählten von ihren Söhnen, so lange, bis ein schwaches Lächeln auf ihre Lippen trat.

In der Küche erinnert Maryam sich an diese Begegnung ihrer Mutter. Die wirkliche Zahl der Verletzten und Getöteten nicht zu kennen, mache sie wütend. Als nach den Unruhen das Internet wieder funktionierte, hätten sie Menschen aus einer Kleinstadt kontaktiert und ihre Hilfe gesucht. Allein an diesem kleinen Ort gab es zehn Verwundete, alle aus einer Schule. Ein Junge hatte eine Kugel im Bein und Angst, ins Krankenhaus zu gehen, sein Bein hatte sich stark entzündet. Maryam und ihren Freunden gelang es, einen Arzt ausfindig zu machen, Spenden für die Behandlung zu sammeln und den Jungen heimlich operieren zu lassen. Ein anderer, nur vierzehn Jahre alt, hatte mehrere Geschossreste in seinem Körper, einige im Gesicht; nicht alle konnten entfernt werden. Einem anderen Jungen steckten Geschossreste in der Niere, er starb noch in der Nacht, als Maryam von seinem Schicksal erfuhr. «Zehn verwundete Jugendliche, aus einer einzigen kleinen Stadt, die mir in einer einzigen Nacht vorgestellt wurden. Und in der Nacht darauf noch mehr, die ich kennenlernte. Wie viele mehr mag es geben? Wie viele mehr, die Angst haben zu reden? Ich erinnere mich an 2009, als ich über Mostafa sprach und aus einem Geschäft gejagt wurde, dessen Inhaber selbst Schwarz trug, dessen Bruder selbst getötet worden war. Aber er jagte mich aus seinem Geschäft, weil er ‹keine Probleme› bekommen wollte, wie er sagte.»

Ich begreife im Gespräch mit Maryam: Was 2019 passierte, war keine Sache einer einzigen Nacht. Stück für Stück, ganz allmählich, hatte sich das Drama aufgebaut. Und selbst damals war das Land noch nicht am Rand der Explosion angelangt. Es war noch ein langer Weg. Aber der Verfall hat eingesetzt, und es ist nur eine äußere Hülle dieses Systems übrig. Wie viele mögen getötet worden sein? Internationale Forscher weisen darauf hin, dass die Übersterblichkeit im November 2019 außergewöhnlich hoch war: über viertausend Tote mehr als im Oktober, über fünftausend mehr als im Dezember 2019. Die Auswirkungen der Corona-Pandemie zeigten sich erst Monate später. Wird die Welt jemals erfahren, was im November 2019 im Iran wirklich geschah? Hat sie verfolgt, wie die Leichen von vermissten jungen Demonstranten später in den Flüssen gefunden wurden, mit zusammengebundenen Händen und Füßen?

«Und das, was du jetzt siehst, das sind noch unsere guten Tage. Schlimme Dinge erwarten uns. Ich sehe keine gute Zukunft. Ich sehe Wut, überall Wut. Die Trauer hat sich in Wut verwandelt. Das passendste Symbol für unsere Lage sind die Videos des Arbeiterführers Esmaeil Bachschi, die Tränen in seinen Augen, der Kloß in seinem Hals. Hast du sie gesehen? Der Mann protestierte über Monate gegen unbezahlte Löhne und gegen die Privatisierung der Zuckerrübenfabrik, in der er arbeitete. Sieh dir das an. Die Stelle, an der er sagt, dass dieses Regime das der Vermögenden ist, das Regime des Kapitals, und die Arbeiter einfach nur sterben müssen. Die Stelle, an der er darüber spricht, dass vier Arbeiter sich selbst angezündet und umgebracht haben. Bachschi sagt, er verdamme dieses Leben und sei einverstanden, hingerichtet zu werden. Diese Worte, dieser Anblick – das ist das Bild von uns, von uns allen, das Bild, das alles einfängt, was hier passiert.»

In der Zeit der Corona-Pandemie gehe es nicht mehr darum, wer sich noch Fleisch leisten könne – es gehe um so grundsätzliche Dinge wie: wer sich noch Desinfektionsmittel und Masken leisten könne, wenn man nicht einmal mehr die Mittel hat, um für das Abendessen oder die Bildung der Kinder aufzukommen. Im Iran wird niemand unterstützt. Die Menschen leben dank der Hilfe ihrer Mitmenschen. «Wenn du hier rausgehst aus unserer Wohnung, wirst du sofort Menschen sehen, deren Kopf tief in den Mülltonnen steckt.»

Ich begreife: Lohn und Brot seiner Beamten ist das Einzige, das das System noch zusammenhält. Der Angestellte geht zu den Feiertagsdemos der Machthaber, um seine Boni zu bekommen und keine Nachteile zu erleiden. Im Hintergrund tobt der Kampf um die Pfründe. Um Kapital und Profit. Die Revolutionswächter wollen sich überall ein Stück vom Umsatz abschneiden, bis es sich eben für niemanden mehr lohnt, eine Fabrik am Leben zu halten. «Genau das», sagt Schahnaz. «Die Herrschenden sind nur äußerlich religiös. In ihrer Gier nach Macht fürchten sie weder Gott noch den Islam. Nur so konnten sie doch im Kahrisak-Gefängnis foltern und den Gefolterten sagen: ‹Hört auf, ständig nach Gott zu rufen. Hier habt ihr keinen Empfang mehr, hier könnt ihr nicht mal Gott empfangen, es ist sinnlos.›»

Schahnaz erinnert sich an ihre Grundschullehrerin Frau Farid mit dem kleinen, blumenbedruckten Stück Stoff auf den Haaren, die die Kinder auf dem Pausenhof in einer Reihe aufstellte und mit ihnen betete. Ein solcher Moment, in dem Religion Schönheit bedeutete, in dem sie Liebe und Geborgenheit spürte, kam nie mehr wieder. «Und jetzt – wer ist denn jetzt noch religiös? Wer in unserer Jugend akzeptiert noch den Glauben? Von der Religion haben wir doch nur Gewalt kennengelernt.» Fast gleichzeitig schränkt sie ihre Analyse ein. Sie erinnert sich an ihre Reisen in die Provinz, nach Dschahrom, an die tiefreligiösen Menschen dort, die nur Staatsfernsehen schauten und Augen und Ohren fest verschlössen. Tochter Maryam ist nicht überzeugt: «Religion bedeutet nicht unbedingt Systemtreue, Mama. Die Religion und dieser Staat sind nicht dasselbe. Im Gegenteil, als religiöser Mensch wehrst du dich doch gegen diese Republik, weil sie der Religion zutiefst widerspricht.»

Am Essenstisch führe ich die Gedanken wieder zurück auf das Jahr 2009. Auf das offenbar letzte Aufbegehren der Reformer im Land. Ich frage, ob mein Eindruck stimme, dass die Reformer in den Augen der meisten Bürger ausgedient hätten und nun ausgesprochen verhasst seien, weil sie nichts erreicht hätten. «Also erst einmal musst du die Idee der Reform von der Realität der Reformer in diesem Land trennen. Reform ist etwas, das ein Fundament allmählich verändern kann. Eine sehr wertvolle Ressource, die weit weniger Opfer fordert als ein Umsturz. Was unser System dir aber vorgaukelt, sind Reformer, hinter deren lächelndem Antlitz das System selbst operiert. Die Illusion, dass du eine Wahlfreiheit hast, dass du entscheiden kannst zwischen zwei Lagern. Das System hat die Ressource und Idee der ‹Reform› an sich gerissen, gewissermaßen das Konzept besetzt, und die Idee der Reform kaputtgemacht, sodass wir sie nicht mehr als Werkzeug benutzen können. Mich erinnert das an das, was sie mit dem Satellitenfernsehen oder mit unseren Debatten auf Twitter gemacht haben: Das System hat falsche Identitäten, falsche Accounts der Opposition erschaffen, alles Bots oder Wirrköpfe, die nur verbrannte Erde zurücklassen. Oder es hat Trash-Kanäle und Trash-Programme einer angeblichen Opposition finanziert. Abschaffen und ausschalten konnte es das Satellitenfernsehen und soziale Medien ja nicht. Also hat das Regime etwas getan, mit dem es die Idee der Opposition quasi okkupieren und entwerten konnte. Es nimmt alles Nützliche und pervertiert es – zu seinen Gunsten.»

Und die Sanktionspolitik des Westens – welche Rolle spielt sie in dieser Gemengelage, welche Auswirkung haben die Sanktionen auf das Leben der Karimbeigis und das ihrer Freunde? Wieder präzisiert Maryam meine zu allgemein gehaltene Frage. Wer bitte sanktioniere hier wen? Der Westen den Iran? Sei es nicht vielmehr das Regime, das das Volk sanktioniere? Wenn das Regime einen bekannten Sportler hinrichtet, obwohl die Menschen im Land und die Weltgemeinschaft dagegen ihre Stimme erheben – dann fordere das Regime selbst die Sanktionen doch heraus, oder? «Ich bin für die Sanktionen. Wer die Islamische Republik beschwichtigen und sie zähmen will, tut im Grunde nichts anderes, als ihr Zeit zu verschaffen. Was in drei Jahren zu Ende sein könnte, ist dann eben erst in zehn Jahren zu Ende. Und wer bezahlt für diese zusätzlichen Jahre? Das Volk bezahlt dafür, mit seinem Blut.»

Es flösse weniger Blut, wenn ein System nicht künstlich vom Ausland am Leben gehalten würde, ist Maryam überzeugt. Mama Schahnaz hebt den Preis hervor, den die Menschen für die Sanktionen zahlen. Der Druck laste mehr auf ihnen als auf der Führung, deren Einnahmen ja immer noch sprudelten, ob aus geschmuggeltem Öl und aus den Spenden des Imam-Reza-Schreins, und deren Sprösslinge mit ihren Luxusautos und ihren Reisen prächtig lebten. Also seien die Sanktionen ein Druckmittel, das mehr das Volk zu spüren bekäme – und dieses Volk würde die Zähne zusammenbeißen und sie auf sich nehmen. Sie sei, sagt sie, am Ende für die Sanktionen. Weil sie dafür sorgten, dass die Menschen die Wirklichkeit über dieses Regime erführen. «Wir akzeptieren sie mit dem Preis unseres Lebens. Fielen die Sanktionen weg, füllten sich die Taschen derer da oben nur noch mehr – nicht unsere Taschen. Und lieber gebe ich einem System, das tötet, weniger Geld als mehr.»

Maryam lächelt über manche Stimmen aus dem Westen, als ich ihr meine Einwände vorbringe: «Manche denken, dass ohne diese Sanktionen die Regierung unseren Wohlstand unverzüglich vermehren, uns Highspeed-Internet bringen, Schulen und Krankenhäuser bauen würde. Nein, im Gegenteil. Sie würden das Internet noch öfter abschalten – und noch mehr von uns töten. Was hat diese Regierung denn getan in jenen Zeiten, in denen sie kaum sanktioniert wurde? Welche konstruktive Hilfe hat sie geleistet? Wie und wo hat sie das Land aufgebaut? Wenn in Dörfern nicht mal Häuser stehen, geschweige denn eine Toilette – sondern nur zwei Wände mit einem Plastikdach? Das ist keine subjektive Meinung. Schau dir die Statistiken an. Schau dir an, für was Geld ausgegeben wurde. Wie kann ein Staat das Internet abschalten, ein Massaker verüben und dann auch noch von niemandem ernsthaft dafür kritisiert werden? Wenn ich daran zurückdenke, wird mir übel.»

Ich spüre ihre Wut. Ihre Enttäuschung über den Westen. Ihre Bitterkeit über die Gegensätze dieser Welt, die sie beobachtet: Der eine riskiert sein Leben, um ein Video über eine Demonstration aus dem Land zu senden. Der andere lebt in seiner Komfortzone, schaut nicht einmal hin und schweigt. Ihr gefällt nicht, wie manche im Westen dieses System «schönschminken» und «normalisieren», wie sie sagt; ihr gefällt nicht, wie manche im Westen die Führung legitimieren, sich zu ihren Fürsprechern machen, indem sie ständig von den «Gesetzen» des iranischen Staates reden – als ob sie nicht ahnten, dass es auf dieser Welt eben auch furchtbar schlechte Gesetze gibt.

Mehr als zehn Jahre sind seit dem Aufbäumen der Grünen Bewegung vergangen. Der damalige Präsident, Mahmud Ahmadinedschad, hat plötzlich begonnen, offen zu reden und den Staatsmedien von organisierten Schlägern und Unruhestiftern zu berichten, die von den Sicherheitsorganen ausgebildet, bewaffnet und bei Demonstrationen eingesetzt würden, um Bürgerproteste eskalieren zu lassen und den Einsatz staatlicher Gewalt zu rechtfertigen. Er selbst habe dies bei den Wahlen 2009 eindrücklich beobachtet. Eine erstaunliche Kehrtwende – hatte Ahmadinedschad die Demonstranten damals doch als «Bodensatz der Gesellschaft» bezeichnet.

Nach mehr als zehn Jahren hängt Mostafas Porträt immer noch in seinem damaligen Geschäft an der Bahar-Straße. Und Mama Schahnaz wartet nach wie vor auf eine Antwort, wer den Mord an ihrem Kind in Auftrag gab und wer den Abzug drückte und Mostafa tötete. Die Behörden sagten Familie Karimbeigi, sie solle das Blutgeld als Entschädigung abholen. Schahnaz lehnte ab. «Wenn ich das Blutgeld des Staates annähme, hieße das, dass ich für immer schweigen müsste. Das Blut meines Sohnes verkaufe ich nicht.»

«Mein Papa kann ganz gut kochen. Aber er kann nur *Gheimeh* und *Ghormeh* – Eintöpfe und die ganzen Saucen zum Reis. Als meine Mutter im Gefängnis war, sehnte ich mich nach *Lubia Polo* – dieses Gericht, bei dem die Brechbohnen und das Fleisch zusammen mit dem Reis gekocht werden. Ich wandte mich an meine Twitter-Follower: Hey, wie koche ich *Lubia Polo*? Ich bekam tausend Rezepte. Am Ende rief ich Ensieh an – meine Lehrerin und meine Meisterin der Kochkunst! Ich band mir eine rote Schürze um, setzte mir die Topfdeckelhaube, die wir beim Reiskochen für den Dampf verwenden, auf den Kopf – und legte los, während Ensieh mir am Handy zuguckte.»

Jetzt sitzen Maryam und Ensieh zusammen in der Küche. «Die Reiskörner waren in der Mitte ein klein wenig zu hart. Aber es war lecker! Na ja, aber generell ist Maryam keine gute Köchin», sagt Ensieh mit einem neckischen Lächeln. Ich schaue die beiden an und frage, wann ihre Freundschaft, die sie auf Twitter und Instagram manchmal mit der Öffentlichkeit teilen, eigentlich begann. «Das war vor sechs Jahren, als wir Ensiehs Familie zum ersten Mal besuchten. Sie hatten Reischips zubereitet, und meine Mutter und ich stürzten uns auf die Schüssel. Also gingen sie noch mal in die Küche und machten eine weitere Portion. Von da an besuchten wir sie ständig. Sie haben immer was zum Essen zu Hause. Und wenn wir keine Lust hatten zu kochen, wussten wir, wo wir etwas bekamen», prustet Maryam vor Lachen. «Nein, im Ernst: Jedes Mal, wenn es Ensiehs Schwester nicht gutging, gingen meine Mutter und ich hin. Und dann wurden sie alle wie unsere eigene Familie: Ensieh, ihre Schwester Hanieh, ihre Eltern. Ensiehs Vater meint, dass ich den leeren Platz ihrer dritten Tochter gefüllt habe – Fatemeh, die sich in Atena umbenannt hat. Und Ensieh platzt dann vor Neid! Und behauptet ernsthaft, der leere Platz ihrer Schwester sei doch viel zu groß für mich, um ihn auszufüllen!» Wieder prusten sie los. Die drei Töchter sind kurz hintereinander auf die Welt gekommen und fallen durch ihre gepflegte Erscheinung und üppige Haarpracht auf: Ensieh hat lange blonde Locken mit Strähnchen, Hanieh trägt eine rotbraune, geglättete Mähne, und Fotos zeigen Atena mit unzähmbaren schwarzen Locken, deren Enden sie früher manchmal pink färbte. Es überrascht nicht, dass Familie Daemi über Jahre einen Friseursalon leitete.

Als Mama Schahnaz die Daemis zum ersten Mal besuchte, entdeckte sie das Foto von Atena, drückte es an sich und weinte. «Es tut gut, wenn Mama Schahnaz und Maryam da sind. Sie verstellen sich nicht, sind geradeheraus. Genau wie wir. Du kannst auf sie zählen. Und sie passen auf dich auf», sagt Ensieh. «Wir verstehen uns, wir teilen den gleichen Schmerz: Wir sind getrennt von unseren Liebsten», sagt Maryam. Also verbringen sie ihre Wochenenden zusammen, gehen gemeinsam Kleider kaufen, kochen, fahren ans Kaspische Meer oder manchmal, wenn es Ensieh schlechtgeht, einfach nur ziellos durch die Stadt und hören traurige Musik dabei. Wenn die eine ein Kleid kaufen oder sich die Nägel machen lassen will, kommt die andere mit. Wenn Ensieh eine Lammkeule gekocht hat, ruft sie Maryam an und sagt, sie solle vorbeikommen. Ensieh weiß, dass Maryam, genau wie sie selbst, nachts Panikattacken bekommt. Sie weiß, wann Maryam das Magengeschwür zu schaffen macht. Beide nehmen regelmäßig Antidepressiva – wie sehr viele andere Jugendliche im Iran. Den Abend, bevor Mama Schahnaz ins Gefängnis ging, verbrachten sie zusammen im Restaurant. Ein Freund aus Kanada rief sie per Videochat an und spendierte ihnen das Abendessen – und eine Torte mit den Gesichtern von Mostafa und Atena. Alle weinten. Die Lebensstränge beider Familien sind aufs Engste miteinander verbunden. Dadurch sind sie über die Jahre zusammengewachsen.

Beide Familien leben im Süden Teherans. Die Daemis kommen

ursprünglich aus der nordiranischen Provinz Gilan. Sie haben immer noch ein Haus in den nebelverhangenen grünen Hügeln zwischen Bergen und Meer, wo die Straßen mit Palmen gesäumt sind – für die Töchter der liebste Ort, um ein Wochenende oder den Sommer zu verbringen. Zur Welt kamen die Töchter im alten Kern Teherans, eine urbane Hölle aus Ministerien, Botschaften, Touristen, die sich den großen Basar, den Regierungspalast der alten Monarchen, die prächtigen Kronjuwelen hinter Panzerglas oder die vielen Kirchen anschauen wollen. Das Viertel der Daemis ist immer noch religiös geprägt. Die Schulen, die die drei Mädchen besuchten, überprüften eingangs, ob sie sich sittlich verhielten, und verlangten, dass sie täglich den Tschador trugen. Auch im Friseursalon, in dem Ensieh ihre erste Stelle fand, war der Tschador Pflicht. Umso überraschender, dass ausgerechnet aus diesem Viertel eine Rebellin hervorkam, oder eine ganze Familie, die irgendwann anfing, gegen den Strom zu schwimmen.

Eigentlich wollte Ensieh studieren. In Mathematik war sie gut, sie erlangte die Zulassung zur Universität. Dann ging der Vater, der Friseur war, pleite, und mit einem Druckereigeschäft verlor er noch mehr Geld. Die Mutter war Hausfrau. Ensieh, das älteste Kind, musste einspringen, sie bildete sich zur Friseurmeisterin aus. Atena verzichtete ebenfalls auf ein Studium, sie nahm eine Stelle als Sekretärin an, arbeitete als Buchhalterin oder Servicekraft im größten Fitnesspark der Stadt, eine Parkanlage im Norden Teherans. Aber sie setzte nebenbei zumindest ihren Sprachkurs fort, um irgendwann Englisch zu unterrichten und Übersetzerin zu werden. Und so konnte nur Hanieh, die Jüngste, zur Universität. «Es gibt so eine Vorstellung, ein Klischee, wenn du dich in den sozialen Medien mit den Leuten unterhältst. Die denken immer, ein politischer Gefangener könne sich seinen Aktivismus nur erlauben, weil er einen satten Magen habe, in einer guten Gegend lebe und ein komfortables Leben führe. Die sind dann immer überrascht, wenn sie sehen, wo wir herkommen und dass wir, na ja, aus der unteren Mittelschicht sind.»

Maryam, die an ihrer Promotion arbeitet, lächelt ihre Freundin an und sagt: «Ensieh ist die iranische Königin der Haarkunst! Haare färben und Strähnchen machen kann keiner wie sie. Sie hat etliche Kurse absolviert, sie arbeitet in einem Top-Salon und hat mehr drauf als irgendwelche Doktoranden!» Dann tadelt sie sie mit einem Kichern: «Meine Güte, Ensieh, du musst dich doch gut präsentieren! Du tust so, als ob du ein altes Weib bist, das mit dem Faden ein paar Gesichtshärchen entfernt!» Wir lachen auf, und Maryam kocht einen Tee.

War Atena schon immer anders als die anderen? «Atena war die Erste in meinem Umfeld, die sich auf Facebook plötzlich ohne Schleier zeigte», sagt Ensieh. Ich schaue mir ihre Fotos an: eine füllige junge Frau mit Mandelaugen, ein roter Lippenstift, ein enger, kurzer Baumwollmantel, Turnschuhe – das Lächeln ist warm, manchmal frech, die schwarzen Locken sprengen das Kopftuch. Etwas in ihrem kecken Blick verrät mir, dass sie vielleicht mehr mit Jungs als mit Mädchen unterwegs war und mehr Zeit bei ihren Freunden als bei der Familie verbrachte. Eine, die sich manchmal eine Zigarette anzündete, die es liebte, spontan auf Reisen zu gehen. Eine, die aus dem arabischen Dreiklang der Geschwister ausscherte – Ensieh, Fatemeh, Hanieh – und sich mit achtzehn, als sie ihre erste Stelle antrat, einen anderen Namen gab: von der Prophetentochter Fatemeh zu Atena, der griechischen Göttin der Weisheit und des Kampfes. Auf keinem der Fotos sehe ich die Göttin ohne ein Lächeln. Nichts in ihrer Familie prädestinierte sie für ihren Weg. Sie ging ihn einfach, und der Weg formte sie.

«Das Erste, was mir zu Atena einfällt, ist ihr Mut. Ihre Unerschrockenheit. Ihr Vorpreschen. Der Drang, eine eingefahrene Tradition oder ein Tabu zu brechen. Das war in ihrer Ausbildung so, auch beim Spielen – bei allem.» Anders als die Schwestern genoss Atena das Privileg, zu jeder möglichen Uhrzeit nach Hause kommen zu dürfen. Sie erwähnte beiläufig vor den Eltern, dass sie einen Freund habe. Sie ging über den Tschador-Zwang in der Schule hinweg, trug nur Kopftuch und Mantel – und ignorierte überhaupt alle Anweisungen, die ihr, wie sie sagte, unvernünftig erschienen.

Die Daemi-Töchter durften nicht auf der Straße spielen, sie seien ja Mädchen, und da könne wer weiß was passieren. Nur Atena durfte sich draußen aufhalten. Einmal stahlen sich die Schwestern heimlich mit ihr in die Gasse. Ein Motorradfahrer hielt an und fragte die Mädchen nach dem Weg. Ensieh, die Älteste, schüttelte stumm den Kopf und warnte die anderen vor dem fremden Mann. Atena sagte, wenn er sie auf sein Motorrad setze, zeige sie ihm, wie er fahren müsse. Die Sechsjährige verschwand mit dem Mann, der sie kurze Zeit später zu den Eltern zurückbrachte: Er sei der Kleinen ja dankbar, dass er die Adresse gefunden habe, aber die Eltern müssten schön auf sie aufpassen. In ihrer Nachbarschaft kannte Atena jeden, sie unterhielt sich mit dem Gemüseverkäufer, hatte überall Freunde. Mit dreizehn wollte sie sich hinters Lenkrad setzen. Die Eltern erzogen sie zur Angst, weil sie selbst ängstlich waren. Aber Atena blieb unbeeindruckt – und bekam schließlich, was sie wollte.

In der Schule war Ensieh zwar die Ältere und Größere, aber Atena hielt stets Ausschau nach ihr und stellte sich vor sie, wenn jemand die große Schwester anfuhr. Wenn ein Kind diskriminiert wurde, war Atena zur Stelle. Obwohl es sie doch, wie die große Schwester ihr beibrachte, überhaupt nichts angehe, protestierte Atena, wenn die Kantine einem Kind ein viel zu teures Sandwich verkauft hatte. Oder sie teilte ihr eigenes Essen, wenn ein Mädchen nichts dabeihatte. Auf der Straße fiel ihr Blick immer dorthin, wo Entbehrung herrschte. Sie weinte, wenn sie Bettler sah. Schaute Ensieh sich die Kleider in den Schaufenstern an, blieben Atenas Augen bei einer gebückten Greisin hängen, die arbeiten musste, oder bei den Straßenkindern, denen sie unbedingt etwas zu essen geben wollte. Sie verdrängte das Gesehene nicht, sondern ging immerzu seinen Ursachen nach, las und bildete sich fort. Es sei ein innerer Drang, versuchte sie zu verstehen zu geben: Sie wolle einfach eine bessere Gesellschaft.

Reagierte sie so sensibel auf ihre Umwelt, weil sie ein ausgezehrtes Baby gewesen war? War die Tochter so empfindsam geworden, weil die Mutter in ihrer Schwangerschaft die Masern bekommen und gefürchtet hatte, dass Atena tot zur Welt kommen würde? Die Familie suchte nach Erklärungen – während Atena ihr erstes selbst verdientes Geld dafür ausgab, eine Patenschaft für mehrere Waisenkinder zu übernehmen. Allmählich freundete sie sich mit Straßenkindern an. Sie organisierte für sie einen Paintball-Kurs in der Fitnessanlage, wo sie arbeitete. Freitags, wenn sie freihatte, bereitete sie einen *Olivier*-Salat zu oder irgendetwas anderes, das die Kinder gerne aßen, und brachte ihnen das Essen in den Park. Sie beschäftigte sich mit den Leben der Kinder und bemerkte, dass die Väter oft im Gefängnis waren, dass sie auf ihre Hinrichtung warteten oder bereits gehängt worden waren. Viele Väter hatten mit Drogensucht und Drogendelikten zu kämpfen. «Wenn diese Kinder groß sind, werden sie zu Straftätern. Diese Kinder sind wütend auf die Gesellschaft», war Atena überzeugt. Sie müsse auf sie aufpassen, damit das nicht geschehe. Sie organisierte Hilfe über Kinderschutzorganisationen. Und von da an war vorgezeichnet, dass sie sich mit dem Thema der Todesstrafe beschäftigen musste.

Die Todesstrafe als politisches Instrument

Wenngleich viele Vordenker und Gründer der Islamischen Republik bereits gestorben sind und das System sich in seinen mehr als vierzig Jahren weiterentwickelt hat, gehört die Todesstrafe zu den Konstanten der politischen Realität im Iran. Sie verkörpert das Wesen des Systems. Wohl deshalb sind die Gegner der Todesstrafe einer besonders konsequenten Verfolgung ausgesetzt. Ich erinnere mich, wie ich als kleines Kind das Versteck meiner Mutter im elterlichen Schlafzimmer fand, in dem sie Magazine und Artikel über die Ereignisse im Land aufbewahrt hatte. Wie mich ein Schrecken durchfuhr, als ich darin die Fotografien von Hingerichteten entdeckte, unkenntlich gemacht mit einem schwarzen Balken über den Augen, umgeben von einer Masse an Schaulustigen, die sich um Kräne versammelt hatten, an denen die Toten hingen. Der Anblick der erschossenen und gehängten Gegner des Revolutionsführers – deren Tod von den Vollstreckern mit Freudenschüssen und revolutionären Hymnen gefeiert wurde –, all die Nachrichten über Hinrichtungen, Todesstrafen und «islamische Schnellgerichte» waren nicht mehr als Alltagsmeldungen in einer politischen Umwälzung, die meine Eltern nach zwei Jahren nicht mehr ertragen konnten und vor der sie sich ins Ausland flüchteten.

Jahrzehnte später liegt die iranische Justiz noch immer in den Händen eines Mannes, der an Exekutionen beteiligt gewesen war. Der Name Ebrahim Raissi, der langjährige Justizchef und heutige Präsident der Republik, im Volksmund oft nur als «Blutrichter» bekannt, ist verbunden mit dem Schicksal von wohl mehr als fünftausend politischen Gefangenen, gegen die neben anderen auch Raissi im Jahr 1988 Todesurteile erließ. Einem Menschen im Iran kann es passieren, dass er eines Morgens beim Gang zur Metrostation plötzlich einer Menge begegnet, die sich um einen an einem Strick baumelnden Toten gebildet hat. Das Land hat nach China die meisten Hinrichtungen zu verzeichnen, Hunderte jedes Jahr, genaue Zahlen sind bis heute nicht bekannt. Auch Minderjährige und Frauen wurden exekutiert. Manche wussten nicht einmal, was ihnen bevorsteht – oder wurden noch kurz vor ihrem Tod gefoltert.

Die meisten Straftaten, auf denen die Todesstrafe steht, sind keine Schwerverbrechen; zu ihnen zählen Ehebruch, gleichgeschlechtliche Beziehungen, Abfall vom Glauben, Drogendelikte, Wirtschaftskriminalität – und politische Vergehen. Da der Oberste Führer als Repräsentant der unfehlbaren schiitischen Imame und damit als Vertreter Gottes gilt, kann jeder Angriff auf ihn als *hirabah* aufgefasst werden – was ursprünglich «extreme Gewalt» bedeutete und deswegen mit «Krieg gegen Gott» gleichgesetzt wurde. Das Regime des Iran deutete den

Begriff *hirabah* so um, dass eine friedliche politische Opposition damit ebenso erfasst werden konnte – auch darauf steht die Hinrichtung.

Ich frage Ensieh, ob Atenas Aktivismus vielleicht auch eine politische Bewusstwerdung vorausging. «Die Wahlen und Unruhen von 2009 verfolgten wir natürlich jeden Tag. Wir waren alt genug, um wählen zu gehen, und im Salon, auf der Arbeit, sprach ich die ganze Zeit davon, dass ich Freiheiten erwartete und dass ich Mahmud Ahmadinedschad nicht als Präsidenten wollte. Wir durften nicht auf Demonstrationen. Aber es gab einen Punkt, ab dem sich Atena und mit ihr auch wir veränderten: Die Erschießungen von Demonstranten damals – das kippte was in uns. Meine Schwester beschäftigte sich immer mehr damit. Sie verkehrte irgendwann mit den Familien der politischen Gefangenen, sammelte Geld für die Familien der Hingerichteten, und dann ging sie auch selbst auf Demonstrationen.»

Ob ihre Familie religiös sei, frage ich. «Meine Mutter betet immer noch täglich. Sie ist religiöser und traditioneller als mein Vater. Aber die Strenge von damals hat sie durch die Ereignisse der letzten Jahre verloren. Und sie zwang uns Mädchen nie, zu beten oder zu fasten. Sie mischte sich nicht in unsere Auffassungen ein und wir uns nicht in ihre. Nur unsere Onkel sind ziemlich dominant. Sie leben in unserer Nähe und warfen meinem Vater immer vor, zu lasch zu sein in der Erziehung. Sie mischten sich sogar ein, wenn es um unsere Kleidung ging, wenn wir uns die Augenbrauen schön machten, bunte Sandalen trugen und farbenfrohe Kleider. Für einen der Onkel war es ungewöhnlich, dass eine Frau außerhalb der eigenen vier Wände arbeitete. Die Eltern dürften es nicht zulassen, meinten sie, dass die Töchter einer Arbeit nachgingen oder ‹im Milieu eines Schönheitssalons› zugange seien. Irgendwann lernten wir, ihren ständigen Einmischungsversuchen zu widersprechen und ihnen ihre Grenze aufzuzeigen.»

Atena war achtzehn, als sie die Einsicht in die gesellschaftliche Ungleichheit der Geschlechter mit ungeahnter Wucht traf – und ins Grübeln brachte. Sie arbeitete damals als Aushilfe in einem Geschäft, erzählt sie. Ihre Kollegin war eine stets schwarz verschleierte Frau mit einem traurigen Gesichtsausdruck. Nach einiger Zeit vermutete sie, dass die Kollegin eine Affäre mit dem Chef hatte. Als eines Tages die Ehefrau des Chefs das Geschäft besuchte und die Kollegin zur Rede stellte, bestätigte sich Atenas Verdacht. Sie erblickte die zwei Kinder mit Behinderungen, die die Frau des Chefs mitgebracht hatte, und wurde wütend auf die Kollegin und ihren Chef. Sie selbst fühlte sich so angreifbar in der Nähe ihres Vorgesetzten, dass sie kündigte. Zwei Jahre später sah sie ihre ehemalige Kollegin zufällig auf der Straße wieder. Die Frau weinte. Ihr Bruder war gerade hingerichtet worden. Sie hatte Atenas Vorwürfe damals bemerkt und wollte sich jetzt unbedingt erklären. «Bitte hör meine Geschichte, Atena. Ich bin verlobt gewesen, aber mein Bruder hat in einem fanatischen Anfall meinen Verlobten mit einem Messer erstochen. Die Familie des Ermordeten forderte Blutgeld von uns. Mein Vater konnte nach einem Schlaganfall nicht mehr arbeiten. Es lag alles an mir – wie und wo hätte ich das Geld auftreiben können? Ich habe mich an jeden gewandt, der mir einfiel – auch an meinen Chef. Als er davon erfuhr, nahm er mich mit einer *Sigheh*, einer schiitischen Ehe auf Zeit, zu seiner Geliebten. Er nutzte meine Hilflosigkeit aus, um seine Bedürfnisse zu befriedigen. Am Ende konnte ich das Geld nicht zusammenbekommen. Am Ende wurde mein Bruder doch noch hingerichtet. Mein Vater starb. Und ich – ich stehe nun ganz allein da, allein mit der Scham, allein mit dem Hass der anderen auf mich.» Als Atena ihr zuhörte, wurde ihr schlagartig bewusst, wie die berufliche Lage vieler Frauen im Land aussieht. Wie viele Frauen einsam und verletzlich sind. Wie viele missbraucht werden. Wie viele Zeitehen und Affären aus purer Not eingegangen werden. Und welche Spuren eine so unmenschliche Strafe wie die Hinrichtung in einer Familie hinterlassen kann.

2013 hatte Hassan Rohani die Präsidentschaftswahlen gewonnen. Seine Kampagne bestand aus den Schlagworten «Hoffnung» und «Mäßigung». Und aus etlichen Versprechen, die Bürgerrechte zu achten:

«Gerechtigkeit bedeutet, dass jeder, der in einer Gesellschaft sprechen möchte, in der Lage sein sollte, hervorzutreten, seine Meinung zu äußern, zu kritisieren – ohne zu zögern, ohne zu stammeln.» Als er mit diesen Worten die Wahl gewann, feierten einige seinen Sieg auf der Straße und riefen nach der Freilassung politischer Gefangener. Atena Daemi war nicht unter den Feiernden. Sie war ganz woanders. Sie hatte in den Jahren zuvor ausländischen Nachrichtenagenturen Berichte aus dem Iran geschickt. Als der Führer auf seiner Webseite die «zweiundzwanzig unverzeihlichen Taten der Ereignisse von 2009» erwähnte – darunter das Anzünden von Mülltonnen durch die Demonstranten und deren Kontakt zu ausländischen Medien –, riefen iranische Twitter-Nutzer den Hashtag #Unverzeihlich ins Leben. Atena selbst schrieb in achtzig Tweets über die «unverzeihlichen Taten des Führers ab 2009». Sie fand Mitstreiterinnen und Mitstreiter, die meisten junge Männer, eine kleine Gruppe von Gleichgesinnten, die zusammen etwas tun wollten, vor allem um Kinderarbeitern zu helfen. Atena organisierte einen kleinen Stand in der Fitnessanlage, wo sie selbst angestellt war, dort wollte sie die Malereien und Zeichnungen der Kinder verkaufen. Sie hatte mit ihren Vorgesetzten abgesprochen, für die Kinder einen Ausflug zum Fitnesspark zu organisieren. Aber der Zugang wurde ihnen verwehrt. Jahre später erfuhr sie, dass die Revolutionswächter ihren Einsatz für die Kinderarbeiter sabotiert hatten. Entweder wollten sie vermeiden, dass Aktivisten die dunklen Ecken der Gesellschaft ausleuchteten und die – wirtschaftlich und sexuell ausgebeuteten – Kinder als ein Versagen der Führung anprangerten. Oder aber sie profitierten selbst von deren Existenz – hatten sie nicht afghanische Flüchtlingskinder als Kindersoldaten nach Syrien geschickt?

Atena beschäftigte sich mit der Todesstrafe. Sie nahm wahr, welches Leid die Hinrichtung von Strafgefangenen in der Familie nach sich zog und wie eine einzelne Tragödie in der Gesellschaft nachhallen konnte: in der Familie des Mordopfers, die – nach islamischem

Recht – die Möglichkeit hat, Vergeltung oder Blutrache zu verlangen und den Mörder hinrichten zu lassen, und in der Familie des Mörders, die ihr Trauma der Hinrichtung auf die Gesellschaft übertragen kann. Sie nahm wahr, wie Blutrache und Todesstrafe immer weitere Gewalt erzeugten und Gewalt zu einem legitimen Mittel in der Gesellschaft machten. Je mehr sie nachforschte, umso häufiger fiel ihr auf, dass die Todesstrafe weitere Straftaten nicht verhindern konnte. Sie schrieb: «Ich sterbe mit jeder Exekution und erwache wieder.»

Es war die Zeit, als einige bekannte Aktivisten eine Kampagne gegen die Todesstrafe lanciert hatten. Es war die Zeit, als Reyhaneh Jabbari erhängt werden sollte – eine junge Innendekorateurin, die von einem ihrer Kunden – einem Geheimdienstler – in seine Wohnung gelockt und belästigt worden war, bis sie mit einem Messer auf ihn eingestochen hatte. Vor dem Büro der Staatsanwaltschaft protestierte Atena gegen die Todesstrafe für die junge Frau. Mit ihrer Gruppe entwarf sie einen Brief, um die Familie des Mordopfers zu einer Begnadigung zu bewegen. Atena kritisierte in sozialen Medien Todesurteile und Gerichtsverfahren. Sie kritisierte den Obersten Führer. Sie postete auf Facebook ein Bild von Ajatollah Chamenei, darunter die Zeile: «Warum hast du Menschen getötet?» Als die Hinrichtung von vier kurdischen politischen Gefangenen vorbereitet wurde, stellte sich Atena mit deren Familien vor das Gefängnis. Sie organisierte einen Anwalt, der einen Aufschub für die Gefangenen erreichte. Sie verteilte Flugblätter gegen die Todesstrafe. Ihre Gruppe sprühte nachts «Nein zur Todesstrafe» auf die Wände. Die Jugendlichen banden einer Statue ein Seil um den Hals, als Symbol des Todesstricks. Überwachungskameras auf den Straßen hielten ihre Aktionen fest. Atena forderte die Aufarbeitung früherer Massenhinrichtungen und gab Informationen über politische Gefangene an ausländische Menschenrechtsorganisationen weiter. Sie organisierte eine Kundgebung gegen die unmenschliche Politik der Türkei, als der «Islamische Staat» die syrische Grenzstadt Kobane angegriffen, Dutzende Zivilisten getötet – und die Türkei den Grenzübertritt der kurdischen Kinder und Frauen verhindert hatte.

Nach dieser nicht angemeldeten Demonstration verhaftete die Polizei mehrere ihrer Mitstreiter. Atena wusste nun, dass sie sich auf eine Festnahme gefasst machen musste. Sie suchte Menschenrechtsanwälte auf, stellte sich die Einzelzelle vor und studierte typische Verhörfragen. Als sie ihre Familie vorwarnte, wollten sie ihr nicht glauben, dass sie wegen eines Hobbys ins Gefängnis kommen sollte – ihre fünfundzwanzigjährige Tochter sei ja keine langjährige Dissidentin, sie sei ja «nicht politisch», redeten sie sich immer wieder ein. «Seid bereit und habt keine Angst», sagte Atena ihnen. Später erfuhr sie, dass ihre männlichen Mitstreiter in einem Zwangsgeständnis Atena alle Schuld zugeschoben und sie als «Anführerin» ihrer Gruppe bezeichnet hatten, die sie zu ihren Aktionen «gezwungen» habe. Sie hatten Atena offenbar in der Annahme beschuldigt, dass einer Frau ja bestimmt keine schwere Strafe aufgebürdet würde.

Es gab kein Entkommen mehr. Eines Morgens umzingelten zwölf Beamte, in Autos und auf Motorrädern, Atena und ihren Vater, als sie zusammen zur Arbeit fahren wollten. Männer der *Sarallah*-Einheit – jene Revolutionswächter, die für die Sicherheit der Hauptstadt zuständig sind. *Sarallah* ist einer der Titel des von den Schiiten verehrten Imam Hossein; er steht für den Blutdurst, den Gott für den ungerechtfertigt übergangenen und heimtückisch getöteten Prophetenenkel Hossein empfunden haben soll, und für die Vollstrecker dieser Blutrache. Atena blickte sie an, kurbelte die Scheibe des Autos herunter – sofort riss einer ihr Handy weg. Vater und Tochter wurden zurück ins Haus geführt. Eine besonders eifrige Beamtin ging ins Zimmer der jüngsten Schwester und weckte Hanieh mit den Worten: «Steh auf, du hast doch zu tun, du musst doch zur Uni!»

Ensieh lebte zwei Gassen weiter – sie war damals verheiratet. Ihr kommen die Tränen, als sie mir erzählt, wie Atenas Chef sie anrief: Er mache sich Sorgen, Atena sei nicht erschienen, die Eltern gingen nicht ans Handy. Sie schluchzt, als sie sich erinnert, wie sie durch den peitschenden Regen zum Elternhaus lief, wie ihre Knie zitterten und sie auf den Boden fiel. Als sie eintrat, sah sie eine verwüstete Wohnung: aus Alben herausgerissene Fotos, umgestürzte Wandregale und Kommoden, herausgezogene Schubladen, der Kühlschrank offen. «Es sah aus wie nach einem Luftangriff oder wie nach einem Erdbeben. Als ich bemerkte, wie Atena in Handschellen auf dem Sofa saß und wie sie die Beamten anschrie, dass sie mich in Ruhe lassen sollen, als ich den hochroten Kopf meiner Mutter erblickte, deren Bluthochdruck lebensgefährlich war, zitterten meine Knie so sehr, dass ich wieder hinfiel und bewusstlos wurde.» Allem Anschein nach suchten die Vermummten eine Terroristin. Als Ensieh zu sich kam, schrie sie: «Was soll das Ganze? Wozu dieses Theater? Wen habt ihr denn gefangen genommen? Etwa die Kriminellen, die den Frauen Säure ins Gesicht spritzen?» Während das System die wahren Schuldigen frei herumlaufen ließ, begriff es friedlichen Aktivismus als Terror.

«Wenn sie dich festnehmen, musst du selbst damit klarkommen», hatte die Mutter Atena immer gesagt. Aber an diesem Tag entdeckten die Töchter eine neue Mutter. Mit einer neuen Kraft, die sie nie für möglich gehalten hatten. Mit einer Wut, die sie nicht kannten von ihr und die sie noch Jahre später erstaunte. Zum ersten Mal hörten sie aus dem Mund der Mutter, wie sie alle Führer der Republik beschimpfte, Chomeini und Chamenei gleichermaßen: «Bitte, von mir aus, nehmt sie mit. Nehmt Atena mit. Tötet sie. Überhaupt: Tötet uns alle. So viele Jugendliche habt ihr mitgenommen. So viele habt ihr getötet. Und was hat euch das gebracht? Was habt ihr dadurch gewonnen? Ihr wollt mich mitnehmen? Bitte, nehmt mich mit. So vielen Müttern habt ihr die Kinder weggenommen.» Die Beamten forderten Ensieh auf, die Mutter zum Schweigen zu bringen. «Nein. Sie kann sagen, was ihr am Herzen liegt. Wenn ihr sie auch festnehmen wollt, bitte, macht nur weiter.» Atena versuchte, ihre Mutter zu beruhigen: «Mama, diese Menschen hier machen das, um sich ihr Brot zu verdienen, nicht aus religiöser Überzeugung, sie sind bedauernswert, sie befinden sich in einer ausweglosen Lage.»

Die Vollstrecker des göttlichen Blutdursts hatten genaue Informationen, nach was sie suchen sollten. Aber sie fanden keinen Laptop, keine Speicherkarten, keinen USB-Stick und keine Festplatte. Sie fanden nicht die Fotos, nicht die Bücher und nicht die islamkritischen Schriften, für die sie das ganze Haus auf den Kopf gestellt hatten. Stattdessen nahmen sie Ensiehs Hochzeitsvideo mit, das Modem der Eltern, die Handys der Familie, ihre Sat-Anlage, CDs, Papier, DVDs, ja sogar ein Buch über die Rechte eines Angeklagten, das in Atenas Zimmer lag. Als sie Atena auf Fotos unverschleiert neben ihren männlichen Freunden entdeckten und sahen, wie ihre Hand sie berührte, fuhren sie die Mutter an: Ob die Jungs etwa Atenas *Boyfriends* seien? Ein Drecksstück sei ihre Tochter, eine Hure. Die Mutter verrichte doch das Gebet, ob sie sich nicht schäme für solche Aufnahmen? «Ja und? Was geht meine Tochter mein Gebet an? Meine Tochter kann tun, was sie will.»

«Mama, bitte bleibt hinter mir. Lasst mich nicht im Stich. Auch wenn niemand anders mich unterstützt. Mama, schweigt nicht. Diese Leute haben so viele Menschen getötet, dass sie sich vor nichts fürchten. Schweigt nicht.» Die Worte, die Atena ihrer Mutter noch ins Ohr flüsterte, waren das Signal an die Familie, in ihren Kampf mit einzutreten. «Halt dein Drecksmaul», fuhr sie der Beamte an. Die in einen Tschador gehüllte Beamtin sagte der Mutter, dass Atena mit der Festnahme «gerettet» werde und die Mutter ihnen dafür danken müsse, sonst wäre das Mädchen in sein Verderben gerannt. Sie bräuchten nicht den Führer zu verfluchen, der wisse genauestens über die Zustände im Land Bescheid, zudem gehörten Straßen- und Arbeiterkinder zu jeder Gesellschaft dazu – so wie es auch Millionäre geben müsse.

Atena flüsterte Ensieh ins Ohr: «Schweig nicht. Sag der Welt, was passiert. Auch wenn ich euch später im Gefängnis sage, dass ihr schweigen sollt – tut es nicht und wisst, dass ich genau dann unter Druck gesetzt werde.» Innerhalb weniger Minuten verschafften sich die Männer Zugang zu Ensiehs Wohnung und durchwühlten ihre Schränke. Als Ensieh versuchte, sie mit Getränken abzulenken, lehnten sie ab, sie hätten im Haus Alkohol gesehen und eine Sat-Anlage, hier würden sie nichts zu trinken annehmen, weil alle Gläser «unrein» seien. Sie warfen Ensieh vor, dass sie keine Kinder gebären wolle. Ensieh schloss die Augen und stellte sich das Gefängnis vor. Sie fing an, die Beamten anzuflehen. «Gebt ihr meiner Schwester auch Binden, wenn sie ihre Periode hat?» Ensieh wusste, dass den Frauen im Gefängnis manchmal selbst Menstruationsbinden verwehrt werden. «Atena hat so lange Haare. Nicht, dass ihr sie an den Haaren zieht. Wenn ihr das macht, dann werde ich ihr jetzt gleich hier die Haare abschneiden. Nicht, dass ihr sie vergewaltigt! Nicht, dass ihr sie verprügelt! Gebt ihr ihr ein Shampoo? Einen Conditioner? Wenn sie ihre Haare nicht trocknen kann, bekommt sie Kopfweh. Lasst mich ein paar Kleider für sie einpacken.» Es war, als ob Ensieh mit sich selbst sprach. Als ob sie das Bild einer völlig verwahrlosten Schwester vor sich hatte, von deren Markenzeichen – ihren langen schwarzen Ringellocken – bald nichts mehr übrig bliebe. «Ach was, Atena wird nur für zwei Tage festgehalten.» Dann fuhren sie sie zu ihrem Büro, wo sie die Festplatte ihres Computers mitnahmen. Als Atena sich mit einem Handschlag von ihrem Chef verabschiedete, beschimpften sie die Revolutionswächter als «verdorbene Frau» und «dreckige Schlampe».

Irgendjemand in Atenas Büro hatte bereits ausländische Medien über die Festnahme informiert. Im Auto hörten die Beamten die Nachricht und machten sich über Atena lustig: «Na, spätestens jetzt ist dein Asylantrag durch. Jetzt hast du keine Probleme mehr, ins Ausland zu gehen. Dafür hast du doch das alles gemacht!» Sie verbanden ihr die Augen, drückten ihren Kopf nach unten und verfluchten sie.

Als Atena zwei Tage später aus dem Evin-Gefängnis zu Hause anrief, sagte sie den Eltern, sie sollten nicht mit iranischen Exilmedien und Auslandssendern sprechen, sonst würden auch ihre Schwestern festgenommen. Die Mutter wehrte ab, das gehe die Beamten rein gar nichts an. Dann ermunterte sie die Tochter: «Ich bin bis zum Ende da, ich stehe hinter dir, du kannst dich darauf verlassen. Wir passen auf dich auf, und wenn sie dir einbläuen wollen, dass deine Familie nicht hinter dir steht, dann sollen sie einfach ihren Mund halten! Wir tun alles, um dich rauszuholen.»

Die Brüder der Mutter fühlten sich nun berufen einzuschreiten. Der eine hatte einen Freund bei den Revolutionswächtern und wollte seine Beziehungen spielen lassen. «Mein Bekannter hat recherchiert», sagte er der Mutter, «deine Tochter wurde mit einer Gruppe Jungs festgenommen. Sie war die einzige Frau in der Gruppe. Bei denen ging es nicht um Politik. Übermorgen kommt eine Anklage wegen Unzucht und Prostitution.» Er legte seine Hand auf den Koran und wiederholte seine Anschuldigung. «Schwester, deine Ausrede, dass Atena politisch ist, kannst du dir für sonst wen aufheben. Aber in der Familie brauchst du nicht zu lügen», schob er nach. Ensieh konnte seine Verachtung nicht länger ertragen. Für sie war es der Zeitpunkt, ihre typische Zurückhaltung abzulegen: «Onkel, selbst wenn Atena der Unzucht angeklagt wird – es war *ihr* Körper. Und sei dir gewiss, selbst mit so einer Anklage wird die Familie hinter ihr stehen.» Er polterte zurück: «Auch wenn Atena politisch ist – hat sie denn gar nicht an die Familie gedacht? Hat sie denn nicht daran gedacht, dass in Zukunft auch wir unter Beobachtung stehen werden? Ihr werdet von jetzt an weder eine Ausbildung machen noch studieren noch für den Staat arbeiten dürfen.»

Der Schlagabtausch blieb nicht ohne Folgen. Die Familie entzweite sich. Wer Angst hatte, hielt sich fern von den Daemis. Wer sich verfolgt fühlte oder im Alltag irgendein Unglück erlitt, fragte sich, ob die Freundschaft zu einer der Daemis die Ursache dafür war. Wer sich lustig machen wollte, bezeichnete Atena in den sozialen Medien als «Dickerchen, der schon nichts passieren» werde. Andere vermuteten hinter dem Fall die ganz große Politik. Oder fragten die Familie spitz, wie sie sich das alles überhaupt leisten könne, woher sie das viele Geld für Atenas Verteidigung nehme, welche Gruppierung hinter Atena stecke, welcher Staat und welche Organisation. Es könne doch nicht sein, dass das Mädchen wegen ein paar Postings, Gesprächen, Straßenkindern und Graffiti hinter Gittern sitze. Vielleicht wussten diese Menschen nicht, dass politische Haft und Haftgründe in der Islamischen Republik kaum je im Verhältnis zueinander standen. Dass in den ersten Revolutionsjahren Minderjährige für ein einziges Flugblatt festgenommen worden waren. Ihre Neugier und der Argwohn waren unersättlich, genau wie die Lust, den moralischen Zeigefinger zu erheben oder über die Familie herzuziehen. War Atena im Gefängnis womöglich auch noch sexuell belästigt oder gar vergewaltigt worden? Beim Verhör, wenn sie so mit zwei Männern dasitze, da sei doch bestimmt was passiert, oder? Jedes Mal, wenn Ensieh diese Fragen hörte, brannte sie innerlich. Wieso fragten die Leute sie ständig das Gleiche? Diese Fragen müssten doch der Regierung gestellt werden, nicht ihr, dachte sie sich. Es dauerte Jahre, bis die Familie ihren Nächsten die wahre, unfassbare Geschichte von Atena vermitteln konnte.

Widerstand im Gefängnis

Atena Daemi wurde in eine Einzelzelle im Trakt 2a des Evin-Gefängnisses gebracht. Dieser Trakt war das Terrain der Revolutionsgarden. Die Familie musste nun die feinen Unterschiede im Strafvollzug begreifen lernen. Je nachdem, welches Machtzentrum der Islamischen Republik am Werk war, konnte es anders ausgehen. Es war ein Unterschied, in den Armen der Staatssicherheit zu landen oder bei der *Sepah*. Atena hatte es also besonders schlimm getroffen. Die *Sepah* – die Revolutionswächter und die *Bassidsch*-Milizen – gingen bei Durchsuchungen besonders rücksichtslos vor. Familie Daemi verstand, dass die Revolutionswächter nicht nur im Ausland operierten, sondern im

Innern über einen ausgeklügelten Geheimdienst verfügten. Weil sie im Konkurrenzkampf um Budgets standen, machten sie ihre Fälle groß und wichtig, um vor dem Führer den Eindruck der Unersetzlichkeit zu erzeugen und ihren Dienst ausbauen zu können. Auf die Richter hatten sie vollkommenen Zugriff.

Sechs Stunden hatte die Durchsuchung der Wohnung und des Büros gedauert. Als die beigefarbene Eisentür mit einem Rumms zugeknallt wurde, hallte das Geräusch in Atena nach – wie ein Gongschlag, der deutlich machte, dass sie die Verfügung über ihr Leben verloren hatte. Dann völlige Stille. Sofort überkam sie das Gefühl, in einer Streichholzschachtel gefangen zu sein. Die eine Wand zwei Meter lang, die andere vielleicht drei. Der Verhörbeamte bestimmte, wann die Tür wieder aufging. Wollte sie überhaupt zum Verhör? Sie schaute sich um. Das Fenster war so weit oben, dass sie es nicht erreichen konnte, so weit abgedeckt, dass kein Tageslicht durchdrang, nur durch einige Poren der Folie war der blaue Himmel zu erahnen. Zwei Lampen brannten – eine weiß, eine gelb. Beim Schlafen ging die weiße Lampe aus. In der Eisentür war ein Schlitz, durch den sie ein Stück Papier schieben musste, um die Wärter zu informieren, dass sie auf die Toilette wollte. Oft kamen die Wärter erst nach Stunden vorbei oder verwehrten ihr den Ausgang. Sie versuchte, den Blick von der Tür wegzulenken. Ein dünner Teppich lag auf dem Boden, wie üblich hatte sie auch die drei Decken bekommen, eine als Matratze, eine als Kissen und eine zum Zudecken. Aber Atena konnte nicht schlafen. Sie wartete auf ein Ereignis, und das Warten machte sie mürbe. Sie dachte an ihre Eltern. Sie sorgte sich um die Schwestern. Sie überlegte, wie sie beim Verhör antworten musste. Und irgendwann wusste sie nicht mehr, wohin sie ihre Gedanken lenken sollte. Der Stress, die Isolation, die Ungewissheit wirkten auf sie wie ein Vorschlaghammer, der immer weiter die kleine Schachtel zertrümmerte, in der sie sich befand, bis er sie selbst zerdrückte, sechsundachtzig Tage lang.

Der erste Verhörraum war eine noch kleinere Schachtel. Er schien schalldicht zu sein, mehr als ein Stuhl fand kaum Platz darin. Ihm gegenüber war eine Scheibe, durch die Atena niemanden sah, durch die sie aber von den Verhörbeamten gesehen wurde. Sie hörte die Stimme eines ihrer alten Gefährten, den sie verhaftet hatten. Den nächsten Tag verbrachte sie in der Staatsanwaltschaft, spätabends wurde sie zum Verhör gebracht. Nun erfuhr sie die Haftgründe, es waren achtzehn oder zwanzig Anklagepunkte: die Gefährdung der Staatssicherheit, Verbindungen zur bewaffneten Auslandsopposition der Volksmudschahedin, geheime Absprachen, Heiligenbeleidigung, Beleidigung des Führers – und so weiter. Während der Verlesung der Anklagepunkte wurde ihr mehrmals mit Hinrichtung gedroht. «Deine Schwestern sind ebenfalls verhaftet worden. Leugne nichts. Wir wissen genau, was du getan hast. Wenn du kooperierst, wirst du vielleicht keine Todesstrafe bekommen.»

Weder wurde Atena verhört, noch hatten sie Beweise gegen sie gefunden. Nichts. Woher all diese Anklagepunkte kämen, fragte sie. «Wir bringen die Anklagepunkte vor – und dann wird während der Ermittlungen klar, welche für dich gelten und welche nicht.» Die Anklage war also eine reine Erfindung. Wie sonst hätten sie jemanden beschuldigen können, wenn sie ihn nicht einmal befragt hatten? Atenas Stimme, ihre Hände, ihr ganzer Körper zitterten, während sie auf das Papier schrieb, dass sie keinen einzigen der Punkte anerkannte, und mit sich selbst rang, um sich zu beruhigen. Nach Mitternacht wurde sie abgeführt, einer der Beamten sprach mit dem nordiranischen Akzent ihrer Eltern. Sie konnte ihn nicht sehen durch ihre Augenbinde, aber er schien die ganze Verwandtschaft Atenas zu kennen. Nach fünfundzwanzig Tagen sah sie ihre Familie im Gefängnis wieder.

«Sorge dich nicht. Wir sind hier, in deiner Nähe, wir stehen hinter dir, wir haben dich nicht verlassen», flüsterten sie in den Hörer. Jeden Tag besuchten die Eltern und die Schwestern das Gefängnis und warteten auf einen Termin im Büro der Staatsanwaltschaft. Sie ließen sich nicht vertreiben, starrten unentwegt in die Überwachungskameras und blieben bis zum Feierabend der Beamten. Sie knüpften Kontakte zu anderen wartenden Familien. Jedes Mal, wenn sie den Familien ihre Geschichte erzählten, fühlten sich die Beamten gestört – als witterten sie Gefahr. Dann wurden die Schwestern ins Zimmer gebeten, sie sollten aufhören, sich mit anderen zu unterhalten, und jetzt endlich mal ihre Verschleierung zurechtrücken oder sich bedeckter kleiden. Manchmal, als es den Beamten zu viel wurde, ließen sie sie zwei, drei Sätze mit der Tochter im Verhörraum austauschen – bis die Familie endlich ihren Fuß aus der Staatsanwaltschaft setzte. Von den Angehörigen eines Mitstreiters von Atena erfuhren sie, dass dieser sie im Verhör im Stich gelassen hatte, weil sein Vater selbst bei den Revolutionswächtern arbeitete. Die Angehörigen hatten alle Chats und Anrufe der Daemis aufgezeichnet und an die Behörde weitergegeben – noch mehr Material, um Atena und ihre Familie zu erpressen.

Nach mehr als drei Wochen rief Atena an und sagte, dass sie warme Kleidung brauche und Geld, von nun an könne sie im Gefängnis Kleinigkeiten kaufen. Die Familie brachte die Sachen, ein alter Mann mit Tarnmaske und Brille fuhr sie über das Gelände und nutzte die Gelegenheit, Ensieh ins Ohr zu zischen, dass sie nicht kooperiere, so starrköpfig sei wie Atena und wohl auch ins Gefängnis wolle. Wenn sie klug wäre, hätte sie ein Kind geboren, dann vertriebe Atena sich jetzt die Zeit mit dem Baby der Schwester. Erst jetzt dämmerte es Ensieh, dass die Beamten ihr Telefon abhörten und wussten, dass sie mit westlichen Menschenrechtsorganisationen in Kontakt stand. Vor Schreck fing Ensieh plötzlich an zu bluten. Ihre Hose wurde rot. «Wissen Sie, wir dachten, dass Sie religiös sind. Dass Sie eine Überzeugung haben. Ihre Tochter ist ein Feind der Religion und ein Feind des Landes. Wissen Sie überhaupt, was für eine Religion sie hat?» – «Das geht weder mich noch Sie etwas an», fuhr Atenas Mutter den Beamten an. Dann brachten sie Atena ins Zimmer, in Häftlingskleidung, Tschador und Badelatschen. Die Familie hatte sie noch nie so gesehen. Sie schien ihr aufgedunsen, das Gesicht voller Haare. Sie fielen sich in die Arme. «Ich bitte dich, Mama, sag in deinen Interviews nichts über meine politischen Neigungen. Ich war immer für alle Menschen da. Ich kämpfe für Menschenrechte, Mama. Bitte geht nicht zu Anwälten, die den Reformern nahestehen, die bringen meine Akte über Beziehungen voran, und das möchte ich nicht, das wäre eine Schande für mich, wenn man mich mit einer bestimmten politischen Richtung in Verbindung brächte. Die Leute, die euch zu Hause besuchen wegen mir, bitte passt auf, dass sie kein politisches Spiel mit euch spielen, ich gehöre keiner Gruppierung und keiner Partei an. Mama, hast du gehört, dass sie Reyhaneh Jabbari hingerichtet haben? Wir haben so um sie gekämpft. Diese Drecksleute haben mir Kuchen in die Zelle gebracht, um ihre Hinrichtung zu feiern.»

Atena sprach mit ihnen, wie enttäuscht sie über die Freunde war, die sie im Verhör angeschwärzt und ihr alle Verantwortung zugeschoben hatten. Sie erzählte, wie sie sich die Zeit vertrieb und den Ameisen in ihrer Zelle zuschaute, die zur Decke krabbelten und sich von dort fallen ließen oder angeblich in ihren Haaren lebten und ihre schwarzen Locken auffraßen. Ensieh fing an zu weinen. War Atena noch bei Sinnen? Oder halluzinierte sie? Der leitende Verhörbeamte redete auf die Familie ein: «Ihre Tochter hatte Propagandaschriften in Besitz. Sie stand mit allen möglichen Organisationen in Verbindung. Und Sie unterstützen sie auch noch. Atenas Anklagepunkte werden immer mehr. Mit dieser Akte kann sie hingerichtet werden. Sie müssen mit uns zusammenarbeiten.» Tatsächlich wurde Atenas Mappe immer dicker: die Graffiti-Schablonen von den Gesichtern der Hinrichtungskandidaten, für die sie sich eingesetzt hatte und die sie auf Wände gesprüht hatten, dazu Berichte, Fotos und die Anschuldigungen, dass sie die Anführerin der Gruppe gewesen sei, dass sie religiöse Minderheiten im Iran, Bahais, Christen oder Zarathustrier, unterstützt habe. Atenas Akte war ein einziger absurder Wust an Papier, der auf nun fünfzig, bald sechzig Anklagepunkte anschwoll.

Nach dreißig Tagen wurde Atena in eine andere Zelle gebracht. Sie war doppelt so groß wie die erste, hatte eine Toilette, aber das Fenster an der Decke war zum Gang hin. Die winzigen blauen Himmelsstreifen und die Geräusche von draußen fehlten ihr. Sie versuchte, die Gedanken auf all jene Ereignisse zu lenken, die in Freiheit für sie keine Bedeutung gehabt hatten – die sie nun aber vermisste. Sie vermaß jeden Winkel ihrer Vergangenheit, rief sich Zeilen aus Büchern ins Gedächtnis und die Melodien ihrer Lieblingslieder. Sie versuchte, über Geräusche mit ihrem Zellnachbarn zu kommunizieren, freute sich, als es dumpf zurückklopfte. Manchmal glaubte sie, das Schreien eines Mannes zu hören, der gefoltert wurde – aber es war nur der laute Ruf beim Schichtwechsel der Wärter. Sie legte ihr Ohr auf den Boden und hörte einen Mann wimmern. Sie klopfte, um ihm zu verstehen zu geben, dass er nicht allein ist – und sein Weinen hörte auf. Der Ruf des Muezzins zum Abendgebet erschien ihr seltsam, er hörte sich an wie eine Todesfanfare. Als der Trauermonat Moharram anfing, ertönten aus den Lautsprechern in den Fluren Gebete, Trauergesänge und die Laute schluchzender Menschen – ein Geräusch, das sie wahnsinnig machte. Sie zwang sich, zu essen und sich an den Rhythmus der Unterbrechungen zu gewöhnen: Frühstück, Milch, ein winziges Stückchen Obst, Tee, ein Mittagessen, ein kaltes Abendessen, zweimal am Tag einige Minuten Frischluft mit Augenbinde. Den Tee schlürfte sie so langsam wie möglich, dann sammelte sie alle Haare und Krümel ein, die den Zellenboden bedeckten, legte ein paar Krümel für die Ameisen zurück, ritzte mit der Gabel Figuren in den Papierteller, kämmte die Locken, die sie mit der Handseife gewaschen hatte, mühsam mit einem Kamm und suchte die Wände nach Mustern und Figuren ab. Manchmal überkam sie Schwindel, oder sie fühlte ihre Beine und Füße nicht mehr. Wenn sie auf und ab ging, schien ihr, als stürzten die Wände über ihr zusammen.

Der eine Verhörbeamte spielte den Guten, der andere den Bösen. Von Anfang an sagte sie, dass sie das Recht habe zu schweigen und von diesem Recht Gebrauch mache. Sie ließ Beleidigungen, Flüche, Drohungen über sich ergehen. Mal sprachen sie davon, dass ihre Mutter einen Unfall gehabt habe und nun tot sei. Dann, dass die Familie Atena verlassen und aufgegeben habe. Dann, dass sie die Eltern auf der Straße abknallen würden. Dann, dass die Familie bald einen Unfall haben und niemand herausfinden würde, wer dahinterstecke. Oder dass sie die Familie bis zum Ende ihres Lebens nicht mehr sehen würde. Oder dass sie das Leben der Daemis zerstören würden. Sie beschuldigten Atena, mit kurdischen Guerillakämpfern gemeinsame Sache zu machen. Dann machten sie plötzlich seltsame Geräusche, die Atena ängstigen sollten. Manchmal schlugen sie heftig gegen ihren Stuhl. Einmal fragten sie: «Ach und ... du weißt, dass eine Vergewaltigung *haram* ist – sittlich erlaubt?»

Als Atena am Ende des Fragebogens schrieb, dass sie im Verhör unter Druck gestanden habe, wurde das Papier zerrissen; sie musste alles von vorne ausfüllen. «Hör uns gut zu. So wie wir Blut gezollt haben für unsere Revolution, so müsst ihr Blut zollen und getötet werden. Weil ihr nur den Umsturz im Sinn habt. Wir werden euch töten. Falls wir das Land verlassen sollten, werden wir etwas tun, das euch nicht mehr erlaubt, auf diesem Stück Erde zu leben. Falls wir dich freilassen, wäre das Beste für dich, dass du den Iran verlässt.» Atena hielt inne. Dann besann sie sich auf ihre Stärke: «Selbst wenn ich nur auf einer kleinen Kachel leben dürfte, ich würde alles tun, damit die Kachel, auf der ich stehe, nicht in euren Besitz kommt. Ihr wollt nur, dass ich weggehe, damit ihr euch noch mehr unter den Nagel reißen könnt in diesem Land.»

Die Beamten informierten sie genüsslich über jede vollstreckte Hinrichtung. Atena sei eine Gegnerin des Islam und des Koran, wenn sie gegen die Todesstrafe eintrete. «Ich habe keinen Glauben an *euren* Islam und *euren* Koran. Aber selbst in dem Koran, über den ihr sprecht, steht am Anfang jeder Sure etwas über den barmherzigen und gnädigen Gott, es steht überall geschrieben, dass man den Feinden verzeihen und das Leben erhalten soll. Aus dem Koran selbst könntet ihr ableiten, dass die Todesstrafe unmenschlich ist. Ihr raubt diesen Menschen das Recht auf Leben.»

Fünfundvierzig Tage in der Isolationshaft wurde sie verhört, jeden Tag, Stunden über Stunden, immer wieder dieselben Fragen. Für das, was sie erlebte – so würde sie später erfahren –, gab es ein Wort: weiße Folter. Weiße Folter bedeutete, dass kein Blut floss, dass nicht geschlagen, die Gefangene aber so lange psychisch gequält wurde, bis sie brach. Weiße Folter bedeutete Isolation, es hieß, keinen Kontakt zu einem Anwalt zu haben, der Ungewissheit ausgeliefert zu sein und ein Abhängigkeitsverhältnis zum Verhörbeamten zu entwickeln, ohne dessen Verhöre sich die Gefangene noch schlechter fühlte. Es bedeutete, kein Tageslicht zu haben, nur eine ewig brennende Lampe. Es bedeutete das Betteln um Toilettengänge und das stundenlange Hinlegen, um eine volle Blase auszuhalten. Es bedeutete, vor manchem Verhör stundenlang in einem winzigen Raum ausharren zu müssen, der Atena an ein Grab erinnerte. Und die Drohung, sie zu vergewaltigen oder hinzurichten. Bei manchen Frauen bedeutete weiße Folter auch der Gestank im Gefängnis – oder die ständige Frage im Verhör, den Geschlechtsakt zu schildern.

Von Anfang an schien es, als ob sich alles gegen Atena verschworen hatte. Keiner der bekannten Menschenrechtsanwälte akzeptierte ihren Fall, alle schätzten ihn als aussichtslos ein. Alle vermuteten, dass sie bei einem gefürchteten Richter landen würde. Und tatsächlich wurde Atenas Akte Mohammad Moghiseh vorgelegt – einem Richter, der gar keine Anwälte zulässt. Ein stets übellauniger Mullah, der dreiunddreißig Jahre lang am Revolutionsgerichtshof diente, in den 1980ern für die Massenhinrichtungen Tausender Häftlinge verantwortlich war und später die Vertreter der Grünen Bewegung von 2009 hinter Gitter brachte und auspeitschen ließ. Als «Richter des Todes», «erbarmungslos» und «beschränkt» bezeichneten Beobachter und Angeklagte den Mann mit dem weißen Turban und dem stets schmutzigen weißen Kragen. Seine Waffe versteckte er unter dem Gewand. Spötter machten sich lustig über seine Rechtschreib- und Aussprachefehler und sein ständiges Stochern im weißen Bart. Manchmal schmiss er Dokumente und Kugelschreiber auf die hilfesuchenden Angehörigen der Gefangenen, um sie aus seinem Büro zu jagen, oder drehte seinen Stuhl um und antwortete nicht. Seine Freude über Hinrichtungen ließ er den Gefangenen gerne durch das Austeilen von Törtchen mitteilen.

Moghiseh stellte Atena ein Ultimatum: Sie solle ihre Taten umgehend bereuen, ihre Reue zu Papier bringen und unterschreiben, damit er sie begnadigen könne. Atena weigerte sich – sie habe nichts Falsches gemacht. Auf ihre Geradlinigkeit antwortete er mit einer Salve von Flüchen – überhaupt steuere Atena schnurstracks auf eine Hinrichtung zu. Atena blieb unbeeindruckt. Sie verbat ihrem Anwalt, davon zu sprechen, dass seine Mandantin unwissentlich Fehler gemacht habe – nein, sie habe bewusst ihren Weg gewählt und wolle ihn bis zum Ende gehen. Vor Gericht verteidigte sie sich selbst, mit aller Kraft und Überzeugung. Sie wurde nach ihrer Religion gefragt. «Ich habe keine Religion. In meinem Personalausweis steht ‹muslimisch›.» Wieder warfen sie ihr vor, die Religion zu beleidigen. Auf *Fissbukk* habe Atena ein Foto des Führers *geshirt* und sich abfällig über ihn geäußert, entrüstete sich der Richter. Atena verstand ihn zuerst nicht, bis ihr erklärt wurde, Moghiseh meine das *Sharen* auf *Facebook*. Sie konnte ihr Lachen nicht unterdrücken. Nach nur einigen Minuten gab der Richter das Strafmaß bekannt: vierzehn Jahre, «weil es mir so gefällt». Das bedeutete – alle mildernden Strafparagraphen eingerechnet – sieben Jahre. Aber das war nicht das Ende der Geschichte. Das Beugen des unbeugsamen Kindes der Revolution ging in immer weitere Runden. Und jede Runde verhärtete die Fronten mehr.

Als sie aus Trakt 2a in das allgemeine Frauengefängnis überführt wurde, zwang die Strafbeamtin Atena, sich nackt auszuziehen und auf dem Boden zu springen – als ob eine Gefangene aus der Isolationshaft etwas ins Frauengefängnis schmuggeln konnte. Atena musste, entgegen der Gewohnheit, Handschellen tragen, als sie in ein Krankenhaus gebracht wurde, um ihre Lähmungserscheinungen und Augenprobleme untersuchen zu lassen. Die Frau blieb selbst bei der intimen Untersuchung dabei. Die Familie fotografierte Atena, als sie ihre Hände mit den Handschellen hochhielt. Sie lächelte warm und selbstsicher in die Kamera. Das Foto ging um die Welt.

Verteidigung der Menschlichkeit bis zum Letzten

Als Atena für einige Monate auf Bewährung freigelassen wurde und die Berufung durch war, kam das Urteil: fünf Jahre. Ohne Vorwarnung stürmten die vermummten Beamten das Haus, ohne Ausweis und Durchsuchungsbefehl, ohne Atena den Haftbefehl zu übergeben. Atena bestand auf den Formalien, sperrte sich in ihrem Zimmer ein und sagte, dass die Männer keinen Zutritt zu ihr hätten. Die drei Schwestern riefen die Polizei an, zwischen den Polizisten und den Revolutionswächtern kam es zu einem Wortgefecht. Die im Haus unverschleierten Frauen, die sich überrumpelt fühlten von den Unbekannten ohne Ausweis, fingen an, auf die gesamte Führungsriege der Republik zu schimpfen, und wurden dabei die ganze Zeit von den Beamten heimlich gefilmt. Nicht nur nahmen sie Atena mit – am nächsten Tag erhielten Ensieh und Hanieh eine Vorladung wegen «Beleidigung des Führers». Endlich hatten die Revolutionswächter einen Anlass gefunden, auch die Schwestern hinter Gitter zu bringen. Zweimal scheiterten sie mit ihrem Antrag auf Untersuchungshaft. Hanieh und Ensieh erhielten schließlich ein Jahr auf Bewährung und drei Monate Haft nach Ermessen des Richters.

Atena protestierte gegen das Urteil mit dem einzigen Mittel, das ihr zur Verfügung stand: Sie trat in einen Hungerstreik und verkündete, von nun an nur noch Wasser, Salz und Zucker zu sich zu nehmen. Sie wollte ein Zeichen setzen – gegen das Urteil der Schwestern, gegen die Sippenhaft als Druckmittel des Staates. Sie zog die Gardine um ihr Bett beiseite, damit die Kameras im Gefängnis erkennen konnten, dass sie nichts zu sich nahm. Vertreter der Reformfraktion im Parlament besuchten die Daemis zu Hause und beschworen sie: Zwei Monate vor der Wiederwahl des moderaten Präsidenten Hassan Rohani, mitten im Wahlkampf, solle die Familie doch bitte keinen Staub aufwirbeln und einfach schweigen, sie würden sich um die Sache schon kümmern.

Irgendwann konnte Atena kein Wasser mehr bei sich behalten, musste den Mund mit einem Mittel taub machen, damit sie noch etwas schlucken konnte – bis auch das nicht mehr ging. In den Wahlveranstaltungen von Präsident Rohani fiel Atenas Name immer wieder, aber die Familie wurde indirekt aufgefordert, sich zu gedulden. Die Akte der Schwestern landete bei einem Richter der Reformer, der die Akte schließlich mit einer banalen Begründung schloss: Die drei Schwestern trügen religiöse Namen – Ensieh, Fatemeh und Hanieh. Es sei daher ausgeschlossen, dass sie Beamte beleidigt hätten.

Sechsundfünfzig Tage Hungerstreik waren vergangen. Im Fall ihrer Schwestern hatte Atena gewonnen. Sie brach ihren Streik ab, gewöhnte sich langsam wieder an das Essen – aber sie wand sich vor Schmerzen auf dem Boden. Erst nach Tagen wurde sie ins Krankenhaus gebracht. Die Gallenblase wurde ihr herausgenommen. Nicht einmal die Schmerzen ihres eigenen Körpers hielten sie davon ab, auch im Gefängnis sie selbst zu bleiben. Der ganzen Welt zu sagen, dass sie – auch im Gefängnis – nur nach den Gesetzen der Menschlichkeit leben konnte und auch hier die Freiheit ihr angestammtes Recht war.

«In einem System, das die Gefangenen für das Anschwärzen anderer mit Privilegien belohnt, war sie immer der Überzeugung, dass alle füreinander einstehen und aufeinander aufpassen müssen. Sie reichte keinen Hafturlaub ein – sie akzeptierte keine ‹Freiheit unter Auflagen›. Sie sagte, die ganze Freiheit, ohne Bedingungen, sei ihr Recht», erklärt ihre Schwester. Atena blieb schlagfertig, ohne zu fluchen. Sie übertrug ihre Konsequenz auf alle Bereiche des Gefängnislebens. Der Hungerstreik war für sie die Ultima Ratio: Als letztes Mittel müsse er transparent kommuniziert werden und ein echter Streik sein, bat sie ihre Zellengenossinnen. Während manche einfach kein warmes Essen zu sich nahmen, nur Kekse und Pistazien knabberten und dies als Hungerstreik deklarierten, bat Atena um Transparenz: «Macht keine Show daraus. Wenn ihr streikt, teilt mit, wie ihr es macht, sonst entwertet ihr den Hungerstreik anderer, die strenger sind – und unsere letzte Waffe in der Öffentlichkeit wird stumpf, niemand nimmt uns mehr ernst.» Sonst würden sich Außenstehende fragen, warum die eine zweihundert Tage streiken konnte und der andere nach fünfzig Tagen Hungerstreik starb.

Ihr Sinn für Gerechtigkeit verließ sie nicht. Sie achtete darauf, Mitgefangene mit ihrer Aussage nicht in Gefahr zu bringen. Sie widersprach, wenn sie Unrecht sah. Sie kümmerte sich hartnäckig, wenn einer Mitgefangenen verweigert wurde, mit der Familie zu telefonieren – selbst wenn diese aus den Reihen der Volksmudschahedin war und Atena ihre politischen Ansichten nicht teilte. Sie protestierte, wenn Vertreter der Revolutionswächter in den Frauentrakt kamen: Streitereien unter Gefangenen wollte sie ohne die Strafvollzugsbeamten lösen und die Privatsphäre der Frauen schützen.

«Jede vertraute Atena. Alle mochte sie einfach», sagt Mama Schahnaz, die ihren letzten Haftaufenthalt mit Atena in einem Trakt verbrachte. Mit ihrem ganzen Mut und ihrer Widerstandskraft sei Atena auch diejenige, an deren Schultern sich selbst zurückgezogene Menschen ausheulten. Zugleich behielt sie ihre kindliche Fähigkeit, anderen eine Freude zu machen und darüber selbst zu lachen. Sie strahlte, wenn sie jemandem etwas schenkte, freute sich über Dinge, die gar nicht sie selbst betrafen. Ihr Freudenschrei erklang im Besuchsraum, wenn sie von der Freilassung einer Gefangenen erfuhr oder wenn jemandem die Todesstrafe erspart geblieben war. Sie strahlte, wenn sie einer Mitgefangenen helfen konnte, die aus armen Verhältnissen kam. Sie tanzte, scherzte, neckte ihre Zellengenossinnen – zur Freude der älteren Insassinnen, die mit Atena einen lang ersehnten frischen Wind im Frauentrakt wahrnahmen. Für die sonntäglichen Treffen mit den Familien, selbst wenn sie hinter einer Glasscheibe stattfanden, föhnte sie die Frauen der Reihe nach durch und schminkte sie und sich selbst sorgfältig. Haargel und Lockenstyling machte Atena zur Mode im Gefängnis. Für ältere politische Gefangene war es unvorstellbar gewesen, Make-up zu benutzen oder gegen den Tschador zu protestieren. Nun bat sie Ensieh um bunte Kopftücher, in allen möglichen Rotschattierungen. Sie musste den Beamten zeigen, dass sie es nicht geschafft hatten, sie zu brechen. Dass auch im Gefängnis das Leben weiterging.

Atena konnte von ihren Großeltern im Nordiran nicht Abschied nehmen und verpasste die Beerdigung. «Aber die schwärzeste Zeit erlebten wir, als unsere kleine Hanieh heiratete und Atena bei ihrer Hochzeit unbedingt dabeihaben wollte. Wir setzten alle Hebel in Bewegung, versuchten alles Mögliche bei der Staatsanwaltschaft, um einen kurzen Hafturlaub zu erreichen», sagt Ensieh. Aber es kam alles anders. «Meine Mutter und Hanieh waren in dieser Zeit bei einer Protestaktion vor dem Gefängnis festgenommen worden. Sie gingen mit Elektroschockern auf Mama los, und sie fiel so unglücklich auf ihr Becken, dass sie operiert werden musste. Ausgerechnet kurz vor der Hochzeit spielten die Beamten ihr Psychospiel mit Atena weiter und machten ihre Drohung wahr, sie in ein gefürchtetes Gefängnis südlich von Teheran zu verlegen. Mit Schlägen und Tritten wurde Atena in die Einöde von Ghartschak gebracht, wo sie Strafgefangene einkerkern. Eine völlig überbelegte Anlage ohne sauberes Wasser und mit Räumen, in denen die Luft steht und der Gestank das Atmen schwermacht. Das Essen in Ghartschak ist so ungenießbar, dass du stattdessen nur stundenlang Schlange stehen kannst für ein paar Konserven.» Zum zweiten Mal nahm Atena die Tortur eines Hungerstreiks auf sich – und erreichte nach drei Monaten eine Rückverlegung nach Evin. In einem Brief an die Öffentlichkeit bezeichnete sie das Ghartschak-Gefängnis als ein «dunkles Verlies» und als eine «große Universität», die ihr die Augen geöffnet habe für einen großen Teil der Gesellschaft, der vergessen wurde oder unter dem Mantel der Propaganda versteckt werde. «Ich hatte zuvor noch nie darüber gelesen oder gehört, was sich in Ghartschak abspielt. Für mich war es neu, ich musste die Öffentlichkeit darüber informieren – etwas, das das System dazu nutzte, mich mit neuen Anklagen zu überziehen», schreibt Atena mir im Rückblick auf jene Zeit.

«Mach ein Fernsehinterview – oder wir erklären dich zur Spionin. Oder zu einem lasterhaften Flittchen. Oder wir schicken dich in eine Psychiatrie», drohten sie ihr. Während die Garden auf eine öffentliche Reueerklärung warteten, blieb Atena unbeirrbar – und landete zur Strafe wieder in Isolationshaft, fünfzehn Tage lang. Nichts half, sie zur Umkehr zu bewegen. Sie lasse sich niemals darauf ein, öffentlich ihre Haltung aufzugeben. Sie werde sich weiter weigern, den Führer um Gnade zu bitten, um Amnestie zu erlangen. Vielmehr müssten die Machthaber das iranische Volk um Gnade und Vergebung bitten. Die bedingungslose Freiheit sei das selbstverständliche Recht aller politischen Gefangenen. Anlässlich der Hinrichtung dreier kurdischer Männer, für die sich Atena vor ihrer Haft eingesetzt und mit denen sie einige Male telefoniert hatte, veranstaltete sie ein Gedenken, erhob ihre Stimme im Besuchsraum und stimmte das «Lied der Märtyrer» aus der Revolutionszeit an. Die Wächter wollten ihr zuvorkommen, als sie bemerkten, dass sie aus diesem Anlass erneut eine Botschaft verfasst hatte. «Ihr seid zu spät. Ich habe meine Botschaft bereits rausgeschmuggelt. Ihr werdet sie heute Abend lesen – und dabei kochen vor Wut. Wir haben euch so dermaßen angegriffen, dass ich sicher bin, dass die Leute das lesen werden. Und dass immer mehr verstehen werden, was ihr mit uns macht.» Die Aktion brachte ihr eine zusätzliche Haftstrafe: zwei Jahre und einen Monat. Sie reagierte mit Stolz und einer weiteren Botschaft: «Es gibt keine größere Ehre für mich als die erneute Haft – für die Verteidigung der Menschlichkeit und für den Widerstand gegen die Todesstrafe.»

Am vierzigsten Todestag der Opfer der Novemberunruhen von 2019 – im Iran ist es ein Ritual, zum vierzigsten Tag nach dem Tod eines Angehörigen eine Trauerfeier für den Toten zu veranstalten – fand man Atena mit einigen Zellengenossinnen in einem symbolischen Sitzstreik auf dem Flur. Am Jahrestag der Novemberunruhen kochte sie den traditionellen Eintopf und die Süßspeise, die im Iran den Lebenden zum Totengedenken gereicht werden. Nicht, dass sie selbst an diese Überlieferung glaubte – sie wollte, dass der Beamte in der Kamera sie sieht und merkt, dass sie der Getöteten gedenkt. Am Jahrestag der iranischen Revolution las sie laut Gedichte und sang Lieder. Eine weitere Haftstrafe folgte: ein Jahr, sieben Monate, sechsundsiebzig Peitschenhiebe.

Am Tag, als Atena Daemi – nach fünf Jahren Haft – eigentlich ihre Freilassung hätte feiern sollen, machte sie sich über ihr neues Strafmaß lustig: «Jeder weiß: Solange die Islamische Republik existiert, ist das ganze Land ein Gefängnis. Jede neue Haftstrafe ist eine Bestätigung meiner Freiheit. Ich bin frei – ich bin so frei, dass sie ständig denken, sie könnten mich mit einer Haftstrafe einsperren. Ein ganzes Leben lang peitschen sie das Volk aus. Diese Hiebe sind nichts im Vergleich zu den Kugeln, die sie in die Köpfe und Herzen schossen. Jeder Hieb wird zwei Gegenhiebe zur Folge haben. Diese Schauprozesse sind so lächerlich, dass ich nicht einmal dagegen protestieren werde. So haben sie Zeit, weitere Anklagepunkte gegen mich zu sammeln.»

Als ich im November 2020 zum ersten Mal mit Atenas Familie spreche, hat Ensieh seit zwei Jahren ihre Schwester nicht mehr umarmt, die Eltern ihre Tochter nicht mehr berührt. Es hing stets von den Launen des Strafvollzugs ab, ob sie sie in den Arm nehmen, nur hinter einer Glasscheibe treffen konnten oder nur Telefonate gestattet waren. Die

Glasscheibe, die sie trennte, wurde immer dicker, irgendwann war auch noch ein Gitter dazwischen. Wenn sie die Zeit überzogen, wurde die Telefonleitung getrennt. In den Momenten der Ungewissheit – wenn es keine Nachrichten von Atena gab oder sie wieder einmal in eine Einzelzelle verlegt worden war – ging Atenas Mutter immer vor das Evin-Gefängnis. Sie sagte, wenn sie die Luft dort einatme, gehe es ihr besser, sie werde ruhiger und könne Atena von dort aus Energie geben. «Am Frühlingsanfang, dem persischen Neujahr, kam es nur einmal vor, dass wir uns nicht gemeinsam vor das Gefängnis setzten. Das war schlimm. Danach haben wir geweint. Meine Mutter sagte, sie würde das nie wieder so machen. Manchmal gehen wir nachts raus und fahren einmal um Evin herum, nur um die Luft dort zu atmen», erzählt Ensieh.

Sie unternahmen alles ihnen Mögliche, um der Welt von Atenas Leiden zu erzählen. Und jedes Mal, wenn die Weltpolitik an die Zähmung der Islamischen Republik glaubte, wenn es eine «Wiederannäherung», «Gespräche» und «politische Verhandlungen» gab, lachte Ensieh bitter auf. Für sie blieb die Gleichung denkbar einfach: Je mehr Geld die Revolutionswächter hätten, umso blutrünstiger würden sie, und umso länger überlebte das System. Die Welt da draußen wusste offenbar nicht, dass die Revolutionswächter mit jeder eröffneten Anklage ein größeres Budget bekamen, dass Atenas einstiger Verhörbeamter sich im Laufe der Zeit zu einem modebewussten Mann gewandelt hatte, der ihr, als er sie wiedertraf, gesagt hatte: «Na, Atena, dank deiner Akte konnte ich meinen iranischen Kia Pride durch einen japanischen Mazda 3 ersetzen!» Jedes Mal, wenn die iranischstämmigen Journalisten der «New York Times» oder der «Washington Post» in ihren Artikeln den Iran als «ein Land ohne Proteste» beschrieben, in der «eigentlich keine Frau ein Problem mit der Verschleierung» habe, wurde Ensieh wütend über die verkehrte Welt da draußen. Jedes Mal, wenn sie den Vereinten Nationen Atenas Lage schilderte und zu hören bekam, dass Atena ja schließlich an einer illegalen Versammlung teilgenommen habe und man sich eben an Gesetze des Landes halten müsse, verstand sie nicht, welch seltsames Bild das Ausland vom Iran hatte. Machten die da draußen sich etwa zum Anwalt der Gesetze der Islamischen Republik?

Das Leben aller Familienmitglieder richtete sich an Atenas Rhythmus im Gefängnis aus. Pläne und Vorhaben, die vor der Festnahme einmal geträumt und geschmiedet wurden, waren schnell vergessen. Ensieh wurde gekündigt, als Atena in Isolationshaft war. Die Einzelzelle hatte sich so sehr in den Kopf der Schwester eingebrannt, dass sie nicht mehr schlafen konnte. «Ich kann es nicht mit Gewissheit sagen, aber vielleicht ging meine Ehe auch deshalb in die Brüche. Aber … allmählich wurden wir reifer, wurde meine Mutter offener, mit jedem Tag von Atenas Haft. Und irgendwann machte ich mir keinen Kopf mehr, wenn ich hässliche Kommentare über Atena auf Facebook las.»

Hanieh fiel in ihrem Studium zurück. Während ihrer Hochzeit weinte sie die ganze Zeit – Atena, die Schwester, der sie sich anvertraute und mit der sie immer etwas ausheckte, war nicht da, und das am wichtigsten Tag in Haniehs Leben. In ihrem ausladenden Brautkleid setzte sie sich auf eine Hollywoodschaukel, stellte ein gerahmtes Foto ihrer Schwester neben sich und schaute es gedankenverloren an. Der Nachwuchs in der Großfamilie kannte Atena nur von Bildern. «Gott hab sie selig!», sagte der vierjährige Enkel der Tante immer, wenn er Atena im Wohnzimmerregal der Daemis sah. Wenn er mit Ensieh spielte, wollte er ihr von den Heldentaten des Revolutionswächters Ghassem Soleimani erzählen. Ensieh solle ihn nur «den General» nennen, bat er sie, und ahmte den Mann nach, den er wie einen Comic-Helden verehrte: Soleimani, der nach seinem Tod im Irak durch die Amerikaner zum Märtyrer verklärt und allgegenwärtig wurde, im Staatsfernsehen, im Kinderprogramm und auf den Straßen des Landes. Ensieh müsse den General doch mögen. Immer wenn sie den Kopf schüttelte, wurde der Kleine traurig.

Ensieh, die vor langer Zeit davon geträumt hatte, den Iran zu verlassen, wusste: Solange Atena im Gefängnis war, würde sie nicht einmal daran denken können. Aber wäre Atena nicht gewesen, hätte Ensieh nicht Maryam kennengelernt, hätten die Familien der beiden sich nicht gefunden und getröstet. Während manche Familien von Gefangenen voneinander Abstand nahmen – die einen waren den anderen zu reformernah oder zu sehr auf einen politischen Umsturz bedacht –, rückten die Daemis und die Familie von Mama Schahnaz weiter zusammen und teilten ihre Freuden mit der Welt, als wollten sie allen Angehörigen politischer Gefangener sagen: «Ihr seid traurig – aber ihr lebt weiter. Habt keine Angst voreinander. Tauscht eure Telefonnummern aus. Und schüttelt eure Angst einfach ab.»

Am 10. Oktober 2019, dem Welttag gegen die Todesstrafe, schrieb Atena Daemi einen Brief an ihre Landsleute. Sie erzählte, dass sie fünfundzwanzig Tage lang eine im Gefängnis erlaubte Tageszeitung ausgewertet habe. Ihre Recherche sei nur ein winziges Puzzlestück, das die große Politik des Landes widerspiegele. Mitten im Trauermonat – eine Zeit, in der Gewalt, Todesstrafe und Rache nicht erlaubt sind – untersuchte sie, wie viele Nachrichten in der Zeitung allein der Justiz gewidmet waren und wie viele sich mit Vorfällen wie Todesstrafe, Rachedelikten und Blutrache befassten. Der Fund war verheerend. Für Atena waren die Zahlen ein eindeutiger Beleg für den Polizeistaat, der im Begriff sei, das Recht auf Berufung und einen Anwalt immer weiter einzuschränken. Sie zählte auf, wie oft in diesen Tagen führende Politiker Drohungen und Abfälligkeiten gegenüber dem Ausland und einigen Kreisen im Inland geäußert hatten. «Es war interessant zu sehen, wie viel Selbstgerechtigkeit, Egoismus, Schikanen und Mobbing in ihren Worten stecken.» Wer sich als Bürger beschweren wolle, habe keine andere Wahl, als sich an die Auslandsmedien zu wenden oder über die sozialen Medien an die Öffentlichkeit zu treten. Letztere seien der einzige Raum, der den Menschen im Land zur Verfügung stehe. Doch habe sich dieser Raum in einen vulgären Ort voller gegenseitiger

Anschuldigungen verwandelt – die Folgeerscheinung einer von der Islamischen Republik geformten Unkultur, die alle miteinander verfeinde.

Das Resultat von Selbstgerechtigkeit und Repression, so Atena weiter, spiegle sich schließlich in der Kriminalitätsstatistik wider: in der Anzahl der Wiederholungstäter und im Anstieg der Fälle, in denen die Menschen wegen Banalitäten Mord und Totschlag begingen, einem Parkplatz oder zu lauten Nachbarn – für Atena ein Ausdruck des massiven Drucks, der auf dem Volk laste. «Sicherlich gibt es einen tiefen Zusammenhang zwischen einer Regierung, die die Blutrache legalisiert, und dem Anstieg der Zahlen für Rachedelikte, die auf der Straße und in den Familien stattfinden.»

Atena endete mit einer Frage: «Wie können wir die Aggressionen und die Wut, die wir aufeinander haben, in eine kollektive Energie wandeln, statt sie zu wiederholen? In eine Kraft, um eine gemeinsame Stimme zu finden, einen gemeinsamen Weg zu gehen und die Gewalt auszumerzen? Vielleicht ist das, was wir erleben, nur ein Geburtsschmerz, ein Zeichen der ersten Wehen? Dann wünsche ich mir, dass wir nicht zu jedem Mittel greifen, um diese Wehen zu beruhigen, denn dann könnte etwas Ungesundes geboren werden. Die Kraft und die Erkenntnis des Volkes sind besser als jede Medizin.»

Ich frage Atena, ob die Haft sie in eine unerwartete Richtung verändert habe. Die politischen Gefangenen hatten seit jeher vom Gefängnis als Universität gesprochen. Gleichzeitig war es für sie das «Gegenteil des Lebens», der Ort halte die Zeit für die Gefangenen an. Atena bejaht meine Frage in ihrer schriftlichen Antwort, die ich über Umwege von ihr aus dem Gefängnis erhalte. Neben allem Leid, das sie dort erfahren habe, sei sie an einem Ort, an dem sie sich ihren Ängsten gestellt habe: der Angst vor der Einzelzelle, vor dem Aufschrei, vor allem, was sie sich nicht im Geringsten vorgestellt hatte. Das Gefängnis sei ein Ort, der sie Autonomie lehre. Der die Menschen nackt mache, sodass sich ihr wahres Wesen enthülle. Ein

Ort, der die Kraft, etwas auszuhalten, vermehre. Der sie manches, das sie vor der Haft gequält hatte, vergessen ließ, weil es so unbedeutsam wurde. Ein Ort, an dem sie lernte, für den Augenblick dankbar zu sein, der ihr erlaubte, sich weiterzubilden und kreativ zu sein – Atena lernte Englisch bei Mitgefangenen und das Lederhandwerk in der Gefängniswerkstatt. Ob sie nach dieser Erfahrung jemals ins Ausland wolle? Ich bekomme ein kategorisches Nein als Antwort. Ob sie sich manchmal frage, was sie anders gemacht hätte? «Wenn ich in die Vergangenheit reisen könnte, würde ich alles genauso noch einmal machen. Nur mit etwas mehr Unterscheidungsvermögen und größerer Wirkmächtigkeit. Und sicher werde ich meinen Weg genauso fortsetzen.»

Im Frühjahr 2021 schreibt sie mir mit einem Bleistift auf einem Stück zusammengeknülltem Papier. Ihr ist wichtig, noch einmal auf meine Fragen einzugehen. Durch das Gefängnis, sagt sie, habe sie das Wesen der Islamischen Republik kennengelernt: das ganze Ausmaß des Grauens, das den Überlebenden des Massenmordes von 1988 widerfuhr. Die ganze Infamie des Regimes. Seine Lügenpropaganda und die Tatsache, dass es sich mit Gesetzen zum Schutz von Häftlingen schmückt, diese aber überhaupt nicht anwendet: «Hier im Gefängnis habe ich mich von einer Frau im Protest zu einer erbitterten Gegnerin des Regimes gewandelt, zu einer Frau, die für die Islamische Republik nur Hass übrighat.» Ich frage weiter, will wissen, ob der Eindruck täuscht, dass all die Frauen, all die Häftlinge einsam ihren eigenen Weg gehen und sich nie zusammenschließen? Es gebe durchaus Zusammenarbeit und Freundschaften zwischen Gefangenen ganz verschiedener Gruppen, klärt mich Atena auf. Doch die ungeheure Repression raube den Aktivistinnen oft die Kraft, ihre Ziele weiterzuverfolgen – oder zwinge sie dazu, nur noch geheim zu handeln.

Ein paar Tage nachdem ich Atena meine Fragen gestellt habe, schlagen die Revolutionswächter die Scheiben von Ensiehs Auto ein. Eine kleine, dezente Warnung, dass die Schwester am Internationalen Frauentag nicht öffentlich in Erscheinung treten solle. Dann lese ich Ensiehs Zeilen, kurz vor dem Frühlingsanfang, dem persischen Neujahrsfest. «Am letzten Sonntag des alten Jahres trage ich einen dicken Eyeliner auf, ordne meine Locken und gehe zum letzten Treffen des Jahres ins Gefängnis. Der Lidstrich lässt meine verheulten Augen nicht so aufgequollen aussehen. Er hilft, dass die Tränen nicht ausbrechen im Besuchsraum. In den Kameras des Evin-Gefängnisses lassen meine Locken mich wie Atena aussehen, ähnlich stark wie meine Schwester, die mich die ganze Zeit zum Lachen bringt und selbst lacht.» Die Familie darf Atena – nach zwei Jahren der Trennung durch die Glasscheibe – berühren, umarmen, küssen. Sie bringen ihr ein Neujahrsgedeck ins Gefängnis: gekeimtes Grün, Blumen, süße Plätzchen, sogar eine Kokosnuss, Atenas Lieblingsfrucht. Sie verabreden sich zum traditionellen Feuerspringen vor dem persischen Neujahr: Atena und ihre Zellengenossinnen dürfen ein kleines Lagerfeuer im Gefängnishof anzünden, die Familie stellt sich am Abend vor das Gefängnis. In Gedanken springen sie gemeinsam über das Feuer ins neue Jahr, gereinigt von den Flammen, wie es der Brauch will.

Wenige Tage vor dem größten Fest des Jahres, wenige Tage vor Atenas Geburtstag beschließt die Gefängnisleitung ein besonders zynisches Neujahrsgeschenk für die politischen Gefangenen im Frauentrakt. Sie trennt die Zellengenossinnen und verbannt nicht nur Atenas Freundinnen, sondern auch Atena selbst – in die Provinz, in ein kleines Gefängnis im Norden des Landes, wo sie mit gewöhnlichen Strafgefangenen die Zelle teilen soll.

Während ich das höre, frage ich mich, ob Atena auf der Reise in die Verbannung, in Fußfesseln, Handschellen und mit verbundenen Augen, den geliebten Duft der Wälder des Nordens einatmen konnte. Und – vielleicht kurz – das Meer hören konnte. Irgendetwas Gutes musste diese verdammte Verlegung in ein weitaus rückständigeres Gefängnis doch haben, sagen sich die Freundinnen der Familie.

Maryam seufzt, dass ihr und Ensieh nun auch die kleine Freude genommen wurde, nachts im Auto einmal um Evin herumzufahren, an Atena zu denken und ihr zuzuwinken. Hanieh weint und schluchzt, dass der Himmel Atenas nicht mehr der gleiche sei wie der, den sie aus ihrem Teheraner Zimmer sieht. Die Eltern fragen sich, wie sie jede Woche fast tausend Kilometer fahren können, um ihre Tochter zu besuchen.

Ensieh schickt mir ein Bild mit den Habseligkeiten der Schwester aus dem Evin-Gefängnis, die Atena nicht mitnehmen durfte in ihre neue Zelle. Ihre Utensilien für ihr Lederhandwerk, mit denen sie Handtaschen angefertigt hatte, Zigaretten, ein Deo, Geschirr und Töpfe und eine Decke, die ihre Mutter mit beiden Armen so festhält, als ob sie ihre Tochter umarmen und sich an sie klammern würde. Am ersten Tag des neuen Jahres machen sie sich auf den Weg in den Norden, ins neue Gefängnis von Atena, deren unbändige schwarze Locken weiß geworden sind.

5. DER KAMPF UMS BLEIBEN

Sie ist weiß. Er ist dunkel. Sie hat ein rundes Gesicht, weich und hell, Grübchen in den Wangen, treuherzige, runde Augen in Graugrün. Er hat eine krause Zottelfrisur, trägt Kajal um die Augen und das lange weiße Hemd über einer weiten weißen Hose, wie so viele Männer in Südasien. Sie ist rein und verliebt – er ist ungezähmt und hat, bei aller Freude im Blick, ein düsteres Geheimnis im Herzen. Aus der Liebesgeschichte entspinnt sich ein Action-Plot, der in reichlich Blut und Horror endet. Im Kinostreifen «Die Nacht, als der Mond voll wurde» aus dem Jahr 2019 folgt eine Teheranerin ihrer Liebe und zieht mit ihrem Verehrer in den Südosten des Landes, wo die Kleider bunt sind und die Natur karg und bitter. Sie ist Schiitin, er Sunnit. Sie ist die Zivilisierte, er der Barbar. Sie ist unschuldig und unerfahren, er spielt mit Krokodilen in Wasserlöchern und wird zum Terroristen. Das aufwändig produzierte Drama, das beim alljährlichen Teheraner Fajr-Filmfestival viele Preise abräumte, wurde von der Filmstiftung der Revolutionswächter finanziert. Es ist angelehnt an die Geschichte der Familie von Abdolmalek Rigi, der die Terrormiliz Dschundallah anführte. Rigi, ein Balutsche, hatte erklärt, für die Rechte der Sunniten im Iran zu kämpfen – und wurde 2010 hingerichtet. Wenn ich an Sistan-Balutschistan denke, die südöstlichste der einunddreißig Provinzen des Landes, dann fallen mir als Erstes die Bilder dieses Films ein. Und ich weiß nicht, ob meine erste Assoziation den Menschen dort gerecht wird.

«Unsere Region grenzt an Pakistan und Afghanistan. Das eine Land Zufluchtsstätte von Terroristen, das andere ein Kriegsgebiet – und wir das Grenzland. Das iranische Mainstream-Kino produzierte schon früh all diese Klischees über uns, die bis heute nachwirken. In den 1980ern waren es Actionfilme mit einem Drogenschmuggler als

Helden. Sein traditionelles *Schalwar Kamiz*, das Männergewand, war das Symbol für *den* Kriminellen schlechthin. In den Nachrichten sind die Bewohner hier sowieso immer arm und elend», erzählt Sahra Rusta mit einem Lächeln. Von ihrem Zimmer aus blickt sie, wenn nicht wie gewöhnlich der Staub durch die Luft weht, auf die je nach Tageszeit hellgrauen oder gelbbraunen Berge und auf die größte sunnitische Moschee des Iran – ein gerade erweiterter, prächtiger weißer Bau mit kleinen und großen Kuppeln und vier dünnen, langgezogenen Minaretten, deren Enden aus der Ferne wie schwarze Bleistiftspitzen aussehen. Die Muslime, die dort beten, gehören der Deobandi-Bewegung an, die ihren Ursprung in einer theologischen Hochschule in Britisch-Indien hat und auf die sich viel später auch die Taliban beriefen, die in den pakistanischen Seminaren der Deobandi für ihren «heiligen Krieg» übten. Die Dschihadisten der deutschen «Sauerland-Gruppe», die mit Autobomben mehrere Anschläge in Deutschland verüben wollten, wurden über Zahedan, Sahras Heimatstadt, zum Training ins pakistanische Balutschistan geschleust.

Vielleicht fünfzehn der etwa achtzig Millionen Einwohner des Iran sind Sunniten, fast alle sind an den Rändern des Landes zu Hause. In der Grenzprovinz sind die Sistanis Schiiten, die Balutschen Sunniten. Die Sistanis stellen die Beamten und Regierungsangestellten. Die Balutschen fühlen sich übergangen und gegängelt, weil selbst in ihrer Stadt, in Zahedan, die Sistanis alles in der Hand haben. Und doch seien sie deshalb nicht zu Separatisten geworden, hätten nicht wie die Kurden oder manche iranische Aserbaidschaner den Drang, sich abzuspalten, erklärt mir Sahra. Wo sollten sie auch hin? Weder die Balutschen in Afghanistan noch jene in Pakistan haben bessere Lebensbedingungen als sie. Die Volkszugehörigkeit der Balutschen sei dennoch ausgeprägter als ihr iranisches Nationalbewusstsein.

Als ich Sahra Rusta im Herbst 2020 kennenlerne, will ich wissen, wie es ist, als Frau in einem «Außenposten» zu leben – tausendsechshundert Kilometer von Teheran entfernt. Ich will diesen gängigen, bequemen Blick auf den Iran aufbrechen, der oft nur aus der Perspektive der fünfzehn Millionen Menschen in der Hauptstadt wahrgenommen wird – eine Perspektive, die mich selbst oft ermüdet. Ich will wissen, ob der Schmerz der Frauen der gleiche ist und was ein Leben in Extremen bedeutet. Viele der drängendsten Probleme des Iran – in Politik, Umwelt, Wirtschaft, Gesundheit, Sicherheit – zeigen sich in Sistan-Balutschistan wie unter einem Brennglas. Vielleicht ist vieles, das dort passiert, ein Blick in die Zukunft des ganzen Landes.

«Sind Sie denn wirklich von da unten, aus Zahedan?», wird Sahra oft gefragt, wenn sie sich in Teheran aufhält. Die meisten Iraner verbinden mit der Stadt an der iranisch-pakistanisch-afghanischen Grenze eine «Drogenhochburg» oder eine «Unruheregion» – und einen besonderen Typus Mensch. Keine zierliche Frau mit modischer, weiter Kleidung, in einer gelben Oversize-Bluse und einer Hose in Khaki, mit trendiger großer Brille, eine Frau, die ehrlich, schlicht und geradeheraus ist – anders als viele in der Großstadt, bei denen man nie weiß, woran man ist. Tragen die Frauen dort nicht Folklore? Ist die Moderne überhaupt da unten angekommen? Fahren die Menschen dort Auto, gehen sie zur Schule, haben die Frauen nicht alle sechs Kinder? Sahra wird nachdenklich, wenn sie merkt, dass die meisten Iraner keine Ahnung von ihrem Heimatort haben – und ihr eigenes Land nicht kennen. Sie fühlt, dass sie sich ständig rechtfertigen muss. Nein, bei ihr um die Ecke würden keine Drogen verkauft, ihr Vater schicke sie nicht zum Opiumhändler, und auf den Straßen machten auch keine bewaffneten Männer täglich Jagd aufeinander.

Weil Sahra ein Nerd ist und Zahlen liebt, präsentiert sie dann Statistiken, die zeigen, dass die Zahlen für Zusammenstöße, Diebstahl und Straßenkriminalität die niedrigsten im ganzen Land sind. Andererseits kann sie nicht abstreiten, dass die Hauptader des Drogenschmuggels durch ihre Provinz führt. Dass ihre Heimatstadt abgeschnitten ist, weil eine Zug- oder Busfahrt von Zahedan nach Teheran fast vierundzwanzig Stunden dauert. Sie kann nicht leugnen, dass sunnitische Selbstmordattentäter in der schiitischen Moschee, ganz in ihrer Nähe, die Betenden in den Tod rissen, am Geburtstag von Imam Hossein – sie kannte einige der Opfer, sie sieht immer noch die zerstückelten Kinderleichen vor sich. Sie kann nicht übersehen, dass die Terroristen die Köpfe der Menschen abschnitten und DVDs über ihre Taten in ganz Zahedan verteilten.

Der Kinohit «Die Nacht, als der Mond voll wurde» streute Salz in die gerade erst geschlossenen Wunden der Stadt. Der Film holte Sahras Erinnerungen zurück, wie sie als Teenagerin mitten in der Nacht von der Explosion einer Schallbombe an der nahegelegenen Moschee aufgeweckt wurde, aber nie darüber sprechen wollte, weil sie es nicht ertrug, wie die Menschen ihrer Geburtsstadt von den Medien über einen Kamm geschoren wurden. Nun kamen Kinogänger in Maschhad aus dem Kinosaal und verfluchten sämtliche Einwohner Sistan-Balutschistans. Da der Name des Terroristenführers Rigi auch der Name eines ganzen Balutschen-Stammes ist, entschieden nach der Ausstrahlung des Filmes viele, sich umzubenennen – nicht, dass noch ein Rigi in Teheran gefragt würde, ob er verwandt sei mit «jenem Rigi». Wenn Sahra in der Hauptstadt nach ihrer Heimatstadt gefragt wurde und sofort die Frage folgte, wie es denn «dem Rigi» ginge, antwortete sie spitz zurück: «Ach ganz gut, ich bin neulich Kaffee trinken gegangen mit ihm.» Manches unheilvolle Klischee, verstärkt durch neue Schreckensnachrichten, warf die ohnehin ärmste Region des Landes zurück, weil Investitionen erneut ausblieben. Manche Einwohner übernahmen die Vorurteile und sahen sich selbst als Zurückgebliebene: «Wir sind halt Balutschen, wir verstehen nichts.» Immer wenn Sahra das hört, scheint es ihr, als ob sich diese Menschen selbst verletzten.

Zahedan hat indische Wurzeln. Als die Briten während des Ersten Weltkriegs eine Eisenbahnlinie aus dem pakistanischen Quetta ins iranische Zahedan bauten, verwandelte sich die dunkle Wüstenoase – die damals noch den uncharmanten Namen *Dozdab* trug, was so viel heißt wie «Diebe am Wasser» – in einen Knotenpunkt des indo-iranischen Grenzgebiets. In der Nachkriegszeit reisten wohltätige Parsen aus Bombay, schiitische Pilger und Sikh-Kaufleute durch Zahedan, um Yazd oder Maschhad zu besuchen. Sikhs – Lastwagenfahrer und Händler – begannen, sich im Iran niederzulassen, sie spielten eine entscheidende Rolle beim Aufbau von Eisenbahn und Autobahn.

An der Grenze

Sahras Familie lebt immer noch im indischen Viertel der Stadt, auch wenn die meisten Inder nach der Revolution auswanderten. Gegenüber ihrer ersten Schule stand ein Sikh-Tempel, der von indischen Geschäften umgeben war. Zu Zeiten des Schahs verkauften die Inder in Zahedan Bier und Wein, nach der Revolution hielten sie die Lizenz für fermentierte Softdrinks und alkoholfreies Bier. Sahras Lehrerin nannte die Inder unrein; sie seien Ungläubige, und die Kinder dürften bei ihnen nichts kaufen. Aber Sahra konnte nicht widerstehen. Alles schmeckte fremd und lecker. Die Männer mit ihren bunten Dastars, den Turbanen der Sikhs, verliehen dem Viertel etwas Exotisches, genau wie die Frauen in ihren Sandalen, bunten Saris und mit den geflochtenen Haaren, die unter den Stoffbahnen hervorschauten – etwas Fremdes zwischen all den Frauen im schwarzen Tschador. Während Sahra mit schwarzem Mantel und plattgedrückten Haaren unter ihrer Maghnaeh, eine schwarze Kopfbedeckung, die an eine Nonnenhaube erinnert, zur Schule ging, trugen die Inderinnen Zöpfe und gebügelte Uniformen. Ihre Plisseeröcke hatten es Sahra besonders angetan, und noch dazu saßen im Unterricht Mädchen und Jungs zusammen – eine andere Welt! Überhaupt fühlten sich die Balutschen den Indern nahe. In den 1980ern hing in jedem Laden ein Bild von Bollywood-Stars wie Schah Rukh Khan oder Amir Khan, oder ihre Gesichter schmückten die Taxis der Stadt. In einer Einkaufspassage erklang nur indische Musik, man konnte indische Filme und Kassetten kaufen. Das einheimische Essen nahm die Schärfe der indischen Küche an, eines der beliebtesten Mitbringsel aus der Stadt sind immer noch indische Gewürze. Viele Balutschen reisen oft und gerne nach Indien – reiche Familien schicken noch heute ihre Kinder zum Studium dorthin.

Sahras Eltern zogen als Kinder mit der Familie von Yazd im Zentrum des Iran nach Zahedan. Sie wisse nicht, ob die Legende stimme – aber angeblich wollte der Großvater vor dem Militärdienst fliehen und stahl sich nach Zahedan davon, zu seinem großen Bruder, der Prediger in der Moschee war. Er eröffnete das erste Fotoatelier der Stadt, wo sein Sohn, Sahras Vater, nach wie vor arbeitet. Wer in Zahedan leben wollte, musste sich von sattem Grün und dem Wechsel der Jahreszeiten verabschieden. Keine gelben Blätter im Herbst, kein Schnee im Winter, das alles blieb für Sahra ein unerfüllter Kindheitstraum. Keine Provinzhauptstadt ist so kahl, öde und staubig wie Zahedan. Die Familie machte also mit dem weiter, was sie in Yazd schon gemacht hatte: Sie pflanzte Grün in der Wüste. Einer von Sahras liebsten Spielplätzen war der Garten des Onkels – ein Paradies für Kinder, die sonst nur mit Kieselsteinen auf der Straße spielten, aus Matsch Figuren kneteten, in einer Schubkarre hin und her gefahren wurden oder mit den Holzkisten des Obsthändlers Flugzeuge bauten.

Die Lehrerinnen kamen aus Teheran. Einmal beschwerte sich eine, dass die Menschen aus Zahedan ein kulturloses Volk seien. Sahra und ihre Klassenkameradinnen jagten sie mit Knallfröschen vom Schulhof, die Direktorin nahm die Klage der Lehrerin nicht an und verteidigte die Kinder. Sahra war frech, aber eine Schülerin mit Bestnoten – sie erlaubte sich einfach, während des Unterrichts zu essen, Papierflieger zu falten oder mit Mungbohnen in ihrem Kugelschreiber auf andere zu schießen. Obwohl Sahras Mutter keine weitere Ausbildung genossen hatte, brachte sie den drei Töchtern immer Bücher mit – vor allem Detektivromane von Agatha Christie. Zu Hause verkleidete Sahra sich als Hercule oder als Sherlock, spielte die Szenen mit ihren Schwestern nach und schmuggelte die Krimis irgendwann in die Schule, bis sie die Lehrerin erwischte. In einer verschlossenen Glasvitrine im

Schulsekretariat entdeckte sie englische Schauerliteratur. Daphne du Mauriers «Rebecca» sei aber nichts für Mädchen, sagten ihr die Lehrerinnen. Doch die Direktorin gab ihr schließlich «Rebecca» oder Emily Brontës «Sturmhöhe» zu lesen. Bereits mit elf Jahren hatte sie in der Stadtbibliothek die Weltliteratur für sich entdeckt.

Während sie mir von ihrer Liebe zu Büchern erzählt, fällt mir ein, dass selbst ihre Torte zum vierunddreißigsten Geburtstag ein Buch darstellte. «Ja, mein Lieblingsroman», lacht sie. Eine kunstvoll gebackene amerikanische Südstaatengeschichte, mit losen Seiten und einigen verspielten Blüten, die aus dem zerlesen wirkenden Werk herausschauen. Auf dem Einband stand «Intruder in the Dust», «Griff in den Staub», von William Faulkner. «Das ist ein Kunstwerk – zu schade zum Essen», lache ich zurück. Auf dem Foto hat Sahra ihre Brille abgenommen, ihre langen Haare zur Seite gelegt und blickt melancholisch in die Kamera.

«Ich war in meiner Kindheit oft in der Moschee. Ich glaube, vielen Kindern meiner Generation – geboren in den 1980ern – ging es ähnlich.» Sahras Mutter stammt aus einer schiitischen Mullah-Familie, ihr Großvater und Onkel waren Geistliche. Als Jüngste von drei Mädchen wuchs Sahra religiös auf: Sie verrichtete das Gebet, ging zum Gottesdienst, lernte den Koran und das Ritual der Waschung. Auf ihrer Mittelschule musste sie an politischen Demonstrationen teilnehmen. Sie musste Filme über sich ergehen lassen, etwa über den Tag des Gerichts, wenn ein Verstorbener das Jenseits betritt und die zwei Todesengel Nakir und Munkar seine Glaubensfestigkeit prüfen und entscheiden, ob er in den Himmel oder in die Hölle kommt. Anhand schrecklicher Illustrationen zeigten die Lehrerinnen, was angeblich passiert, wenn eine Frau keinen Hidschab trägt: die unerträgliche Folter, die sie erdulden müsse, wenn auch nur eine Haarsträhne nicht bedeckt sei – denn an genau dieser werde sie aufgehängt, am Tag der Abrechnung!

«Wir fragten die Lehrerin dann immer, ob das überhaupt möglich war, einen Menschen an seinen Haaren aufzuhängen. Da würden die

Haare doch rausgerissen. Unsere Lehrerin antwortete, dass die Macht Gottes eben verhindere, dass die Haare herausgerissen würden», erzählt Sahra mir mit einem lauten Lachen. Damals las sie düstere Bücher über das Leben nach dem Tod, über die Verstorbenen in ihren Gräbern, darüber, was mit ihnen am ersten Tag unter der Erde passierte. Sie las den Koran auf Persisch, die Texte erschienen ihr sehr real und quälten sie zunehmend: Wieso folterte ein barmherziger Gott die Menschen? Je mehr sie las, umso mehr Widersprüche entdeckte sie. Bis sie sich eines Tages, in den letzten Jahren des Studiums, dazu entschloss, nicht mehr fünfmal am Tag zu beten. «Meine Mutter fragt sich seitdem, was mit ihrer einzigen betenden Tochter nur geschehen sei. Der Tochter, die in der Nacht, in der die Muslime die Herabsendung des heiligen Wortes auf den Propheten feiern, bis zum frühen Morgen wach blieb und auf dem Gebetsteppich den Koran las und um Vergebung bat. Irgendwann gelangte ich zur Überzeugung, dass die Religion mich nicht nur bei allem behinderte, sondern auch, dass ich mich umsonst vor ihr fürchtete. Irgendwann gab ich sämtliche Überzeugungen auf und befreite mich. Nach der Universität murmelte ich nicht einmal mehr ‹Oh Gott›. Ich meine … was für ein Gott? Das ist doch alles lächerlich.»

Sahra vermied es, mit anderen über ihre religiöse Entwicklung zu sprechen oder andere von ihrem Glaubensabfall zu überzeugen. Sie akzeptierte ihr Gegenüber, so wie er oder sie war – oder brach den Kontakt ab. «Als die Verschleierung keine Bedeutung mehr für mich hatte, lachte ich in mich hinein und sagte mir: Wenn ich am Tag des Jüngsten Gerichts an einer Haarsträhne aufgehängt werde, kann ich ja auch gleich sämtliche Haare zeigen. Dann kann ich an allen Haaren aufgehängt werden und den Schmerz etwas verringern.» Jetzt kann sie sich nicht einmal mehr vorstellen, unter dem Eindruck einer schweren Krankheit zur Religion zurückzukehren. Sie schüttelt den Kopf, wenn sie sieht, wie ein unreligiöser Mensch, der an Krebs erkrankt ist, an religiösen Zeremonien teilnimmt und – wie im Iran üblich – unter dem Beisein von Gästen die sechste Koransure rezitiert, damit seine Wünsche bei Gott Gehör finden. «Ich habe das alles abgelegt und der Religion abgeschworen. Vollständig und in vollem Bewusstsein», sagt Sahra mit einem Lächeln, das nach Erleichterung aussieht.

In der Schule liebte sie Arabisch, Physik und Literatur. Die Oberstufe war nicht mehr religiös geprägt, ihre Lehrerinnen gaben ihr nur noch Lektüren auf und fragten Sahra nicht mehr ab, stattdessen sollte sie selbst unterrichten. Wären ihre Eltern nicht gewesen, Sahra hätte nicht Naturwissenschaften studiert, sondern sich Literatur und Geisteswissenschaften hingegeben. Aber Sahras Mutter rief in der Schule an und forderte die Lehrerinnen auf, den Phantasien der Tochter Einhalt zu gebieten. Also schrieb sie sich für Maschinenbau ein. In ihrem Jahrgang gab es nur zwei Frauen. «An der Universität in Zahedan hatten die Männer ein Sprichwort: ‹Entweder sind die Mädels hübsch, oder sie studieren Maschinenbau!› Sahra kichert immer noch über den dummen Spruch. Seit ihren Studientagen hatte sie mehr männliche als weibliche Freunde, was ihre Mutter wiederum auf die Idee brachte, die Tochter sei zu männlich geworden, was nichts Gutes für ihr Leben bedeuten könne. «Im Eheleben musst du eine Dame sein, sagte sie mir immer. Sie meinte das Kokettieren und so was. Nun, ich weiß nicht, wie das geht, eine Dame zu sein. Iranische Männer mögen es, auf eine Frau dominant zu wirken und mehr Errungenschaften aufzuweisen als die Frau.»

Noch bevor ich Sahra wirklich kennengelernt habe, fällt mir die Beziehung zu ihrer Mutter auf. Ein, zwei Sätze genügen, um zu erahnen, dass Sahra vielleicht immer noch auf den Segen der Mutter wartet, auf ihre Anerkennung und Akzeptanz ihres Lebensstils. Die Stimme der Mutter ist mit der Zeit eine innere Stimme geworden, die manchmal laut kommentiert, kritisiert und aburteilt. Die sie ermahnt, nicht zu viel Make-up zu tragen, die sie daran erinnert, wie sie während ihres Studiums darum kämpfen musste, ihre Augenbrauen modellieren zu dürfen, daran erinnert, wie ihrer Schwester nicht erlaubt wurde, in einen Sportverein zu gehen, weil «Sport für Mädchen nicht gut» sei, daran erinnert, dass die Schwestern nicht schwimmen lernen oder in die Berge fahren durften. Irgendwann verwandelte sich die mütterliche Mäkelei in ein beleidigtes Schmollen mit Kommunikationsabbruch, als sie sah, wie Sahra mit jungen Männern verkehrte oder Klettern lernte. Sie verwandelte sich in Trauer, wenn in der Familie wieder eine junge Frau geheiratet hatte. Manchmal quälte Sahra dann ihr Gewissen, oder sie wurde müde vom ständigen Streit und gab dem Willen der Mutter nach – bis sie wieder Kraft genug hatte zu widerstehen, wofür sie Nerven aus Stahl brauchte.

«Wenn Menschen etwas verändern, für etwas kämpfen wollen, müssen sie doch in der Familie anfangen. Meine Eltern haben sich ja schon verändert. Dass ich mit einem Mann telefoniere, mit einem anderen Mann ausgehe, das ist doch etwas, an das sie sich mittlerweile gewöhnt haben.» Ich nicke, als Sahra das sagt. Als sie ihren Satz beginnt, habe ich den gleichen Gedanken: Die Eltern verändern sich durch ihre Kinder. Viele Jugendliche, die keinen Widerstand gegen die elterlichen Verbote geleistet, nicht gekämpft haben, sind mutlos geworden. Ich sage Sahra, dass ich sie sehr gut verstehe. Obwohl wir beide an Orten aufgewachsen sind, die gegensätzlicher nicht sein könnten.

«An der Uni war ich genau die Tochter, die meine Mutter sich wünschte. Die Tochter, die ihr Studium abschließt und dann heiratet. Drei Jahre lang war ich mit einem Mann zusammen, der einen ziemlich traditionellen Blick auf Frauen hatte. Meine Mutter meinte, der Typ sei eigentlich nichts für mich, aber ich beharrte auf meinem Standpunkt. Ich zögerte die Arbeitssuche hinaus. Zunächst wollte ich ja heiraten. Aber mein damaliger Freund verschob den ganzen Prozess, wieder und wieder. Erst am Ende der Beziehung verstand ich, dass er überhaupt nicht heiraten wollte und sich selbst gezwungen hatte, zu bleiben. Ich hatte Angst. Eine Riesenangst vor dem Gerede der Leute, vor der Familie, ich fragte mich, was im Falle einer Trennung passieren würde. Ich war vierundzwanzig – und ich würde meine Ehre verlieren.» Sie mussten heiraten, koste es, was es wolle. Sie vereinbarten den Traungstermin. Eine Woche davor rief ihr Freund an und sagte, er könne die Beziehung nicht fortsetzen. Sahra stand unter Schock. Hatte er nicht schon zuvor gesagt, dass er sie nicht wolle, und war dann doch wieder zurückgekehrt? Die Familie war für die Hochzeit eigens aus Yazd angereist. Wie sollte sie es der Mutter erklären? Sie erzählte es den Onkeln zuerst. «Meine Mutter war so wütend, dass sie mich nicht sehen wollte. Sie sagte, sie habe keine Tochter mehr mit meinem Namen. Ich hätte ihre Ehre vor der Familie beschmutzt. Einige sagten, ich hätte während der Beziehung doch bestimmt Sex gehabt, jetzt sei die Tochter ehrlos, sie sei eine, die man ‹schon angefasst› habe. Was für ein ekelerregender Ausdruck, nicht wahr? Und dass niemand sich mehr blicken lassen würde, der um meine Hand anhält.»

Sahra ging es so schlecht nach der gescheiterten Hochzeit, dass ihr Onkel ihr vorschlug, nach Teheran zu gehen, sich dort für einen Master einzuschreiben und eine Arbeit zu finden. Anderthalb Jahre blieb sie in der Hauptstadt. Sie nahm Antidepressiva, und nach drei Monaten verblasste die Erinnerung an ihren Freund. Ihre Mutter redete in dieser Zeit kein einziges Mal mit ihr. «Diese ganze Sache ist nach wie vor ein einziger großer Gram für sie, sie leidet immer noch darunter. Sie sei danach alt und krank geworden, klagt sie, und sie macht mich für ihren Bluthochdruck verantwortlich.»

Die ganze Sache war wie der große Knall, zu dem es kommen musste. Irgendwann, mit Anfang dreißig, war sie dem Exfreund dankbar für sein Zaudern, seine Ehrlichkeit, den Bruch damals. Er war das Beste, was ihr passieren konnte. «Ich hatte in meinem Leben zwei heilige Regeln, zwei Tabus: vorehelicher Sex und Religion. Ich bin ausgesprochen glücklich darüber, dass ich beide Regeln brechen konnte.» Sahra kam zurück nach Zahedan und stellte ihr Leben auf den Kopf. Sie nahm eine Stelle als Projektmanagerin und Inspekteurin für Gasanlagen an und arbeitete neben Schweißern, Heizungsmeistern und Rohrleitungsverlegern auf dem Bau. Nebenher leitete sie die

Öffentlichkeitsarbeit des Verbands der Bauingenieure. Dann kratzte sie ihr Selbstbewusstsein zusammen und erfüllte sich einen Traum aus Studienzeiten: Sie meldete sich auf eine Stellenanzeige, die nach Berichterstattern in der Provinz suchte. Zwei Wochen später schrieb sie als freie Journalistin ihren ersten Artikel. Sie besuchte Kurse, um zu lernen, wie man Dokumentationsfilme dreht. Sie fing an, Sport zu machen. Sie begann eine Psychotherapie. Sie schrieb ein Buch. Sie entwickelte Ideen, um Frauen und Kindern auf dem Land zu helfen. Sie ging neue Beziehungen ein, ohne ans Heiraten zu denken. Sie hatte sich davor gefürchtet, ihre Jungfräulichkeit zu verlieren, aber als sie sie verloren hatte, war es keine große Sache mehr – die künstliche Zweiteilung des Lebens in ein erwartungsvolles «Vor dem Sex» und ein reifes «Nach dem Sex», die in ihrem Kopf so viel Platz eingenommen hatte, existierte nicht mehr. «Nach dem Sex» setzte sie einfach ihre Arbeitsprojekte fort, irgendwann war «Nach dem Sex» Alltag, und es kümmerte sie nicht, dass sie in dieser Hinsicht anders war als die meisten ihrer Altersgenossinnen in Zahedan. Vielleicht, dachte sie, würde sie sogar eine «weiße Ehe» eingehen, also mit einem Mann ohne Trauschein zusammenziehen, so wie viele Paare in Teheran.

Weil in Zahedan eine der größten Universitäten des Landes angesiedelt war, veränderte der jugendliche Zustrom aus anderen Landesteilen die Stadt allmählich. Die Jugend, die in den 1990ern oder später geboren war, hatte ohnehin meist andere Moralvorstellungen, völlig relaxt seien die, erklärt mir Sahra, die wollten nur ihren Spaß: verbotene Partys, verbotener Alkohol, ins Café mit dem Freund – alles andere wurde einfach ausgeblendet. Die jungen Frauen rauchten sogar in der Öffentlichkeit, während Sahra sich für eine Zigarette immer noch ins Auto zurückzog. Fünfzehn, vielleicht zwanzig Prozent der Menschen in der Stadt hätten sich von alten Vorstellungen befreit. Auf der anderen Seite stünden nach wie vor die traditionellen, frommen Balutschen, die ihre Töchter nie aus dem Haus lassen, oder nur mit verschleiertem Gesicht. Die auf ihren religiösen Anführer hören, wenn er sie auffordert, den Töchtern das Handy wegzunehmen, oder wenn er davon spricht, dass die Taliban doch wahrlich das Kapital Afghanistans seien.

«Vor vielen Jahren war ich einmal mit meinem Vater unterwegs. Wir hielten an einer Tankstelle. Ich saß am Steuer, aber wollte nicht aussteigen, weil ich Angst vor den Blicken der Männer hatte. Wie sie mich anglotzten! Mein Papa wurde ungeduldig: ‹Wollen diese Balutschen dich etwa fressen? Hör auf damit. Steig aus – und tanke endlich das Auto, Tochter!›» Hätte Sahras Vater nicht darauf gedrängt, dass Mädchen etwas lernen, rausgehen, für ihr eigenes Auskommen sorgen; wäre der Vater nicht der Lockerere gewesen, der die Mädchen zur Selbständigkeit ermahnte und sich sonst rarmachte und zurückzog aus dem Familienleben – vielleicht hätte Sahra dann nicht so schnell auf eigenen Füßen gestanden. Nein, niemand wollte sie fressen. «Immer, wenn ich unter Arbeitern bin, werde ich ernst genommen und respektvoll behandelt. Ich habe weder Sexismus erlebt, noch wurde ich angemacht. Jedenfalls nicht bisher. Vielleicht bin ich bei der Arbeit männlicher? Ich weiß es nicht. Mein Chef lässt mich immer wissen, dass er sich auf mich mehr verlassen kann als auf die Männer. Manche staunen, wenn sie einen männlichen Techniker erwarten und plötzlich eine Frau vor der Tür steht. Einmal rief ein Kind: ‹Mama, die Frau Rohrleitungsverlegerin ist da› – und alle lachten los.» Aber dann lobten sie Sahra für ihre Arbeit. «Die Frau Ingenieurin arbeitet präziser», hörte sie zu ihrem Erstaunen. Wenn sie zusammen mit männlichen Mitarbeitern anrückte und die Kunden bemerkten, wie flink sie die Wände hochkroch, aufs Dach kletterte und den Schornstein inspizierte, schimpften sie Sahras männliche Kollegen aus, die dafür eine Leiter verlangt hatten – schämen sollten sie sich vor dieser Frau!

Die vergessene Provinz

Wenn sie durch die Provinz reiste, um für einen Artikel zu recherchieren, der dann in Teheran nach dem Beschluss des Chefredakteurs oft auf der Titelseite landete, war sie stets allein unterwegs, sprich: mit vier wildfremden Balutschen im Auto. Die Dorfbewohner waren neugierig, ein Dorfvorsteher hielt um ihre Hand an, die meisten rissen sich um ihre Anwesenheit: «Frau Rusta, kommen Sie zu uns, Sie müssen sich unsere Probleme hier anschauen.» Oder: «Frau Rusta, wir brauchen Sie.» Oder: «Frau Rusta, wir können Sie heimlich nach Pakistan schmuggeln, damit Sie endlich auch mal die andere Seite gesehen haben!»

Sistan-Balutschestan hatte keine regionalen Zeitungskorrespondenten. Alle zwei Wochen kam Sahra mit einem neuen Artikel heraus. Sie dokumentierte das ganze Leben an der Grenze – die tödliche Dürre, die Armut, die Menschen ohne Rechte und Identität, die ohne Papiere leben mussten. Mit jeder Reise weitete sie ihren Blick in eine Gegend, die tiefrot gefärbt war in den nationalen Wirtschaftsstatistiken und Armutsberichten – und das, obwohl die Islamische Republik mit dem Versprechen angetreten war, die Entwicklung der abgelegenen ländlichen Regionen anzukurbeln. Dennoch ist der südöstliche Zipfel des Landes auch im Jahr 42 nach der sogenannten Revolution der Entrechteten und Armen die am wenigsten entwickelte Provinz im Land. Während alle Regionen schon lange ans Gasnetz angeschlossen sind, kommt die Versorgung hier nur schleppend voran, und das auch nur in einigen Städten. Die Einwohner der Provinz haben im Vergleich immer noch am wenigsten Zugang zu frischem Trinkwasser. Nach wie vor holen viele Dorfbewohner ihr Wasser von Wasserlöchern, in denen sich Regenwasser gesammelt hat – eine dunkle Brühe, von der Mensch und Vieh leben müssen, in der Kinder beim Wasserholen oft ertrinken oder von Krokodilen zu Tode gerissen werden.

«Meine Stadt wurde 1920 unter dem ersten Pahlawi-Monarchen Reza Schah an das Eisenbahnnetz angeschlossen. Es war die zweite

Eisenbahnlinie des Landes, und sie verband uns mit Indien. Wären die Pläne von damals weiterentwickelt worden und hätte man Zahedan an den Norden Irans angeschlossen – ich glaube, ich würde heute in einer richtig modernen Stadt leben. Viele der in den letzten Jahren geplanten Projekte und Investitionen dagegen waren nicht durchdacht. Sie eigneten sich nicht für die Menschen hier. Und diese fehlerhaften Planungen trafen auf Einheimische mit einer nur schwachen Arbeitsmoral, die sich grundsätzlich mit wenig zufriedengeben. Die lieber vom Dieselschmuggel ins Nachbarland leben, als alles zu tun, um eine Arbeit zu lernen. Gleichzeitig siehst du reiche Balutschen, die in den arabischen Golfländern investieren, die dort Unternehmen aufbauen, statt das Geld in ihrer Heimat zu investieren.»

Noch mehr als über die Rückständigkeit erschrak Sahra während ihrer Begegnungen über die Religionsauffassung der Balutschen. Über ihre Hörigkeit gegenüber dem *Molawi*, dem religiösen Oberhaupt, die absolut war – eine Einstellung, die sie selbst unter gut ausgebildeten Jugendlichen vorfand. «Wenn die Oberhäupter ihnen sagen: ‹Stirb!›, dann sind sie tatsächlich bereit zu sterben. Unter Schiiten ist diese Art des Religionsverständnisses oft überwunden. Aber unter den Sunniten traf ich immer wieder auf solche Einstellungen. Zum Beispiel folgen sie immer den Wahlempfehlungen ihrer geistlichen Führer, die sie dazu anhalten, Reformkandidaten zu wählen – in der Hoffnung, so mehr Glaubensfreiheit zu erlangen. Die Reformpolitiker wiederum blicken auf die Einwohner nur als zuverlässiges Stimmvolk.» Als das von Schirin Ebadi gegründete Zentrum der Menschenrechtsverteidiger ausgerechnet dem Freitagsprediger von Zahedan einen Preis verlieh – für seine angeblichen Bemühungen um sunnitisch-schiitische Annäherung –, kritisierte Sahra die Entscheidung öffentlich. Und wurde für ihre Kritik prompt von den Reformern gescholten. Aber was bitte sollte an einem Prediger, der allen jungen Frauen das Recht auf ein Handy absprach, preisverdächtig sein?

Sie wirft den Reformpolitikern vor, die Wahlstimmen der Provinz abzukassieren, im Gegenzug aber nichts für die Menschen zu tun. Hätten sie nicht mit den religiösen Oberhäuptern verhandeln können, um sie zum Beispiel davon zu überzeugen, die Mädchen in den Dörfern zur Schule zu schicken? War Sahra in den Dörfern unterwegs, sah sie die meisten Einwohner in Strohhütten hausen – während die sunnitische Moschee leuchtete und glänzte, weil sie regelmäßig renoviert wurde. Dafür war offenbar reichlich Geld vorhanden. Aber fiel die Wasserversorgung aus, weil ein unterirdischer Kanal eingestürzt war, krempelte niemand die Ärmel hoch, und Sahra hörte die Leute sagen: «Da muss jemand von oben ran, dafür sind wir nicht zuständig.» Fiel ein Kind in ein Wasserloch und ertrank, hörte Sahra: «Das war vorbestimmt, das war Gottes Plan.» Vielleicht resultierte diese Schicksalsergebenheit, diese Scheu vor dem Anpacken und Lösen der Probleme aus dem Gefühl, als Minderheit schon immer vernachlässigt worden zu sein? Vielleicht war die Provinz in ihrer Fläche zu groß, um schnelle Fortschritte zu erleben? Vielleicht, fragte sich Sahra manchmal, war es aber auch so, dass dieser Landstrich an der Grenze absichtlich zurückbleiben sollte, um die sunnitischen Balutschen systematisch und gezielt zu diskriminieren?

Nach einer Untersuchung des iranischen Parlaments hält Sistan-Balutschestan einen traurigen Rekord: Fünfundvierzig Prozent seiner Einwohner, mehr als 1,2 Millionen Menschen, lebten 2016 in absoluter Armut; sie hatten nicht die Mittel, um das Minimum an Kalorien abzudecken, das sie täglich benötigten. Arme Familien sind im Durchschnitt größer als anderswo – sie folgen der Empfehlung ihrer religiösen Oberhäupter, noch mehr Kinder zu gebären, um irgendwann die Schiiten in Bedrängnis zu bringen. Die Arbeitslosigkeit in den urbanen Zentren ist höher als im Rest des Iran. Selbst staatliche Forschungsinstitute kamen zu dem Schluss, dass die Diskriminierung der Balutschen zu dieser Armut geführt hat. Und dass aufgrund der Armut die Zahl der Schulabbrecher kontinuierlich steigt – sie ist nirgends so hoch wie hier. Die Familien schicken ihre Kinder in die kostenlosen sunnitischen Koranschulen, weil vielerorts staatliche Schulen in ihrer Nähe fehlen und die Eltern sich den Schulbus nicht leisten können. In keinem Landesteil finden sich so viele Analphabeten unter den Mädchen. Armut, Mangelernährung und fehlende Schulen schwächen eine ganze Generation balutschischer Kinder.

Von Zahedan reiste Sahra auch in den Süden der Provinz, nach Tschahbahar am Golf von Oman: Irans zentraler Hafen zum Indischen Ozean. «Die Regierung hat einen Plan entworfen, um in den nächsten Jahren Menschen aus dem Zentrum des Iran an den Küsten anzusiedeln. Aber bei den Investitionen in die Gegend wurden weder menschliche und gesellschaftliche Belange berücksichtigt noch die Umwelt. Sprich: In einer Stadt, in der die meisten Kinder immer noch nicht zur Schule gehen können, in der nur vierzig Prozent der Einwohner Zugang zu sauberem Trinkwasser haben, in der die Hälfte der Einwohner in Slums leben, wird Petrochemie angesiedelt und der Hafen erweitert. Die Folge wird sein, dass die Einwohner sich noch rückständiger fühlen, weil sie nicht die nötige Bildung haben, um in der neu angesiedelten Industrie zu arbeiten, und die Arbeitskräfte wieder nicht aus Sistan-Balutschestan kommen.»

Einige preisen den Tourismus als Lösung an. Die Küste des iranischen Südostens erinnert an die dramatische Schönheit der Felsszenerien und Strände Omans: türkisfarbenes Wasser, Palmenlandschaften in spektakulären Schluchten, eine Lagune, deren Wasser rosa leuchtet. Doch die dazugehörige Infrastruktur zur touristischen Erschließung fehlt. Sahra verglich in einer Recherche die Kosten einer Reise in die Türkei oder nach Armenien mit denen nach Tschahbahar: Hotel und Flug sind im Inland viel teurer. Die Zuganbindung der Hafenstadt ist in den Händen der Revolutionswächter, der Bau geht seit vierzig Jahren kaum voran. Für das touristische Marketing sind oft nur Balutschen zuständig. Junge Hiker aus Teheran und Maschhad kommen, zelten am Meer und nutzen die vielgerühmte Gastfreundschaft der Einheimischen aus, indem sie sich schamlos bewirten lassen – für die Gäste schlachten die Balutschen mitunter sogar ihr einziges Schaf. «Mit solchen Sitten und diesem fehlenden Fundament kann man keine neuen Einkommen für die Bevölkerung generieren. Das erinnert mich alles eher an Ausbeutung. Letztens kam eine Schauspielerin aus Teheran hier an und machte einen auf Promi-Wohltätigkeit. Sie ließ sich ohne irgendein Gefühl von Respekt mit Frauen und Kindern vor ihren Hütten ablichten, in denen Näherinnen traditionelle balutschische Stickereien anfertigen, und sagte dann, sie wolle deren Handwerk in Teheraner Kaufhäusern verkaufen, zum Wohl der Frauen. Aber im Grunde will sie damit nur Geld machen. Dieses ganze Stickerei-Business wird von ein paar skrupellosen Agenten kontrolliert, die die Stickereien fast für umsonst abkaufen und für das Hundertfache in den Boutiquen der Hauptstadt anbieten. Die Frauen bei uns haben gar nichts davon.»

Als Sahra mir von ihrer Recherche erzählt, muss ich an die Kleider der Kaiserin denken, die prachtvollen Kostüme von Farah Pahlawi, der Frau des letzten Schahs. Im vorrevolutionären Iran war sie eine Ikone für Kultur und Geschmack, so beliebt wie ein Popstar, zuweilen selbst von linken Intellektuellen verehrt, und eine Botschafterin für iranische Architektur und Kunst. Ihre in Balutschistan gefertigten Ballkleider sind legendär: winzige geometrische Figuren, genäht aus feinem Gold- und Silbergarn, auf schimmerndem elfenbeinfarbenem Stoff oder Muster in den knalligen Farben der Hippie-Zeit auf schwarzer Wolle. Als Sahra für eine ihrer Reportagen herausfinden wollte, wer die Nadelarbeiten auf den Kleidern der Kaiserin und der Prinzen und Prinzessinnen entworfen hatte, entdeckte sie, dass der Designer des Königshofes den ganzen Ruhm für sich beanspruchte – und die Näherinnen der Provinz namenlos blieben, ja bis heute geradezu versteckt gehalten werden. Die Näherin der Königin musste in der Islamischen Republik um ihre Rente kämpfen – die schließlich viel zu klein ausfiel für sechs Jahrzehnte mühevoller Arbeit. Nein, zwischen Hauptstadt und Provinz, Nord und Süd, zwischen Arm und Reich, Hell und Dunkel hat sich offenbar bis heute nicht viel verändert im Iran.

Der Chef des Gesellschaftsressorts half Sahra, als sie bei der Zeitung anfing. Sie hatte zuvor zu Hause Kurzgeschichten geschrieben und eine einfache, schnörkellose, aber kraftvolle Sprache entwickelt, die sofort Bilder im Kopf entstehen ließ. Der Chefredakteur lobte sie früh: «Wenn wir doch nur in jeder Provinz eine Sahra Rusta hätten! Dann könnten wir so vieles von dem, was im ganzen Land passiert, wiedergeben!» Die Eltern reagierten verhalten auf den Erfolg. Der Tochter für jede Titelstory zu gratulieren kam ihnen nie in den Sinn, nur selten erlebte sie, dass ihre Mutter zufrieden lächelte, wenn jemandem Sahras Arbeit aufgefallen war. Irgendwann hatte Sahra Mitgefühl mit den Eltern, die sich mit jeglicher Wertschätzung innerhalb der Familie schwertaten. Die Arbeit der Tochter veränderte den Haushalt. Über Jahre war das Geld knapp gewesen. Sahra hatte sich geschämt für den alten vorrevolutionären Paykan ihres Vaters, während die Väter der Mitschülerinnen ausländische Autos fuhren. Sie hatte nie Freunde nach Hause eingeladen und sich in ihren Büchern vergraben. Jetzt aber war sie diejenige, die die Wohnung renovieren ließ. Sahra unterstützte ihre mittlere Schwester, die aufgrund einer Lernbehinderung keine Arbeit fand. Sahra half den Eltern. Die «Hierarchie» im Haushalt veränderte sich – als ob man in iranischen Haushalten «aufsteigt», wenn man Geld nach Hause bringt. Aber immer noch suchte ihre Mutter Kontrolle über sie. Wenn Sahra ihr etwas schenkte, das die Mutter eigentlich von ihrem Ehemann erwartete, fürchtete sie, ihre mütterliche Autorität einzubüßen. Überhaupt fand sie es unangemessen, wie Sahra lebte. Das gehöre sich nicht, dass die Tochter mit mehreren Männern auf Reisen ging. Mal warf sie dem Vater vor, dass er kein Machtwort spreche. Mal leerte sie ihre ganze Wut auf Sahra aus: «Wenn ich Mutter eines Sohnes wäre, der um deine Hand anhält – ich wüsste das zu verhindern! Ich würde meinem Sohn doch nicht erlauben, sich auf ein Mädchen einzulassen, das um elf Uhr abends nach Hause kommt!» Sahra begriff: Selbst wenn sie Astronautin geworden wäre – ihre Mutter hätte sie immer noch als «befleckt» wahrgenommen: mit dem Stigma behaftet, keinen Mann und keine Kinder zu haben.

Überall in der Stadt, überall im Büro begegnete ihr dieser bohrende Blick der Frauen, diese Ratlosigkeit, warum Sahra mit vierunddreißig immer noch nicht verheiratet sei. Wie schade um sie! Wie traurig! So eine fleißige, emsige, erfolgreiche Frau – und immer noch nicht liiert! Sahra, du wirst zu alt, Sahra, du musst dich ändern, um einen Mann zu finden! Die Männer mögen doch nicht solche Frauen wie dich! Sahras Hände sind spröde und trocken von der Kletterei – eine Frau müsse doch weiche Hände haben, um ihren Ehemann zu streicheln! Warum sie sich nicht um ihre Nägel kümmere? Weil sie nicht mit manikürierten Nägeln klettern könne, entgegnete sie. Warum sie ganz allein in die Berge fahre? Als sie in Kerman den einen 4500-Meter-Berg erklomm, mit zwei Freundinnen an der Seite, erntete sie staunende Blicke von den männlichen Bergsteigern – ob denn Frauen aus Zahedan so etwas überhaupt lernen konnten, wurde sie gefragt. Sahra ging Beziehungen ein, aber sie litt darunter, dass sie sich neben den Männern immer einsam fühlte. Sie schaute auf ihre ausgewanderten Freundinnen und begriff, dass Frauen auch im mittleren Alter Erfüllung finden konnten. Irgendwann verlor das Thema «Partnerschaft» die Priorität in ihrem Leben und wurde zu einer Option. Immer häufiger gelang es ihr, die Erwartung der anderen abzuschütteln und sich beim Reisen einfach nur an ihrer eigenen Gegenwart zu erfreuen. Wenn sie sich allein in einen Bus Richtung Iranschahr setzte oder in den Flieger nach Teheran, dann wusste sie, dass ein Ehemann ihr garantiert Probleme bereiten würde und dass sie für jede einzelne Reise seine Erlaubnis einholen musste – so wie es das Gesetz vorschrieb. Dann spürte Sahra die Angst in sich aufsteigen. Eine Ehe war doch etwas Furchterregendes.

Die größte Herausforderung für die Sicherheit der Menschen im Iran, stellten die Vereinten Nationen fest, sei die Wasserknappheit im Land. Ihre erste Titelgeschichte schrieb Sahra über die Visite des afghanischen Präsidenten in Teheran, 2016, um über Wasserrechte zu verhandeln. Der Streit über die Wasserverteilung zwischen den Nachbarn geht bis ins 19. Jahrhundert zurück, als die Briten das balutschische Heimatland zwischen drei Staaten aufteilten und die iranisch-afghanische Grenzlinie genau entlang des in Afghanistan entspringenden Flusses Helmand zogen. Ein Vertrag setzte die Teilung des Helmand fest, aber Afghanistan, für das der Fluss eine Lebensader ist, ratifizierte ihn nie und staute das Wasser mit einem seit Jahrzehnten geplanten Damm. Der Konflikt schwelte weiter – und erreichte jedes Jahr neue Spannungen, weil jede Seite unter Dürre, Klimawandel und Misswirtschaft leidet: Beide Länder errichteten überall an ihren Flüssen Dämme, gruben Tausende Brunnen oder bauten Pflanzen an, die für den Klimawandel nicht geeignet sind.

Sahra schrieb über die Folgen des Wassermangels im Hamun-Feuchtgebiet an der iranisch-afghanischen Grenze – drei grenzüberschreitende Seen, die sich ausschließlich aus dem Helmand speisen und als Hamun-Auen in alten persischen Schriften und im heiligen Buch der Zarathustrier, der Urreligion des Iran, eine mythische Bedeutung besitzen. Schon vor Tausenden Jahren ernährte das Feuchtgebiet die Menschen: Sie jagten, betrieben Landwirtschaft, versorgten das ganze Land mit Weizen und hielten Vieh – das Wasser war Leben. Doch in den vergangenen zwanzig Jahren wurden die Dürreperioden zunehmend länger und beendeten den natürlichen Kreislauf. Afghanistan brauchte Wasser für seinen Mohnanbau und baute immer höhere Dämme. Der Wassermangel vernichtete Tausende Existenzen in den einstigen Flutgebieten und hinterließ eine verwundete Region.

«Die Gegend im Sistan-Becken war bekannt für ihre ‹120-Tage-Winde› im Sommer. Dank des Wassers kühlten sie die Luft herunter. Mit den vertrockneten Seen aber sind daraus furchterregende Staubstürme geworden, die über Monate andauern und das Leben der Einwohner zur Hölle machen. Der Sand türmt sich, verschluckt Mauern, begräbt Gärten. Weil die Region dadurch die mieseste Luftqualität im ganzen Land hat, sind Atemkrankheiten und Tuberkulose nirgends so verbreitet wie hier, und die Kindersterblichkeit ist am höchsten. Aber Sabol, die Hauptstadt Sistans, hat nicht einmal eine Fachklinik zur Behandlung von Tuberkulose! Tausende Dorfbewohner haben ihre Heimat verlassen und sind an die Stadtränder gezogen, wo sie oft erbärmlich leben, auf der Suche nach irgendeiner Arbeit. Und diese Katastrophe hat auch Folgen für die Sicherheit der Region: Wenn Sabol irgendwann ausblutet und alle wegziehen, sind die Grenzgebiete des Iran ohne Einwohner. Stell dir vor, die Behörden haben mit allen Mitteln versucht, die Leute vom Wegziehen abzuhalten. Dann haben die Menschen einfach ihr Hab und Gut liegengelassen – und sind weggelaufen! Der Vertreter der Vereinten Nationen hier meinte, dass die Auswirkungen dieser Staubstürme auf die Bewohner noch viel schlimmer seien als die Folgen des Drogenschmuggels.»

Wenn Sahra von den Antworten der Regierung auf diese Krise erzählt, klingt ihre Stimme gereizt. Sie versteht nicht, warum die Verantwortlichen nicht auf neue Energien und neue Technologien setzen. Warum sie nicht das Potenzial des Meeres und der Grenze nutzen – und stattdessen selbst im Klimawandel die Menschen zur traditionellen, wasserintensiven Landwirtschaft ermunterten. Warum sie immerzu Dämme bauten, die das Wasser zurückhalten, bis es verdunstet – und niemand an die Leitungen gedacht hatte, um das gestaute Wasser den Dörfern zuzuführen. Sie fragt sich, warum die Stiftung der Revolutionswächter für viel Geld beauftragt wurde, die Tröpfchenbewässerung einzuführen, und aus der ganzen Aktion nicht mehr folgte als leere Rohre unter der Erde. Wer Dämme baute und Wasserrohre verlegte, wurde reich im Iran. Die Menschen in Sistan-Balutschestan aber wurden immer ärmer.

Der Klimawandel veränderte die Gesellschaft. Wenn Sahra unterwegs war, konnte sie die Wut der Menschen mit Händen greifen. Sie zählte immer mehr Straftaten und Verbrechen. Sie sah, dass noch mehr Drogen im Umlauf waren. Sie beobachtete immer häufiger, wie gerade Mädchen und Frauen unter dem Klimawandel leiden. Es gibt mehr Kinderehen, weil die Väter ihre Töchter loswerden wollen – kein Gesetz hindert sie daran. Es gibt mehr Fehlgeburten, weil die Frauen zum Wasserholen immer weitere Strecken zurücklegen müssen, mit schweren Kanistern auf dem Kopf. Eine Witwe musste sich prostituieren, um ihren Kindern Wasser zu kaufen – sie brachte sich um. Ein Dorf war plötzlich ohne Männer, weil sie aufgrund von Drogenkriminalität und anderen Straftaten gehängt worden waren. Die Menschen fühlten sich unsichtbar, sie wussten, dass sie feststeckten. «Ich hörte manchmal von den Dorfbewohnern, die nicht weggehen konnten, dass sie lieber sterben wollten, als so weiterzuleben. Einmal interviewte ich ein fünfzehnjähriges Mädchen. Sie sagte mir, sie wünsche sich einfach nur, so wie ich leben zu können. Was sie damit meine, fragte ich sie. Sie sagte, dass sie so leben wolle wie die Menschen, die sie im Fernsehen sieht. Ich fühlte mich elend, als ich das hörte. Der Staat hat die Antennen seines Fernsehens überall in diesen Dörfern aufgestellt. Überall läuft sein Programm. Und das Mädchen sieht das alles wie in einem Schaufenster, hinter Glas. Die Großmutter des Mädchens holt derweil ihr Wasser aus einem Wasserloch! Und so wie das Mädchen nicht zur Schule geht, ging schon die Großmutter nicht zur Schule.»

Sahra schaut mich an und erinnert mich an meine Frage am Anfang unseres Gesprächs: ob nicht erst die Islamische Republik die Dörfer des Iran an die Zivilisation angeschlossen habe. Ob nicht erst die Revolution die Armut beendet habe, hatte ich wissen wollen und Sahra ein paar Zahlen von der Weltbank vorgelegt, die das belegen sollten. Sahra wird zynisch. «Na, siehst du, an dieser Stelle ist es Zeit, dass wir uns bei der Islamischen Republik bedanken. Denn sie hat den Dorfbewohnern Fernsehantennen und Handys gebracht! Sie hat ihnen ein Schaufenster gebracht! Sie hat ihnen vorgeführt, wie die anderen leben. Nichts sonst. Wirklich nachgedacht hat dieses System ja nicht, wenn es diesen Menschen etwas Unerreichbares vorführt. Das hat eine furchtbare Wirkung auf die Seelen. Hier spürst du sie, hier schmeckst du sie, die Diskriminierung. Die Menschen haben kein Trinkwasser und schauen im Fernsehen Mineralwasserwerbung. Dann schickt der Staat ein paar Tankwagen, von denen die Menschen – im Sommer für viel Geld – Wasser kaufen müssen. Übrigens folgt diese Art der Wasserversorgung einem alten Brauch. Im Schiitentum wurde seit alters kostenlos Wasser verteilt, um bei Gott ein paar Pluspunkte fürs Jenseits zu sammeln. Diese Tradition ist eine gute Tat. Aber die Tanklaster der Islamischen Republik *verkaufen* das Wasser – sie spenden es nicht.»

In ihrer Verzweiflung wussten viele sich nicht anders zu helfen, als in den Grenzdörfern Diesel in Kanister zu füllen und über die Grenze nach Pakistan zu schmuggeln. Das «Geschäft» boomte in den vergangenen Jahren immer mehr. Die Schmugglermafia verdiente damit ein Vermögen, die Transporteure aber gingen die größten Risiken ein und bekamen nur den kleinsten Anteil. Sahra recherchierte und legte offen, wie Regierungsprojekte, die den Schmuggel unterbinden und den Arbeitslosen helfen sollten, sich in ihr Gegenteil verkehrten und die Taschen der Politiker füllten.

Einige Wochen nach unserem Gespräch schickte sie mir vom östlichsten Punkt des Iran Nachrichten über Unruhen. Die Revolutionswächter hatten einen Grenzübergang gesperrt und das Feuer auf die Dieselschmuggler eröffnet, angeblich, um den Schmuggel zu unterbinden. In den darauffolgenden Protesten wehrten sich die unbewaffneten Demonstranten mit Steinen und stürmten das Gebäude der Gebietsverwaltung. Die Revolutionswächter erschossen Dutzende. Wie bei allen Protesten üblich schalteten sie das Internet ab, um Nachrichten über die Getöteten zu blockieren und zu verhindern, dass sich weitere Proteste organisierten. Mit dem Internet-Shutdown zogen sie die Wirtschaft der ganzen Provinz in Mitleidenschaft. Aber warum gingen sie so brutal vor? War es ihre Paranoia vor jeglichen Menschenansammlungen? Oder wollten die Revolutionswächter von der Zerstörung einer sunnitischen Moschee ablenken? Oder ging es ihnen darum, die einzigen Nutznießer des Kraftstoffschmuggels zu sein? Vor den

Unruhen hatten sie einen neuen Gesetzentwurf bekanntgegeben, der ihnen die Sicherung der Grenze ermöglichen sollte. Unter dem Vorwand, die «Armut zu verringern und Schmuggel zu unterbinden», wollten die Revolutionswächter nun selbst definieren, wer «arm genug» war, um Kraftstoff zu transportieren, und Menge und Herkunft selbst prüfen – mit Hilfe der eigens gebauten Tankstellen, die nun die Verteilung des Diesels vollständig kontrollieren sollten. Die Tragödie am Grenzposten entfremdete die Sunniten nur noch mehr von der schiitischen Zentralmacht.

Sahras allererster Artikel dokumentierte das Schicksal von Menschen, die ohne Personalausweis in Sistan-Balutschestan leben. Immer wieder kehrte sie zu diesem Thema zurück. Damals arbeitete sie in einer NGO, die alleinstehende Frauen in Beschäftigung brachte. Sie bemerkte, dass viele dieser Frauen afghanische oder pakistanische Ehemänner hatten – Männer, die die Familie verlassen hatten oder im Strafvollzug waren. Die Kinder aus diesen Ehen hatten alle keine Papiere. Sahra las das Staatsangehörigkeitsrecht und verstand, dass, wenn nur die Mutter iranisch ist, das Kind nicht als iranisch anerkannt wird. Vor der Revolution war das anders gewesen: Jede iranische Mutter gebar automatisch ein iranisches Kind. Aber jetzt konnten diese Kinder ohne Personalausweis nicht einmal eine Schule besuchen – nur die Grundschule war ihnen erlaubt, und das auch nur, ohne ein Zeugnis zu bekommen.

«Die Kinder erzählten mir oft, wie sehr sie darunter litten. Dass sie mit niemandem in der Schule darüber sprachen, weil man sie sonst hänselte. Einige Kinder gaben den Unterricht auf, als irgendwann aufflog, dass sie keinen Personalausweis besaßen. Eine junge, begabte Frau, die über Jahre versuchte, einen Ausweis zu bekommen, schaffte es bis zum Abitur, aber sie durfte keine Ausbildung, kein Studium beginnen – jetzt ist sie schwanger. Als Junge darfst du dich in so einer Lage nicht mal auf der Straße blicken lassen. Es kann sein, dass die Polizei dich anhält und dich dann nach Afghanistan abschiebt, ohne zu prüfen, ob du überhaupt Afghane bist. Es gab Fälle, da stürmten Polizisten eine Hochzeit und brachten die Kinder weg. Eine Mutter erzählte mir, dass sie ihren Jungen gefangen genommen hatten und man ihr sagte, dass sie nach Afghanistan gehen solle. Sie sagte mir, dass sie sich in ihrer eigenen Stadt oft verirren würde – wie sollte sie dann in einer für sie völlig fremden Stadt leben? Es betrifft nicht nur Kinder aus gemischten Ehen – es gibt auch viele Menschen im Iran, deren Eltern einfach nie einen Personalausweis besaßen. Sie lebten in den Feuchtgebieten oder in entlegenen Dörfern im äußersten Süden, und der Beamte im Meldeamt registrierte sie nie. Diese Menschen haben nichts: kein einziges Bürgerrecht, keinen Anspruch auf Hilfszahlungen, keine Bildung, keine Arbeit. Sie werden Opfer des Behördenwahnsinns und stecken fest. Und niemand hilft ihnen.»

Einmal wurde die Ministerin für Frauen und Familie auf Sahras Artikel aufmerksam, fragte sie nach den Details und besuchte die Provinz. Nach Jahren passierte schließlich ein Gesetz das iranische Parlament, das als Ausweg für die Betroffenen gelobt wurde. Aber selbst diese neue Maßnahme setzt hohe Hürden für die meisten Fälle, erklärt mir Sahra. Die Lage vieler Mütter und Kinder bleibe schwierig. Es sei unklar, ob ihre nichtiranischen Väter und Männer die Sicherheitsprüfung der Behörden bestünden. In mehreren Dokumentationen erzählte Sahra die Geschichten dieser Menschen ohne Papiere. Sie kümmerte sich um die Familien, machte Behördengänge – und wurde einmal auf einer Polizeiwache festgenommen. «Stell dir vor, die haben mich auf dem Revier gefragt, ob ich Geld bekomme, um die Angelegenheit der Menschen zu verfolgen!»

Sahra fing an, die Kinder in den Elendsvierteln von Zahedan anzusprechen und mit anderen Aktivisten ein Freizeitprojekt für sie aufzubauen. Sie trommelte die Kinder in einer Bibliothek zusammen. Sie bat die Kinder zu malen, was sie später werden wollten. Die meisten zeichneten eine Moschee. Sie wollten Prediger werden – die Moschee war für sie ein Synonym für Macht und Wohlstand, für alles, was sie in ihrem Leben begehrten und nicht hatten. Sahra besorgte auf eigene Kosten Tablets für die Kinder, damit sie am Online-Schulunterricht teilnehmen konnten. Ihre Mutter meckerte: «Sahra, du bist in einem Alter, in dem du deinen eigenen Kindern Computer kaufen müsstest! Und was tust du? Du kaufst welche für wildfremde Kinder!» Aber Sahra blieb unbeirrt. Sie verschaffte den Kindern Schulmaterialien, las mit ihnen Theaterstücke oder brachte ihnen Schach bei. Sie malte graue Wände mit ihnen an oder ließ sie Bäume pflanzen. Sie ging mit ihnen ins Kino oder ins Museum. Sie organisierte eine Psychologin, die mit ihnen über ihre Probleme sprach. Sie zeigte ihnen, wie ein persischer Neujahrstisch geschmückt wird – kaum ein Kind kannte die Bräuche am größten iranischen Nationalfeiertag, kaum eines wusste, was der Frühlingsanfang für die allermeisten Iraner bedeutete. Das größte Fest war für sie das muslimische Opferfest oder das Fastenbrechen am Ende des Ramadans.

Sahra organisierte einen Stadtbus, damit die Kinder die lange Strecke zu den Kursen nicht zu Fuß zurücklegen mussten. Allmählich vertrauten ihr die Familien und schickten selbst ihre Mädchen zu ihr. Der gemischte Unterricht – ungewohnt für alle – machte den Kindern Spaß. Die Mädchen wollten Fußball spielen, und niemand stellte sich ihnen in den Weg. Sahra fühlte, dass sie in den Kindern etwas bewegen konnte. Nach einigen Monaten malten sie erneut, welchen Beruf sie später ergreifen wollten. Fast niemand wollte mehr Prediger werden. Sahra lächelte. Sie fühlte sich nützlich und gebraucht. Ihr ganzes Leben in diesem gottvergessenen Landstrich im Südosten ergab also doch einen Sinn. Und es gab noch so viel zu tun.

Gehen oder bleiben?

Nicht ihre Mutter sollte Sahras Leben umkrempeln. Nicht ein Ehemann ihr verbieten, das Haus zu verlassen. Nein, es waren die Revolutionswächter, die Sahra eines Tages vorluden. Sie hatten ihre

Artikel gelesen, ihre Aktivitäten seit Jahren verfolgt und offenbar säuberlich dokumentiert, um ihr all das bei Bedarf eines Tages vorhalten zu können. Die Verhöre der Staatssicherheitsbeamten kannte sie seit Jahren. Sahra empfand sie als relativ zivilisierte Gespräche, sie sollte offenbar den Standpunkt der Beamten kennenlernen, um ihn bei ihren Recherchen angemessen «zu würdigen». Die Revolutionsgarden aber bestellten Sahra als Angeklagte ein, als Straftäterin, die illegal gehandelt habe. Sie installierten eine Kamera, filmten sie und ließen sie ihren ganzen Abscheu und ihre Erniedrigung spüren. «Frau Rusta, Sie haben mit ausländischen Medien gearbeitet.» – «Nein, das habe ich nie.» – «Doch, doch, das haben Sie. Welche Beziehung haben Sie mit den Rädelsführern von 2009? In welcher Partei sind Sie? Frau Rusta, Sie haben auf Twitter den Hashtag #StopptdieTodesstrafe verwendet. Warum? Frau Rusta, Sie haben gegen das Gesetz verstoßen, als Sie über Kinder ohne Personalausweis schrieben. Hier, ein Foto, das Sie von den Kindern, die Sie in der Bücherei unterrichten, auf Instagram posteten!» Auf dem Foto hatten die Revolutionswächter mit dickem Filzstift «Gefährdung der Staatssicherheit» geschrieben und wedelten damit vor ihrem Gesicht herum wie in einem absurden Schauspiel. Sahra verstand die Welt nicht mehr – profitierten die Garden nicht davon, wenn ein paar Aktivisten etwas übernahmen, für das eigentlich der Staat zuständig war? Sie rätselte, ob es den Revolutionswächtern in Wirklichkeit nicht darum ging, dass niemand über ihre Wirtschaftsprojekte schreiben sollte. Sie fragte sich, ob die Sache mit den Kindern für die Revolutionswächter deshalb gefährlich war, weil sie alles ablehnten, das dazu führen könnte, dass sich die Sunniten im Land vermehrten. Schließlich war es bekannt, dass das Schiitentum an Gläubigen verlor – die zu niedrige Geburtenrate in der Mehrheitsbevölkerung und die Zahl der Konversionen zum Christentum oder zur Bahai-Religion beunruhigten die Kleriker an der Macht schon länger. War das der Kern der Sache, den keiner benennen wollte?

«Frau Rusta, Sie blicken zu emotional auf die Sache. Die Menschen ohne Papiere, die Sie unterstützen – das können im Grunde Terroristen und Staatsfeinde sein.» – «Bei allem Respekt, Herr Offizier, wenn Sie zwei von fünf Kindern in einer Familie sagen, dass sie einfach nicht dazugehören – welche Gefühle haben diese Kinder dann? Entwickeln sie nicht Groll und Rache auf die Familie, weil sie abgelehnt werden?» Sahra verglich die Einwohner des Iran mit einer Familie, deren Kinder von den Machthabern unterschiedlich behandelt würden. «Und wenn Sie hier schon über die nationale Sicherheit reden: Sie können Menschen *mit* Personalausweis doch viel leichter finden und strafrechtlich verfolgen. Ohne Ausweis besteht für den Staat doch ein viel größeres Risiko.» – «Frau Rusta, Sie beleidigen in Ihren Artikeln die Verantwortlichen in Teheran und in der Provinz.» – «Einen Verantwortlichen an seine Verpflichtung zu erinnern kommt einer Beleidigung gleich?» – «Wenn Sie schon nicht an Ihre eigene Ehre denken, dann denken Sie an die Ihrer Familie. Das ist doch eine kleine Stadt hier, nicht wahr?»

Sahra begriff, dass die Männer ihr androhten, vielleicht noch weiterzugehen. Sie betonten immer wieder, dass sie den Haftbefehl für sie in der Tasche hätten. Dass sie nächstes Mal an ihre Haustür kommen könnten oder ins Büro, um sie einfach mitzunehmen. Sahra dachte an ihre Mutter. Was würde sie tun, wenn Sahra nicht zurückkehrte? Es würde ihr schlecht gehen. Sie war verantwortlich für ihre Mutter. Für ihre Schwester. Sahra fühlte sich entsetzlich allein. Sie fing an, in ihrem inneren Selbstgespräch unliebsame Gefühle zu unterdrücken. Wer kannte sie denn schon? Wer würde das überhaupt ernst nehmen, wenn man sie jetzt ins Gefängnis steckte? Wer würde sich an sie erinnern? Da sei doch niemand, der sie unterstützen würde. Niemand! Sie war doch eher vorsichtig, konservativ, redete sie auf sich ein. Der Mensch war doch nur etwas wert, wenn er frei war, oder? Wenn sie frei war, konnte sie etwas bewegen. Welchen Nutzen hätte es für all die Kinder, die sie doch brauchten, wenn sie jetzt ins Gefängnis ginge? Wäre es gut, wenn Sahra nicht mehr da wäre und die Bücherei zumachte?

Ich bin Ingenieurin, sagte sie sich. Ich muss jetzt eine Kosten-Nutzen-Rechnung aufstellen. Was ist vernünftiger? Vielleicht war es wertvoll, bei der Wahrheit zu bleiben und nicht zu unterschreiben, was die Garden von ihr wollten. Aber das Ergebnis der Wahrheit wäre, dass sie dann nie wieder irgendetwas hätte tun können. «Schreiben Sie hier, dass Sie emotional waren und weibliche Gefühle hatten, als Sie sich für die Kinder einsetzten. Hier, schreiben Sie, dass Sie keine Ahnung hatten von dem, was Sie da taten. Dass Sie nichts über die Gesetze wussten. Und dass Sie es jetzt bereuen.»

Ein Teil von ihr hasste sich dafür, dass sie die Erklärungen unterschrieb – und sich verpflichtete, in den sozialen Medien und auch darüber hinaus nichts mehr zu veröffentlichen, das die Staatssicherheit gefährden oder Verantwortliche beleidigen könnte. Zwei Stunden oder länger dauerte das Verhör. Sie kam heraus und weinte. Nach dem Schock versank sie in sich. Sie löschte ihre Accounts, machte sich unsichtbar. Sie hielt still, hielt sich zurück, blieb zu Hause. Sie legte Gemüse ein und begann zu stricken. Vielleicht genügte es, einfach nicht mehr in sozialen Medien aufzutauchen. Keinen Wind zu machen. Ihre eigene Arbeit nicht mehr zu bewerben. Schließlich hatte sie es in ihren Reportagen geschafft, nicht in der Ich-Form zu schreiben und selbst völlig im Hintergrund zu bleiben. Jetzt, sagte sie sich, müsse sie genauso vorgehen, um sich noch irgendeinen Freiraum zu bewahren. Einen Schritt zurück – und irgendwann wieder einen Schritt nach vorn. Oder so ähnlich.

Kurz nach unserem Gespräch besuchte Sahra ein bekanntes Wohltätigkeitszentrum in Zahedan, das sich seit Jahren für Frauen einsetzte und ihnen Arbeit verschaffte. Sie kaufte dort die Stickereien der Frauen, bunte Kissenbezüge, Schals und Taschen, und schickte sie mir nach Deutschland. Sie rief sich die Worte der Leiterin des Zentrums in Erinnerung, die eine ihrer Vorbilder war: «Du musst aufpassen, dass sich die eigenen Federn nicht in anderen Federn verhaken.» Hatten die Sicherheitsbeamten diese Frau nicht gequält – und hatte sie nicht trotzdem still weitergemacht? Wenige Tage nachdem mir Sahra die Handarbeiten geschickt und ich bunte balutschische Stoffe auf meinem Sofa drapiert hatte, wurden die Türen der Organisation in Zahedan erneut versiegelt und die Frau an der Spitze als Direktorin entfernt. Gleichzeitig löste ein iranisches Gericht die größte gemeinnützige Zivilorganisation des Landes auf. Die Freiwilligen dieser Gesellschaft hatten sich über Jahre mit den Themen Kinderheirat und Todesstrafe beschäftigt, alleinstehende Mütter unterstützt, minderjährige Straftäter vor der Hinrichtung bewahrt oder Helfer bei Naturkatastrophen bereitgestellt. Jetzt wurde ihnen vorgeworfen, den Islam beleidigt zu haben. Das alte Diktum von einer Diktatur, die sich davor fürchtete, dass auch nur drei Leute sich versammelten und etwas zusammen auf die Beine stellten, bewahrheitete sich erneut.

«Was nun?» Die zwei Worte wurden immer größer und blinkten in roten Buchstaben vor ihren Augen. Sahra lacht mich an und sagt, es sei ja jetzt praktisch unmöglich geworden, einen Partner zu finden. In Zahedan gebe es keine Menschen, die so tickten wie sie. Eigentlich nicht. Eine Fernbeziehung hatte sie ausprobiert und nicht ausgehalten. Für ihre Verehrer war sie aus der Ferne eine Lichtgestalt, die sie mit Komplimenten überschütteten, aus der Nähe aber suchten sie nach einem Makel und fanden, sie sei nicht bodenständig genug. Wieso ihr die Arbeit so wichtig sei? Wer die Leute seien, mit denen sie auf Reisen gehe? Ob sie keine Angst habe, allein loszuziehen? Sie brach jeden neuen Kontakt ab, sobald sie eine dieser Fragen hörte.

Der zweite immer wiederkehrende Bumerang ist der Zweifel, ob sie am richtigen Ort lebt. Gehen oder bleiben? Zahedan oder Teheran? Oder sich als Ingenieurin irgendwo im Westen bewerben und auf ewig die Leerstelle spüren, die sich öffnet, wenn sie nicht mehr schreibt und nicht mehr für die Kinder arbeitet? Was würde dann mit ihrer lernbehinderten Schwester passieren? Die Frage zerreißt ihr Herz. Denkt sie an den Iran, quält sie der Stillstand, die Hoffnungslosigkeit, das tägliche Rennen um die unerschwinglich werdende Grundversorgung, der Wettlauf gegen die allmähliche Entwertung ihres Lohns. Ein Laptop, ein Handy, eine Reise sind zu Großprojekten geworden, die langfristige Planung erfordern. Schaut sie Fotos ihrer alten Klasse an, stellt sie fest, dass nur zwei oder drei der Kameradinnen im Iran geblieben sind. Sie ist die Einzige, die noch in Zahedan lebt. Als sei sie vergessen und zurückgelassen worden, da unten am Rand – an der Grenze.

War es ein Fehler gewesen zu bleiben? Jeder packe doch. Jeder bereite die Ausreise vor. Sie fühlt sich einsam. Aber wenn sie ginge, wer würde dann ihre Arbeit hier machen? Wer würde sich um die Kinder kümmern? Wenn sie ginge, würde sie doch nur sich selbst retten – wenn man das überhaupt Rettung nennen konnte. Die Heimat ist doch kein Hotel, das man verlässt, wenn es nicht gut läuft, erinnert sie sich. Wenn sie laut sagt, dass sie bleiben sollte, um die Dinge zu verändern, hört sie ihre Freunde sagen: «Das Wort ‹Veränderung› hat seinen Sinn eingebüßt. Jede ‹Veränderung› ist hoffnungslos.» Nach dem Siegeszug der Taliban im nur wenige Kilometer entfernten Afghanistan liegt eine Unruhe über ihrer Stadt. Die Balutschen frohlocken. Als ob sie sich bestätigt und aufgewertet fühlen. Die Frauen haben Angst. Sahra hat Angst. Sie weiß, dass eigentlich ihr ganzes Land an der Klippe steht. So nah am Abgrund, dass es früher oder später hinunterstürzen muss. Dann sehnt sie die Ruhe nach dem Fall herbei. Und sieht die Menschen, die sich in den Ruinen mit Geist und Geduld an den Wiederaufbau machen. In jenem Moment, schluchzt sie, würde sie eine jener sein, die einfach geblieben waren, bis der richtige Zeitpunkt kam, an dem sie gebraucht wurden, und die dann mit anpackten.

6. AUF DER BÜHNE DER FREIHEIT

Es war ein heißer Augusttag im Jahr 2018, als Asam Dschangrawi beschloss zu fliehen. Nicht einmal ihre Mutter wusste, was geschehen war und was geschehen würde. Am Tag zuvor war Asam bei ihren Eltern gewesen. Sie hatte ihren Kopf auf die Knie ihrer Mutter gelegt, ihre Arme um sie geschlungen. Mutter litt unter einer schweren Depression. Sie schaute auf ihre einzige Tochter und fragte: «Warum bist du so liebevoll, mein Herz?» Asam verabschiedete sich so wie immer, ging hinter das elterliche Haus in Nord-Teheran, die Straße führte in die Berge. Asam lief immer weiter und weiter, sie wollte noch einmal von da oben ihre Stadt sehen. Es war gut so, nichts zu sagen – Mutter hatte sich nicht im Griff, sie würde etwas ausplaudern, redete sie sich zu. Und so dachte die Mutter, dass die Tochter für ein paar Tage ans Kaspische Meer fahren würde, in die Familienvilla, so wie die anderen Male, als es ihr nicht gutging und sie das Meer brauchte. Später, als sie anrief, fragte Mutter immer wieder, warum sie Asams Gesicht nicht sehen könne beim Videochat. Warum der Vater sie nicht zu ihr an die Küste fahre. Ob Asam sich dort um den Garten kümmere.

Aber Asam hatte ihre siebenjährige Tochter Viana ins Auto gepackt und war mit ihrem Bruder in ein Dorf an die iranisch-türkische Grenze gefahren. Wo konnte sie mit der Kleinen hinübersetzen? Welcher Grenzabschnitt war am wenigsten gefährlich? Wie lange würde Viana durchhalten? Wer sich auf eine solche Route einließ, musste vergessen, wie viele Flüchtlinge im Grenzgebiet erfroren oder ertranken. Musste vergessen, wie viele Frauen von Schmugglern oder türkischen Polizisten vergewaltigt wurden. Musste vergessen, dass das Land, in das man flieht, kaum Schutz bietet vor der iranischen Staatssicherheit, die ihre politischen Gegner in der Türkei bedroht, ermordet oder zurück in den Iran verschleppt.

Eine Woche lang wartete Asam auf den Schmuggler, die richtige Zeit, den richtigen Ort. Am Ende marschierten Mutter und Tochter mit vier fremden Männern los. Asam fand alles an ihnen furchteinflößend. Erst in den Bergen, als sie warteten und kauerten, stellten sie sich einander vor. Der eine war von Kopf bis Fuß tätowiert, schleppte nur seinen Apple-Laptop mit sich und sagte, dass er ein Hacker und Atheist sei. Der andere hatte jemanden totgefahren und konnte der Familie des Opfers kein Blutgeld zahlen. Der Dritte war Soldat und wollte vor dem Militärdienst fliehen. Der Vierte hatte keinen Wehrdienst geleistet und ging regelmäßig illegal in die Türkei, wo er angeblich ein Haus und eine Arbeit hatte. Sie passierten einen Fluss und liefen durch Sträucher, in denen Viana sich verirrte, weil sie ihr hoch über den Kopf ragten. Sie blickten nicht nach unten auf ihrem schmalen Pfad, um die Angst zu beherrschen.

«Ab hier habt ihr zwanzig Minuten, um den Punkt dort oben zu erreichen. Ihr müsst rennen.» Der Schmuggler verließ sie. Asam hatte keine Kraft mehr. Sie blickte hinunter, sah den Dreck an ihrer Kleidung und die Erdklumpen, die an ihren nassen Stoffturnschuhen klebten. Sie hielt ihren Laptop im Arm, der ihr einmal heruntergefallen war. Die Männer nahmen Viana abwechselnd auf ihre Schultern. Ein durchlöcherter Zaun wartete oben auf sie. Und ein totes Pferd, über das sie klettern mussten, um den Fuß auf die andere Seite zu setzen. Jahre später noch würde Viana in ihren Träumen immer wieder zu dem Tier zurückkehren.

Aber sie rannten nicht schnell genug: Auf der anderen Seite waren schon die türkischen Grenzer unterwegs, schnell hatten sie die Gruppe entdeckt. Asam sagte ihnen, dass sie auf der Flucht vor ihrem Ex-Mann sei. Er wolle ihr die Tochter wegnehmen. Einer der Flüchtlinge übersetzte. Viana fing an, sich die Seele aus dem Leib zu schreien. Sie brüllte auf Persisch, dass sie nicht zu ihrem Vater zurückwolle. Der tätowierte

Hacker, der ein paar Brocken Türkisch sprach, fing an, mit den Grenzsoldaten zu verhandeln und sie anzuflehen, einen Deal zu machen: Sie sollten einfach die Männer festnehmen – und die Frau mit dem Kind durchlassen. Die Frau würde die Kleine verlieren, sobald sie drüben auf einen iranischen Polizisten treffen würden, das sei Sünde, die beiden nicht durchzulassen. Ein Grenzer ließ Mutter und Tochter auf einer Bank Platz nehmen, bis sein Vorgesetzter ihn anfuhr, die beiden gefälligst ebenfalls zurückzudrängen. Drei Minuten dauerte die Fahrt im Militärjeep zurück zum iranischen Grenzposten. Der Schmuggler hatte auch dem iranischen Grenzbeamten einen Anteil zugeschoben. Der türkische Offizier fragte den iranischen Amtskollegen, warum die Kleine so heftig weine. «Wegen unserer Gesetze. Wenn sie hierbleiben, werden sie auseinandergerissen. Lasst sie zu euch durch. Es ist okay.»

Asam und Viana durften zurück zum Fahrzeug. Jemand brachte ihnen Wasser. Sie fuhren bis zum Gipfel, wo der Grenzposten war. Als der Jeep schlappmachte, gingen sie die letzten Meter zu Fuß, Viana in den Armen des türkischen Grenzers. Zum ersten Mal fühlte sie Hunger. Für ein paar Minuten erschien Asam alles wie ein Film: die adretten Grenzsoldaten, die moderne Militärbasis auf der Bergspitze, die Hubschrauber, Militärtransporter und Waffen. Die atemberaubende Landschaft. Die Soldaten starrten Asam und Viana verwundert an. Der Grenzer brachte ihnen Badelatschen, sie sollten sich die Füße sauber machen, die Schuhe putzen und dann etwas essen. Asam und Viana verschlangen ihren schlecht schmeckenden Eintopf. Als sie ihre Teller blank geputzt hatten, bekamen sie Zugang zum Internet. Asam packte den Laptop aus, sie wollte ihren Bruder kontaktieren, der öfter in der Türkei auf Dienstreise war und legal die Grenze passiert hatte. Er hatte die Koffer der beiden und Asams Handy. Sie solle schnell machen, sagte ihr der Soldat – Internet für Flüchtlinge, so etwas Verrücktes hätten sie hier noch nie gemacht, und wenn der Vorgesetzte das erführe, könne es böse enden für ihn. Der Offizier zeigte mit der

Hand auf die Dörfer ringsum im Tal: «Du kannst hier nicht bleiben.» Er ging, drehte sich um, blickte ins Tal und sagte: «Alles Schmuggler da unten. Kranke Leute. Wenn du jetzt gehst, kann es sein, dass du in der Dunkelheit ankommst, dass du vergewaltigt wirst da unten.» Asam schluchzte. Viana heulte. «Ich kenne den Weg nicht. Bitte bringen Sie uns nach Van. Mein Bruder holt mich dort ab.» Der Offizier willigte schließlich ein. Sie durften in der Basis übernachten, um am Morgen hinuntergefahren zu werden. Jahre später – immer wenn Asam an ihn dachte – wünschte sie dem Mann allen Segen und alles Glück der Welt für das, was er für sie gemacht hatte. Er hatte sie gerettet. Wenn sie sich doch nur bei all den guten Engeln bedanken könnte. Klar, alle Soldaten hatten Deals mit den Soldaten auf der anderen Seite, und sicherlich schoben sie sich Geld hin und her. Trotzdem war das, was Asam widerfuhr, geradezu unglaublich. *Kare choda bud*, sagt sie heute: Das war Gottes Werk.

Eine Stunde lang hatte der Bruder keinen Kontakt zu seiner Schwester. Wenn etwas passieren sollte mit Asam und Viana – wie sollte er es dem Vater erklären? In dieser Stunde, sagte er später, sei er um ein halbes Leben gealtert. Im Auto des türkischen Schleusers fuhr er bis an den Grenzposten. Viana sprang in seine Arme. Im türkischen Schmugglerdorf konnten sie sich ein eigenes Zimmer und etwas zu essen leisten. Die meisten Flüchtlinge dort hatten nichts. Zwei Tage mussten sie auf ihre gefälschten Papiere warten, um dann mit einem Bus nach Ankara zu fahren. Ohne Papiere wären Mutter und Tochter angehalten und deportiert worden. Asam wusste: Es gab Flüchtlinge, die sich keine Papiere leisten konnten, die im Gepäckraum der Busse ihr Glück versuchten, aber erwischt wurden. Etliche Male auf der Strecke wurden sie kontrolliert, eine elende Prozedur, das Herz klopfte, die Hände zitterten vor Anspannung. Nachts kamen sie an, fanden eine schäbige Absteige – das einzige Hotel, das ihnen eine Übernachtung erlaubte, ohne dass sie sich ausweisen mussten. Sie brachten Viana zu Bett. Asams Bruder kaufte eine Flasche Weißwein, den sie so liebte. Sie betranken sich und weinten, als sie einander erzählten, was sie durchgemacht hatten.

Das Gesetz der Familie

Asam sitzt mit frisch gewaschenen Haaren vor der Laptop-Kamera, müde und zerknautscht, als ich sie das erste Mal sehe. Große schwarze Augen, volle Lippen, ein brauner Teint, ein schwarzer Zopf. Sie trägt einen dicken Pullover, hinter ihr ein Doppelbett, eine nackte Wand und ein Foto ihrer Tochter im weißen Ballettkleid. Asam hat gerade eine Beziehung beendet und versucht, mir zu erklären, wie schwierig es für sie ist, sich auf einen Mann einzulassen, und wie entsetzlich allein sie sich fühlt. Zu Hause im schicken Norden Teherans, wo Villen und Türme aus Marmor und Glas eher an Beverly Hills erinnern, dort, wo einem die ganze Stadt zu Füßen lag, war Asam «Daddy's girl» gewesen: die einzige Tochter neben vier Brüdern. Das Leben in Zaferanieh war sorglos. Die Hosenbeine waren kurz, die Mäntel eng genäht, die Ärmel endeten am Ellenbogen: Anders als im Süden der Hauptstadt quälte die Sittenpolizei nicht die Kinder der Reichen und Mächtigen.

Asam, die Große, die Großartige. Ihren islamischen Vornamen hatte der Großvater ausgesucht. Nach schiitischer Überlieferung war Asam einer der Namen Gottes, dessen Erwähnung jeden Wunsch erfüllte. Asams Eltern kamen aus einfachen Verhältnissen. Der Vater zog als Kind aus seinem Dorf bei Isfahan nach Teheran. Er fing als Maurer in Süd-Teheran an, kämpfte für die Revolution, weil die anderen es taten, bereut es heute aber. Er kaufte Land und Boden, Stück für Stück, und arbeitete sich hoch zum Bauunternehmer in den edelsten Vierteln der Hauptstadt. Wenn er zeigen wollte, aus welchen Verhältnissen er kam, zeigte er seine schwieligen großen Hände, er habe sein Brot ehrlich verdient. Den Ramadan konnte er wegen seiner Tabaksucht nicht durchhalten, sein Magen streikte, selbst wenn ihn die

Liebe zum Prophetenenkel jäh packte. Wie so viele andere Männer aus reichen Kaufmannsfamilien führte er zum alljährlichen Aschura-Fest eine religiöse Trauergemeinschaft an: Männer in Schwarz, die am zehnten Tag des Trauermonats Moharram Speisen an Arme verteilten und zusammen in der Moschee die Trauerrituale vollzogen. Auf einer Empore peitschte ein Sänger, der die Tragödie des Imam Hossein melodisch nacherzählte, die Menge ein, aus den Lautsprechern dröhnte sein Echo verstärkt mit pulsierenden Schlägen, Rhythmus und Verse versetzten die Männer mit nackten Oberkörpern in Trance, bis sie mit ihren Händen auf Brust oder Kopf schlugen und auf und ab sprangen. Die alljährliche Szenerie wirkte auf einen ahnungslosen westlichen Beobachter wie ein homoerotisches Hippie-Festival.

Die Liebe zu Imam Hossein war groß, aber einen religiösen Zwang erfuhr Asam in ihrer Familie nie. Nur ein tief verwurzeltes Traditionsbewusstsein. Asams Brüder verrichteten das Gebet, ihre Frauen trugen Kopftuch, die Mutter ebenso, Papas frecher Liebling aber trug Jeans und Bluse und spielte Tennis. Ihr Tennislehrer war ein Mann, aber Papa hielt das vor Ali, seinem strengsten Sohn, geheim, der wäre sonst eifersüchtig geworden. Töchterchen kaufte mit Papas Bankkarte alles, was ihr Herz begehrte, das Leben war schön und herrlich einfach. Keines der Kinder musste arbeiten, aber dennoch wirkte einer der Brüder im Unternehmen des Vaters mit, der andere betrieb eine Immobilienagentur, der Dritte war ein brillanter Ingenieur, der Vierte ging in die Politik und wurde Berater des Gouverneurs von Teheran und stellvertretender Bezirksbürgermeister.

So nah sie den anderen Brüdern stand, so fern war sie Ali, dem ehrgeizigen Politiker, der nach Rang und Macht schielte. Asam und er waren so unterschiedlich wie Feuer und Wasser: Zog sie einen Mantel an, der nach seinem Geschmack zu hell war und damit zu auffällig, konnte es sein, dass er ihn einfach zerriss. Die zwei jüngsten Brüder aber standen ihr bedingungslos zur Seite. Als sie mit sechzehn anfing, einen Ring am linken Ringfinger zu tragen, den sie von ihrem ersten

Freund geschenkt bekommen hatte, nahm sie einer der Brüder beiseite und sagte ihr, dass noch viele Männer ihr Herz erobern würden und es keinen Sinn mache, sich so früh festzulegen. Als sie mit einem Jungen Schluss machte, versuchte ihr Vater ihr klarzumachen, dass das nicht das Ende der Welt sei. Als sie ohne Vorwarnung ihren Freund nach Hause brachte, drehte ihre Mutter nicht durch, sondern ermunterte sie, ihre *Boyfriends* ruhig einzuladen, aber auf ihre Jungfräulichkeit aufzupassen. Bis zu dieser Grenze schien alles natürlich – oder vielleicht doch nicht? Vielleicht hatte sie die Erwartungen der anderen an die einzige Tochter der Familie nur bereits verinnerlicht, die Rollenbilder und Ideale, die ihr unbewusst vermittelt wurden, längst übernommen?

«Ich war dreiundzwanzig und datete seit einem Jahr einen Kommilitonen, den ich wirklich liebte. Er war so alt wie ich. Er hatte seine Familie von mir überzeugt. Aber meine Mutter konnte er nicht bewegen. Sie willigte nicht ein. Sie gebe ihre Tochter nicht einem Fremden her, sagte sie. Der Mann weinte, als er das hörte. Meine Mutter dachte, dass meine *Boyfriends* nur ein spaßiger Zeitvertreib seien und sonst nichts. Sie wollte selbst einen Ehemann für mich aussuchen. Als ich sechs wurde – in diesem Alter schicken andere Mütter ihre Mädchen zum Sprachkurs –, fing sie an, mir meine Aussteuer zusammenzusammeln – die Dinge, die eine iranische Braut in die Ehe mitbringt. Für sie war ich mit dreiundzwanzig bereits eine alte Jungfer, die unter die Haube gebracht werden musste. Zu Hause gab sie den Ton an, ihr Wille herrschte. Damals sagte sie mir und meinem kleinen Bruder zur etwa gleichen Zeit, dass wir heiraten müssten. Sie hat uns gezwungen. Meinem Bruder hat sie zwei Frauen präsentiert und gefragt: Die oder die, welche willst du? Bei mir hatte sie große Angst, dass ich meine Jungfräulichkeit verliere, weil meine Beziehung mit dem ihr verhassten Studienkollegen immer enger wurde.»

Trotz und Schuldgefühle gingen eine unheilvolle Verbindung ein, als sich zwei Verehrer gleichzeitig bei Asam vorstellten und um ihre

Hand anhielten. Da war zum einen Mutters Lieblingskandidat: Asams Cousin, ein hübscher Kerl, ein prächtig verdienender Ingenieur und noch dazu der gute Junge der Familie. «Asam, der kann dir eine gute Zukunft bauen!», meinte ihr Bruder. «Asam, du musst ihn heiraten!», drängte die Mutter. Die Familie des zweiten Kandidaten ließ die Mutter wissen, dass sie sich nur ja früh entscheiden solle, denn ihre Tochter habe bereits einen Anwärter. Am Nachmittag kam der Cousin, am Abend der andere. Zu ihrem Cousin hegte Asam nur brüderliche Gefühle; sie waren zusammen aufgewachsen, die ganze väterliche Familie war im Baugeschäft und verbrachte zusammen den Urlaub am Kaspischen Meer. Asam wollte auf keinen Fall einwilligen. «Der Zweite war ein entfernter Verwandter. Er hieß Saiid. Ich nannte ihn Taliban. Ein Mann wie ein *Bassidsch*-Milizionär, mit Bart und allem. Ein Sohn, der bei seinem Vater, einem einflussreichen Großhändler, auf dem Teheraner Basar rumhing und so tat, als ob er arbeitete. Mir wurde schlecht. Aber damit ich nicht die Frau meines Cousins würde, willigte ich ein. Ich wollte ein paarmal mit ihm ausgehen – und dann nein sagen. Aber Mutter meinte, wir seien eine ehrbare Familie, ich sei jetzt mit Saiid unterwegs gewesen, ich könne jetzt nicht einfach so nein sagen.» Während Asam sich mit ihr stritt, sank Mutter in sich zusammen. Sie wurde ins Krankenhaus gebracht. Später erfuhren sie, dass sie einen Herzinfarkt erlitten hatte. Asam plagten Schuldgefühle. Der ganze Streit, die ganzen Diskussionen – war nicht die trotzige Tochter der Auslöser gewesen? «Lieber Gott, mach, dass meine Mutter nach Hause kommt, ich akzeptiere alles.» Vater war gegen die Heirat mit Saiid, aber alle schwiegen, jetzt ging es nur um Mutter, alle hatten Angst. Sie musste gesund werden, das war das Wichtigste, und alle fügten sich.

Mutter vereinbarte mit der Familie des Kandidaten die *Bale-Borun*-Zeremonie, ein Zusammenkommen, bei dem sich die Familien näher kennenlernen und Verlobung und Heirat festlegen. Saiids Familie wollte sich ihre Chance nicht entgehen lassen: Asam galt als eine der besten Partien. Ohne irgendjemanden vorher zu informieren, überrumpelten sie den Gastgeber mit einem Mullah, der die beiden noch an diesem Tag trauen sollte. Hätte Vater die Gäste hinauswerfen sollen? Er wusste, dass sich das nicht ziemte. Niemand wollte sein Gesicht verlieren. Alle schienen die Gefangenen eines Rituals zu sein, alle hatten sich ungeschriebenen Gesetzen unterworfen. «Das war der Moment, als meine Mutter mein Leben zerstörte», sagt Asam heute. Als sie einwilligte, liefen ihr die Tränen herunter. Ihre Schwiegermutter pries sie als «Freudentränen». In der Hochzeitsnacht sperrte sich Asam im Bad ein und weinte stundenlang. Während Asam mir erzählt, wie sie sich unterwarf, muss ich unweigerlich an jene älteren Frauen in meiner Familie denken, die etliche Ehen einfädelten. An die unheimliche Macht, die sie dadurch in der Verwandtschaft erlangten, weil sie so die Dinge kontrollieren konnten. Wie viele Frauen mögen – als Ehestifterinnen und Kupplerinnen – anderen Frauen Unrecht angetan haben? Als ob das System, in dem sie lebten, jeden zum Täter, jeden zum Komplizen machte.

Um den Willen der Mutter zu erfüllen, feierten die Dschangrawis die größte Verlobungsfeier Teherans, mit einem Dutzend Speisen, prächtigem Blumendekor und einer maßgefertigten Designerrobe für die Verlobte. «Ich hatte einen Wahnsinnigen geheiratet. Ein Nervenwrack. Einen Gestörten. Seine Familie war traditionell religiös, aber an dieser Religion war alles Fake, das waren keine aufgeklärten Religiösen. Sie logen, und sie quälten mich – kein echter religiöser Mensch würde das tun. Saiid erlaubte mir nicht, weiter Tennis zu spielen – dabei stand ich gerade kurz vor den Provinzmeisterschaften, die erstmals im Frauentennis stattfanden. Mein Vater liebte es, mich spielen zu sehen, und finanzierte mein teures Hobby. Aber Saiid wollte das nicht. Ich war die Beste in meiner Informatik-Klasse, aber nach dem Willen von Saiid sollte ich auch nicht weiter zur Universität. Seine Familie zwang mich, ein Kopftuch zu tragen. Ich sollte aufhören, Hosen anzuziehen, mein Po sei darin zu sichtbar, ab jetzt nur noch breite Röcke und weite Blusen. Ich durfte auch nichts Helles und Buntes mehr tragen. Für die eigenen Töchter waren die Regeln entspannter, für die Schwiegertochter aber galt, dass sie ihre Meinung nicht äußern durfte vor Gästen. Dass sie nicht laut lachen, kein Puder auf ihre Wangen auftragen durfte. Vor Familienfeiern musste ich mich in der Küche meiner Schwiegermutter krumm machen und kochen – aber nie, wirklich nie haben sie mir etwas zum Essen angeboten oder auch nur einen Teller für mich hingestellt.»

Irgendwann war Saiid kaum noch zu Hause, er kam um vier Uhr morgens zurück, war betrunken oder stand unter Drogen, und wenn seine Frau fragte, wo er gewesen war, verprügelte er sie. Einmal schlug er mit der Faust in ihr Gesicht, brach ihre Nase und schubste sie so sehr, dass sie gegen die Wand knallte. Asam musste sich bei den Schwiegereltern verstecken, damit ihre eigene Familie die Narben nicht sah. Irgendwann entdeckte Asams Bruder auf der Straße Saiid mit einer unbekannten Frau. Asam wusste längst, dass er fremdging, aber sie hatte Angst, darüber zu sprechen. Als Mädchen hatte sie sich immer vorgestellt, Sex habe mit Liebe zu tun. Sie musste diese Vorstellung eines liebenden Mannes aufgeben. Sie begehrte ihn nicht und hatte mit ihm zu schlafen. Sie fühlte sich vergewaltigt.

Beim Erzählen wischt sie sich immer wieder die Tränen aus den Augen. Warum, verdammt, hatte sie nie über ihre eigenen sexuellen Bedürfnisse nachgedacht? Dass Frauen darüber offen redeten, dass Mütter ihre Töchter darüber aufklärten, war und blieb tabu in der iranischen Gesellschaft. Sie spürte den Drang, sich sexuell ausleben zu wollen, konnte aber mit ihrem Ehemann keine Befriedigung finden. Sie hatte Gewissensbisse und bot sich ihm an, trug teure Dessous, denn sie hatte gelernt, dass eine Frau zur Verfügung stehen müsse. Als sie noch mit ihm schlief, musste sie jedes Mal an ihre erste große Liebe aus den Studententagen denken. Dann wurde sie schwanger. Als sie zum Krankenhaus ging, um abzutreiben, blieb sie vor der Klinik stehen und sagte sich, dass das Kind, das in ihrem Körper wuchs, nichts mit Saiid zu tun hatte. Sie gebar Viana.

Wie sollte sie sich später ihrer Tochter erklären? Was für eine Frau war sie geworden? Asam erkannte sich selbst nicht mehr. Mutter hatte ihr zunächst verboten, über eine Trennung nachzudenken. Als sie immer mehr Einblicke in Asams Ehehölle bekam, verfiel sie in eine Depression, die immer schlimmer wurde und sie nie mehr verließ. Saiid war drogenabhängig geworden, es schien, als ob er Frau und Kind aufgegeben hatte; seit ihrem ersten Geburtstag kümmerte er sich nicht mehr um seine Tochter. Seine Geliebte war verheiratet und ließ ihn ausbluten. Der Vater verpasste Saiid eine Ohrfeige und stellte Asam zur Rede. Der Bruder forderte sie auf, zu handeln und nicht mehr zu schweigen, um des Kindes willen. Als die Kleine anderthalb war, überwand sich Asam und begann den Scheidungsprozess – ohne irgendeine Hoffnung auf Erfolg zu haben. Saiid hatte ihr gesagt, dass er sich niemals scheiden lassen würde. Als Mutter würde Asam ihr Sorgerecht verlieren, sobald Viana acht Jahre alt war.

Asams Vater besorgte ihr die drei besten Anwälte des Landes. Jedes Mal, wenn Asam mit einem von ihnen zum Gericht ging, fühlte sie sich wie ein bloßer Verkaufsgegenstand. Alle Scheidungsgesetze waren für den Mann gemacht. «Er hat dich betrogen? Das macht doch nichts. Du musst ihm verzeihen!» Der Richter akzeptierte weder Saiids Fremdgehen – Asam müsse, nach islamischen Recht, drei Männer als Zeugen präsentieren, die ihren Mann beim Sex mit einer verheirateten Frau erwischt haben –, noch glaubte er Asam, dass Saiid drogenabhängig war – er müsse dreimal in der Reha gewesen sein, erst dann habe sie ein Recht auf Scheidung. Der einzige Weg, so Asams Anwälte, bestünde darin, Saiid auf Unterhalt zu verklagen, den er ihr in der Ehe verweigert habe. Er werde sehr wahrscheinlich nichts zahlen – und das Gericht könnte daraufhin ihrem Ersuchen stattgeben. Aber selbst dieser Weg würde sie mindestens drei Jahre kosten. «Bist du verrückt? Leb dein Leben! Das brauchst du nicht!» Freundinnen und Bekannte rieten ihr ab, die Prozedur über sich ergehen zu lassen. Sie verstanden nicht, dass Asams Kampfgeist erwacht war. Die kleine

Viana gab ihr die Kraft, nicht aufzugeben. Asam entdeckte sich langsam selbst.

Sie beschloss, ihr Studium fortzusetzen, schrieb sich für Robotik und Künstliche Intelligenz ein. Zugleich veränderte sich etwas in ihr: Das fröhliche Mädchen, das Informatik studiert hatte und, wie sie sagte, mit dem geistigen Radius einer Hausfrau in die Ehe gegangen war, die Frau, die geschwiegen hatte, um nicht geschlagen zu werden – diese Frau entdeckte ihr Interesse an Gesellschaft und Politik. Die Gespräche mit Frauen, die wie sie vor Gericht um ihre Rechte kämpften, hatten etwas in ihr ausgelöst. Als Papas Mädchen hatte sie in einer heilen Welt gelebt, im gläsernen Schloss, sie hatte das große Los gezogen. Aber sechs Jahre Ehe mit einem gewalttätigen Mann und die tägliche Diskriminierung hatten Spuren hinterlassen, die sie jetzt mit Abertausenden Iranerinnen verbanden. Asam wollte etwas tun, etwas bewegen. Mitten im Scheidungsprozess begann sie, für eine wohltätige Organisation zu arbeiten, die sich um Senioren und Menschen mit Behinderungen kümmerte. Sie fragte sich, was aus ihr geworden wäre, wenn sie in andere Verhältnisse hineingeboren wäre.

Über ihren Bruder Ali bekam sie Zutritt zur Welt der Politik. Er nahm sie mit, wenn er bei der Partei der Reformer zu tun hatte. Sie wurde Mitglied, nahm an Sitzungen teil, lernte die Politikerinnen der Partei kennen. Sie engagierte sich für die Wiederwahl von Präsident Hassan Rohani im Jahr 2017 und arbeitete in seinem Wahlkampfstab, wo die Frauenvereinigung der Reformer auf sie aufmerksam wurde. In deren Reihen waren zwar nur erfahrene Politikerinnen, aber Asam hatte sich im Wahlkampf verdient gemacht und zudem einen tadellosen Leumund, sodass sie schnell beitreten konnte. Hatten nicht alle, die die Gesetze und die Gesellschaft verändern und etwas Positives bewirken wollten, bei den Reformern angefangen? «Mir ging es dabei nicht um Macht und Posten. Ich hatte Schaden am eigenen Leib erlitten. Ich wollte Veränderung. Ich hatte erfahren, dass ich, als Frau, kein Recht auf Scheidung hatte. Ich hatte gesehen, wie ich um das Sorgerecht für

Viana kämpfen musste. Erst nach Jahren gelang es mir zu beweisen, dass mein Ex-Mann ein Junkie war. Ich gewann vor Gericht. All diese Zeit hatte ich mir meinen Kampf finanziell leisten können – im Gegensatz zu den allermeisten Frauen in diesem Land.»

Die hohlen Phrasen der Reformer

Asam betrat die politische Arena. Sie band das Kopftuch fest unter das Kinn und zog es tief in die Stirn, sodass kein Haar mehr sichtbar war. Sie war gezwungen, Scheu und Schüchternheit abzulegen und all die Sätze zu vergessen, die sie ihr eingehämmert hatten, damit sie ihren Mund hielt: «Eine Frau sagt nicht ihre Meinung, eine Frau schweigt!» Über das politische Netzwerk erlangte sie eine Stelle im Zentrum für Frauenforschung, als Leiterin der Kommunikationsabteilung. Wenn das Zentrum mit Abgeordneten oder Ministerialbeamten sprechen wollte, war Asam gefragt, die Öffentlichkeitsarbeit lag in ihrer Hand. Sie veröffentlichte die Nachrichten über Frauenthemen, gab ihre Einschätzung zu Studien, in denen es um alleinstehende Mütter ging, Kinder, die im Elternhaus mit Missbrauch konfrontiert waren, oder Frauen, die aus schierer Not gezwungen waren, sich zu prostituieren. Es war immer die gleiche Geschichte, sie wiederholte sich von Frau zu Frau, beobachtete Asam. «Jeden Tag erweiterte sich mein Bewusstsein über das Ausmaß dieser Probleme im Land. Es war entsetzlich. Ich konnte mich nicht abgrenzen von dem Leid und dem Unrecht gegenüber den Frauen, von den Hunderten Fällen, die über meinen Schreibtisch gingen – ich identifizierte mich oft mit den Opfern. Ich wuchs. Ich begriff. Die Selbstverbrennungen und Selbstmorde der Frauen, sexueller Missbrauch, Gewalt, Ehrenmorde. Die Menge der Informationen und der darin enthaltene Schmerz überstiegen mein Fassungsvermögen. Und dieser Kloß im Hals, der seit der Ehe da war und immer größer geworden war, explodierte irgendwann.»

Es war der Gegensatz zwischen den Zielen ihrer Arbeit und der bitteren Realität, der sie zunehmend verzweifeln ließ. Nichts ging wirklich voran. Sie sah, wie das Forschungszentrum etliche Gesetzentwürfe einbrachte, die Arbeit vieler Jahre dann aber im Parlament versandete. Asam erinnert sich an die Mühen, die sie mit dem «Gesetzentwurf über das Verbot von Gewalt gegen Frauen» hatte. Er landete innerhalb von mehr als einem Jahrzehnt mehrmals bei den Abgeordneten. Nach elf Jahren wurde der Name geändert in «Entwurf zur Wahrung des Schutzes, der Würde und der Sicherheit von Damen». Die Umbenennung im Sinne der Sprache der Kleriker sollte dabei helfen, das Gesetz durchzubringen, nach etlichen textlichen und inhaltlichen Änderungen durch die Justiz und Geistlichkeit. Aber selbst wenn das Parlament etwas verabschieden sollte: Jedes Gesetz ging zur Kontrolle zunächst zum Wächterrat, um auf die Vereinbarkeit mit der offiziellen Staatsreligion und der Verfassung überprüft zu werden. Traditionell blockierte der Wächterrat, die Bastion der konservativen Kleriker, jegliche Reformen für mehr Frauenrechte. Selbst wenn irgendetwas durchgekommen wäre, es wäre beim Obersten Führer gelandet – und spätestens dann verschwunden. Asam musste mit ansehen, wie die jahrelang debattierte Gesetzesvorlage zur Unterstützung der Frauen von der Justiz und von den Rechtsgelehrten in der Klerus-Hauptstadt Ghom bis zur Unkenntlichkeit zurechtgestutzt wurde – weil sie angeblich «vom Westen inspiriert» sei, die Familie schädige und den schlagenden Mann «unverhältnismäßig kriminalisiere». Der versandete Entwurf wurde plötzlich wieder hervorgekramt, als ein Vater im Mai 2020 seine vierzehnjährige Tochter enthauptete. Er hatte sie verdächtigt, eine außereheliche Beziehung zu haben. Da der Vater nach geltendem Recht für diese grauenvolle Tat nur zehn Jahre Haft bekam, ging ein Aufschrei durch das Land, und das Kabinett Rohani verabschiedete schließlich den Entwurf. Einen Text mit zahlreichen Lücken – der kaum Chancen hat, irgendwann zum Gesetz zu werden.

Asam zählte die Rückschläge und die Tage des Stillstands. Gleichzeitig beobachtete sie die unaufhaltsame Karriere ihres Bruders Ali im

System: «Es ging ihm nicht um Reformen, es ging ihm nicht darum, etwas Nützliches für die Gesellschaft zu tun. Was für ihn zählte, war die Macht! Und das trifft auf alle Reformer zu: Rang, Macht, Geld. Sie schweigen, wenn sie handeln müssen. Und sonst dreschen sie hohle Phrasen, sie sind ja alle exzellente Redner, die dich einlullen können. Nur die Lüge bleibt übrig.» Nach fünf Jahren politischer Arbeit zog Asam eine ernüchternde Bilanz: Es konnte nichts Fundamentales passieren, denn alle Gesetze fußten auf dem herrschenden islamischen Recht, und dieses islamische Recht war frauenfeindlich. Es war, als ob sie sich die ganze Zeit selbst etwas vorgemacht hatte mit ihrem Glauben an Veränderung und ihrer Hoffnung auf einen Wandel. Diese Republik war eine Sackgasse für Frauen. Wie lange würde es dauern, bis die Reformer mit den von ihnen gepredigten Reformen durchkämen? Hundert Jahre mindestens, dachte sie sich. Bis dahin wäre ihr Leben vorbei und das ihrer Tochter vielleicht auch. Nein, die ganze Verfassung müsste geändert, die Scharia aus dem Recht entfernt werden. «Aus heutiger Sicht muss ich mich beim iranischen Volk entschuldigen, dass ich beim Wahlkampf von Hassan Rohani mitmachte. Das war mein größter Fehler. Und ich bereue das.»

Mehrere Dinge kamen zusammen, bevor Asam einen Schlusspunkt setzte – bevor sie die wichtigste Entscheidung ihres Lebens traf. Da war zum einen ein bislang ungekannter Volkszorn, der sich in Hunderten kleinerer Proteste entlud, bis hin zu den Menschenmengen, die Ende 2017 in etlichen Großstädten und ländlichen Gebieten wütend auf die Straßen gingen, weil sie sich wirtschaftlich und sozial an den Rand gedrängt sahen. Beobachter spekulierten, ob ein «Brotaufstand» bevorstand. Während einige Demonstranten Parolen gegen Präsident Rohani skandierten, priesen andere den vorrevolutionären Pahlawi-Staat oder beschuldigten den Klerus, die Rechte des iranischen Volkes an sich gerissen zu haben. Die Namen der Führer der Grünen Bewegung von 2009 aber erklangen nicht mehr unter den Demonstranten. Präsident Rohani, der von seinem Vorgänger Ahmadinedschad eine

Rezession geerbt hatte und mit einem großen Schlüssel als Symbol angetreten war, um Wege aus der ökonomischen Sackgasse zu finden, gelang es zwar, die Inflation zu senken und Wachstum zu erzeugen. Doch längst profitierten nicht alle von diesem Trend – Armut und Ungleichheit stiegen weiter an. Rohanis autoritär-neoliberaler Regierungsstil konnte weder die Leiden von Millionen lindern, die an der Armutsgrenze lebten, noch verhindern, dass der wiederbelebte Handel mit dem Westen fast ausschließlich den Revolutionsgarden und den mächtigen Firmen des Führers zugute kam. Der Geldsegen des gerade abgeschlossenen Atomdeals mit den USA erreichte nicht jene, die ihn am dringendsten brauchten.

Dann waren da die Vorfälle auf der Teheraner Revolutionsstraße, die Asam zum Ärger ihrer Vorgesetzten auf die Nachrichtenseite des Frauenforschungszentrums gebracht hatte. Die belebteste Straße der Hauptstadt, die Teheran in der Mitte in Nord und Süd teilte, voller kleiner Studentencafés, Buchläden und Straßenhändler, war immer schon Zentrum und Schauplatz des gesellschaftlichen und politischen Wandels gewesen. Vor der Französischen Konditorei der Revolutionsstraße, in die Studierende gerne vor der Winterkälte fliehen, um Plundergebäck zu essen und heiße Schokolade zu trinken, waren einst die Massen der Revolutionäre vorbeimarschiert – und wenige Jahre zuvor war dort die schwarze Limousine des letzten Schah, Mohammad Reza Pahlawi, mit US-Präsident Richard Nixon vorbeigefahren, denen Passantinnen in kurzen Kleidern zugewinkt hatten. Im Protestwinter 2017 sollte eine Frau mit ihrer Tat auf der Revolutionsstraße ein Fanal für eine neue Zeit setzen. Vida Movahed, eine wahrscheinlich alleinstehende Mutter eines Säuglings und aus einfachen Verhältnissen, stieg auf einen Verteilerkasten am Straßenrand, direkt vor der französischen Patisserie, in einer blauen Hose und einem blauen Sweatshirt, ihr weißes Kopftuch hatte sie ausgezogen, an einen kurzen Holzstab gehängt und wedelte damit stumm hin und her, kerzengerade, die langen Haare offen. Tage später nur folgte ihr eine weitere junge Frau mit offenen Haaren, Narges Hosseini, auf den gleichen grauen Kasten. Die Bewegung wurde «Frauen der Revolutionsstraße» getauft. Sie ging viral in den sozialen Medien, erreichte die Weltpresse und ermunterte – trotz vieler Festnahmen – zahlreiche Nachahmerinnen in der Stadt und auf dem Land, ein Zeichen gegen die Bevormundung von Frauen zu setzen. Selbst Männer kletterten auf improvisierte Erhöhungen und schwenkten weiße Kopftücher. Asam scherzte beim Mittagessen mit ihren Kolleginnen, dass sie es Vida und Narges gleichtun wolle und die Zeit für einen Akt des Widerstands gekommen sei. Endlich waren die Augen der Welt auf die iranischen Frauen gerichtet! Endlich wurden sie gesehen! Wie Schiffbrüchige, deren Notrufe endlich angekommen waren!

In dieser Zeit besuchte Asam mit der iranischen Vizepräsidentin Masoumeh Ebtekar eine soziale Notanlaufstelle südlich von Teheran, eine Einrichtung, in der Mädchen und Frauen, die von zu Hause geflohen waren oder keinen Schlafplatz hatten, für drei Tage unterkommen konnten. Asams Blick schweifte umher und blieb an einer zierlichen, sehr kindlichen Dreizehnjährigen hängen. Die Betreuerinnen berichteten Asam, dass die Kleine mehrmals von ihrem Großvater vergewaltigt worden war – und sich danach jedes Mal selbst mit einer Klinge verletzt hatte. Weil ihre Mutter das Sorgerecht für sie nicht bekommen konnte, war sie allein nach Europa geflohen. Ihr Vater war drogenabhängig, der Großvater hatte mit Murren das Sorgerecht übernommen. Asam wusste, wie häufig im ganzen Land Vergewaltigungen in Familien vorkamen, zwischen Familienmitgliedern, die *mahram* sind – nach islamischem Recht die engsten Angehörigen wie Bruder, Onkel, Großvater –, und wie allein die Opfer stets waren. «Die Kleine sagte mir, dass sie zur Schule gehen wolle. Die Betreuerinnen der Notaufnahme baten mich, mit der Vizepräsidentin zu reden, um etwas für das Mädchen zu tun. Denn es durfte nicht im Heim aufgenommen werden, wegen ihres Großvaters. Ich sprach mit der Kleinen und sagte ihr, ich würde sie unterrichten und ihr Bücher bringen. Dass sie eine Ausbildung machen und ihr Leben sich ändern werde. Im Auto wandte ich mich an die Vizepräsidentin des Iran. Ihre Antwort war kühl: ‹Meine Liebe, Sie werden noch viele solcher Geschichten hören und sehen. Es gibt so viele. Da kann man nichts tun. Sie werden sich daran gewöhnen. Sie können sich nicht um alle kümmern.›»

Asam plante heimlich, dass ihr Vater das Leben des Mädchens finanzieren sollte. Die Kleine in der Notaufnahme erinnerte sie an die Verletzlichkeit ihrer eigenen Tochter. Als Viana vier Jahre alt gewesen war, hatte Saiid sie unbemerkt mitgenommen, um mit diesem Schachzug seine Frau zurückzuholen. Er hatte Viana bei der Großmutter abgesetzt, sie hatte irgendwann aus Protest nichts mehr gegessen, um zurück zu ihrer Mutter zu gelangen. Asam hält sich die Hände vor die Augen, als sie von dieser Zeit erzählt. Sie traute Saiid alles zu. «Die Dreizehnjährige löste etwas aus in mir. Ich weinte. Ich hatte Albträume. Ich musste ständig an sie denken.» Asam setzte sich ins Auto und fuhr zur Revolutionsstraße. Die meisten Buchläden der Stadt befanden sich dort, sie wollte für das Mädchen Lehrmaterial kaufen. Sie ahnte nicht, dass sie die Kleine nie wiedersehen sollte.

In Asams Tasche war auch noch das weiße Kopftuch. Es befand sich schon eine Weile dort. Wollte sie nicht etwas tun? Etwas anstoßen? Es war, als ob sich alle Fälle, alle Prozesse, alle Zahlen, alle Statistiken, die sie gelesen und studiert hatte, ihre Ehe mit Saiid, ihre Scheidung – als ob all das sich zu einem einzigen großen Ausrufezeichen in ihrem Kopf gebildet hatte. Sie würde alles verlieren, sagte sie sich. Während der Fahrt tippte sie eine Erklärung in ihr Handy: «Ich, Asam Dschangrawi, begann meine politischen Aktivitäten in der Frauenvereinigung der Reformer und in der Partei der Reformer in der Hoffnung auf Reformen. Ich bin müde geworden … Es sind genug Worte gewechselt worden. Es ist Zeit zu handeln. Ich habe das für die Freiheit, für das Ende aller frauenfeindlichen Gesetze und Regeln getan. Ich akzeptiere die Folgen meiner Tat. Meine Tat entspringt keinesfalls einer Organisation, einer

Gruppierung oder einer Bewegung im In- oder Ausland. Ich habe das getan, um mich der Zwangsverschleierung zu widersetzen. Lasst uns selbst über unseren Hidschab entscheiden. Als Individuum habe ich ein Recht auf Wahlfreiheit. #FrauenderRevolutionsstraße.»

Als sie die Bücher für die Kleine in der Sozialstation kaufte, erzählte sie dem Verkäufer, was sie vorhatte. «Tu das nicht», sagte er. «Ich fühle, dass ich das tun muss», antwortete sie. Eine halbe Stunde kreiste sie auf der Straße umher und schielte auf den grauen Verteilerkasten vor der Französischen Konditorei – die winzige, leere Bühne der Revolutionsstraße. Sie würde so lange da oben stehen bleiben, bis man sie abführte. Was würde dann mit Viana passieren? Als sie plötzlich eine Energie in sich aufsteigen spürte, als sie den Menschen ein stummes «Es reicht! Es reicht endlich!» zurufen wollte und der Kloß im Hals platzte und es kein Zurück mehr gab, stieg sie auf den Kasten, richtete sich auf, die schwarze Daunenjacke offen, darunter ein schwarzes T-Shirt mit der Aufschrift *Property of No One*, «Niemandes Besitz». Sie zog ihr schwarzes Kopftuch herunter, nahm das weiße in die Hand. Zuerst sammelten sich nur drei, vier Passanten. Sie hörte, wie sie riefen: «Kommen Sie runter, die nehmen Sie noch fest.» Innerhalb einer halben Stunde bildete sich eine große Menschentraube. Waren es hundert? Oder mehr? Beamte in Zivil forderten sie auf herunterzusteigen. Einer stieß Asam schließlich von hinten in die Beine, die Schaulustigen erschraken, sie stürzte herunter, schnitt sich am Bein auf, ihre Jeans sog sich voll mit Blut. «Was tut ihr da? Lasst sie in Ruhe!», hörte sie. Es war die Stimme eines einzigen Mannes. Ein einziger. Niemand versuchte, sie vor den Beamten zu schützen. Sie fühlte den stechenden Schmerz eines ausgerenkten Daumens, spürte, wie der Beamte zweimal nachtrat, als sie am Boden lag. Im Polizeiauto holte sie schnell ihr Handy heraus und drückte auf «Senden». Ihre Erklärung war online.

«Ich schreibe keine Entschuldigung. Ich unterschreibe nichts.» – «Was dachten Sie sich dabei? Es gibt Regeln in diesem Land. Sie dachten wohl, dass hier niemand verantwortlich ist?» Auf der Polizeistation traf sie auf einen Wichtigtuer und einen freundlichen Offizier, der ihren Mut lobte: «Ich wünschte, meine Frau wäre wie Sie.» Sie durfte telefonieren. Schnell rief sie ihre Mutter an: «Mama, ich bin auf einer dringenden Dienstreise. Passt auf Viana auf.» Bevor sie das Handy abgeben musste, löschte sie ihren Instagram-Account. Die Wärterin fragte sie, wieso sie ihr eigenes Leben zerstört habe. «Weil ich daran glaube. Es geht mir nicht nur um die Zwangsverschleierung. Alles, was ich durchlitten hatte, kam zusammen, als ich auf den Kasten stieg.»

Am Morgen darauf begannen die Verhöre. Die Polizei hatte die Familie kontaktiert, Vater und Mutter waren ahnungslos, aber ihr Bruder war gekommen. Er brach vor ihr zusammen und konnte nicht mehr aufhören zu weinen. Sein Anblick schmerzte sie. Aber sie lehnte seine Bitte ab, ein Reuegeständnis zu unterschreiben. Der Verhörbeamte wollte alles über ihre Vorgesetzten und Arbeitskolleginnen wissen. Nach vier Tagen in der Einzelzelle wurde sie in Hand- und Fußschellen vor den Staatsanwalt für Islamische Führung gebracht. «Sie arbeiten für die Israelis. Sie arbeiten für die Amerikaner.» Sie sollte sämtliche Internetkommentare zu ihrer öffentlichen Erklärung vorlesen und erklären, ob sie diese Menschen kenne. Jeder kritische Account, dem sie in den sozialen Medien gefolgt war, war nun Grund genug für eine Anklage. Sie wurde zum Richter gebracht, ausgerechnet zu Gholamreza Mansouri – ein gefürchteter Mann, der bereits zahlreiche Journalisten eingekerkert hatte. «Wer hat dir gesagt, dass du dich setzen sollst in meinem Büro? Das ist nicht dein Wohnzimmer. Los, steh auf. Hast du nach einem Mann gesucht, als du auf den Kasten gestiegen bist? Bist du gestört? Du Hure. Du Schlampe. Ich werde dir alles wegnehmen. Dein ganzes Leben.» Asam blieb stumm, ihr war gesagt worden, dass sie vor Mansouri nicht reden solle. Ihr liefen die Tränen über das Gesicht, Mansouri durchblätterte ihre Akte. «Du hast einen Führerschein? Das Autofahren ist vorbei. Du studierst? Ich sehe deine ausgezeichneten Noten. Ich exmatrikuliere dich. Du hast das alleinige Sorgerecht über dein Kind? Eine wahnsinnige, kranke, verdorbene Person wie du ist nicht befugt, eine Tochter aufzuziehen. Wir werden dir dein Kind wegnehmen. Du wirst nicht mehr arbeiten. Ich werde dich ans Haus fesseln, damit du begreifst, was Freiheit bedeutet!»

Die Verhöre gingen weiter. Immer wieder die gleichen Fragen. Als sie zur Gerichtsmedizin gebracht wurde, wehrte sie sich mit Händen und Füßen. Der Arzt weigerte sich, eine Bescheinigung auszustellen, dass Asam geistig behindert sei. Ihr neues Zuhause war eine Einzelzelle im Evin-Gefängnis. Nach sechs Tagen kam sie auf Kaution frei. «Mein Bruder Ali, der in der Politik war, bedrängte mich nach der Freilassung mehr als die Revolutionswächter oder die Staatssicherheit. Er rief mich immer wieder an und untersagte mir, mich von einer Menschenrechtsanwältin vertreten zu lassen, die meinen Fall, wie er meinte, noch größer und noch komplizierter machen würde. Ali verlor einen Posten und Kontakte wegen mir. Er geriet unter Druck.»

Wenn Asam auf der Straße war, wurde sie verfolgt. Die Männer, die ihr nachfuhren, wollten auffallen. Die Frauenvereinigung der Reformer beendete Asams Mitgliedschaft, das Forschungszentrum kündigte ihr nach nur drei Tagen. Ihr letztes Monatsgehalt wurde nicht ausgezahlt. Die meisten Freundinnen und Freunde brachen den Kontakt zu ihr ab, vor allem jene aus dem Milieu der gebildeten und aufgeklärten Reformer. Ihr damaliger Partner, der erste Mann nach der Scheidung, zog sich verängstigt zurück. Asam erlitt einen Nervenzusammenbruch. Als ihr Vater nach drei Monaten von der Geschichte erfuhr, ging es ihm so schlecht, dass er ins Krankenhaus musste. «Asam, du hast meine Ehre vernichtet. Wie kann ich mich noch bei meiner Imam-Hossein-Trauergesellschaft blicken lassen?» Dann aber, als sein alter Gefährte ihn wütend anfuhr und er sich von ihm anhören musste, dass seine Tochter die Ehre aller Dschangrawis beschmutzt habe, beendete er die langjährige Freundschaft und stellte sich hinter seine Tochter: «Was hat Asam denn getan? Ist sie verdorben? Hat sie etwas gestohlen? Nein! Meine Tochter hat das Recht aller Frauen verteidigt.

Das sage ich mit erhobenem Haupt. Wasch dir den Mund, bevor du den Namen meiner Tochter erwähnst.» So etwas hatte Asam ihrem Vater nicht zugetraut. Seine Ansichten änderten sich, er hatte begriffen, dass seine Tochter etwas Großes vollbracht hatte. Er fing an, Politik und Nachrichten zu verfolgen, was er sonst nie tat. Asams Akt der Selbstermächtigung hatte ihr nächstes Umfeld verwandelt.

Zwei Gerichtssitzungen, eine um acht Uhr morgens und eine um neun. Sie konnte sich nicht erklären, warum sie zweimal erscheinen musste – für was? Das erste Gericht bestand aus dem Zimmer des Richters. Er hatte eine Anklage verfasst, in der die Internet-Kommentare unter Asams Erklärung Grund genug für die Gefährdung der Staatssicherheit waren, und drei Jahre Haft beschlossen. Eine Stunde später musste sie vor ein anderes Gericht. Zu ihrem Erstaunen sah sie dort plötzlich ihren Ex-Mann Saiid. Der Richter erklärte, dass ihre Scheidungsakten nicht vollständig seien. Er widerrief das Scheidungsurteil, das anderthalb Jahre zuvor gerichtlich registriert und mit dem Siegel der Justiz abgeschlossen worden war. Der Ehemann sei jetzt nämlich bereit, die Alimente nachzuzahlen. In der gleichen Sitzung wurde ihr das Sorgerecht für Viana entzogen. Niemals hatte Asam auch nur einen Gedanken daran verschwendet, dass das Scheidungsurteil, für das sie sechs Jahre gekämpft hatte, aufgehoben werden konnte. «Ich werde mich umbringen, falls meine Scheidung aufgehoben wird», sagte sie dem Richter. «Dann geh, Kind, und bring uns die fehlenden Akten.» Als sie die gerichtliche Anordnung und alle gestempelten Unterlagen dem Richter vorlegte, sagte er ihr nur, dass eine solche Akte im Computer nicht existiere. Die Antwort des Regimes war eindeutig. Es nutzte sämtliche Hebel, um Asams Leben zu vernichten. Es machte Asams Ex-Mann zu seinem Komplizen, zu seinem Gesicht und seinem Vollstrecker.

Fünf Monate nachdem Asam auf der Revolutionsstraße für vierzig Minuten ihr Kopftuch heruntergezogen und ihre Haare entblößt hatte, erhielt sie die Aufforderung, Viana bei ihrem Vater abzugeben.

Die Tochter sollte innerhalb von zehn Tagen bei ihrem Vater eintreffen. Noch vor Ablauf der Frist meldete sich Saiid von einer Polizeistation und befahl ihr, Viana zu ihm zu bringen. Am neunten Tag gelang Asam und Viana die Flucht.

«Das UN-Flüchtlingswerk wird drei Jahre brauchen, um Ihren Antrag zu bearbeiten. Bis dahin müssen Sie in der Türkei bleiben.» In ihrem Asyl erwartete Asam nichts anderes als Leere und Ungewissheit. Sie war gestrandet. Doch so viele Gefährten und Kontakte sie verloren hatte, so viele neue Freunde gewann sie in der Fremde. Sie meldeten sich bei ihr aus der ganzen weiten Welt der iranischen Diaspora. In ihren schwärzesten Tagen lernte sie die Wahrheit über viele Menschen kennen, erfuhr, wer echt war und wer falsch. Iranische Exiljournalisten machten ihr Mut und standen ihr mit Rat zur Seite. Menschenrechtsorganisationen interviewten sie und schickten Briefe an Ministerien und Organisationen. Nach einem halben Jahr bekam sie einen Termin beim UN-Flüchtlingswerk, zweimal sechs Stunden dauerte das Gespräch, Viana stand mehrere Stunden einer Psychologin Rede und Antwort. Dann die erlösende Nachricht. Sie durften nach Kanada ausreisen.

An dieser Stelle ihrer Geschichte steht Asam auf, blickt umher und verschwindet kurz. Sie kommt mit einer Puppe zurück, die lange schwarze Wollhaare hat und auf einem Stück Holz steht, in der Hand ein weißes Tuch. Asam zeigt mir eine Silberkette mit den kunstvoll kalligraphierten Namen jener vier Frauen, die auf der Revolutionsstraße auf den grauen Kasten gestiegen sind. Es sind nur wenige von vielen Geschenken, die sie noch im Iran erreichten. Dann schwenkt sie das weiße Kopftuch von damals vor der Laptopkamera und lächelt. Ihr Vater wollte, dass sie ihre Kleidung von jenem Tag aufbewahrt: die zerrissene, blutige Jeans, die Daunenjacke, die Turnschuhe. Das T-Shirt mit der Aufschrift *Property of No One* trägt sie noch heute – immer, wenn es ihr schlechtgeht und sie Energie braucht.

Ich blicke auf Vianas Foto an der Schlafzimmerwand. «Viana hat erst hier zu sich gefunden. Zuerst war sie oft krank und fieberte alle zwei Wochen, dann sah ich immer öfter ihr Lachen. In der Schule erklärt sie ihren Mitschülern, wie Computer funktionieren, so wie ich damals in ihrem Alter. Viana zeichnet Bilder von mir, wie ich auf dem Kasten stehe vor den Menschen, und sie erzählt ihren Klassenkameraden meine Geschichte.» Auf ihrem Instagram-Account postete Asam eine Fotomontage, die das «Fearless Girl», das furchtlose Mädchen, zeigt, eine Skulptur, die in New York zum Weltfrauentag 2017 aufgestellt wurde. Es hat die Hände in die Hüften gestemmt und stellt sich breitbeinig jemandem entgegen – in der Fotomontage einer Handvoll bärtiger Männer, die auf sie zukommen: der Oberste Führer und seine Revolutionsgarden. «Als ich das erste Mal diese Fotomontage sah, musste ich sofort an Viana denken. Dieses Mädchen … das sind wir alle, wir Iranerinnen. Das ist unsere Geschichte. Wir sind härter als die Männer, wir sind so hart wie das Metall der Skulptur. Als wir emporstiegen und die Haare entblößten, kam der Führer nicht umhin, unseren Protestakt zu kommentieren.»

Meine Frage, ob sie ihrer Mutter verziehen habe, lässt Asam unbeantwortet. Mit Ali hat sie seit über zwei Jahren nicht mehr gesprochen. Er würde selbst auf meinen Schatten schießen, zitiert sie ein persisches Sprichwort. Mit Mitte dreißig hat sie ein Jurastudium aufgenommen. Sie will Menschenrechtsanwältin werden. Sie will es schaffen – wenn die Einsamkeit, die Sehnsucht nach dem Vater und das Heimweh nach den Bergen Teherans sie in der flachen grünen Ebene von Richmond Hills in Toronto nicht noch erdrücken. Die meisten Iraner in Kanada meiden Asam, weil sie denken, sich mit ihr in der Öffentlichkeit zu zeigen könnte sie in Bedrängnis bringen. Ich frage sie, ob westliche Feministinnen sie jemals besucht oder mit ihr gesprochen haben, ob sie deren Solidarität erfahren hat. «Keine einzige westliche Feministin hat sich jemals an mich gewandt. Ich kenne keine einzige. Vielleicht ist das so, weil viele Feministinnen hier sich als links begreifen und viele Linke sich geopolitisch verorten und als israelkritisch definieren? Deswegen meiden sie vielleicht jemanden wie mich, weil sie dem iranischen Regime prinzipiell wohlwollend gegenüberstehen. So simpel ist das dann wohl leider. Ich habe ein paar Iran-Experten in amerikanischen Thinktanks kennengelernt. Sie sprechen genau wie die Reformer im Iran. Sie sind hier, um der Islamischen Republik Legitimität zu verleihen», lacht Asam. In das Iran-Bild der westlichen Schönredner und der Auslandslobby der Islamischen Republik passe sie nicht hinein. Genauso wenig habe sie Lust, ihren Kampf für Frauenrechte in den Dienst von Leuten wie Donald Trump zu stellen – jede Veränderung im Iran müsse sich aus dem Inneren entwickeln, ist sie überzeugt. «Ich weiß nicht genau, wo ich selbst politisch stehe. Ich weiß nur, dass keine Diktatur auf Dauer erhalten bleibt, kein Unrecht ewig herrscht – und dass alles zusammenbrechen wird im Iran.»

Zwei Jahre nach ihrer Flucht erfuhr Asam Dschangrawi, dass ihr Richter, der ihren Führerschein, ihre Arbeit, ihren Studienplatz und ihre Tochter weggenommen und ihre Scheidung annulliert hatte, plötzlich in Europa aufgetaucht war. Gholamreza Mansouri hatte Schengen-Visa von der deutschen und französischen Botschaft erhalten – etwas, von dem die meisten verfolgten Menschen im Iran nur träumen können. Ohne seinen weißen Turban, mit schwarzem Rollkragenpulli und elegant getrimmtem Bart spazierte er unbehelligt durch Europa, fuhr von Frankreich nach Deutschland und von dort nach Bukarest – während er im Iran wegen Korruption gesucht wurde. Exiljournalisten erzählten Asam, dass sie eine Klage gegen Richter Mansouri wegen Verbrechen gegen die Menschlichkeit vorbereiteten und ihn im Westen vor Gericht bringen wollten; sie seien auf der Suche nach weiteren privaten Klägern gegen ihn. Asam überwand ihre Angst und sagte zu: Ja, sie würde gegen Mansouri klagen.

In Deutschland hatte die Organisation Reporter ohne Grenzen bereits eine Strafanzeige beim Generalbundesanwalt gestellt, als eine Freundin bei Asam anrief: Mansouris Leiche sei in Bukarest gefunden worden, er sei aus dem Hotelfenster gefallen. Asam weinte. In der

Staatsanwaltschaft in der Bukarest-Straße in Teheran hatte er ihr Leben zerstört – und in Bukarest war er umgekommen. Sie fühlte Bitterkeit, Erleichterung, Wut. War es Selbstmord, wie es offiziell hieß, oder hatte die Islamische Republik den Mann vorsorglich getötet? Wahrscheinlich ein Auftragsmord. Warum nur hatten die Europäer ihn nicht gleich verhaftet? «Wäre er doch nur zur Rechenschaft gezogen worden. Aber jemand kam uns Klägern zuvor. Jemand wollte uns diese Genugtuung nicht verschaffen.»

Asam. Vida. Narges. Maryam. Eine Freundin schrieb einmal, immer wenn sie sich den Iran der Zukunft vorstelle, komme ihr der Revolutionsplatz in Teheran in den Sinn – jener Platz, in den die Revolutionsstraße mündete. In ihrer Traumvorstellung von einem Iran der Zukunft wäre die Revolutionsstraße umbenannt in «Straße der Töchter der Revolution». Auf dem Platz stünde nicht mehr die türkisfarbene Kuppel, die wie ein Auge aus der Mitte ragt, sondern eine Skulptur: vier in Bronze gegossene Frauen, groß und stolz, mit erhobenem Haupt und dicht beieinander. Eine jede würde in eine andere Straße des Platzes und in eine andere Himmelsrichtung schauen. An der Stelle des grauen Verteilerkastens vor der Französischen Konditorei fände sich dann eine Parkbank zum Ausruhen. Der neu eingeführte iranische Frauentag würde in diesem Iran der Zukunft auf jenen Tag fallen, an dem die erste der vier Frauen der Revolutionsstraße ihr weißes Kopftuch schwenkte, eine Frau wie so viele Iranerinnen, entschlossen und einsam. Denn keine von ihnen hatte sich abgesprochen. Keine kannte die andere. Ihre Motivation mochte jeweils unterschiedlich gewesen sein, aber alle vier waren ungefähr im gleichen Alter, Anfang bis Mitte dreißig, und alle hatten beschlossen, das System auszureizen. Sie wollten nicht nur für einen Schnappschuss auf Instagram das Kopftuch für einige Sekunden abnehmen, nicht nur in einer kleinen Seitenstraße ihr Haupt entblößen, sondern an der Hauptverkehrsader der Stadt so lange stehenbleiben, bis sie abgeführt würden. Bald wimmelte die

Revolutionsstraße vor Beamten in Zivil, sahen der Pistazienverkäufer und der Manuskripthändler an der Ecke so aus, als seien sie eigentlich keine Verkäufer. Schnell wurde der graue Verteilerkasten, dieser verdammte Sockel, zu einem Hochsicherheitsort und mit einem spitzen Dach versehen, damit niemand mehr darauf stehen konnte.

Vida, die Mutter eines Kleinkinds, musste für einen Monat ins Gefängnis, doch knapp ein Jahr später kehrte sie zurück zur Revolutionsstraße. Sie kletterte, wie auch immer, auf die türkisblaue Kuppel des Revolutionsplatzes, in einem kurzen, leuchtend roten Mantel, mit Luftballons in der Hand, einem roten Tuch – und offenen Haaren. Die Anklage folgte prompt: «Ermutigung zu Unmoral und Prostitution», ein Jahr Gefängnis. Die junge Mutter hatte keinen Account in den sozialen Netzwerken, sie blieb rätselhaft und verschlossen, kaum etwas wurde über sie bekannt, die Richter in den Folgeprozessen nannten sie stets «die Wahnsinnige».

Die Soziologiestudentin Narges Hosseini fuhr aus dem drei Stunden entfernten Kaschan südlich von Teheran in die Hauptstadt zu ihrer Schwester, weil sie das Gefühl nicht loswerden konnte, dass das, was Vida Movahed angestoßen hatte, unbedingt weitergehen musste. Sie löschte alle Informationen auf ihrem Handy, ließ es zu Hause liegen, kaufte sich ein helles Kopftuch und ein Stück grünen Stoff, den sie sich um die Hand wickelte – Narges hatte, neun Jahre nach 2009, die Grüne Bewegung und den Glauben an eine grundlegende Reform des Landes immer noch nicht aufgegeben. An einem kalten Wintertag, an dem die Bäume der Revolutionsstraße Schnee trugen, suchte sie hektisch den Fußweg nach einem kleinen Zweig ab, um daran ihr weißes Tuch zu verknoten, ging in die Französische Konditorei, wischte alle Tränen und Bedenken weg und stieg mit heftig zitternden Beinen mehr schlecht als recht auf den Verteilerkasten. Als ein einfacher Bauarbeiter sie fragte, warum sie das getan habe, fragte sie ihn nach seinem Handy, bat ihn, ihre Schwester anzurufen, die am Hörer weinte und sie anflehte, an den Vater zu denken. Als zehn Minuten später ein Polizist sie abführte, weigerte sie sich den ganzen Weg bis zur Wache, ihr Haar zu bedecken. Auf Narges folgte Asam. Und auf Asam folgte Maryam.

Die alte Monarchie als neues Ideal

Das erste Mal, als ich auf Maryam Schariatmadari aufmerksam wurde, sah ich eine Frau, die einen Hilferuf an die Welt schickte. Sie hatte sich selbst aufgenommen. Nicht im Iran – nein, sie meldete sich eines Nachts aus einem Polizeiwagen in Denizli, zwischen Izmir und Antalya, und sagte, dass die Polizisten sie und einige andere iranische Flüchtlinge grundlos aus der Türkei abschieben wollten. «Mein Name ist im türkischen Meldesystem registriert. Aber sie haben sich einfach einige Opfer ausgesucht, die sie zurück in den Iran schicken wollen. Ich bitte euch, meine Nachricht zu verbreiten!» Monate zuvor waren zwei iranische Demonstranten, die nach ihrer Teilnahme an den Novemberprotesten 2019 in die Türkei geflohen waren, an den Iran ausgeliefert worden. Sie landeten im Gefängnis und wurden zu einer Todesstrafe verurteilt. Maryam könnte ein ähnliches Schicksal erwarten, fürchtete ich. Beamte in Zivil hatten sie auf der Straße aufgeschnappt, nachdem die Einwanderungspolizei ihren bereits bestätigten Termin für ein Asylinterview plötzlich nicht mehr finden konnte. Maryam fragte sich, ob die Türkei mit einem solchen Vorgehen einfach die Menge der Flüchtlinge reduzieren wollte oder ob vielleicht doch der Iran hinter ihrem Unglück steckte.

Wie vierzigtausend andere iranische Asylbewerber in der Türkei war sie gefangen und schutzlos, weil ein nichteuropäischer Flüchtling in der Türkei nicht die Garantien der Genfer Flüchtlingskonvention genießt und lediglich als «temporärer Asylsuchender» gilt. Maryam lebte ähnlich wie Zehntausende anderer geduldeter Menschen – gezwungen, in Kleinstädten in der Provinz zu hausen, ohne Bewegungsfreiheit, oft irgendwo im ländlichen Osten Anatoliens. Gezwungen, sich jede Woche bei der Polizei zu melden und schwarz zu arbeiten, weil die Arbeitsaufnahme verboten war. Gezwungen, die Arztkosten selbst zu tragen, weil Asylsuchende kein Recht auf eine Versicherungskarte hatten. Gezwungen, zu ertragen, vom Vermieter ausgenutzt, von den Behörden schikaniert und als alleinstehende Frau zur leichten sexuellen Beute zu werden. Es kam vor, dass geflohene Journalisten und politische Aktivisten unter Druck gesetzt wurden, um für den türkischen Geheimdienst zu arbeiten. Ebenso passierte es, dass die Revolutionsgarden ihre Gegner selbst in der Türkei einschüchterten, terrorisierten oder töteten – und das Nachbarland sie gewähren ließ. Seitdem nicht mehr das UN-Flüchtlingswerk, sondern Behörden des Landes Flüchtlinge in der Türkei registrierten, zogen sich Anerkennung und Weiterreise der betroffenen Menschen immer mehr in die Länge. Der Transit wurde zu einem Sumpf, der sie ganz allmählich verschlucken sollte.

Als ich Maryam im Januar 2021 treffe, frage ich mich, ob das Trauma der Verfolgung und Flucht – sie spricht von einem «permanenten Schock» – oder die Nervenmittel, die sie täglich vor dem Zubettgehen nimmt, ihre Stimme so monoton und ihre Augen so abwesend gemacht haben. An vieles, sagt sie, kann sie sich nicht mehr erinnern, und sie fragt sich, ob Angst und Anspannung einen Teil ihres Gedächtnisses einfach gelöscht haben. Wenn sie von Momenten der Trauer und des Entsetzens erzählt, irritiert mich ihr Lachen. Sie hat eine Mauer um sich gebaut, die undurchdringlich scheint – und die vielleicht ihr einziger Weg war, um sich zu schützen.

«Ich wollte nie weg. Ich war nie auf der Suche nach einer Möglichkeit auszuwandern. Obwohl es diese Option für mich schon vor Jahren gab. Ich fühlte mich verbunden. Weniger mit den Menschen – meine Freunde und Familienmitglieder sind überall auf der Welt verstreut. Ich war verbunden mit dem Ort; er bestimmte, wer und was ich war. Alles, was ich plante, fand im Iran statt.» Einer dieser Orte, den sie vermisst, ist das Haus der Großmutter im Nordosten Teherans, die Pinien an der Straße, der Garten, in dem sie mit Großmutter zu Abend aß, auf einem Teppich, umgeben von Kirsch-, Maulbeer- und Kakibäumen. Maryam lächelt, bis sich die kleinen Grübchen in ihren Wangen zeigen. Das volle Haar hat sie gerade rosa gefärbt, gestern war sie noch blond, morgen wird sie brünett sein. Mit dem hervorschauenden Schopf, den grell geschminkten Lippen und den großen Augen war sie eine Studentin, die am Eingang der Amirkabir-Universität in Teheran immer erst einmal angehalten und kontrolliert wurde.

Maryam ist ein Scheidungskind, ihre Eltern trennten sich, als sie eine Teenagerin war. Maryams Mutter lebt bei Teheran, ihr Vater in Yazd, die Schwester wollte raus und floh nach Serbien, und nun war auch sie weg – wie in alle vier Windrichtungen verstreut, «jeder für sich». Eine Weile lebte sie beim Vater, eine Weile bei der Mutter, dann bei der Großmutter, dann wieder eine Weile allein. Ihre Mutter war Studentin, als die Revolution ausbrach. Sie nahm 1979, nach der Ankunft des Ajatollah, an der ersten Kundgebung der Frauen gegen die Beschneidung der Frauenrechte teil, sie weigerte sich, an der Universität das Kopftuch zu tragen, bis zur letzten Sekunde, auch wenn sie sich vom Revolutionskomitee viel Ärger dafür einhandelte. Das Gefühl, um ihre Jugend, ihr Leben betrogen worden zu sein von Revolutionären, die sich auch Jahrzehnte später nicht entschuldigten für ihre Untaten, das Gefühl der Fassungslosigkeit angesichts der jähen Verfinsterung des Lebens erschütterte die Mutter – und übertrug sich auf Maryam, die als Teenagerin gierig in Mamas Fotoalben blätterte, den Großvater, der bei der Armee war, betrachtete, die verschleierte Großmutter neben Mutter und Tante in kurzen Kleidern entdeckte und in eine andere, fremde Welt eintauchte – für sie eine Welt vor dem Niedergang. Wieso sah die Führungsriege des Landes vor der Revolution so gepflegt und danach so verwahrlost aus? Wieso durfte man vor der Revolution ohne Visum nach Europa reisen, und warum war danach der iranische Pass nichts mehr wert?

Die Frage, warum die Elterngeneration eine Revolution entfesselt hatte, mit der sie sich selbst unermesslichen Schaden zufügte, ließ sie – als Kind der Revolution – nicht los. Maryam war nur eines von Tausenden Kindern, die sich diese Frage stellten. Sie begehrte das, was nur ihre Mutter genossen hatte. Sie wollte den Dingen auf den Grund gehen. Sie war neugierig auf den Koran, las ihn und fand heraus, dass nirgends eindeutig von einem Schleierzwang die Rede war. Manchmal fühlte sie sich sündig und fragte sich, warum sie überhaupt keine religiösen Neigungen spürte. Wieso sollte man genau zu Beginn des Trauermonats Trauer empfinden für Imam Hossein? Wieso nur an einem Tag, aber nicht mehr am anderen? Das Kind warf sich vor, ein schlechter Mensch zu sein, weil es Fragen stellte, weil es die Zurschaustellung der Religion verfluchte und vor den eigenen Flüchen erschrak. Die Zehnjährige, die nicht mit Puppen spielte und sich auch sonst nichts aus Mädchenkleidern machte, musste mit allen Tricks dazu gebracht werden, auch auf dem Spielplatz das Tuch aufzusetzen. Musste vom Busfahrer, der sie zur Schule fuhr, daran erinnert werden, das Tuch von zu Hause mitzubringen. An der Universität war sie bekannt als die Studentin, die das Kopftuch immer wieder zurückrutschen ließ – damit sich die Leute an diesen Anblick gewöhnten, erklärte sie ihren Freundinnen. Auf der Straße legte sie sich mit einem Mullah an, weil sie ihr Kopftuch nicht fest genug gebunden hatte, oder sie landete deswegen auf der Wache. «In der Familie meines Vaters in Yazd war ich die Einzige, die ihren Kopf nicht bedeckte. Ich war in einem Raum mit fünfzig Frauen, in denen ich als Einzige herausstach. Meine Tante, die ich sehr mag, bat mich einmal, ein Kopftuch aufzuziehen, weil gleich ihr Schwiegersohn vorbeikäme. Ich tat das für sie – aber setzte danach für mehrere Jahre keinen Fuß mehr nach Yazd.»

Sie besuchte eine Schule für Hochbegabte, gewann naturwissenschaftliche Wettbewerbe, studierte zehn Jahre und erlangte drei Abschlüsse: Mathematik, Psychologie, Informatik. Mit einem Job als Mathelehrerin für autistische Kinder hielt sie sich über Wasser. Als Teenagerin habe sie den konservativ religiösen Vater und die strenge

Mutter in ihre Schranken gewiesen, erbittert gestritten und alle Einflussversuche der Familie im Keim erstickt, sagt sie sehr bestimmt. Mit Mitte zwanzig lebte sie allein, so wie sie wollte, ohne Einschränkungen in der Partnerwahl oder im Lebensstil. Sie war zweiunddreißig, als sie begann, unter ihren Freunden dafür zu werben, die Präsidentschaftswahlen zu boykottieren. Das war 2017. In dieser Zeit spürte sie zum ersten Mal, dass viele Menschen um sie herum das Regime grundsätzlich anzweifelten, dass sie durchschaut hatten, dass Begriffe wie «Reformer» und «Hardliner» längst nur noch Worthülsen waren, mit denen auch Maryam nichts mehr anfangen konnte. Für sie glich die Lage im Land einem gefürchteten Erdbeben, das mit Sicherheit irgendwann kommen würde. Auf dieses Knistern in der Luft hatte sie schon lange gewartet: das Signal, dass die Zeit gekommen war zu handeln.

Ebenfalls in dieser Zeit entdeckte sie Vida Movaheds Protestaktion in der Revolutionsstraße, und sie war wie elektrisiert. Als eine Freundin sie fragte, was sie nach der Verteidigung ihrer Masterarbeit eigentlich machen wolle, sagte sie: «Ich werde mein Kopftuch ausziehen.» Die Freundin lachte sie aus, aber ihr Entschluss stand fest. Maryam zögerte die Sache mit dem grauen Verteilerkasten noch etwas hinaus, weil sie ihre Masterarbeit verteidigen wollte. Dann aber wählte sie ein besonders symbolträchtiges Datum: den 22. Februar, den Jahrestag des militärischen Staatsstreichs, der 1921 den Kosakenoffizier Reza Chan zum Oberkommandeur der Streitkräfte und später zum ersten König der Pahlawi-Monarchie machen sollte – der erste große autokratische Modernisierer des Mittleren Ostens, der den Frauen das Tragen ihrer traditionellen Kopf- und Körperbedeckung untersagte.

Wer Maryam verstehen will, muss tief in die Geschichte des Landes eintauchen. Die Revolutionsstraße hieß vor der Revolution Schah-Reza-Straße – benannt nach dem Gründer der Pahlawi-Dynastie. Der Revolutionsplatz trug zuvor den Namen «Platz des 24. Esfand» – nach dem Geburtstag des alten Herrschers im persischen Kalender. Der heutige Imam-Hossein-Platz wiederum war zunächst nach der ersten

Frau des Schah-Sohnes benannt, Fawzieh von Ägypten, und nach der Trennung des Paars trug er den Namen der gemeinsamen Tochter: Schahnaz-Platz. Wie zwiespältig und ablehnend viele Iranerinnen und Iraner dieser Epoche auch gegenüberstehen mögen: Maryam ist ebenso ein Kind dieser Straße, dieses Viertels, dieses Landes wie die drei anderen Heldinnen ihrer Zeit.

Meine Frage, warum sie einen emanzipatorischen Akt der weiblichen Befreiung ausgerechnet mit dem Namen eines *Mannes* und dem umstrittenen Edikt eines Autokraten verknüpfe, der die Frauen einst zwangsentschleierte, lässt sie nicht gelten. Der Fall des Pahlawi-Staates 1979 sei im Kern nur von einer Minderheit getragen worden, ist sie überzeugt. Er sei vielmehr das Ergebnis eines von außen herbeigeführten geopolitischen Prozesses gewesen, mit dem der Iran, die – manchen zu ehrgeizige – Führungsnation des Mittleren Ostens, geschwächt werden sollte. Einige neue historische Quellen geben Maryams Auffassung recht. Sie eignet sich die bittere Bilanz des letzten Schahs an, Mohammad Reza Pahlawi, der sich sicher war, dass eine Verschwörung der CIA gegen ihn zugange war und ihn zu Fall bringen wollte. Er starb in der Überzeugung, dass sein Erfolg, den internationalen Ölkonzernen die Kontrolle über iranisches Öl entrissen zu haben, seine Absetzung ausgelöst hatte. Maryam will, erklärt sie mir, eine Revision des Urteils über die vorrevolutionäre Ära. Sie will eine iranische Demokratie im Gewand einer konstitutionellen Monarchie – falls die Bevölkerung sich in einem Referendum, nach einem Umsturz, dafür entscheiden sollte, wie sie betont.

Dass eine junge Frau, die die Zeit vor der Revolution nie erlebt hatte, für die Monarchie Stellung bezieht, war 2018, als Maryam ihre Entscheidung traf, keine Seltenheit mehr im Land. Bei den damaligen Protesten riefen Demonstranten unterer Gesellschaftsschichten Parolen wie «Schah des Iran, kehre zurück» oder «Reza Schah, möge deine Seele in Frieden ruhen». Tausende pilgerten zur Grabstätte von Kyros dem Großen, dem König des antiken achämenidischen Großreichs – ein Regent, der sich wegen seiner Güte und Toleranz besonderer Beliebtheit erfreut. In diesem neu erwachten Nationalgefühl zeigt sich genau jenes Bewusstsein, das einst Revolutionsführer Ajatollah Chomeini auslöschen und durch die Vorstellung einer islamischen Gemeinschaft ersetzen wollte. Er scheiterte. Der persische Exil-TV-Sender Manoto erreicht mit seinen Dokumentationen über die Ära der Pahlawi-Monarchie eine beachtliche Zuschauerschaft im Iran, besonders in unteren Einkommensschichten. In den sozialen Medien gehen die Zeugnisse der Kaiserzeit viral – Miniröcke, wirtschaftliche Expansion, rasend schnelle Modernisierung, kulturelle Blüte, Fernsehshows, Sängerinnen, das Frauenwahlrecht, das die Iranerinnen viel eher als die Schweizerinnen erhalten hatten: All die Errungenschaften und Glanzbilder einer vergangenen Epoche rufen unzählige Kommentare hervor, die allenfalls mit Scheuklappen auf die Vergangenheit blicken, voller Nostalgie und Unverständnis über die Revolutionäre sind und den Unmut über die Gegenwart nur noch verstärken. Das geflügelte Wort «Was waren wir, und zu was wurden wir?» hat sich zu einem regelrechten Lebensgefühl entwickelt.

Der zur Revolutionszeit als verhasst und völlig uncharismatisch geltende letzte Schah hat sich in der Breite der Gesellschaft zu einem Charismatiker verwandelt, und selbst einzelne Kleriker gestehen ein, dass die Wirtschaft des Landes einem Vergleich mit jener vorrevolutionären Zeit nicht standhalte. Zwar gibt es keine zuverlässigen Statistiken über diese Entwicklung, aber es herrscht ein allgemeiner Konsens darüber, dass ein Einstellungswandel stattgefunden hat. Er zeigt sich in der Sehnsucht nach der Monarchie, nach der starken Hand eines aufgeklärten Staatsmanns, der das Land emporhebt, oder auch in der gewachsenen Popularität des im Exil lebenden Sohns des letzten Schahs.

Maryam suchte in allen Schubladen nach einem weißen Kopftuch. Weil sie keines fand, griff sie schließlich zu einer weißen Bluse. Ihre

Mutter blickte sie argwöhnisch an, sagte aber nichts. Maryam zog zwei Schichten übereinander an, im Gefängnis würde es später bestimmt kalt sein, dachte sie sich. Sie ging in die Französische Konditorei, der Verkäufer spendierte ihr einen Windbeutel, sie lächelte, biss hinein, blickte aus dem Fenster und überlegte, wie sie so lange wie möglich oben bleiben konnte. Weil sie den Verteilerkasten vor der Konditorei mit einer Spitze versehen hatten, musste sie ein paar Meter weiter zu einem anderen gehen. Als die Ampel auf Rot schaltete, kletterte sie hoch, ließ ihr Kopftuch auf den Boden fallen, der Wind fuhr durch den langen blonden Pferdeschwanz, und Maryam wedelte mit der weißen Bluse. Ein Straßenverkäufer bat sie herunterzukommen. Sie mache sein ganzes Geschäft kaputt. Wie lange dauerte es? Als sie hochging, war es noch hell. Als ein Polizist sie anfuhr, dämmerte es bereits. «Kommen Sie runter», sagte er, während ein anderer versuchte, die Schaulustigen zu vertreiben. «Warum? Sagen Sie mir mein Vergehen?» Der Beamte ärgerte sich, dass die Passanten für Maryam klatschten. «Hören Sie auf damit. Sie werden es noch bereuen. Gehen Sie weiter!» Ein junger Mann fotografierte Maryam von allen Seiten, wahrscheinlich einer von der Staatssicherheit. Eine Frau fragte eine andere, ob sie Maryam helfen sollten, den Polizisten zu entkommen. Eine dritte rief ihr immer wieder «Bravo!» zu.

Maryam reagierte nicht auf den Polizisten. «Sagen Sie mir meine genaue Straftat. Störung der öffentlichen Ordnung?» – «Ja. Genau.» Der Uniformierte setzte einen Fuß auf den Kasten, ein großer Mann neben einer kleinen Frau, er stützte die rechte Körperhälfte an einen Baum ab und stieß Maryam mit einem unerwartet kräftigen Schubs in die Seite. Sie flog durch die Luft. Ein paar Sekunden verlor sie ihr Bewusstsein. Dann schrie sie auf. Ihr Bein blutete. Etwas Spitzes, Glas oder Metall, hatte eine tiefe Schnittwunde aufgerissen. Zwei Frauen richteten sie auf, schleppten sie über die Straße, acht oder neun Menschen versuchten, sie vor den Polizeibeamten abzuschirmen, Autofahrer hupten, sie solle einsteigen. Ein Taxi hielt an, die Frau im Tschador darin schrie: «Mädchen, ich passe auf dich auf, spring ins Taxi, jetzt sofort!» Maryam setzte sich neben sie, die Frau nahm das Kopftuch unter dem Tschador der Tochter, die neben ihr saß, und band es schnell Maryam um. Da war der Polizist schon eingestiegen, er knallte sich auf den Beifahrersitz. Die Frau im Tschador schrie, sie lasse es nicht zu, dass Maryam abgeführt werde. Sie folgte ihr auf die Polizeiwache, aber die Beamten hörten nicht auf ihre Bitten, Maryam in Ruhe zu lassen.

«Hör mal, noch eine ist draufgestiegen», murmelte der Beamte in sein Handfunkgerät. Maryam durchfuhr eine tiefe Zufriedenheit, als sie das hörte. Dann wurde sie in ein Zimmer mit einer Frau und zwei Männern gebracht. Ihr Bein hinterließ eine Blutspur, sie fühlte sich benommen. «Was hast du gemacht? Hast du gegen den Hidschab protestiert?» – «Ja.» – «Weißt du, was Shakespeare gesagt hat? Er sei nicht bereit, für seine Überzeugungen zu sterben, weil sie falsch sein könnten.» Maryam lächelte müde und sagte, das sei nicht von Shakespeare, sondern von Bertrand Russell. «Ja, wer auch immer. Im Koran steht es doch, das mit dem Hidschab. Bist du keine Muslimin?» – «Welche Sure, welcher Vers?» An ihrer Korankenntnis konnte er nicht rütteln. «Du bist so dumm, Mädchen. Im Westen begreifen sie gerade, dass der Hidschab was Gutes ist. Da fangen sie an, den Hidschab zu verehren. Und du, was machst du?» Maryam fragte sich, ob westliche Feministinnen eine Ahnung davon hatten, dass ihr Eintreten für den Hidschab der Musliminnen im Westen vom iranischen Regime beobachtet und ausgenutzt wurde. Was für eine merkwürdige, verkehrte Welt, dachte sie noch, als das Geplapper des Beamten weiterging. «Zu Zeiten von Kyros dem Großen wurden die Frauen, die ihren Fußknöchel zeigten, hingerichtet!» Maryam fehlte die Kraft, laut aufzulachen: Jetzt wollte der Typ ihr auch noch einreden, dass ihr Protest selbst unter einem nichtislamischen Herrscher strafbar gewesen wäre. Sie wurde immer bleicher. «Wollen Sie keinen Krankenwagen rufen?»

Erst um vier Uhr nachts wurde sie am Fußgelenk operiert. Die Beamten verwehrten ihr ein Antibiotikum, und die Wunde infizierte sich. Am Morgen humpelte sie erneut in den Verhörraum – wo ihre Mutter mit verheulten Augen auf sie wartete; sie hatte einen Anruf bekommen von einem Unbekannten, der sie über ihre Tochter informiert hatte. Dann hatte sie sich zur Wache begeben, war nicht hineingelassen worden und hatte so lange mit ihrem Kopftuch hin und her gewedelt, bis sie abgeführt wurde und endlich drinnen war. Sie stand auf, küsste ihre Hand, so wie in ihrer Kindheit, immer dann, wenn Maryam etwas Falsches gemacht hatte. «Was machen Sie denn da?» – «Ich bin stolz auf meine Tochter. Sie hat etwas sehr Gutes getan.» – «Sie ermutigen sie auch noch?» – «Ja, natürlich ermutige ich sie.» – «Na, dann ist ja alles klar», sagte der Beamte und nahm Maryams Mutter fest. Sie betrat die Zelle ihrer Tochter mit einem Lachen, als sie an ihre angespannte Beziehung zurückdachte: «Na, da hat uns das Schicksal ja wieder in einem Zimmer zusammengebracht.»

Ein Jahr später postete Maryam das alte Schwarz-Weiß-Foto ihrer Mutter aus den 1970ern auf Instagram und schrieb darunter: «Mama, du bist meine Heldin! Du warst mit mir in einer Zelle!» Das Erste, an das die Heldin damals gedacht hatte, waren die Medikamente der Tochter, ihre Herz- und Nervenmittel, sie wusste, dass Maryam sie täglich nehmen musste. Der Beamte hatte die Pillen gesehen und freute sich, eine Schwachstelle entdeckt zu haben. «Du bringst ihr Pillen mit? Sehr gut. Wir werden ihr so lange keine geben, bis sie verrückt wird und sich umbringt!» Später verbannten sie Maryam für einige Wochen ins Ghartschak-Gefängnis, wo sie mit gewöhnlichen Straftäterinnen im Frauentrakt untergebracht wurde. «Es gibt einiges, das ich gar nicht mehr als Folter wahrgenommen habe damals – so normal erschien es mir neben den unzähligen anderen kleinen Grausamkeiten. Eine Erfahrung, die ich mit vielen anderen Frauen teilte, war das Ausziehen bis auf den nackten Körper und die Aufforderung, mich nackt auf und ab zu bewegen, vor den Videokameras und den schamlosen Blicken der Gefängniswärterinnen – angeblich um festzustellen, dass ich keine Drogen geschmuggelt habe», erzählt sie mit einem Seufzen. «Oder dass ich danach die Unterwäsche wegwerfen und dann wieder aus dem Müll fischen und anziehen musste.» Ihr Bein wurde immer dicker. Sie konnte kaum in ihr Etagenbett klettern. Sie musste raus, sie musste behandelt werden und ließ sich darauf ein, gegen Kaution freigelassen zu werden.

Ihre Mutter holte sie ab. Sie sagte ihr, dass die Menschenrechtsanwältin und Sacharow-Preisträgerin Nasrin Sotoudeh ihren Fall übernommen hatte und mit zwei weiteren Kollegen eine gut durchdachte Verteidigungsstrategie vorbereitete. Maryams Vater fragte seine Tochter nicht, warum sie so etwas getan hatte. Er unterstützte sie – obwohl sie sich nie wirklich verstanden hatten. «Die väterliche Familie war, wie soll ich sagen, in tiefer Sorge», erzählt Maryam mit einem spitzen Lächeln. «Und die Frauen in der angeheirateten Familie meiner Tante hörten von einem Tag auf den anderen auf, den Schleier zu tragen. Ich sage es ja – die meisten glauben überhaupt nicht an den Stoff.»

Sie traf sich mit ein paar bekannten Unterstützern, die ihren Fall begleitet hatten. Bei einem dieser Treffen landete plötzlich ein Geschenk in ihrer Handtasche. Eine kleine Hilfe sei das, bekam sie erklärt, sie käme von der Frau des ehemaligen Präsidentschaftskandidaten Mussawi – das Reformerehepaar stand seit 2011 unter Hausarrest. «Ich machte den Umschlag auf und sah einen Scheck. Es war nicht viel Geld. Aber ich war so dermaßen wütend. Wenn mich in diesem Augenblick jemand mit einem Messer geschnitten hätte – es wäre kein Blut herausgekommen, so verärgert war ich.» Maryam wollte kein Spielball der ihr verhassten Reformpolitiker werden, kein käufliches Werbeplakat für ihre Zwecke, keine gewinnbringende Marke, die im Wahlkampf eingesetzt werden konnte. Hatte nicht der Oberste Führer den Frauen der Revolutionsstraße vorgeworfen, für ihre Aktion Geld bekommen zu haben? Und nun das. Maryam fühlte sich entwertet – und war so verstört, dass sie die bizarre Begebenheit sofort hinaus in die Welt twitterte und einen Sturm der Entrüstung entfachte, aber auch Zuspruch auslöste. Es begann ein Nervenkrieg für sie. Vor Gericht erzürnte sie den Richter mit der Feststellung, dass ihre weiße Bluse, mit der sie auf dem Kasten stand, ja gar nicht ihr Kopftuch gewesen sei, sondern eine weiße Flagge, die den Wunsch nach Frieden symbolisierte. Aber jeder wusste: Maryams Akt war alles andere als eine Kapitulation gewesen, er war stummer Ungehorsam. Der Richter quittierte den vorlauten Einwurf, auf den ihm nichts mehr einfiel, mit einem Strafmaß von einem Jahr Gefängnis. Sie verlor ihren Job als Mathelehrerin. Sie war dazu verdammt, zu Hause zu sitzen. Dass sie ihre Abschlussarbeit noch still und heimlich verteidigen durfte, hatte sie nur ihren Dozenten zu verdanken.

War nicht die Zeit gekommen, etwas zu tun? Die Toten zum Leben zu erwecken? Zwei Monate vergingen. Dann blinkte eine Nachricht in ihrem Messengerkanal auf. An einer Baustelle sei wahrscheinlich die Mumie des ersten Pahlawi-Monarchen gefunden worden. Maryam und ihre Mutter fuhren nach Rey, südlich von Teheran, zum Schah-Abdol-Azim-Schrein. Dort hatte einst das Mausoleum von Reza Schah gestanden, bevor die Revolutionäre es 1979 zertrümmerten. Der Platz rund um den Heiligenschrein war voller schweigender Menschen, die einander still anschauten und auf etwas zu warten schienen. Alle waren gekommen, um ihren Respekt vor dem ersten Pahlawi-Monarchen zu bezeugen. Überall sprachen Sicherheitsbeamte in ihre Walkie-Talkies. Sie führten jeden ab, der ein Handy zückte. Aufnahmen löschten sie sofort. Eine Frau wurde im Park von der Sittenpolizei verprügelt. Als eine weitere Frau um Hilfe schrie, rannte Maryam auf sie zu. Im Gemenge atmete sie Tränengas ein und wusste nicht, wie ihr geschah – Minuten später fand sie sich auf irgendeiner Wache wieder, mit anderen Gefangenen. Als sie dort «Reza Schah, ruhe in Frieden» skandierten, wurden sie angebrüllt und beschimpft. Die Kameras der Wache hielten alles fest. An den Blicken der Wachmänner konnte sie ablesen, dass sie sie erkannt hatten: Maryam Schariatmadari, die Frau, die ihr Tuch abgenommen hatte. Vor Mitternacht beschlossen sie, die Inhaftierten erst einmal gehen zu lassen. Maryam hatte kein Foto und kein Video von der Menschenansammlung machen können – aber nun hatten die Revolutionswächter ein sehr eindeutiges Video von ihr.

Die Nacht war noch nicht zu Ende. Als Maryam mit ihrer Mutter in ein Taxi sprang, wurde das Auto plötzlich von einem Revolutionsgardisten gekapert. Sie sprang aus dem Auto, um sich zu retten. Aber da stand schon der kräftige Mann, der sie packte, an den Haaren zog, bestialisch verprügelte und schließlich mit einem Elektroschocker quälte – vor den Augen ihrer Mutter. Dann schmissen sie Mutter und Tochter in einen Wagen, banden ihnen eine Augenbinde um, legten ihnen Handschellen an und fuhren los. In der Dunkelheit warfen sie Maryams Mutter irgendwo in der Einöde aus dem Fahrzeug. Sie irrte in der Nacht umher, bis ein Auto auf sie aufmerksam wurde. Maryam brachten sie zurück und sperrten sie ein, im Stützpunkt der Revolutionswächter. Ihre Anwältin Nasrin Sotoudeh kommentierte später die Festnahme von Mutter und Tochter mit den Worten, sie hätten etwas Grauenvolles erduldet, etwas, das sie zutiefst ängstigen und einschüchtern sollte. «Dachtest du, dass wir dich gehen lassen? Dachtest du, wenn du jetzt deine Haft antrittst, wirst du nach einem Jahr wieder rauskommen? Du hast dich getäuscht.» Wieder wurde sie getreten, verhört, geschlagen, verhört. Die Drohung war unmissverständlich. Maryam wurde klargemacht, dass die Revolutionsgardisten sie als Anführerin einer illegalen Gruppe sahen. Am nächsten Morgen durchsuchten sie ihre Wohnung und beschlagnahmten all ihre elektronischen Geräte.

Sie musste die Dosis ihrer Medikamente erhöhen. Was würde passieren, wenn sie sie abholten? Was, wenn sie ihre Medikamente nicht ins Gefängnis mitnehmen konnte? Dann fingen die Drohanrufe an. Wieso sie sich in sozialen Netzwerken aufhalte. Wieso ihre Familie mit Auslandsmedien rede. Jeder in der Familie erhielt die Anrufe, jeder wehrte die Fragen ab. Auf der Straße wurde sie verfolgt, mehrmals versuchten Unbekannte, ihr das Handy zu entreißen. Als sie einmal ihr Gesicht umdrehte, um den Männern auf dem ihr langsam hinterherfahrenden Motorrad in die Augen zu schauen, spritzten sie sie nass. Sie erstarrte. Eine unbeschreibliche Angst lähmte sie. Was war das in ihrem Gesicht? «Dieses Mal war es nur Wasser. Nächstes Mal ist es vielleicht was anderes …» Sofort kamen ihr die entstellten Gesichter der Frauen in den Sinn, die in den vergangenen Jahren Opfer von Säureattacken geworden waren. Als ihre Mutter sie aufforderte, den Iran zu verlassen, hielt sie sich die Ohren zu, nein, nein, sie wolle nichts darüber hören! Bis sie eines Nachts im November plötzlich den Kleiderschrank aufriss, ein paar Sachen wahllos in den Koffer schmiss, ein Flugticket für ihre Mutter, Tante und sich kaufte und mit ihnen, nur fünf Stunden später, von Teheran nach Istanbul flog. Wenn sie durchkommen wollte, musste alles blitzschnell gehen, hatte sie im Vorhinein kalkuliert. Wenn sie nicht durchkäme, würde sie in den Irak fahren und von dort versuchen zu entkommen.

«Ich entschied mich innerhalb von vierundzwanzig Stunden. Ich hatte keinen Plan, ich verabschiedete mich von nichts und niemandem. Ich frage mich immer noch, ob es die richtige Entscheidung war. Gleichzeitig wusste ich: Wenn ich bleibe, werde ich niemals nach einem Jahr aus der Haftanstalt rauskommen. Und lieber setze ich meinen Widerstand gegen das System als Lebende fort.» Maryam will mir nicht erzählen, unter welchen Bedingungen sie in der Türkei lebte. Nur an ihren Augen und an ihrer Stimme erkenne ich für einen kurzen Moment, wie viel sie durchgemacht haben muss. Aber sie will die erwähnen, die ihr halfen: unzählige Iranerinnen und Iraner, türkische Frauenrechtlerinnen, Erdogan-kritische Abgeordnete. Als die Nachricht über ihre drohende Abschiebung aus der Türkei immer mehr Menschen erreichte, wurde eine iranischstämmige Europaparlamentarierin aus Belgien auf Maryam aufmerksam und intervenierte. Maryams Antrag auf ein humanitäres Visum in Belgien, der monatelang unbearbeitet geblieben war, wurde plötzlich wieder aus der Schublade geholt. Aber selbst mit dem Visum musste sie auf die Ausreiseerlaubnis warten. Zwei elend lange Jahre hatte sie in der Türkei verbracht, in Unsicherheit, in Ungewissheit, bis sie den Transit verlassen durfte.

Als ich sie in Belgien treffe, lebt sie in einem Flüchtlingsheim mitten in Brüssel. Während unseres zweitägigen Gesprächs findet sie nachts überhaupt keinen Schlaf mehr. Ich entschuldige mich bei ihr für die vielen Fragen. Sie wird still und murmelt, dass die Revolutionsgarden noch eine Rechnung offen hätten. Dass sie manchmal bei ihrer Mutter in Teheran anriefen und ihr sagten, sie solle vorbeikommen, sie wollten mit ihr reden. Ihre Mutter aber bleibe stur. Wenn sie sie wollten, müssten sie kommen und sie von zu Hause abholen. In ihren Träumen und Albträumen springt Maryams Herz in den Iran zurück. «Nachts träume ich oft, dass ich im Iran bin – ich wundere mich, frage mich, was ich da tue, wieso ich zurückgekommen bin. Dann fällt mir ein, dass ich doch auf der Flucht bin. Dass ich ein Interview vor mir habe und dass ich zurückgewiesen werde, wenn die Behörden erfahren, dass ich im Iran bin. Dann sage ich mir im Traum, jetzt, wo ich schon mal hier bin, will ich nur ein klein wenig bleiben, ein klein wenig nur …»

Ein paar Wochen nachdem Maryam Schariatmadari die schwerwiegendste Entscheidung ihres Lebens getroffen hatte, widmete sich der Oberste Führer in einer Ansprache, die sicher nicht zufällig auf den Internationalen Frauentag fiel, den Frauen der Revolutionsstraße und ihren Mitstreiterinnen. Die Feinde des Landes hätten Geld ausgegeben, Planungen und Propaganda bemüht, aber nur wenige Mädchen seien darauf hereingefallen, und das Ergebnis der Anstrengungen des Feindes sei klein und erbärmlich. Ajatollah Chamenei verwies auf die im Westen erstarkte Me-Too-Bewegung und bezeichnete den Hidschab als den besten Schutz: Der Islam habe mit dem Hidschab allen Übergriffen ein Ende bereitet. Im April 2021 wurde der Iran erneut in die Frauenrechtskommission der Vereinten Nationen gewählt – ein Gremium, das sich weltweit um Geschlechtergleichheit und die Förderung von Frauen bemühen soll.

Im Sommer 2021 versiegelten die Behörden die Tür der Französischen Konditorei, weil sie Anstoß nahmen an den Motiven des Geschäfts, die bis heute die Verpackungen der süßen Teilchen schmücken: alte Werbung und Erinnerungen aus den Boom-Jahren der Schah-Zeit. Der Geschmack der guten alten Zeit. So groß ist wohl die Angst der Herrschenden vor der Vergangenheit, dass sie selbst auf einer Pappschachtel ausgetilgt werden muss.

7. DIE SONNENBLUMENLADY

In meinem Hotel an der Atlantic Avenue in Brooklyn höre ich den Muezzin zum Abendgebet rufen. Das Minarett ist nur ein paar Meter von meinem Fenster entfernt. Ich beobachte, wie der Wind den Müll über die Straße weht, zähle die Plastiktüten auf dem Asphalt, spüre, wie der Boden vibriert, als die U-Bahn vorbeifährt, und wische mit einem Desinfektionstuch die Möbel in meinem Zimmer ab, bis es schwarz ist. «Es tut mir leid, aber unser Treffen verschiebt sich noch einmal. Ich habe über zweihundert Todesdrohungen bekommen in den letzten Tagen. Stell dir vor, zwei Personen unter denen sind in den USA identifiziert worden. In den USA! Sie sagen, ich sei die Nächste ... Hör zu, du musst mir deine Passnummer schicken und ein Bild der ersten Seite und deine aktuelle Adresse. Ich muss das der Polizei weitergeben. Das FBI sagt, dass sie vorher deine Daten überprüfen müssen. Warte auf meine Nachricht.» Die Stimme, die auf Band spricht, klingt nervös und fahrig. Am nächsten Morgen fährt mich das Taxi an bengalischen Lebensmittelgeschäften und polnischen Restaurants vorbei und setzt mich irgendwo im Herzen von Brooklyn ab. Eine Straße, in der sich ein viktorianisches Herrenhaus an das andere reiht, in den Vorgärten riesige aufgeblasene Teddybären, winterlich gekleidete Snoopys oder vom Dach herunterkletternde Weihnachtsmänner, die später in der Dämmerung quietschbunt und fröhlich um die Wette leuchten werden. Nur das große Polizeiauto, das an der Kreuzung geparkt hat, passt nicht in die Weihnachtskulisse.

Ich solle mich auf die Veranda setzen, hatte die Stimme gesagt – auf die kleine Bank dort. Die Temperaturen sind unter null, ein dicker Schneesturm hat sich an der US-Ostküste angekündigt, ich nehme Kissen und Decken und hülle mich ein. Mein Blick fällt auf die Überwachungskamera, die zur Haustür zeigt. Ich finde keinen Namen an der Tür. Nur einen kleinen Aufkleber, darauf eine Frau mit einem riesigen schwarzen Lockenkopf, die ihren Bizeps zeigt. Das muss es sein, ich bin richtig hier, denke ich und lächle: Was Frauen alles können, wenn Männer ihnen nicht im Wege stehen. Trotzdem beschleicht mich das Gefühl, dass die Frau, die ich hier besuchen werde, allein ist. Vielleicht, weil sie uns oft weit voraus war. Vielleicht, weil sie polarisiert. Vielleicht, weil sie eine schmerzhafte Wahrheit viel zu offen anspricht.

Nach einer Dreiviertelstunde fährt ein Auto in die Garageneinfahrt. Zwei Polizisten in Zivil steigen aus, ein großer Mann kommt mit schnellen Schritten auf mich zu, fragt mich, wer ich sei. Eine kleine Frau rennt hinter ihm her und ruft: «Nein, nein, alles gut, wir kennen sie, wir kennen sie!» Das Paar winkt mir zu. Die Frau hat eine dunkelbraune lockige Mähne mit blonden Strähnchen, die dreimal üppiger ist als ihr kleines, ovales Gesicht, der Mann sieht aus, als sei er jäh aus dem Schlaf geschreckt. Beide Gesichter wirken blass und besorgt. Ich bin beunruhigt. Wahrscheinlich muss ich gleich wieder gehen, denke ich mir.

«Sie sagen, ich sei die Nächste.» Die Nächste? Drei Tage vor meiner Ankunft, Ende des Jahres 2020, war ein iranischer Aktivist in Teheran hingerichtet worden – und die Schockwellen der Nachricht hatten sich über Europa bis nach New York ausgebreitet. Der Mann hieß Ruhollah Zam, er war der Sohn eines der Führung nahestehenden Geistlichen. Zam war so alt wie die Revolution, er trug den gleichen Vornamen wie Revolutionsführer Chomeini. Doch im Wahlkampf 2009 arbeitete er für den Stab eines Reformerkandidaten, wurde nach den Wahlen festgenommen, im Gefängnis gefoltert und floh über Malaysia und die Türkei nach Frankreich. Dort betrieb er zuletzt eine Webseite und einen Nachrichtenkanal in den sozialen Medien – ein digitales Revolverblatt unter dem Motto «Aufklärung – Widerstand – Demokratie», in dem nicht nur bekannte Persönlichkeiten im Iran ihr Fett wegbekamen – ob gerechtfertigt oder nicht –, sondern auch Quellen aus dem

Land Anzeichen für Korruption und sexuellen Missbrauch in Geistlichkeit und Führungselite enthüllten. Die Mission war klar: Es ging dem Sohn eines Klerikers um den Sturz des Kleriker-Regimes. 2017, als Tausende Iranerinnen und Iraner auf die Straßen gingen, verfolgten über eine Million Menschen Ruhollah Zams Telegram-Kanal, er wurde zur wichtigsten alternativen Nachrichtenseite überhaupt – *made in Paris*. Dann lockte ihn wer auch immer in den Irak, wo er entführt wurde – und in einem iranischen Gefängnis endete.

Auf der kalten Veranda in Brooklyn blitzt vor meinen Augen immer wieder sein weiches Gesicht auf, sein letzter Auftritt – in einem grotesken Verhör-Interview des iranischen Staatsfernsehens, das die Organisation Reporter ohne Grenzen später als «Gefängnisfolter» kennzeichnete. Der Sicherheitsdienst der Revolutionsgarden hatte die Show inszeniert. Wie so oft arbeiteten Justiz und Staatsmedien Hand in Hand, um Urteile mittels fingierter Geständnisse zu rechtfertigen. Als der Hinrichtungskandidat nach der Rolle seiner Nachrichtenseite während der Unruhen von 2017 gefragt wurde, blickte er den Moderator seelenruhig an und sagte einen Satz, der den Wesenskern aller autoritärer Macht auf den Punkt brachte: Wo das Regime Demonstrationen und Aufruhr als öffentliche Ruhestörung und gesetzloses Chaos begreife, sehe er den legitimen Protest eines Volkes gegen eine Diktatur.

«Im Netz kursieren Fotos von mir und diesem Moderator, der das Verhör-Interview mit Zam gemacht hat, und darunter steht: ‹Die Nächste bist du!› Meine Adresse stand auf Twitter, mit der Aufforderung, mich zu töten und dafür ein Geldgeschenk zu kassieren. Die gleichen Leute, die hinter Ruhollah Zam her waren und ihn in die Falle lockten, haben ihre Fühler längst in meine Richtung ausgestreckt. Ich darf ohnehin nicht mehr reisen. Nicht mal mehr nach Europa. Jetzt, sagt das FBI, würden ein paar Dinge um mich herum passieren. Sie sind rund um die Uhr in der Nähe. Sie sagen, sie wollten nicht, dass New York zum Hinterhof der Islamischen Republik werde, dass hier ein Attentat geschehe. Wir müssen unser Haus verlassen. Zumindest für eine Zeit lang. *Shit* … eigentlich wollte ich doch heute oder morgen unsere Weihnachtsdeko draußen aufhängen.»

Masih Alinejad rattert ihre Gedanken wie immer viel zu hastig herunter. Die Ausrufezeichen hinter jedem Wort rufen mir all jene Menschen in Erinnerung, die im Ausland von der Islamischen Republik ermordet wurden, Aktivisten, Journalisten, Künstler und Politiker. Menschenrechtler zählen über fünfhundertvierzig Tote, in Indien, auf den Philippinen, in Deutschland, Italien, den USA, Zypern, Österreich – ihre Liste ist, betonen sie, unvollständig. Und in diesen Monaten, denke ich mir, da feiern die Mörder ein Freudenfest: Die Revolutionsgarden verkündeten gerade mit Stolz den Tod eines iranischen Islamkritikers, der in die Türkei geflohen war. Fast gleichzeitig hatten sie einen iranischen Oppositionellen aus Schweden in die Türkei gelockt und von dort in den Iran entführen lassen. Und nur Monate zuvor hatten sie einen Regimekritiker, der in Kalifornien lebte, beim Zwischenstopp seines Fliegers in Dubai geschnappt und nach Teheran verschleppt. Kein Ziel war zu weit weg, keine Mittel waren zu kostspielig, um den Feind zur Strecke zu bringen.

«Im Sommer startete die Regierung eine Kampagne in den sozialen Medien, in der meine Entführung gefordert wurde. Abgeordnete, Zeitungen, Regierungsseiten im Netz phantasierten über meine Gefangennahme oder forderten die Geheimdienste auf zu handeln. Manipulierte Bilder zeigten mich in Hidschab und Handschellen vor einem Verhörbeamten. Hast du das BBC-Interview mit diesem *Bassidsch*-Milizionär gesehen, der live sagte, er sei bereit, jedem, der in den USA lebe und dessen Herz für den Islam brenne, Geld zu geben, damit man meine Brüste und meine Zunge abschneidet und mich abschlachtet? Und die BBC hat das einfach so ausgestrahlt! Journalistische Standards? Ach was, denk nicht mal dran!»

Wir ziehen unsere Schuhe aus. Ich betrete ein abgedunkeltes Wohnzimmer, in dem alle Gardinen zugezogen sind, sinke in einen riesigen, abgewetzten Sessel, dessen Tiefe irgendwie Halt gibt. Masihs Mann Kambiz beginnt, etwas zu kochen. Auf dem Kaminsims liegen mehrere Haarspangen in Form weißer Frangipani-Blüten. Masih schnappt sich eine und zieht ihre Locken damit aus dem Gesicht. Die Plastikblüte ist ihr Ersatz für den Trauring, sie erinnert sie an die Flitterwochen mit Kambiz auf Hawaii. Sie trägt zwei verschiedene Strümpfe, ist noch hagerer als sonst, das Gesicht entkräftet, ihre Hand- und Fußgelenke so dünn, dass sie denen einer Zehnjährigen ähneln. Und doch ist die Frau, die vor mir sitzt, so energiegeladen wie keine zweite. Keine legt so mikroskopisch genau die ganze Grausamkeit eines Unrechtsstaates offen. Masih, die Influencerin, die Meinungsführerin, die Anwältin der Stimmlosen, denen sie auf ihrer Plattform eine Stimme verleiht. Masih, die all unsere denkfaulen Annahmen über die Unbedeutsamkeit von Journalismus und Aktivismus im Exil auf den Kopf gestellt hat. Masih, die mit dem gleichen Wagemut, der sie aus ihrem nordiranischen Dorf nach Teheran katapultierte und als Parlamentskorrespondentin zur Tabubrecherin machte, nun aus der fernen Diaspora ins Herz des Iran hineinwirkt. Masih mit den fast sechs Millionen Followern auf Instagram, die den Kampf für die Frauen des Iran so populär machte, dass Facebooks Co-Geschäftsführerin Sheryl Sandberg ihn zu einer ihrer Lieblingskampagnen erklärte. Masih, die die Hollywood-Schauspielerin Meryl Streep umarmte, ins Weiße Haus eingeladen wurde und auf dem Weltwirtschaftsforum in Davos ihre Stimme erhob. Die hippelige Hyperaktive, die ihr Herz auf der Zunge trägt und auf einem schmalen Grat wandert, auf dem für ihre Kritiker zuweilen nicht mehr sichtbar ist, welche Rolle sie gerade eingenommen hat.

Im dunklen Wohnzimmer beobachte ich sie und denke an das Lob, das sie aus unerwarteter Richtung bekommen hat: Eine bekannte Frau im iranischen Politikbetrieb klatschte ihr still und heimlich zu. Eine im Iran arbeitende Journalistin bezeichnete Masih vor kurzem als feministisches Vorbild und *Hoppla-hier-komm-ich-Bulldozer*, als eine Frau, von der alle Frauen lernen konnten. Und ein bekannter westlicher Iran-Korrespondent hob die Bedeutung von Masihs Einfluss im Land hervor – auch wenn er mit seiner iranischen Akkreditierung niemals darüber schreiben dürfe, denn sonst müsse er ja das Land verlassen.

Mit Masih die Tage zu verbringen ist so intensiv wie eine Achterbahnfahrt. Nichts für die Kleinmütigen. Die meiste Zeit lache ich, sie wird zum Comedian, zur Satirikerin, dann kommen ihr die Tränen, bricht ihre Stimme, wenn sie den stechenden Schmerz des Getrenntseins vom Iran und ihren Liebsten nicht mehr aushält. Sie ist ungeduldig, hektisch, ihr Tempo ein bisschen wahnsinnig, und sie ist dankbar, immer wieder dankbar – für ihr Leben, ihren Mann, das Essen, die Kräuter, die Blumen, den Garten, die Luft. «Wie gehst du mit der Angst um?», frage sich sie. «Vorgestern war ich auf Instagram und sagte allen: ‹Ich bin bereit. Hier ist meine Kehle, hier ist meine dünne Kehle, sie ist bereit für den Strick. Ihr könnt mich ermorden, euren Terror über mich ergießen. Macht, was auch immer ihr bewerkstelligen könnt. Wenn ich eure Rache sein soll – bitte. Ich habe keine Angst.› Weißt du, als ich klein war und mich fürchtete, in der Dunkelheit in unser Toilettenhäuschen draußen zu rennen, sagte meine Mutter immer, die Dunkelheit sei nichts als ein formloser schwarzer Dämon, der sich von meiner Angst ernähre. Ich solle meine Augen weit aufreißen und die Dunkelheit niederstarren, damit sie mich nicht verschlingt. Meine Mutter sagte immer: ‹Wenn dein Großvater mit dem Wildschwein gekämpft hätte, anstatt sich tot zu stellen, wäre er vielleicht noch am Leben.› Die Geschichten aus meinem Dorf haben mich geprägt. Immer wenn ich etwas Gefährliches sehe, renne ich nicht weg, drehe mich nicht um, sondern reiße die Augen auf und gehe auf die Gefahr zu – und rette so mich selbst. Ich habe keine Angst vor dem Sterben. Aber ich habe Angst davor, gleichgültig zu werden. Ich habe Angst davor, dass man mich gefangen nimmt und im Staatsfernsehen vorführt. Und dass dann all jene, denen ich Hoffnung gab, hoffnungslos werden.»

Grenzen überschreiten

Masih heißt eigentlich Masumeh, die Unschuldige, benannt nach der Schwester des siebten und der Tochter des achten Imams der Schiiten – eine Heilige also. Aber nur wer sie ärgern will, nennt sie bei ihrem richtigen Vornamen. Masih bedeutet übersetzt «Jesus», ein Name, der in den Liebesgedichten ihrer ersten Liebe auftauchte – und den sie beibehielt, auch wenn Masih eigentlich ein Männername ist. Manche konservative Medien bezeichneten sie, als sie als Journalistin im Iran Furore machte, als «das hässliche Entlein», weil ihr angeblich die Attribute fehlen, die nach iranischem Schönheitsstandard die Weiblichkeit definieren: ein voller Mund, eine operierte Nase, Monica-Bellucci-Augen und symmetrisch gezupfte Augenbrauen. Ihr zweiter Ehemann aber taufte sie auf den Namen «Adler von Ghomikola», nach dem Dorf im nordiranischen Mazandaran, in dem sie geboren wurde und aufwuchs, irgendwo im saftig grünen Saum des Kaspischen Meers. Wer ihr mit Verachtung oder Neid begegnet, nennt sie bis heute «das Dorfmädchen». Viele ihrer ehemaligen iranischen Mitarbeiterinnen und Mitarbeiter hänselten sie augenzwinkernd als «Unruhestifterin», die als solche von jedem heimlich aufgesucht wurde, der Staub aufwirbeln und die Friedhofsruhe der Republik stören wollte.

Masih, das jüngste von sechs Geschwistern, ist ein Kind jener Schicht, an die sich die Versprechen der Revolution richteten, jene «Armen und Entrechteten», die keinen Anteil am Boom der 1970er hatten und die das Fundament der neuen Ordnung bilden sollten. Die Schicht, aus der sie stammte, schrumpfte in der Vorrevolutionsdekade auf etwa ein Viertel der Bevölkerung. Masih wuchs in bitterer Armut auf, in einem Lehmhäuschen, das mit Kuhdung jedes Frühjahr wieder instand gesetzt werden musste. Ihr Vater, ein Kleinbauer, den sie nie «Papa», sondern immer nur *Agha Dschan*, «lieber Herr», nannte, ist bis heute ein überzeugter Soldat des Revolutionsführers. Er meldete sich freiwillig bei den *Bassidsch*-Milizen, hielt auf seinen Wachdiensten Autos an, beschlagnahmte Musikkassetten und belehrte die «sich versündigende» Jugend. Er zog in den Krieg gegen den Irak, so wie die beiden älteren Söhne, die als Versehrte von der Front zurückkamen. Selbst im Haus trugen die Frauen der Familie Tag und Nacht das Kopftuch. Das Lehmhäuschen hatte zwei Räume, ein Schlafzimmer für die ganze Familie, in dem sie ihre eingerollten Matratzen jede Nacht wieder ausrollten, und ein Wohnzimmer, in dem die Tischdecke auf dem Boden ausgebreitet wurde. Die Mutter, mit vierzehn verheiratet, konnte kaum Persisch, sprach nur im heimischen Dialekt, sie war nie zur Schule gegangen. Sie kochte im Hof über einer Feuerstelle, nachdem die Kinder das Brennholz eingesammelt hatten, sie pflanzte Gemüse und Kräuter in ihrem Hintergarten an, hüllte sich einmal die Woche in einen schwarzen Tschador und verkaufte alles in der Stadt. Etwas eigenes Geld verdiente sie mit Schneiderarbeiten für das Dorf.

Masihs große Schwester Mina half bei der Geburt des Nesthäkchens zu Hause. Die Kinder wuchsen auf dem Rücken der Mutter auf, während der Arbeit auf dem Reisfeld. Die Familie ernährte sich von dem, was sie anbaute, sie hielten ein paar Kühe, der Vater verkaufte Eier und manchmal Gänse. Die Toilette war ein Erdloch im Hof, Wasser holten sie aus dem Brunnen, bis Masihs Vater irgendwann eine Wasserpumpe installierte. Im Winter besuchten sie ein öffentliches Bad. Ein stinkender Petroleumofen wärmte notdürftig das Haus, manchmal auch ein Tisch mit einem glühenden, von Asche bedeckten Kohlebecken darunter, auf den dicke Decken gelegt wurden. Wenn sie telefonieren wollten, mussten sie den Bus zum nächsten Dorf nehmen. Masih hatte nur ein Paar Schuhe. Ihre roten Winterstiefel teilte sie sich mit ihrer Cousine. Alle Geschwister trugen gebrauchte Kleidung, ein Geschenk von der Kleiderspende.

Masih wollte anders sein – schon als Kind. Sie wollte einen ganz bestimmten Stoff tragen, der sie von den anderen absetzte. Sie wollte ein rotes Gatter für den kleinen Hof der Familie, weil Rot ihre Lieblingsfarbe war. Später sollte sie wegen ihrer roten Schuhe aus dem iranischen Parlament fliegen. Das unbändige Mädchen wollte auf Bäume klettern, schwimmen, rennen und sich so anziehen wie die Jungs – Privilegien, die ihr früh verwehrt wurden. Sie stritt mit ihren Lehrerinnen über die Existenz Gottes und wollte sie davon überzeugen, dass die Menschen aus purer Not Gott erschaffen hatten. Sie verschlang Bücher, las Marx, Dickens, Jules Verne, Victor Hugo und Romain Rolland, die Unabhängigkeitserklärung der Vereinigten Staaten, Texte der Französischen und Russischen Revolution. Ihr Bruder Ali wurde ihr Mentor, Gefährte, Vertrauter. Sie legte heimlich den Tschador ab und ging in Kopftuch und Mantel zur Schule. Bis auf Gesicht und Hände war jeder Zentimeter Haut bedeckt, und doch fühlte der Vater seine Ehre beschmutzt und sein Ansehen geschändet, als er die Jüngste ohne den schwarzen Umhang auf der Straße entdeckte. Doch Masih konnte nicht anders: Sie stellte weiter die Dinge auf den Kopf. Als die Eltern das Potenzial ihrer melodischen Stimme erkannten, musste sie lernen, für den Fastenmonat Koranverse zu rezitieren. Am Tag der Aufführung trug die Teenagerin aber keine Suren der heiligen Schrift vor, sondern die Zeilen des berühmten Dichters Ahmad Schamlu, der über die Hinrichtungen des ersten Revolutionssommers geschrieben hatte: «Die Liebe müssen wir in der Hinterstube verstecken … die Sehnsüchte müssen wir in der Hinterstube verstecken … Gott müssen wir in der Hinterstube verstecken.»

Sie kritzelte politische Slogans über Freiheit und Demokratie auf Schulwände, und hätte ihre Mutter den Beamten nicht gut zugeredet, wäre die Jüngste früh von der Schule geflogen. Völlig unbeeindruckt davon testete sie ihre Grenzen immer weiter aus. Sie gründete mit Gleichgesinnten einen Debattierclub. Jungen und Mädchen saßen zum ersten Mal zusammen und redeten über die Geschichte des Iran vor 1979, über die sie sich abseits der Propaganda aufklären wollten. Die Clique ging so weit, eine Untergrundkampfschrift zu drucken und zu verteilen, in der sie Meinungsfreiheit und die Freilassung aller politischen Gefangenen forderte. Masih war achtzehn und in einem Alter, in dem die Familie eine baldige Heirat erwartete, als sie in der Clique einen Verehrer kennenlernte. Sie wusste, dass sie nur als verheiratete Frau das Dorf verlassen konnte, dass ihr Verehrer das «Ticket nach Teheran» war. Sie wollte schreiben, fotografieren, sie hatte große Pläne. Doch just als die Eltern glaubten, ihre rebellische Tochter endlich unter die Haube gebracht zu haben, gerade als sie hofften, dass das sture Aufbäumen der Tochter sich mit der Heirat legen würde, trat erstmals der Staat in Masihs Leben. Er intervenierte, um eine Teenager-Rebellion zu beenden, die er als Verschwörung gegen den Führer auslegte. Die Beamten fanden schnell heraus, wer hinter der Kampfschrift steckte. Noch vor der Hochzeitsfeier verhafteten sie Masihs frisch getrauten Mann, dann sie selbst, dann den Bruder, der am längsten in Haft blieb, während Masih und ihr Mann eine dreijährige Bewährungsstrafe bekamen. Im Gefängnis erfuhr sie von den Beamten, dass sie schwanger war. Erneut hatte sie Ehre und Ansehen des Vaters geschändet – weil sie vor der Hochzeitsfeier ihren ersten Geschlechtsakt vollzogen hatte. In ihrer Not suchte sie in der nächsten Stadt nach einem Arzt, um das Kind abzutreiben. Es war schließlich ihre eigene Mutter, die ihr die Angst vor der Scham und Schande im Dorf ausredete. «Ich habe die Dinge, die dir nachgesagt wurden, in der Hinterkammer begraben. Und nun willst du aus Angst vor diesen Leuten dein Kind abtreiben?»

Die ersten Jahre waren das Gegenteil ihrer Wünsche und Träume. Ihr Abitur war dahin – statt sich fortzubilden, musste Masih Windeln waschen, sie lebte in einem angebauten Zimmer im Haus der Schwiegereltern. Als Hochzeitsfotografin verdiente sie ihr erstes eigenes Geld, bevor ihr Bruder das junge Paar mit dem kleinen Sohn nach Teheran holte, wo er Masihs Mann eine Stelle in seiner kleinen Druckerei verschaffte. Doch nach fünf Jahren lernte ihr Mann eine neue Muse kennen, die ihn zu neuen Gedichten inspirierte, er verlangte die Scheidung. Masih verlor nach der islamischen Scheidungsgesetzgebung das Sorgerecht über den Sohn, der fortan im Nordiran bei der väterlichen

Familie aufwuchs. Obwohl ihr Mann die Scheidung wollte, galt die hintergangene Ehefrau als die Schuldige. Erneut hatte sie Chaos angerichtet, eine unerhörte Premiere in der Familie hingelegt. Ihre Stellung als Geschiedene war im Dorf so angreifbar, dass Masihs Mutter den Noch-Schwiegersohn anflehte, die Tochter doch einfach als Zweitfrau zu behalten. Eine Geschiedene, sprich: eine «Abgestandene», «Weggeworfene», die niemand haben wollte, ganz allein in der Hauptstadt? Für die Eltern unvorstellbar.

Doch Masihs Aufstieg konnte nun beginnen – in der Ära des ersten Reformerpräsidenten, Mohammad Chatami. Zeitungen und Publikationen wurden aus dem Boden gestampft, eine neue Zeit war angebrochen. Eine Zeit, in der jemand in diesem bislang fensterlosen Raum, wo die Journalisten des Landes arbeiteten, ein einziges winziges Loch gebohrt hatte – groß genug, um ein klein wenig zu atmen und ein klein wenig zu schreiben. Mit Mitte zwanzig, ohne Abitur, ohne Studium, ohne Fremdsprachen, aber mit einer Vorstrafe, stellte sich Masih Alinejad als Praktikantin bei einer Tageszeitung vor. Dem Chefredakteur gefiel auf Anhieb die forsche Art und Unverblümtheit, mit denen die Tochter eines Kleinbauern aus der Provinz auftrat. In einer Stadt, in der sich bis heute jeder dort geborene Einwohner als «Teheraner» versteht und alles daransetzt, seine Wurzeln zu vertuschen – als sei die Urbanität eine Tugend, die die Zugezogenen den Einwohnern entreißen könnten –, in einer Stadt, in der jeder Falschfahrer und jeder Außergewöhnliche verächtlich «Provinzler» und «Dörfler» genannt wird, schlug eine Masih Alinejad plötzlich auf, legte ihren Dialekt ab und heftete sich wie ein Magnet an die Redaktion – als ob sie nach langer Suche endlich ihre Bestimmung gefunden hatte.

Nach drei Monaten unentgeltlicher Arbeit und abendlichen Journalismuskursen landete sie mit einer eigenen Recherche plötzlich einen Aufmacher: eine Story über den Machtkampf zwischen Oberstem Führer und dem vielleicht radikalsten Reformerparlament, das das Land je sehen sollte. Masih Alinejad verkörperte genau die Spannung jener Epoche: das Ringen zwischen den ersten Reformern und dem Obersten Führer – und den Mut, Mauern niederzureißen, Bestehendes in Frage zu stellen.

Als Parlamentskorrespondentin für ihre Zeitung und eine Nachrichtenagentur war sie jeden Tag im Madschles unter den Abgeordneten. Die Staatssicherheit verwehrte ihr eine Dauerakkreditierung, sie musste täglich eine neue beantragen. Ihre kleinen roten Schuhe brachten einige Abgeordnete so auf die Palme, dass sie drei Monate lang das Parlamentsgebäude nicht betreten durfte, die «Pinocchio-Schuhe» hatten sich herumgesprochen. Masih hielt ihre Scheidung und Mutterschaft geheim, arbeitete ununterbrochen, verschlang mal ein Sandwich bei einer Freundin, mal einen Eintopf bei einer Verwandten, mal eine fette Schafskopfsuppe – ein typisches Arbeiterfrühstück – in einem kleinen Café. Nur an den Wochenenden besuchte sie ihren Sohn, raste mit ihrem kleinen gebrauchten Renault dreihundert Kilometer in den Norden. Ihre Mutter nannte das Auto den «Eisernen Mann», es beschützte sie davor, als Frau und Fußgängerin auf der Straße angemacht oder belästigt zu werden.

Ihr journalistischer Anspruch brachte sie immer wieder an die Grenze zum Arbeitsverbot. Bestand Journalismus nur darin, die Worte der Mächtigen wiederzugeben – oder darin, Ungerechtigkeit aufzudecken, um diese zu beenden? Sie wollte sich nicht wie all die anderen mit der täglichen Pressekonferenz des Parlamentssprechers abspeisen lassen. Sie wollte selbst Schlagzeilen produzieren. Früh genug fanden die Schlagzeilen sie selbst. Der Generalstab der Streitkräfte legte Klage gegen sie ein – ein bislang nie dagewesener Vorgang. In einer rückblickenden Story über den brutalen Überfall der *Bassidsch*-Milizen auf ein Studentenwohnheim im Jahr 1999 hatte Masih die Milizen des Führers mit gemeinen Schlägern verglichen, die schon lange nicht mehr gegen Saddam Husseins Panzer kämpften, sondern nun Landsleute und Studierende verprügelten. «Ich musste vor dem Generalstaatsanwalt Teherans erscheinen – der Mann war bekannt als der Schlächter der

Presse, er hatte etliche meiner Kollegen und Freunde hinter Gitter gebracht. Er fragte mich, welcher Reformer hinter meinen Artikeln stehe. Er wollte meinen Ruf ruinieren. Ich sollte ein öffentliches Geständnis über meine von ihm herbeiphantasierten Affären mit verheirateten Männern ablegen. Am Ende eines tagelangen Verhörs forderte er mich auf, eine Entschuldigung zu veröffentlichen dafür, dass ich unsere heldenhaften Streitkräfte beleidigt hätte – sonst würde er die Zeitung schließen lassen. Er sagte, seine Aufgabe sei es, die Revolution zu verteidigen. Ich sagte, mein Job sei es, die Menschen zu verteidigen.»

Auf dem Dachboden des Hauses in Brooklyn höre ich das Rattern und Pfeifen der Züge. Mein Blick fällt auf eine Deckenlampe, die wie aus «Alice im Wunderland» aussieht: eine Blümchenteekanne in der Mitte und Blümchenteetassen drum herum. An den Fenstern hängen rosa Gardinen, im Zimmer steht eine rosarote Couch mit einer mit Rosen übersäten Decke. Überall kleine grüne Pflanzen – sie sind Masihs einzige Therapie, sagt sie lächelnd. Nach jedem Angriff auf ihre Arbeit, nach jeder Trollattacke im Netz, nach jedem Schmähruf sät sie neue Blumen, neues Grün. Der Farn in der Ecke wirkt wie eine grüne Nachbildung ihres Lockenkopfs. Goldene PVC-Fliesen schmücken Wände und Decke. Ein Foto von ihr im schwarzen Ledermantel hängt an der Wand, sie lächelt, so als ob sie gerade den Wind in den Haaren spürt, und steht vor einem dunklen Wald. Masih ist hippelig wie immer, sie bereitet sich gerade auf einen Live-Auftritt auf Instagram vor, vorgestern hat sie in ihrem Keller ihre wöchentliche Polit-Comedy-Show für Voice of America aufgenommen, den staatlichen, vom Kongress finanzierten Auslandssender der USA – die Sendung, die im Abspann einblendet, dass Voice of America sich von allen Inhalten distanziert. Jetzt singt sie mit ihrer schönen klassischen Stimme lautstark einen frühen Hit von Hayedeh, verschmiert etwas von ihrem kirschroten Lippenstift auf ihren Wangen. «Wie gut, dass wir Frauen unsere Trauer wegschminken können», seufzt sie.

Ich sage ihr, dass ich mich in ihrem kleinen, liebevoll eingerichteten Dachzimmer sehr weiblich fühle. «Dieses Stübchen geht zurück auf meine ersten Jahre in New York. Ich hatte gerade Kambiz geheiratet, der als Journalist bei Bloomberg arbeitete. Dabei wollte ich doch eigentlich nie wieder heiraten. Jedenfalls kämpfte ich mit dem Zeitunterschied zwischen der amerikanischen Ostküste und Teheran, das war für meine Arbeit unerträglich, ich blieb die ganze Zeit wach, fragte mich, ob es wirklich eine gute Idee gewesen war, nach New York zu ziehen. Ich stritt mich mit Kambiz, schmollte und quartierte mich ein paarmal im Hotel ein. Aber er fand mich immer wieder, wir versöhnten uns, und ich kehrte in unser Haus zurück. Und da kam ich auf die Idee, Farbe zu kaufen und ein Schmollzimmer einzurichten – um nicht bei jedem Streit ins Hotel zu ziehen. Jetzt haben wir uns so oft versöhnt hier oben, dass ich es das Liebeszimmer nenne.»

Ich frage sie, warum sie sich in New York so fremd fühlte. «Ich war die Größe dieses viktorianischen Hauses nicht gewohnt. Drei Schlafzimmer, zwei Bäder – auch wenn es ein Familienhaus ist, Kambiz' zwei Kinder aus erster Ehe leben manchmal hier. Trotzdem: Meine ganze iranische Großfamilie zusammengenommen würde sich hier verloren vorkommen, so riesig erschien mir alles. Kambiz erklärte mir, wie man im Westen eine Hypothek aufnimmt und ein Haus abbezahlt. Trotzdem kam ich mir schlecht vor, weil gerade links orientierte Aktivisten und Wortführer mich kritisierten, wie viel ich hier im Westen verdienen würde, wie luxuriös ich angeblich leben würde. Dabei verdiene ich für hiesige Verhältnisse als Freischaffende unter dem Durchschnitt. Ich werde wütend, wenn ich solche Angriffe erlebe. Diese iranischen und amerikanischen Linken hier im Westen haben noch nie in Armut gelebt. Sie haben nie erfahren, wie es ist, ohne ein Abendessen ins Bett zu gehen oder nur gespendete Kleidung zu tragen. Mein Großvater war ein Bettler. Er klopfte bei den Leuten an und bat um eine Tasse Reis! Das sind die Verhältnisse, aus denen ich komme! Viele Linke hier führen mit meiner, nein, mit *unserer* Armut theoretische Diskussionen und spielen damit politische Spielchen. Ich meine – wenn ich arm bin, dann freuen sich diese Leute, denn dann fühlen sie sich als meine Repräsentanten. Mit ihrem Bild von meiner Armut können sie ihr Manifest schreiben und das verhasste Amerika verfluchen, in dem sie lustigerweise selbst leben. Aber wehe, wenn ich, die ich aus der Armut komme, selbst lerne, Englisch zu sprechen, und selbst das Wort ergreife – dann drehen sie sich alle weg von mir!»

Die Mächtigen zur Rede stellen

Teheran 2005. Immer, wenn Masih an eine verschlossene Pforte stieß, kam ihr jemand zu Hilfe. Die Reformer erkannten ihr Potenzial und halfen ihr, wenn die Vergangenheit und ihre Vorstrafe sie einholte. Mit ihrer offensiven Fragetechnik, ihrer durchdringenden Stimme, ihrer Angewohnheit, stets das letzte Wort zu behalten und die Macht mit ihren eigenen Waffen zu schlagen, forderte sie alle heraus – bis hin zu Präsident Mohammad Chatami. Der Wind drehte sich, als Dutzende Reformerkandidaten für die Parlamentswahlen gesperrt wurden – und das Madschles wieder in die Hände der Konservativen zurückfiel. Sie schrieb ihr erstes Buch über diese Wende – zum Missfallen der Hardliner der Führungsriege. Einmal jagte ein Abgeordneter ihr hinterher und drohte mit einem Faustschlag ins Gesicht, wenn sie nicht ihre widerspenstige Haarsträhne bedeckte. Die Neuen im Parlament waren mit dem Versprechen angetreten, Korruption und Trickserei zu beenden. Sie trugen einfache Kleidung, um sich volksnah zu geben, doch ihre in der Tiefgarage geparkten Citroëns und die Ehefrauen und Söhne, die sie in ihren Abgeordnetenbüros angestellt hatten, sprachen eine ganz andere Sprache. Masih schrieb hintereinander mehrere Artikel über die neuen Volksvertreter und die Diäten und Vergünstigungen, die sie sich ausgedacht hatten: verbilligte Baukredite für Parlamentarier und etliche nichtdeklarierte Sonderzahlungen vom Parlamentssprecher.

Masihs Storys schlugen ein wie eine Bombe, wurden zum Stadtgespräch – und die Rache der Macht folgte prompt: Eine Stunde lang debattierten die Abgeordneten über ihren Rauswurf; einer bezeichnete sie am Rednerpult als Schlampe, unter Buhrufen musste sie das Haus verlassen. Sie schrieb ein Buch über ihren Parlamentsausschluss, bewog Präsident Chatami, ihr die Veröffentlichungserlaubnis zu geben, und ließ das Buch in der Druckerei ihres Bruders pünktlich zum letzten Tag der Teheraner Buchmesse fertigen. Weil sie darin Szenen ihrer Scheidung und Ehe dargestellt hatte, bewirkte ihr Ex-Mann, dass sie ihren Sohn nur noch einmal im Monat besuchen durfte.

«Ich nahm einen neuen Job an, schrieb als Kolumnistin für die Tageszeitung des Reformerkandidaten Mehdi Karrubi. Ich hatte einen guten Draht zu ihm, er kam wie ich vom Land. Unter dem neuen Präsidenten Mahmud Ahmadinedschad konnte ich nicht über einen Mangel an Arbeit klagen. Ahmadinedschad war so jemand wie später Donald Trump als Präsident. Er hatte absolut keinen Plan – außer Geld zu verteilen, auf die erlösende Wiederkehr des zwölften Imam zu warten und wie ein Wunderheiler aufzutreten. Als er den Holocaust leugnete, verglich ich ihn in einem Artikel mit einem großmäuligen Rowdy, der an der Straßenecke rumhängt und Fußgänger und Autofahrer anbrüllt. Und zuletzt skizzierte ich ihn als einen Delfintrainer, der den Menschen im Land – sprich: seinen Tieren – ständig neue Arten beibrachte, wie sie um ihr Essen zu betteln hatten.»

Die Delfinkolumne konnte nur mit einer öffentlichen Entschuldigung ausgeräumt werden, in die sie zerknirscht einwilligte. Masihs Bekanntheitsgrad schützte sie vor einer unmittelbaren Haft, aber es kursierten Gerüchte, sie solle festgenommen werden. Sie musste zeitweilig das Land verlassen und ihre Artikel von London aus schreiben. Sie arbeitete, und sie lernte Englisch, indem sie pausenlos Martin Luther Kings Rede «I Have a Dream» anhörte. In dieser Zeit fand sie zu den Ideen, die fortan ihr Leben bestimmen sollten. Sie sammelte Notizen für ein neues Buch, in dem sie sich mit der Kluft zwischen den

Eliten und dem Volk beschäftigen wollte. Mit einfachen Menschen zu sprechen lag ihr tausendmal näher, als einen den Reformern nahestehenden Intellektuellen zu interviewen. In ihren Begegnungen mit führenden Politikern rührte sie erstmals an jene Tabus, die zu brechen später den Kern ihrer Arbeit ausmachen würde: der Drang, jemanden höflich und originell vor den Kopf zu stoßen und auf innere Widersprüche aufmerksam zu machen; das Leben der Frauen: Gesangsverbot, Verschleierungszwang und Diskriminierung; die Annäherung an die USA, deren Feindschaft die Staatsräson der Islamischen Republik bildete; und der Wunsch, im Alleingang öffentliche Themen zu setzen. Zuweilen erscheint mir die Masih dieser Zeit im Geist so autonom, so darauf erpicht, Dinge von Grund auf neu zu denken, Volksvertreterin und zugleich Repräsentantin einer vierten Gewalt zu sein, die es doch im Iran per se nie gegeben hat, dass ich nur ungläubig den Kopf schüttele, wenn ich daran denke, dass sie unter diesem Regime, in diesem Landstrich, in dieser Familie aufwuchs, lebte und arbeitete.

War es die fatale Stimmung vor den Wahlen 2009, die die Utopie eines Siegs der Reformer in greifbare Nähe rückte, oder war für sie der Zeitpunkt gekommen, die Fesseln, die ihr das System auferlegt hatte, abzuschütteln? Elektrisiert vom Wahlsieg Barack Obamas im selben Jahr, der ihr so undenkbar erschienen war wie ein Balutsche oder ein Kurde an der Spitze des Iran, beantragte sie bei der amerikanischen Botschaft in London ein Interview mit dem neuen Präsidenten des Staatsfeindes. Als sie nach Teheran zurückkehrte, empfingen sie die Geheimdienste. Sie unterschrieb schließlich eine Erklärung, dass sie jede Wahlberichterstattung unterlassen würde, um ihren Reisepass zurückzubekommen. Mit einer amerikanischen Zusicherung für ein baldiges Interview mit Obama verließ sie ihr Land, im festen Glauben, sehr bald zurückzukehren. Drei Tage später der Schock. Erschüttert verfolgte sie das Drama der Wahlunruhen aus London und New York. Sie kommentierte das Geschehen in den Auslandsmedien, schrieb weiter Kolumnen für ihre Zeitung in Teheran, bis auch diese aufgelöst und ihre Kolleginnen und Kollegen verhaftet wurden. Sie kauerte in ihrem New Yorker Hotel, blieb in Wartestellung. Doch nach der Niederschlagung der Proteste im Juni 2009 und dem offenkundigen Wahlbetrug wollte Barack Obama einer den Reformern nahestehenden Journalistin kein Interview mehr geben. Während die Demonstranten in Teheran «*U-ba-ma*» skandierten – eine Abwandlung seines Namens in das persische «Er-ist-mit-uns» – und ein Signal der Solidarität aus dem Weißen Haus erwarteten, verzichtete Obama darauf, den Demonstranten und Festgenommenen ein Zeichen der Ermunterung zu senden. «Ihr Präsident hätte auf unserer Seite sein müssen», sagte Masih später den schweigenden Beamten im amerikanischen Außenministerium.

Eine Zeit lang fühlte sie sich wie ein Blatt im Wind – heimatlos. Sie war aus ihrem Haus geworfen worden, hatte ihre soziale Stellung, ihre Familie, ihre Arbeit verloren. Aber wie frei hätte sie überhaupt noch arbeiten können, wäre sie geblieben? Sie holte ihren Sohn, mittlerweile ein Teenager, über die Türkei nach London, stellte fest, dass sie ihn kaum kannte und das Muttersein neu lernen musste. Sie brauchte ihre Ersparnisse auf, mietete für beide ein Zimmer mit Doppelbett, schrieb sich an einer Universität ein, paukte Englisch mit ihrem Sohn, kochte schlechte Pasta, lebte von Nikotin und Kaffee, arbeitete als freie Journalistin für Auslandssender. Kambiz trat in ihr Leben, aus der Fernbeziehung zwischen London und New York wurde Jahre später eine Ehe und gleichberechtigte Partnerschaft. In Gedanken war sie immer im Iran: «Die Islamische Republik hatte mich zwar rausgeworfen. Aber sie konnte nicht den Iran in mir selbst hinauswerfen. Ich war jeden Tag dort.»

Ihre Quellen schickten ihr immer noch brisante Informationen und Telefonnummern. Sie begann, die Familien zu kontaktieren, die während der Wahlunruhen 2009 Angehörige verloren hatten: Mütter, die ihre im Gefängnis gefolterten Söhne beweinten, Väter, die um ihre auf der Straße erschossenen Kinder trauerten. So entstanden siebenundfünfzig Porträts – eine einzigartige Chronik der Opfer. Die täglichen Gespräche mit den Müttern zehrten sie auf. Spielte sie die Interviews Freunden vor, konnten diese nach einigen Minuten nicht mehr zuhören. Der Schmerz und die Schwere erdrückten jeden Zuhörer, Masih aber nahm es auf sich, Mensch um Mensch, Schicksal um Schicksal, Grauen um Grauen. Sie lebte freiwillig in einem digitalen Leichenschauhaus. Sie träumte nachts davon, wie Blut aus ihrem Laptop tropfte. Sie rang mit sich selbst, um durchzuhalten. Der Verarbeitungsprozess war so tiefgreifend, dass sie sich nach und nach von alten politischen Überzeugungen löste und von einstigen Weggefährten entfremdete. Als sich 2013, nach acht Jahren Ahmadinedschad, einige Mitstreiter in London versammelten, um die Wahl des als gemäßigt und progressiv geltenden Präsidenten Rohani zu unterstützen, blickte sie als Einzige skeptisch in die Runde. «Es waren Wahlstimmen unterschlagen worden. Es waren Menschen ermordet worden. Und wir sollten unsere Hoffnung erneut in eine Wahl stecken? Ich verstand nicht, warum all jene, mit denen ich diesen Weg gegangen war und denen ich vertraute – Menschen aus der Wissenschaft, von der Universität, aus dem Politikbetrieb und den Medien –, ihre Füße so einfach auf das Blut der Getöteten setzen konnten, wählen gingen und zur Wahl aufriefen. ‹Wir müssen mit dem Führer verhandeln, wir müssen den Führer auf unserer Seite haben›, sagten sie mir. Aber bitte, wie kann das gehen, wenn die Menschen auf der Straße die ganze Zeit ‹Tod dem Diktator› gerufen hatten? Einige Reformer baten mich, eine Empfehlung abzugeben. Aber ich blieb still, weder bezog ich Stellung für Rohani, noch rief ich zum Boykott auf.»

Ihre Freunde blieben der Grünen Bewegung treu. Masih aber blieb bei den ganz normalen Menschen auf der Straße. Sie verstand sich immer mehr als «Fernberichterstatterin». Ihr Netzwerk wuchs, ihre Bewegungsfreiheit wurde größer. «Ich wurde viel erfolgreicher als in meiner Zeit im Iran. Sie konnten mich hier nicht ins Gefängnis werfen und ersticken. Ich dokumentierte, ich veröffentlichte. Mein Sohn umarmte mich dabei, er weinte und sagte, ich solle mich ausruhen, mit ihm spazieren gehen. Er fragte sich, warum diese schwere Last nur auf meinen Schultern liegen sollte. Aber ich wollte unbedingt diesen Menschen eine Stimme geben.» Sie schweigt – und wiederholt die letzten drei Worte: «Eine Stimme geben.»

«Du wirfst mein ganzes Fragekonzept durcheinander. Und eben gerade hast du die letzte Aufnahme gelöscht!» Ich bin am Verzweifeln mit Masih. Sie steht auf, sie setzt sich, bekommt alle fünf Minuten einen Anruf, dann hat sie plötzlich die Idee, einen Videocall mit Freunden zu machen, dann wechselt sie das Thema, und wir verzetteln uns. «Es tut mir leid. Die meisten Journalisten werden wahnsinnig mit mir», lächelt sie entschuldigend. «Zumindest weiß ich nun auch aus eigener Erfahrung, dass du wirklich alles auf den Kopf stellst. Regieanweisungen, diplomatische Protokolle, eingefahrene Denkmuster, ritualisierte Politik … und mein Interview.» – «Ach, und vergiss nicht, den Journalismus stelle ich auch auf den Kopf!» – «Kannst du das erklären?» – «Ich ändere die Perspektive.» – «Welche Perspektive?» – «Nachrichten, die ein totalitäres Regime produziert, sind keine echten Nachrichten. Es sind Nachrichten, die die Redaktionen aller Welt wiederkäuen sollen und mit denen sich ein solches Regime normalisiert. Ich kann die Mächtigen nicht einfach nur zu Wort kommen lassen. Ich muss sie zur Rede stellen. Wenn die Vizepräsidentin des Iran, die 1980 mit ‹Tod-Amerika›-Rufen die US-Botschaft in Teheran besetzte, einen Sohn hat, der heute in Los Angeles lebt – na, dann grabe ich seine Adresse aus, und die Vizepräsidentin muss darauf reagieren. Wenn irgendwo im Iran demonstriert wird, ein Mensch gefoltert, getötet oder hingerichtet wird, dann bringe ich keine gekürzte oder zensierte Version eines Interviews mit Angehörigen. Ich bringe das volle Interview, samt der Anschuldigungen nach oben.» Kommt es zu Unruhen oder geschieht Unrecht, wird Masih mit Nachrichten aus dem Iran bombardiert. Selbst Häftlinge rufen sie an. So entgeht sie allen Kompromissen, die iranische und westliche Journalisten eingehen müssen, um aus einem totalitären Land zu berichten. Während diese stets nur so weit informieren konnten, wie es der iranische Geheimdienst zuließ, war Masih die Unabhängige, die Ungefilterte, die von der Stimme und den Handyaufnahmen der Bürger lebte.

Das Publikum machte mit beim Perspektivwechsel. Eine Busfahrerin filmte sich bei ihrer Arbeit, wie sie den Moment genoss, wenn nachts die Männer im Bus schliefen und sie ihre Passagiere Hunderte Kilometer nach Hause fuhr, wie nach Dienstschluss der Haushalt auf sie wartete und ein liebender Mann, der ihr zur Seite stand. Eine Frau, die auf dem Land lebte, als Köchin arbeitete und erklärte, wie sie damit ihr Geld verdiente. Eine Frau mit Behinderung, die ihren Alltag zeigte in einem Land, in dem Menschen wie sie nie mitgedacht werden. Eine Taubstumme brachte Masih die Zeichensprache bei. Ein Mädchen aus Kurdistan zeigte ihr, wo sie auf eine Mine getreten war und wie sie mit einer Prothese lebt. Masih machte aus den ihr zugesandten Filmen kleine Dokumentationen, die millionenfach gesehen wurden. «Es ging mir um zweierlei: In einer Zeit, in der NGOs geschlossen werden und jede zivile Initiative unterbunden wird, wollte ich einzelne Menschen stärken: Wenn jede und jeder Einzelne ihre und seine Geschichte erzählt, wird jede und jeder Einzelne zu einem Leader, einer Feministin. Zum Beispiel die Frau mit Behinderung, sie wurde später zur Sprecherin der Menschen, die das gleiche Schicksal erleiden. Der Staat kann jedes zivile Zusammenkommen unterbinden. Aber er kann nichts gegen das Individuum ausrichten, dessen Handykamera seine Waffe ist: Der Einzelne filmt, und die anderen sprechen über ihn. Ich dokumentiere das Erwachen dieser einzelnen Menschen, die etwas bewegen können.»

Sie studierte, wie westliche Journalisten den Iran darstellten. Ihr fiel auf, dass die Medien des Westens eher die Mittelschicht zeigten – also jene, zu denen sie mental am einfachsten Zugang bekamen: Iranerinnen und Iraner, die etwas Englisch sprachen, reisen konnten, oft bereits in den iranischen Medien auftauchten. «Zu den einfacheren

Menschen, zu der protestierenden Masse haben sie oft keinen Zugang. Den haben bedauerlicherweise übrigens nicht einmal die iranischen Intellektuellen, die nicht mal die Forderungen dieser Schichten kennen. Die Arbeiter in unserem Land bringen sich um, zünden sich an, weil sie keinen Lohn und kein Brot mehr haben, um ihre Familie zu ernähren. Die iranischen Intellektuellen stürzen sich derweil lieber auf das Phänomen Donald Trump.»

Als Masih Alinejad 2009 London betrat, zeigte sie sich nur in gedeckten Farben: Schwarz, Braun, Grau. Sie legte zwar das Kopftuch ab, aber die ungewöhnlich große, schwarze Ballonmütze blieb ihr ständiger Begleiter. Sie strich die Locken nach hinten und zwang die meisten unter die Kopfbedeckung. «Ich hatte meinen Eltern genug zugemutet, sagte ich mir damals.» Und war da nicht auch noch eine minimale Chance auf eine Rückkehr? Warum sich diese kaputt machen? So kam es, dass Masih in jeder Sendung und in jedem öffentlichen Auftritt, selbst in der Hitze, mit Mütze auftrat – und Schweißperlen im Gesicht. Meine Frage, wann es in ihr innerlich klick machte und sie beschloss, ihre Haare zu zeigen, kann sie mehrmals nicht beantworten. Vielleicht gab es diesen Ruck nicht, sondern nur eine allmähliche Selbstentdeckung. Eines Tages vergaß sie auf dem Weg zu einem Live-Interview ihre Mütze, Kambiz konnte ihr nicht rechtzeitig einen Ersatz besorgen. Plötzlich war sie auf Sendung mit ihren Locken, und es war geschehen. Und dann war da, Jahre später, dieser Moment im Königlichen Botanischen Garten im Süden Londons. Der Artikel und die Recherche, die zu Hause lagen, trieften vor Tod und Folter, und um sie herum platzten gerade die Kirschblüten rosa auf. Das innere Kind in ihr, das immer da ist, sprang vor Freude in die Luft, und Kambiz drückte den Auslöser, während das Haar durch die Luft flog. Masih postete auf Facebook ein buntes Foto der Freude von sich und schrieb: «Jedes Mal wenn ich frei umherlaufe und mein Haar im Wind tanzt, erinnere ich mich, aus einem Land zu kommen, in dem mehr als dreißig Jahre lang mein Haar von den Machthabern der Islamischen Republik in Geiselhaft genommen wurde. Ein Land, in dem niemand in der Lage war, sein Haar von den Geiselnehmern zu befreien, die jedes Mal nur sagten: Jetzt ist nicht die Zeit dafür.»

Die Reaktionen auf das Bild waren überwältigend. Die Follower-Zahlen gingen durch die Decke. Tausende Nachrichten, Fotos, Kommentare. Frauen, die heimlich das Tuch abnahmen, so wie Masih einst auf ihren Fahrten von Teheran nach Ghomikola. Ein Augenblick des stillen, schuldigen Vergnügens, ein kleiner krimineller Akt der Selbstbestimmung, jeden Tag ein paar Sekunden, eine kurze Geste des individuellen zivilen Ungehorsams gegen den staatlichen Zwang. Sie hatte einen Nerv getroffen, eine Welle losgetreten, millionenfache Erinnerungen an die erniedrigenden Begegnungen mit der Sittenpolizei wachgerufen – und sie hatte den Mut, daraus eine Kampagne zu machen. «Meine heimliche Freiheit» taufte sie die Aktion. Sie forderte die Freiheit, für sich selbst entscheiden zu können. Für ihre Mutter und ihre Schwester mag der Hidschab ein Teil des Körpers geworden sein, sagte sie. Für Millionen andere aber war er das nicht. Jede Frau sollte frei und autonom über ihre Kopfbedeckung entscheiden. Immer, wenn Masih sich an die unzähligen Male erinnerte, in denen sie im Iran dazu aufgerufen wurde, ihren Hidschab zu richten, erst mal die Haare zu bedecken, statt den Mund aufzumachen, sich zurückzunehmen, statt etwas zu fordern – immer dann spürte sie, dass es in dieser Sache doch offenbar um etwas ganz Großes ging: die Essenz der politischen und gesellschaftlichen Ordnung. Der Kern der Diskriminierung von Frauen, der alle Arten der Zurückstellung miteinander verband.

Ihre Aktion traf einen Staat, der Willkür und Verantwortungslosigkeit zum Gesetz erklärt hatte. Der emsig, hartnäckig und zielgenau jedes Haar, jedes Stück Haut wegretuschierte, aus Fotografien, Videos, Zeitschriften. Die Fußballschiedsrichterin in der Live-Übertragung wurde herausgeschnitten, ja selbst der Frauenkopf auf der Grabplatte und die weibliche Haut im Zeichentrickfilm waren bis zur Groteske zensiert. Masih ging auf Konfrontation mit der Macht, statt –

in der Hoffnung auf friedliche Reform – zu verhandeln. Sie wusste, dass der Reformhamster sich totgelaufen hatte in seinem Hamsterrad, sie wusste, dass das System jede Reform einfach nur abstieß und auswürgte. Ein absurdes System, in dem Reformpolitiker von den Demonstrantinnen gegen die Zwangsverschleierung verlangten, dass sie doch bitte während ihres Protests ein Kopftuch tragen mögen. Masih wusste, dass sie etwas richtig gemacht hatte, als sie registrierte, wie die Attacken auf sie von allen Seiten zunahmen, wie sie als Frau verachtet wurde: «Ach Gottchen, haben wir keine anderen Probleme?», «Ach Gottchen, die bunten Mäntel werden doch schon immer offener getragen, und das Tuch rutscht doch eh immer weiter nach hinten!», «Ach Gottchen, diese Frauchen, die ihr Kopftuch abnehmen und ihr Haar im Wind wehen lassen, machen sich doch nur hübsch für die Männchen, der Frühling ist doch Paarungszeit!», «Ach Gottchen, dieses unverschämte Dorfmädchen, das sich als wichtig aufspielt», «Ach Gottchen, erinnert ihr euch, dieses Gör mit der Ballonmütze, ich hatte ja schon als Jugendliche auf meinem französischen Lyzeum in Teheran kein Tuch auf!» …

Je höher der Bildungsgrad, je größer die Bekanntheit als Intellektueller, umso einfältiger die Angriffe auf sie und die Iranerinnen, die ihrem Aufruf folgten. Die Wucht von Masihs Forderung kratzte gewaltig am Weltbild nicht nur vieler Iraner im In- und Ausland, sondern auch vieler Menschen im Westen, die mit ihrem romantisch-touristischen Blick auf das Land den Hidschab zur Folklore verklärten, in ihm eine angesagte Mode erkannten oder ihn zum «Gesetz» erklärten, das man respektieren müsse – als seien die Gesetze einer Diktatur per se sinnvoll und gerecht und als gehöre das normale Nebeneinander von Unverschleierten und Verschleierten vor 1979 nicht zur Kultur des Iran.

Masih fragte sich, was der Zwang mit den Menschen gemacht hatte: Was war natürlich, ursprünglich, islamisch – und was politisch? Sie griff die kulturellen Codes der Revolutionäre an: ihren dreckigen

Hemdkragen, ihren Dreitagebart, ihren schwarzen Tschador, ihre Geschlechtertrennung. Nichts davon hatte sie auf Fotos ihrer Eltern vor 1979 gesehen: «Vater war glattrasiert und ordentlich gekleidet, Mutter in Rock und mit kleinem Kopftuch, aus dem die Haare hervorschauten. Alle Männer und Frauen des Dorfes arbeiteten damals dicht nebeneinander, am Teppichwebstuhl, auf dem Feld oder beim Teepflücken, mit hochgekrempelten Ärmeln oder in Tracht. Warum veränderte sich das alles nach der Revolution?» Masih stellte all diese unerhörten Fragen. Masih verschob die Perspektive.

Drei Jahre nach der Aktion «Meine heimliche Freiheit» legte sie mit einer Frauenrechtskampagne nach: «White Wednesdays». Sie rief Frauen und Männer auf, in weißer Kleidung, mit weißen Kopftüchern oder ganz ohne Kopfbedeckung auf der Straße zu erscheinen und für eine freie Entscheidung über den Hidschab zu demonstrieren. Etliche Männer machten mit, ebenso etliche verschleierte Mütter, die zwar ihren eigenen Hidschab behalten wollten, aber die Wahlfreiheit für ihre Töchter forderten. Nach ihrer ersten Aktion hatten die iranischen Staatsmedien in typischer Rufmordmanier Falschnachrichten über Masih in Umlauf gebracht. Die «dreckige Schlampe» habe endlich das bekommen, was sie verdient habe, sie sei vor den Augen ihres Sohnes vergewaltigt worden. Nach der Logik der Islamischen Republik konnte eine Frau nur im Hidschab geschützt sein, wie die «Perle in der Muschel». Sie habe sich ihres islamischen Schutzes beraubt – und das habe sie nun davon. Nach der zweiten Kampagne wurde allmählich auch Masihs Familie zur Zielscheibe. Zudem drohte man den Absenderinnen der Videos und Fotos mit hohen Gefängnisstrafen.

Dennoch ließen sich viele nicht davon abhalten, Masih aus dem Iran zu kontaktieren. Es waren Frauen, die selbst das Regime herausfordern wollten. «Natürlich gibt es Frauen, die mich kritisierten. Sie sagen, ich würde die Teilnehmerinnen gefährden. Ich würde ihnen meine Forderungen aufzwingen. Nein. Ich stelle nur etwas zur Debatte. Ja, ich will den Frauen zur Selbstbestimmung verhelfen. Aber manchmal rate ich ihnen auch davon ab, mir etwas zu schicken, mich zu kontaktieren. Weißt du, das wichtigste Instrument, um die Gesellschaft zu kontrollieren, ist, die Frau zu kontrollieren. Der Hidschab-Zwang ist unsere Berliner Mauer, und wenn sie einstürzt, bricht ein ganzes System zusammen. Im Kampf gegen die Zwangsverschleierung geht es um weit mehr als nur um Haare. Es ist der gleiche Kampf, den die Afroamerikanerin Rosa Parks kämpfte, als sie 1955 in Alabama ihren Sitzplatz in einem Bus nicht für einen weißen Mann freimachen wollte. Rosa Parks ging es nicht um eine ungerechte Sitzpolitik im Bus. Es ging darum, für das zu kämpfen, was Recht ist.»

Die Linie der Konfrontation im Iran verläuft quer durch Masihs Einträge auf Instagram. Viele Videos sind nichts für schwache Nerven. Ein paar Jugendliche schicken ihr die Festnahme einer Rapperin: Der Polizist hält sie mit dem Bauch auf dem Boden, drückt auf Nacken und Hals. Eine Frau schreit männliche Angestellte in einem Büro an, weil sie ihr vorwerfen, zu viel Haar zu zeigen, dabei kommt es fast zu einer Prügelei. Ein Mann tritt einer Frau bestialisch in den Bauch, um sie aus einer Bank zu werfen. Frauen brüllen selbsternannte Tugendwächter an, die ihnen nachstellen und sie wegen ihres ihnen zu laschen Hidschabs melden wollen. Die Videos fangen immer wieder mit der gleichen Zeile an: «Salam, liebe Masih, schau dir diesen ekligen Typen an.» Manchmal gehen Männer dazwischen, um die Betreffenden davon abzuhalten, aufeinander loszuschlagen. Das Ausmaß der Gewalt im ganz normalen Alltag ist manchmal schwer erträglich. «Ich werde oft kritisiert, dass ich die Menschen gegeneinander aufbringe. Aber nein. Es ist ganz anders. Es geht darum, die Gewalt jener Menschen zu zeigen, die die Macht stützen.»

Einmal rief ihr Bruder Ali sie aus Teheran an. Er verfolgte ihre Sendungen und Aktionen und sah, wie ihre Popularität im Iran stieg. «Masih, du kannst dir gar nicht vorstellen, wie eifrig mein Schwiegervater deine Sendung guckt. Ich bin so stolz auf dich. Immer wenn sie anfängt, will mein Schwiegervater, dass alle ganz still sind. Masih, ich hab zwei ganz große Sorgen, das muss ich dir mal sagen. Einmal habe ich Angst, dass ich plötzlich Nacktbilder von dir auf Instagram sehe – wie diese eine iranische Schauspielerin in Paris, die das gemacht hat. Und zweitens: Ich hab immer Angst, wenn ich bei meinem Schwiegervater sitze, dass du dann eine Sendung über Homosexuelle machst. Mach das nicht. Das ist die rote Linie der Leute hier!»

Masih musste herzhaft lachen über die Ängste ihres Bruders. Sie fühlte sich herausgefordert. Wenn schon ihr Bruder, der gebildet war und Anstand hatte, solche Vorstellungen über Schwule oder Lesben hatte – wie dachte dann erst der Rest der Bevölkerung? In ihrer darauffolgenden Sendung stieg sie direkt ein mit einer Erinnerung an ihre Tage an der Universität in Großbritannien. «Guten Tag, ihr Lieben. Hier ist Masih Alinejad. Also, ich war damals ganz frisch aus dem Iran gekommen. Eine Kommilitonin hatte mich zu einer Feier eingeladen. Und dann war da ein Schwuler. Ich war ja neu. Ich wusste gar nicht, wie ich damit umgehen sollte, es war mein erstes Mal. Ich fragte die Kommilitonin, warum sie mir nicht gesagt hatte, dass dieser Typ eingeladen war. Das Mädchen guckte mich an und sagte nur: ‹Nun, ich hab ihm auch nicht gesagt, dass du *straight* bist!› Ein ganz normales Mädchen brachte mir was Wichtiges bei. Denn da verstand ich, liebe Zuschauerinnen und Zuschauer, dass ich die Einzige im Raum war, die über die Homosexualität eines anderen nachdachte – ich, die Iranerin. Wir Iraner sind es gewohnt, obsessiv an die Bettgeschichten unserer Mitmenschen zu denken. So hat man es uns beigebracht. Aber was bitte gehen mich die Bettgeschichten anderer Leute an?»

Masih schloss die Sendung mit einem Porträt über einen Schwulen. Nach der Sendung rief ihr Bruder sie aus Ghomikola an. «Masih, ich hab dich gesehen. Mir blieb bis zum Ende die Spucke weg. Mein Schwiegervater meinte nur, dass du recht hast. So sind wir erzogen worden. Wir denken immer, dass die anderen nur so sein können wie wir selbst. Was sind wir für Idioten!» Dass sie die Familie im Iran nachdenklich gemacht hatte, erfüllte Masih mit tiefer Freude.

Irgendwann musste die Macht reagieren auf die Ungehorsamen im eigenen Land. Zwei französische Journalisten konfrontierten Präsident Rohani zu seiner Verärgerung mit den unverschleierten Frauen aus Masihs Kampagne – eine Premiere. Masih kostete ihren Triumph aus, es war, als ob sie Rohani persönlich erreicht hatte. «Als Außenminister Mohammad Dschawad Sarif einen Kommentar nach dem anderen in der ‹Washington Post› und in der ‹New York Times› schrieb, als Präsident Rohani in New York vor der UN eine Rede hielt und alle westlichen Medien den beiden hier ganz emsig folgten, rief ich immer weitere Iranerinnen dazu auf, ihren Hidschab abzunehmen – und schickte deren Videos dann an CNN, die ‹Washington Post› und den ‹Spiegel›. Immer, wenn die Machthaber davon sprachen, dass der Hidschab die Kultur des Iran sei, ploppten da diese Frauen auf, die genau das Gegenteil zeigten: Er war eben nicht ihre Kultur.»

Dann knöpfte sie sich die Auftritte westlicher Politikerinnen in Teheran vor. Manche waren zu Hause im Westen die Feministinnen vom Dienst, die stolz Fotos von den vielen Frauen ihres Kabinetts veröffentlichten, doch beim Staatsbesuch in Teheran fügsam Kopf und Haut bedeckten, ihre eigenen Werte vergaßen und den Kampf der Iranerinnen untergruben – mit dem trockenen Verweis, dass das diplomatische Protokoll dies eben erfordere. «Wenn sie sich von Donald Trump absetzen wollten, priesen sie ihren Feminismus. Wenn sie in den Iran fuhren, verhüllten sie sich ganz brav», schrieb Masih. Ihren Hinweis auf doppelte Standards nahmen ihr viele übel. Als eine westliche Politikerin Masihs Fragen mit dem Hinweis auswich, sie habe doch nur einen Hut aufgehabt im Iran, erinnerte Masih sie an das Schicksal jener Iranerinnen, die mit einem Hut auf der Straße erwischt worden waren: «Ich fragte sie: Wie viele Male wurden Sie geschlagen wegen Ihres Hutes? Wie viele Male kassierten Sie einen Verweis dafür? Wie oft wurden Sie deswegen ausgeschlossen? Ich denke, diese westlichen Politikerinnen im Iran haben den Iranerinnen mehr geschadet als die Tugendwächter auf der Straße. Ihr Auftreten mit Kopftuch und Mantel nimmt das Regime als perfekte Ausrede, um die eigene Bevölkerung zu unterdrücken.» Wenn Iranerinnen von ihrem Freitagsprediger, ihrem Wächterrat, ihrer Führungsriege mehr Freiheit forderten, brauchten diese nur noch auf die braven Frauen aus dem Westen zu verweisen. «Die westliche Politik gefährdet die zivile Kraft der Bevölkerung», ist Masih überzeugt. Für viele im westlichen Politikbetrieb wurde sie damit zu einem roten Tuch. Wer sich an ihrer Seite zeigte, der signalisierte seine Unterstützung für den zivilen Ungehorsam gegen Gender-Apartheid und Diktatur.

Zerrissene Familien, verlorene Freunde

Ständig dieselbe iranische Nummer. Masih drückt sie wieder und wieder weg. Irgendetwas sagt ihr, dass der Anrufer suspekt ist. Sie streicht über ihre Haare. Am zweiten Tag meiner Begegnung mit Masih und Kambiz hat der Schneesturm New York erreicht, eine idyllische Winterlandschaft. Wir gehen hinaus in die heile Welt, schmeißen Schneebälle, machen Fotos mit dem riesigen erleuchteten Teddybären im Vorgarten des Nachbarn. Ich kaufe eine Flasche Rotwein, den wir später in der Küche trinken, Masih spielt Folkloremusik aus ihrer masanderanischen Heimat, wir tanzen persisch zu dritt in der Wohnung, und sie lacht mich aus, weil ich «wie eine Städterin» tanzen würde. «Das hat gutgetan. Wir müssen öfter tanzen», prustet sie. «Ich kenne einen Ort am Meer, an dem du entspannen und mal eine Woche offline sein kannst. Tanzen inklusive. Ich glaube, es würde euch guttun, dorthin zu fahren», sage ich. Kambiz nickt und schaut seine Frau mit großen Augen an. «Was? Nein. Das geht nicht. Ich kann nicht fünf Tage offline sein. Das ist ausgeschlossen. Ich kann die Leute im Iran nicht allein lassen.»

Ich seufze. «Du fühlst dich verantwortlich. Aber was ist mit dir selbst? Also gut. Dann stelle ich dir die nächste Frage. Nicht ganz einfach. Wann war der Moment, in dem du beschlossen hast, das gesamte

System der Islamischen Republik in Frage zu stellen?» Jetzt seufzt Masih. «Ich glaube, die letzten vier, fünf Jahre wurde ich immer wütender, immer radikaler in meiner Ablehnung der Gesamtkonstruktion. Ich erinnere mich an eine Szene, die mich wahnsinnig machte. Eine Frau, die 2009 ihren Mann verlor, ein getöteter Demonstrant. Acht Jahre waren vergangen. Sie wollte sein Grab besuchen. Dann blieb sie auf dem Weg zum Friedhof im Stau stecken – ausgerechnet wegen Menschen, die Hassan Rohanis Wahlsieg feierten und auf der Straße schrien: ‹Oh, mein getöteter Bruder, ich hole deine Wahlstimme zurück!› Ich meine … was für ein Hohn! Der tote Mann dieser Frau hatte ganz bestimmt nicht für einen Hassan Rohani demonstriert. Irgendwann hasste ich mich selbst dafür, dass ich diesen Reformern einst verfallen war. Dass ich an eine Grüne Bewegung, an einen Mir Hossein Mussawi geglaubt hatte. Ich meine … Mussawi hatte zuletzt die Menschen *von* der Straße geholt, statt sie *auf* die Straße zu bringen! Im Iran auf Reformen zu hoffen bedeutet doch nur, das ganz normale Volk zu verraten. Diese Menschen sind mutiger als die Reformgläubigen. Sie sind im Kopf weiter. Eine wahre Reform bedeutet für mich, dass dieses System aufhört. Wieso hörst du diese Reformer und diese Reformgläubigen nicht laut fordern, dass ohne Blutvergießen und ohne eine militärische Intervention dieses System bitte abtreten möge? Das wäre doch die wahre Reform! Aber die Reformer nennen so eine Forderung ‹Umsturz›. Wer dieses System reformieren will, muss doch zuerst Religion und Staat voneinander trennen!»

Ich frage Masih, warum es immer noch Menschen gibt, die an Reformen glauben. «Für mich sind das Menschen, die in einer Art Stockholm-Syndrom an das System gekettet sind. Die aus Angst vor dem Verhörbeamten in dessen Arme rennen. Weil sie nicht an die Kraft des Volkes glauben. Die iranische Frauenbewegung machte den gleichen Fehler: Sie dachte, sie könne durch Verhandlungen mit der Macht etwas bewegen. Aber Veränderung entsteht durch Druck auf die Macht. Nicht durch Dialog mit ihr.»

«Wenn du niemanden findest, dem du folgen kannst, musst du selbst ein Beispiel sein – und einen Weg finden, um zu führen.» Jedes Mal, wenn ich mir Masihs Weg anschaue, muss ich an den Ausspruch der amerikanischen Feministin Roxane Gay denken. Masih hat ihre Idole überholt. Sie ist selbst zu einer Leaderin geworden, wie sie manchmal zu ihrem eigenen Erstaunen feststellt. Sie hat begonnen, eine Zivilgesellschaft zu repräsentieren. «Einige im Iran fragen, wer mich denn dazu ermächtigt habe. Noch dazu eine Frau! Noch dazu eine im Ausland!»

«Ich glaube, als du dich ins Weiße Haus vorgewagt hast, war dein Image als Landesverräterin perfekt, oder? Bereust du es?» – «Unter Trump wurde ich dreimal eingeladen. Einmal vom Präsidenten, zu seiner Regierungserklärung. Ich nahm die Einladung nicht an. Einmal von Ivanka Trump. Ich nahm die Einladung nicht an. Weder wollte ich den Feministinnen hier noch den Frauen im Iran in den Rücken fallen oder sie gefährden. Und das dritte Mal kam die Einladung vom damaligen Außenminister Mike Pompeo. Ich habe zuerst mit vierzig Iranerinnen darüber diskutiert. Unter meinen Anverwandten gab es Stimmen, die dagegen waren. Aber am Ende war die große Mehrheit dafür. Dann habe ich ziemlich selbstbewusst, aber mit zitternder Hand an das Außenministerium geschrieben, dass ich nicht einfach nur kommen kann, um Pompeo zuzuhören und zu nicken. Nein, ich wollte einen Dialog auf Augenhöhe. Das Außenministerium reagierte prompt. Ich war die erste Iranerin, die nach der Revolution in jenem Zimmer saß, in dem die Außenminister der Welt empfangen werden. Ich hatte fünfunddreißig Minuten. Ich fing an mit Kritik an Trumps Einreisesperre für Menschen aus dem Iran, durch die so viele Familien seit Jahren voneinander getrennt waren. Ich sagte, dass ich für die einfachen Menschen spreche, die seine Regierung sanktioniert habe. Nicht für die Führungskaste, deren Sprösslinge sowieso hier in den USA leben. Die Führungsriege müsse sanktioniert werden, nicht das iranische Volk. Pompeo kommentierte nichts. Er sagte, dass er heute nur zuhören wolle. Die Klassifizierung der Revolutionsgarden als Terrororganisation erfolgte übrigens nach meinem Besuch.»

«Was denkst du über die Biden-Regierung?» – «Ich schrieb in einem Kommentar, dass das iranische Volk sich verändert habe – und nun auch die Regierung unter Biden ihre Haltung gegenüber dem Iran ändern müsse. Sie müsse Druck machen auf Teheran. Das Volk ist die Geisel dieser Regierung. Joe Biden wird mit einer Geiselnehmer-Regierung die Atomverhandlungen fortsetzen.»

Masihs Besuch bei Pompeo und das abschließende Foto zwischen dem bulligen Außenminister und der zerbrechlichen Frau war Wasser auf die Mühlen jener, die sie ohnehin schon kategorisch ablehnten. Während der Vertreter der iranisch-amerikanischen Interessensverbände, die sich für einen Ausbau der Wirtschaftsbeziehungen zwischen dem Iran und dem Westen stark machen, Dutzende Male unter Obama im Weißen Haus gewesen war, galten für Masihs Besuch plötzlich ganz andere Maßstäbe. Masih gefährdete die Geschäftsinteressen der den Reformern nahestehenden Iraner in den USA. Das Quincy Institute, ein Thinktank, der eine Normalisierung der Beziehungen zu Teheran predigt, griff sie frontal an. Eine Mitarbeiterin argumentierte, dass jedes amerikanische Medium, das Masih Alinejad einlade, erwähnen müsse, dass sie ihr Gehalt von der amerikanischen Regierung bekomme. Eine verschleierte Kongressabgeordnete vom linken Flügel der Demokraten teilte den Aufruf auf Twitter. Das hörte sich aufklärerisch an, war aber nichts anderes als die ewige Propaganda Teherans, der alte Schlachtruf: «All unsere Feinde werden vom Ausland bezahlt!»

Masih lacht über die Naivität derer, die denken, das amerikanische Außenministerium diktiere ihr ihre Sendung. Sie ist fassungslos über die ideologische Verbissenheit jener, denen ihr Antiimperialismus wichtiger ist als die zahllosen Menschenrechtsverbrechen. «Ich habe eine Festanstellung bei Voice of America stets abgelehnt – unter Obama, unter Trump. Ich wollte meine Freiheit als Freelancerin behalten. Mein Traum ist es nicht, in Amerika zu sein. Mein Traum ist es, im Iran in Freiheit zu arbeiten. Dass mich das Regime verjagt hat, ich in den USA leben muss und auf ein fremdes Medium angewiesen bin, bedeutet also automatisch, dass ich amerikanische Interessen vertrete? Wie wahnsinnig einfach sich diese Leute die Welt machen. Ich wünschte mir so sehr, wir, die mehr als drei Millionen im Iran geborenen Exiliraner, hätten unser eigenes Medium.»

Masih hat eine kleine Studiolampe in ihr Dachzimmer gebracht. Sie lässt sich anscheinen, wundert sich, wie weit ihr Hosenbund geworden ist, *schon wieder abgenommen.* Sie schüttelt den Kopf, zaubert ein echtes Lächeln der Vorfreude aufs Gesicht und schaut in die Handykamera, um ihren Live-Auftritt auf Instagram zu starten. «Ihr Lieben, ich fange erst an, wenn wir fünftausend sind, einverstanden?» Die Kommentare trudeln ein. Dann schaltet sich ihr Gast zu, ein ehemaliger iranischer Karatemeister, der nun im Ausland lebt. «Ein neuer Kandidat für ‹United for Navid›», erklärt Masih, eine neue Kampagne. Seit Monaten sammelt sie Stimmen aus dem iranischen Sport, um das Internationale Olympische Komitee und die Fifa aufzurufen, die Islamische Republik von internationalen Wettkämpfen auszuschließen. Zum einen als Reaktion auf die systematische Diskriminierung von Frauen im Sport. Zum anderen, weil das System den siebenundzwanzigjährigen Ringer Navid Afkari, der an Demonstrationen gegen das Regime teilgenommen hatte, folterte und hinrichtete.

Ich sitze in der Ecke und schaue ihr zu. Irgendwann fällt mein Blick auf die Pflanzen, und ich frage mich, wer sie gießt, wenn Masih bald ihr Haus verlassen muss. Dann wandern meine Gedanken zu ihrem Garten hinter dem Haus, der gerade unter einer Schneedecke liegt. Im Sommer, hatte sie erzählt, sei er ein blühendes Paradies. Sie pflanze dort alle Kräuter an, die es in ihrem Heimatdorf auch gibt. Sie ernte Tomaten, Paprika, Gurken, alles Mögliche. Sie zeigte mir die Obstbäume. Den einen hat sie *Agha Dschan* getauft, wie sie ihren Vater nennt. Der Baum im Hintergarten sei ihrer Mutter gewidmet. Und dann waren da noch die Riesensonnenblumen. Jede habe für einen Menschen in ihrer Familie gestanden, jede habe einen Namen getragen. Ein kleiner Iran. Die Nachbarn in Brooklyn nannten Masih die *Sunflower Lady*.

Ihre Familie. Ihre Liebsten. Masih ist durch und durch iranisch in ihrer engen Verbundenheit mit der Familie. Sie verwelkt, sagt sie immer wieder, wenn es keine Familie um sie herum gibt. Neben mir liegt ihr Handy, darauf das Foto des Bruders Ali, der ihr am nächsten steht, ihr ständiger Verbündeter. Das Band ist nie gerissen. Sie schickt ihm fast jeden Tag eine kleine Videonachricht, erzählt eine Neuigkeit, zeigte ihm stolz und fröhlich ihren Garten, schwärmt von ihren gelben Riesen. Wenn autoritäre Regime Störenfriede quälen wollen, greifen sie gerne deren Familien an. Bei Masih Alinejad war es nicht anders. Das Regime überlegte sich, wie es die Verwandten unter Druck setzen konnte. Es drohte mit dem Entzug von Betriebserlaubnissen oder mit Entlassungen. Die Familie sollte gefügig gemacht werden, um alles Mögliche über Masih preiszugeben. Immer wieder schickte die Staatssicherheit seine Beamten nach Ghomikola. Einmal sagten die Eltern, irgendjemand habe ihnen vorgeschlagen, sie in die Türkei zu bringen, ein Familientreffen, Masih könnte auch dorthin kommen. Ein verlockendes Angebot. Sie überlegte. Ihr Bruder sagte ihr, sie solle die Finger von dieser bescheuerten Idee lassen, dahinter stecke nichts Gutes. Sein wiederkehrender Albtraum sei, dass Masih in eine Falle laufe und gefangen genommen werde.

Dann rückte das Staatsfernsehen in Ghomikola an, es wollte die Eltern für ein Interview mitnehmen. Die Mutter schrie und drohte, sich anzuzünden. Die Beamten nahmen die Schwester mit und Masihs Nichten. Vier Frauen im Tschador, zwei schmierige Moderatoren, zur besten Sendezeit. Die Mission: Masih einschüchtern, beschämen, ihren Geist brechen. Masih sei nicht mehr sie selbst, sie habe nichts erreicht, sagte die ältere Schwester Mina vor der Kamera. Dieselbe Mina, die bei Masihs Geburt geholfen hatte. Masih habe eine rote Linie überschritten. Minas rote Linie sei der Oberste Führer, sie gebe ihr Leben für den Hidschab. Der Moderator bedrängte sie geradezu, Masih aus der Familie auszustoßen. «Das Interview anzuschauen machte mich fast körperlich krank. Zu spüren, wie sie meiner Mutter zusetzten, wie sie Menschen zermalmten», erzählt sie.

Sie schrieb über den Vorfall in der «New York Times». Es war der Moment, um herauszufinden, wer menschlich und solidarisch auf ihrer Seite stand, wer bei den Iranern auf der Straße war und wer sich von ihr abwandte, weil er der Macht näherstand. Tage später war sie zu einem Empfang in New York eingeladen. Als sie die CNN-Journalistin Christiane Amanpour erblickte, ging sie auf sie zu, sie unterhielten sich angeregt. Amanpour äußerte Verständnis für Masihs Lage, sie habe ihren Artikel in der «New York Times» gelesen. Masih sagte, Amanpour sei ihr Idol, viele Iranerinnen und Iraner verehrten sie. Ob sie mit ihr ein Foto machen dürfe? Amanpour bat sie, das gemeinsame Foto nicht zu veröffentlichen. Masih wisse ja, wie empfindlich die iranischen Behörden seien. Sie sei eben sehr kontrovers. Und Amanpour wolle ihren Zugang zum iranischen Außenminister nicht gefährden, sie wolle den Minister ja noch interviewen. Masih nickte ihr zu, lächelte, ja, sie verstehe das. Dann rannte sie weg, weil sie keine Luft mehr bekam und die Tränen in die Augen schossen.

Die Familie im Iran entzweite sich. *Agha Dschan*, der doch den Obersten Führer liebte, verwehrt seiner Ältesten den Zutritt in sein Haus, seitdem sie Masih im Staatsfernsehen verleugnet hat. «Weißt du, ich selbst habe meiner Schwester verziehen. Ich habe Mitgefühl für sie. Aber meine Eltern wollen sie nicht mehr sehen. Mein Bruder schickt mir Nachrichten, erzählt mir, was der Druck mit der Familie macht. Er fleht mich an, ich solle mir keine Sorgen machen. Das Einzige, das ihn beunruhige, sei, dass die Familie so gegeneinander aufgestellt sei. Mein Vater hat seit zehn Jahren nicht mehr mit mir gesprochen. Er lebt auf einem anderen Planeten. Er spricht nicht mit mir, weil er Angst hat. Aber er war nicht bereit, mich an die Islamische Republik zu verkaufen.»

Masih sucht auf ihrem Handy die einzige Nachricht, die ihr Vater ihr geschickt hat. Ich höre seine Stimme, höre die offensichtliche Mühe, die er hat, nicht in Schluchzen auszubrechen, das leise Zittern eines alten Mannes, der abwägt: «Du bist nicht Masih. Sondern Masumeh. Meine Masumeh ist meine Liebe. Du hast mir graue Haare beschert. Doch so schlimme Dinge du auch gemacht hast, sosehr du auch mit meiner Ehre gespielt hast, ich habe dich immer verteidigt. Ich bin sicher, dass du zurückkommst. Dass du deine Gedanken und Ideen bereust. Was auch passiert, du bist mein Kind, meine Liebste.» Ich schaue Masih fragend an. «Weißt du, ich erwarte nicht mehr von ihm. Das ist das Maximum, das er fertigbringt. Das Maximum, das ein Vater im Iran erreichen kann. Dass er mich liebhat. Mich nicht dem Scharfrichter ausliefert. Wenn wir die Väter des Iran nur dahin bekämen, dass sie uns nicht dem Strick ausliefern, dann wäre schon alles gut. Ich bin stolz auf ihn, dass er sich getraut hat, das aufzunehmen.» – «Und deine Mutter?» – «Ich … Einige Frauen im Dorf nehmen manchmal ihre Stimme auf und schicken sie mir.»

Die Einschläge kamen immer näher. Mehrere Frauen, die sich für Masihs Kampagne «White Wednesdays» in Teheran eingesetzt hatten, erhielten absurd lange Haftstrafen. Dann war Masihs Bruder Ali an der Reihe. «Falls sie kommen und mich holen, wirst du weitermachen», hatte er in seinem letzten Video an sie gesagt. Im Herbst 2019 stürmten die Revolutionswächter die Wohnung seiner Familie, legten dem Mann, der kein einziges Gesetz gebrochen hatte, wie sie selbst zugaben, vor den Augen seiner beiden Kinder und seiner Frau Handschellen an, verbanden ihm die Augen und nahmen ihn mit ins Teheraner Evin-Gefängnis. Der Richter behandelte Ali als Ersatz für Masih und verurteilte ihn zu acht Jahren Haft. Er hatte sich für seine Schwester geopfert. Er wollte, dass sie nicht aufgibt, dass sie weitermacht, dass sie nicht eine einzige Sekunde, nicht einen Wimpernschlag daran denkt, ihre Arbeit ruhen zu lassen. Jeden Tag schickt Masih ihrem Bruder Videonachrichten – für jenen unbestimmten Tag, an dem er vielleicht einen kurzen Hafturlaub bekommt und sie anschauen kann. Als ich bei ihr bin, geht sie hinaus in den Schnee, spricht schluchzend in ihr Handy, bis ihre Stimme bricht: «Hättest du mich doch einfach verlassen, mich aus deinem Leben gestrichen – du wärst jetzt in Freiheit. Ach, mein lieber Ali ... ich verstehe immer noch nicht, warum du das nicht gemacht hast.»

September 2020, fast genau ein Jahr nach Alis Festnahme. Masih war gerade dabei, den Schmerz über die acht Jahre Gefängnis für den Bruder zu verarbeiten oder vielmehr irgendwie damit klarzukommen. Zur gleichen Zeit saß im Südwesten des Iran der Ringer Navid Afkari im Todestrakt. Er sandte eine Audionachricht an die Welt, nachdem seine Berufung gegen die zwei Todesurteile gescheitert war. «Seid meine Stimme. Ab jetzt brauchen meine Familie und ich Hilfe. Ich spreche nicht nur die Iraner an. Ich wende mich an jede Person da draußen, die an die Menschlichkeit glaubt und ehrenhaft ist. Ihr Schweigen bedeutet, dass Sie die Unterdrücker und die Unterdrückung unterstützen. Es bedeutet, die Hinrichtung einer unschuldigen Person zu unterstützen.»

Bevor der Ringer erhängt wurde, suchte seine Mutter den Kontakt zu Masih. «Navids Mutter schickte allen Journalisten Videos. Aber mit mir wollte sie ein Interview machen. Ich fragte sie, warum. Sie sagte, ihr Sohn habe ihr im Gefängnis gesagt, dass sie mit mir ein Interview machen solle.» Masihs Gespräche mit Navid Afkaris Mutter landeten in den Weltmedien. Masih aber bekam das Gesicht und die Stimme dieser Frau nicht mehr aus ihrem Kopf. Schon wieder eine trauernde Mutter. Schon wieder diese Augen, die unfassbaren Schmerz in sich trugen. Masih spürte, wie irgendetwas in ihr verbrannte. Sie konnte nicht aufhören zu weinen. Sie schaute um sich. Sie verstand nicht, warum ihre alten Gefährtinnen und Gefährten, die Reformerfreunde im Westen, die Aktivisten aus dem linken Lager, stumm blieben. Wo waren sie? Kaum eine Stellungnahme. Kein Mitgefühl. Kein Anzeichen des Entsetzens. Keine Erschütterung. Nichts. Jetzt war doch die Zeit gekommen, dass sie alle, die sie aktiv waren, in den Medien arbeiteten, einen Twitter-Account hatten, aufstanden, aufschrien, sich sammelten. Jetzt war es doch höchste Zeit, füreinander da zu sein, einander zu umarmen, zusammen zu weinen, zusammen zu handeln – oder etwa nicht?

Aber in dieser Stunde war Masih allein, nur mit der Stimme und den Augen von Navids Mutter in ihrem Kopf. Sie ging in den Garten, zu ihren Riesensonnenblumen, die sie so liebte. Sie beschloss, sie zu fällen. Sie rupfte und riss jede einzelne aus der Erde. Sie legte sie um, schmiss die Blumen auf die Erde und zertrampelte sie, jeden einzelnen Sonnenkopf. Die Nachbarn kamen, ob etwas sei. Kambiz wollte sie beruhigen, sie aber schlug um sich. Er solle weggehen, schluchzte sie. «Ich habe mich selbst die ganze Zeit belogen! Diese verdammten Blumen. Ich habe mir vorgegaukelt, dass diese Blumen der Iran sind, meine Familie. Diese verdammten Blumen sind nichts, gar nichts, verdammte Scheiße!»

Kambiz erklärte den Nachbarn, dass Masih jemandem im Iran helfen wollte und es nicht geschafft hatte. «Ich konnte ihn nicht retten. Ich konnte verdammt noch mal nichts tun, nichts, gar nichts», schrie Masih und zertrat mit voller Wucht ihre Sonnenblumen, ihren kleinen Iran, ihre Zuflucht. Sie schaute sich um und stellte fest, dass sie allein war. Sie wollte reden, einfach nur reden, loswerden, was sie sich angehört hatte, aber sie hatte niemanden, zu dem sie fahren konnte. Sicher: Ihre Mutter hatte sie nicht verlassen. Nach allem blieb sie doch ihre Mutter. Und all die Mütter der Hingerichteten und Getöteten im Iran hatten ihr am Tag zuvor noch zum Geburtstag gratuliert: «Masih, Liebes, wir wünschen dir alles Liebe.» Aber keine Nachricht von ihren alten Gefährten. Kein Gruß. Keine Glückwünsche. Und am Tag der Hinrichtung: kein Zeichen der Trauer, der Verbundenheit. Sie hatten Masih geblockt.

Im Juli 2021, inmitten der laufenden Atomverhandlungen der Vereinigten Staaten mit dem Iran, klagte die US-Staatsanwaltschaft vier iranische Geheimdienstmitarbeiter im Iran und eine in Kalifornien lebende Iranerin an, die Entführung von Masih Alinejad geplant zu haben. Die iranischen Beamten hätten versucht, sie nach Venezuela zu locken – und von dort in den Iran zu verschleppen.

EPILOG: WIR UND DER IRAN

Eine Neunzehnjährige verkleidet sich als Mann, um ihre Lieblingsfußballmannschaft im Stadion zu sehen. Als ihr dafür eine Haftstrafe in Aussicht gestellt wird, zündet sie sich an. Ein Fußballtrainer bringt sich um, weil er die Armut nicht mehr erträgt. Eine Frauenrechtlerin wird verhaftet. Ein Arbeiter setzt sich in Flammen, weil er seine Frau und seine Kinder nicht mehr ernähren kann. Eine Frau verkauft ihren Körper, um ihrer Familie Wasser kaufen zu können. Viele iranische Familien können sich kein Obst mehr leisten. Ein elfjähriger Schüler bringt sich um, weil er kein Mobiltelefon hat, um den Schulunterricht zu verfolgen. Eine weitere Frauenrechtlerin wird verhaftet. Eine bekannte Journalistin begeht Selbstmord. Kurze Zeit später tötet sich eine von der Universität verwiesene Soziologin. Eine Wissenschaftlerin, die zu den niedrigen Geburtenraten im Iran forscht, erhält aufgrund ihrer Arbeit eine fünfjährige Haftstrafe wegen «sozialer Spionage». Ein in Kanada lebender Regimegegner stirbt unter mysteriösen Umständen. Ein politischer Gefangener im Hinrichtungstrakt bekommt seine Medikamente nicht; zuvor hatte sich der Vater des jungen Mannes aus Gram über das Schicksal seines Sohnes getötet. Videos einer Hackergruppe zeigen, wie Sicherheitsbeamte im Evin-Gefängnis Insassen treten und misshandeln. Die Revolutionsgarde beschießt ein ukrainisches Verkehrsflugzeug und tötet dabei alle Passagiere, darunter zahlreiche in Kanada lebende Iraner. Der kanadische Untersuchungsbericht macht «Rücksichtslosigkeit, Inkompetenz und mutwillige Missachtung von Menschenleben» für den Abschuss verantwortlich, aber im Iran wird niemand zur Verantwortung gezogen. Stattdessen misshandeln und foltern Revolutionswächter die Angehörigen der toten Passagiere, die Aufklärung fordern. Ein Aktivist bekommt eine Haftstrafe, weil er für die Toten der Katastrophe öffentlich getrauert hatte. Im Jahresbericht des Weltwirtschaftsforums, der die Geschlechterkluft in Politik, Wirtschaft, Bildung und Gesundheit misst, steht der Iran auf Platz hundertfünfzig von hundertsechsundfünfzig Ländern, nach Tschad und Mali. In der Intensivmedizin eines Teheraner Krankenhauses sterben reihenweise Covid-19-Patienten, weil die Ventilatoren wegen stundenlanger Stromausfälle nicht laufen. Weil der Oberste Führer die Einfuhr der wirksamsten Impfstoffe aufgrund ihrer britischen und amerikanischen Herkunft verboten hat, importiert das Regime noch teurere antivirale Medikamente und hält die Todeszahlen gegenüber der WHO geheim – während täglich wohl tausend Menschen im Iran in der neuesten Pandemiewelle sterben. Bauern in Isfahan demonstrieren gegen den Wassermangel und die Versäumnisse der Politik im Umgang mit dem Klimawandel. Sie rufen: «Unser Feind ist hier, die da oben aber lügen und sagen, der Feind sei Amerika.» Sunnitische Iraner im Südwesten des Landes protestieren in einer Behörde lautstark gegen die vertrockneten Feuchtgebiete, in denen ihr Vieh verendet: «Sie sagen uns, Imam Hossein und seine zweiundsiebzig Gefährten seien durstig gewesen in der Schlacht von Kerbela – hier verdursten gerade Millionen.» Jugendliche, die gegen die verfehlte Wasserpolitik demonstrieren, werden erschossen. Ein Teheraner Taxifahrer erzählt seinem Gast: «Der Schmerz vieler Menschen ist so groß, dass sie sich nur wünschen, der Boden unter ihnen und ihrem Unterdrücker möge sich auftun und sie beide verschlucken. Einfach nur, damit der Schmerz endlich aufhört – selbst wenn das ganze Land dabei untergeht.» Auf Twitter schreibt ein Mann aus dem Iran: «Hier ist alles im Niedergang begriffen – alles bis auf die Islamische Republik!» Auf Instagram notiert eine Frau: «Das große Ereignis, auf das wir alle sehnsüchtig warten, ist nichts anderes als unser vergeudetes Leben.»

Die Schlagzeilen, die im Minutentakt erscheinen, machen so mürbe wie das Hämmern eines Drucklufthammers. Sie schnüren uns schon beim Lesen die Luft ab – aber sie sind der Alltag für Iranerinnen und Iraner. Sie erleben Zyklen der Gewalt und des Leids, wieder und wieder. Der Horror der Nachrichten: ein nicht enden wollender Strom schwarzer Tage. Wer den Mut hat, sich *wirklich* mit dem Land zu beschäftigen, wird den Eindruck nicht los, dass der Schmerz mit seinem Schicksal verschmolzen ist. Vielleicht, sage ich mir, war das der Grund, warum ich in den vergangenen Jahren vom Geschehen im Iran Abstand nehmen wollte – weil die permanente Auseinandersetzung mit Gewalt und Leid nicht einfach spurlos an mir vorbeiziehen konnte.

Ich versuche, meine schweren Gedanken abzuschütteln, als ich an einem sonnigen Winternachmittag, zu Weihnachten 2020, vor der Tür eines alten roten Backsteinhauses stehe, mitten in Georgetown, Washington, D. C., und die Klingel drücke. Die Frau, die hier lebt und arbeitet, hat ihren Schmerz in eine kreative, karitative Kraft umgewandelt, durchfährt es mich: das Beste, das man mit seinem Schmerz machen kann. Noch während ich überlege, ob ich meine Corona-Maske nun aufbehalte oder abziehe, macht mir die Gastgeberin, Roya Boroumand, mit Maske die Tür auf und heißt mich willkommen. Im Haus duftet es nach Reis und Safran, auf dem Tisch steht persische Limonade. Ich setze mich, mein Blick bleibt an einem Familienfoto im Wohnzimmer hängen. Geschichte und Gegenwart verschmelzen für einen Augenblick.

Teheran 1979. Die zwei Schwestern Roya und Ladan Boroumand hatten ihr Abitur in der Hauptstadt gemacht, bevor die Revolution sie nach Paris vertrieb. Ihr Vater Abdorrahman Boroumand war ein Vertrauter von Schapur Bachtiar, des letzten vorrevolutionären Premierministers – ein Oppositioneller, der von Schah Mohammad Reza Pahlawi aufgefordert wurde, eine Regierung zu bilden, um mit letzter Kraft die Errichtung eines islamistischen Regimes zu verhindern. Bachtiar willigte ein, die königliche Familie verließ das Land. Die Pressezensur wurde aufgehoben, die Geheimpolizei aufgelöst, politische Gefangene wurden freigelassen. Doch der Premierminister – ein

Mann, der die strikte Trennung von Staat und Religion gefordert hatte, besser Französisch sprach als ein Franzose und berühmt geworden war für seinen Ausspruch, aus dem Knirschen der Sandalen der Kleriker den Klang des Faschismus heraushören zu können – wurde nur wenige Tage nach der Ankunft Ajatollah Chomeinis entmachtet. Selbsternannte «Wächter des Islam» stürmten Bachtiars Privathaus, er ging in den Untergrund. Der Generalstab des Iran beorderte die Truppen in ihre Kasernen zurück und erklärte die Neutralität der Streitkräfte. Islamische Extremisten und linke Guerillagruppen übernahmen die Kontrolle. Hunderte wurden hingerichtet – Minister, Offiziere, Mitglieder der Geheimpolizei. Der abgesetzte Premier floh ins Pariser Exil. Beim ersten Anschlag auf ihn, 1980, kamen zwei Menschen ums Leben, beim zweiten, 1991, stachen die von Teheran geschickten Angreifer mit einem Messer immer wieder auf Bachtiar und seinen Sekretär ein. Nur Monate zuvor war sein Parteifreund Abdorrahman Boroumand, Royas Vater, auf die gleiche bestialische Weise getötet worden. Die Blutspur zog sich weiter, die darauffolgenden Auftragsmorde an Exiliranern ereigneten sich in Rom, Bonn, Wien, Berlin.

«Mein Vater flog 1979 mit derselben Air-France-Maschine, die Ajatollah Chomeini aus dem französischen Exil nach Teheran gebracht hatte, nach Paris. Ich fing dort ein Geschichtsstudium an, meine Schwester Ladan studierte Soziologie. Es war eine schlimme Zeit. Ständig fragten wir uns, was zu diesen tragischen Ereignissen im Iran geführt hatte. Warum es Menschen nicht interessierte, wenn Andersdenkende getötet wurden. Wir engagierten uns beide in der Nationalen Widerstandsbewegung für Demokratie und Säkularismus, die Schapur Bachtiar in Paris gegründet hatte – mein Vater saß mit ihm im Exekutivkomitee. Unsere Hauptaufgabe bestand darin, Menschenrechtsverbrechen zu dokumentieren.»

Während Roya Boroumand erzählt – ihr persischer Dialekt lässt sofort erahnen, dass sie aus Isfahan stammt –, versucht sie, ein Feuer im Kamin zu entfachen. Ich blättere durch die Chronik der Verbrechen, die sie in Paris veröffentlicht hatte, und durch ihre Doktorarbeit. Sie widmete sich darin dem iranischen Premierminister Mohammad Mossadegh – einer Schlüsselfigur der iranischen Geschichte. Mossadegh hatte die riesigen britischen Ölvorkommen im Iran verstaatlicht und als Premierminister von 1951 bis 1953 beinahe den Schah abgesetzt, bevor er von seinen Gegnern gestürzt wurde – in einem von den USA und Großbritannien mit orchestrierten Putsch. «Papa interessierte sich für die Originalquellen, die ich zu Mossadegh in den Archiven gefunden hatte, er saß mit Pyjama und Zigarette im Mundwinkel am Esstisch und übersetzte meine Arbeit ins Persische.»

Der Mord an ihrem Vater, dem Exilpolitiker, stürzte Roya in eine Depression. Zehn Jahre später gründete sie mit ihrer Schwester eine Menschenrechtsstiftung in Washington, D.C. «Wenn es keinen Staat gibt, der nach einem Mord Gerechtigkeit sucht, fühlen sich eben die Kinder verpflichtet, Gerechtigkeit zu suchen», erklärt Roya. «Zum einen fing die Gesellschaft im Iran um die Jahrtausendwende an, sich zu verändern; es gelangten viel mehr Informationen nach außen. Zum anderen wollten wir einen friedlichen Weg finden, die Ziele meines Vaters zu verfolgen: Demokratie, Rechtsstaatlichkeit, Menschenrechte. Wir haben ein Online-Denkmal geschaffen, in dem jedes einzelne Opfer in der Geschichte der Islamischen Republik genauestens dokumentiert werden soll, samt den jeweils verletzten Menschenrechten, auf Persisch und auf Englisch. Es soll ein kollektives Gedächtnis werden.» Mit den Hinrichtungswellen verschob sich der Fokus von der geschichtlichen Aufarbeitung auf die Gegenwart. Es fehlen noch Tausende Einträge, räumt Roya ein, ihre Organisation sei winzig und die Arbeit gewaltig. Aber jeder ihrer Einträge sei eine Geschichte der Ermächtigung: Opfer und Angehörige würden zur treibenden Kraft des Wandels.

Ich will von Roya wissen, ob Menschenrechtsaktivistinnen und -aktivisten vielleicht mehr denn je allein sind. «Nach all meinen Gesprächen habe ich den Eindruck, dass die Frauen, denen ich begegnete, dass all jene, die für Menschenrechte kämpfen, offenbar isoliert sind, einsam sind. Es kommt mir so vor, als ob wir es auf der einen Seite mit versprengten Atomen zu tun haben, unzählige Stimmen, unzählige Schicksale – und auf der anderen Seite mit einem hervorragend aufeinander abgestimmten Netzwerk, das den Diskurs im Westen bestimmt: diejenigen, die all die Jahre eine Normalisierung mit dem Regime predigten und dabei Zugang zu höchsten Stellen hatten.» Royas Blick verändert sich, während ich weiterrede. «Vor acht oder zehn Jahren habe ich selbst den gebetsmühlenartig vorgetragenen Argumenten der ‹Normalisierer› Glauben geschenkt. Die Bücher dieser Menschen stehen bei mir zu Hause im Regal. Ziemlich viele sogar. Aber irgendwann hat sich mein Blick verändert. Mir kommt es vor, als ob sich die Dinge längst weiterentwickelt haben, als ob die Menschen im Iran längst ganz woanders stehen – während viele Iraner im Westen geistig noch in der Epoche der iranischen Reformer stehengeblieben sind. Und an den Universitäten im Westen, von den Denkfabriken und vielen Medien ertönt seit Jahren der ewig gleiche Ruf: ‹Alles wird gut im Iran, wenn der Atomdeal gerettet wird und wir diese tollen Reformer unterstützen.›»

Roya lächelt und atmet tief ein. «Zunächst einmal stimmt Ihr Eindruck. Wir Menschenrechtler haben wahrhaftig keine einfache Zeit gehabt. Weder unter Trump noch davor. Bevor 2015 das Atomabkommen zwischen der Obama-Regierung und dem Iran unterschrieben wurde, hatten uns angesehene Forschungseinrichtungen immer wieder vertröstet und gesagt: ‹Jetzt warten wir mal ab, was der Deal bringt.› Ich habe damals nie verstanden, warum jene, die sich für Menschenrechte einsetzen, ihre Arbeit vom Ausgang der Atomverhandlungen abhängig machten. Hat den mehr als tausend Iranerinnen und Iranern, die im Jahr der Unterzeichnung hingerichtet worden sind, das Abkommen geholfen? Nein. Das muss doch alles aufgearbeitet werden. Die Aufarbeitung erzeugt einen sichtbaren Druck der öffentlichen Meinung auf die Führung im Iran!» Vielleicht geht diese Zögerlichkeit, von der Roya spricht, noch weiter zurück: auf das Zaudern Barack Obamas, die iranischen Demonstranten von 2009 anzuerkennen und von Anfang an mit Worten klar auf ihrer Seite zu stehen. «Die vielen Banner im Iran, auf denen die Forderungen der Protestierenden damals in englischer Sprache geschrieben waren – das machten die Menschen doch nicht, um ihr Englisch zu üben! Das machten sie, um hier gesehen zu werden! Die amerikanische Regierung musste doch begreifen, dass ein Regime, das gegenüber seinen eigenen Bürgern keine Rechenschaft ablegt, auch gegenüber dem Westen keine Verantwortung zeigen wird.» Roya erzählt, wie eine bekannte amerikanische Journalistin und Akademikerin sich weigerte, ihr zu helfen, weil Roya eine «Agenda» habe, sie hingegen «für den Frieden» arbeite und «neutral» sei.

Roya wurde als «Feindin» und «Straftäterin» betrachtet – als ob sie kein Recht habe, Demokratie einzufordern. Diese absurde Verdrehung der Verhältnisse – der Täter ist friedlich, die Aufdeckung seiner Tat eine Verhetzung – kommt mir vertraut vor. Ich erzähle ihr von meinen Erlebnissen als Journalistin: wie mir in den vergangenen Jahren immer wieder «Kriegstreiberei» vorgeworfen wurde, als ich über Menschenrechte berichtete. «Genau. Lieber nicht über die Rechte der Menschen im Iran reden. Sonst verschaffe man ja jenen Argumente, die den Iran angreifen wollen. Ungefähr das ist die Logik. Die meisten akademischen Kreise in den USA, ähnlich auch in Frankreich, sind von der Weltanschauung der linken *Progressives* geprägt, die eine Voreingenommenheit erkennen lässt, wenn es um den Iran geht. Die Debatte ist erschreckend uniform. Diese Kreise wollen uns lieber nicht sehen – obwohl wir uns mit Themen auseinandersetzen, die doch eigentlich ihre Urthemen sind! Aber weil diese Themen die Lage im Iran betreffen und nicht die Lage in den USA, haben sie für diese Kreise plötzlich keine Priorität mehr. Ein iranisches Leben ist für sie offenbar weniger wert. *Geography matters.* Warum aber sollen wir Iraner nicht die gleichen Rechte haben wie die Menschen im Westen?»

Ich frage Roya, wie es zu einer solchen Auffassung kommen konnte. Bei den Menschenrechten gehe es doch um die Würde – und nicht um Westen oder Osten. «In den 1990ern waren weder der Universalismus der Menschenrechte noch die Menschenrechte selbst angreifbar. Heute scheint ihre Förderung und Entwicklung eine antiquierte, völlig unbedeutende Idee geworden zu sein. Jetzt sitze ich unter Akademikern an der Uni Oxford und höre sie tatsächlich sagen: ‹Wer sind wir, dass wir unsere Werte anderen aufzwingen?› Und dabei geht es manchen Forschern leider nur um ihre eigene persönliche Feindschaft mit den USA. Gerade jenen, denen es um die gequälten Menschen gehen müsste, geht es offenbar um etwas ganz anderes. Und irgendwie, fürchte ich, entwickelt sich aus dieser Haltung eine Art linker Kulturkolonialismus, ein ‹Ich hier weiß besser als du, was du da unten im Süden willst und was du nicht willst›. Oder man macht es sich bequem und greift auf den Kulturrelativismus zurück: ‹Nein, lass mal, die da unten haben ihre eigenen Regeln.› Als ob es den Menschen ‹da unten› gefällt, für Strafen, die sie nicht begangen haben, ausgepeitscht oder getötet zu werden. Als ob es ihnen gefällt, sich ohne Anwalt zu verteidigen, als ob es ihnen gefällt, unterdrückt zu werden!»

Während Roya spricht, kommt mir eine Szene in den Sinn – eine scharfsinnige Beobachtung der ehemaligen deutschen Kanzlerin Angela Merkel 2018 in Paris. Merkel erinnerte an den Zivilisationsbruch der Shoa, daran, wie Deutschland den Glauben an die Menschlichkeit erschütterte – und an die Konsequenzen: die Gründung der Vereinten Nationen und die Allgemeine Erklärung der Menschenrechte, die in der UN-Generalversammlung einstimmig beschlossen wurde. Siebzig Jahre später, gab Merkel zu, frage sie sich oft: «Stellen Sie sich einmal vor, wir müssten als heutige Staatengemeinschaft wieder so eine Erklärung für die Menschenrechte verabschieden. Würden wir das schaffen? – Ich fürchte, nein.»

In all den Jahren der Aufarbeitung von Verbrechen konnte Roya Boroumand immer wieder beobachten, wie Unrechtsregime den Westen testeten. Wie die Repression im Iran anstieg, wenn das Ausland dazu einfach nur schwieg. Je lauter das Ausland aber wurde, je größer hier das Medieninteresse war, umso sicherer fühlten sich Iranerinnen und Iraner dort, die Widerstand leisteten, und umso mehr wurden andere ermutigt, sich ihnen anzuschließen. «Nichts ist für diejenigen, die gegen Tyrannei kämpfen, so demobilisierend, wie unsichtbar oder vergessen worden zu sein», sagt Roya und schaut mich an. «Sie haben in ihrer Recherche und in ihren Begegnungen mit den Frauen selbst gesehen: Politik in einem abgeschotteten Land spielt sich in der Regel nicht vor den Kameras ab, die zeigen, wie Panzer demonstrierende Menschen überrollen. Nein, was die ganze Zeit passiert, ist ein langfristiger Kampf um Gehör, eine psychologische Kriegsführung zwischen den Verfolgten und den Verfolgern. Die Stärke der Verfolger liegt in ihrer Fähigkeit, die Verfolgten davon zu überzeugen, dass die Welt sie nicht hört, dass sie irrelevant sind.»

Roya stochert immer noch im Kamin herum, auf der Suche nach einem Funken Feuer. Sie sieht müde und überarbeitet aus. In den vergangenen Tagen hat sie einen Gefängniswärter im Iran und einen abtrünnig gewordenen Revolutionswächter interviewt. Sie kennt den Iran besser als die meisten Menschen im Land. «Die Einzigen, die uns verstehen und unterstützen, sind die Menschenrechtler der Vereinten Nationen. Wenn wir die auch noch verlieren, haben wir niemanden mehr. Universelle Menschenrechte sind der einzige Schutz, den Menschen vor Verfolgung und Missbrauch im eigenen Land haben. Diese Rechte sind mitnichten vom Westen ‹auferlegt›, nein, sie sind Werkzeuge, die unseren Schutz gewährleisten sollen; sie sind wirksam, solange die internationale Gemeinschaft von ihrer Universalität überzeugt ist und sich verpflichtet, ihre Achtung zu gewährleisten.»

«Ich verstehe. Ich fasse mal zusammen», sage ich. «Für die Linken war und ist der Iran also oft eine Projektionsfläche eigener ideologischer Sehnsüchte. Für sie ist der Universalismus sozusagen westlich gebrandmarkt. Oder ein Eingriff in die Souveränität eines Staates. Womit wir bei den Rechten wären. Wie war das unter Trump?» – «Die öffentlichen Botschaften seiner Regierung, die Signale an das Regime und an das Volk waren richtig und angemessen. Aber es steckte keinerlei Überzeugung dahinter. Und auf universelle Menschenrechte pfeifen die Rechten.» Ob sie verstehen könne, warum einige Menschen im Iran Trumps Sanktionen begrüßt haben – Maßnahmen, die eine ganze Bevölkerung für die Missetaten des Staats zur Verantwortung gezogen und sich auch auf das Leben der Frauen ausgewirkt haben. «Nun, das ist ganz einfach. Zwei plus zwei macht vier. Der Mensch ist arm. Der Mensch ist hungrig. Er sieht, wie die Machthaber eine goldene Kuppel im Irak bauen, für die schiitischen Glaubensbrüder. Er weiß: Wenn die da oben Geld haben, ist es noch nie bei ihm angekommen. Dann, so sagt er sich, sollen die da oben, die ihn quälen, eben auch hungrig bleiben. Um diese Logik zu verstehen, sollten wir einmal in die Haut derer schlüpfen, die Veränderung wollten, die alles dafür getan haben und immer gescheitert sind: die in der Hoffnung auf Reformen die Reformer gewählt und Gesetzen vertraut haben, die zivilen Ungehorsam geleistet oder Stillschweigen geübt haben, die gewartet und gebetet – und nie einen Ausgang aus diesem Albtraum gefunden haben. Wir können denen doch nicht die ganze Zeit sagen: ‹Ja dann bleibt halt in diesem Mist stecken! Dann schluckt es halt und kommt damit klar!› Wenn wir die Haltung dieser Menschen nicht verstehen wollen, sollten wir schlicht und einfach die Klappe halten und sie nicht dafür kritisieren, dass sie ihre letzte Hoffnung ans Ausland geknüpft haben. Es gab für sie keinen anderen Weg. Der Kampf für einen Wandel im Iran ist kein fairer Kampf. Die Machthaber haben die Ressourcen des Landes, die Sicherheits- und Streitkräfte, die sie auf ihre Kritiker loslassen, sie haben die Technologien, um die Gesellschaft zum Schweigen zu bringen …» Ich ergänze weiter: «Und sie haben die Unterstützung derjenigen, die auf gute Geschäfte mit den Machthabern hoffen. Und auch noch die Hilfe von Ländern wie China und Russland, die die Rechte ihrer eigenen Bürger missachten.» – «Richtig. Und nicht zu vergessen:

Die Machthaber im Iran genießen den stillen oder offenen Rückhalt zahlreicher Experten und Journalisten, denen sie Zugang zum Iran und zur Machtelite verschaffen – im Gegenzug für deren Schweigen über Menschenrechtsverletzungen.»

Ist das der Grund, warum viele im Iran sich von den Experten und Journalisten im Westen, die oft iranischer Herkunft sind, immer weiter distanzieren? In den sozialen Medien ist diese wachsende Kluft immer öfter zu beobachten; der Ton der Auseinandersetzungen wird zunehmend schärfer. Als eine seit Jahrzehnten im Westen lebende Iranerin dazu aufrief, bei den iranischen Präsidentschaftswahlen im Juni 2021 zur Wahlurne zu gehen – ungeachtet dessen, dass keine echte Opposition zugelassen war und man deswegen auch nicht von echten Wahlen sprechen konnte –, meldete sich eine Mutter aus dem Iran zu Wort, deren achtzehnjähriger Sohn bei der Teilnahme an den Novemberunruhen 2019 erschossen worden war. Sie wandte sich an alle im Westen lebenden Verteidiger des Regimes: «Ich will dieser Frau nur eines sagen: Du, die du dich bis zum Zerreißen einsetzt für die Politiker hier – wieso bist du eigentlich immer noch im Westen? Warum kommst du nicht in den Iran und lebst hier? Warum lebst du nicht unter uns, du, die du mit diesen Reformern einverstanden bist? Wieso bist du da drüben unsere Stimme geworden? Du darfst verdammt noch mal nicht für uns sprechen! Dieser Idiot, der sich da drüben in einer iranischen Botschaft zum Wählen anstellt: Du darfst verdammt noch mal nicht für *unser* Leben hier entscheiden! *Wir* leben doch hier – wenn du es hier so toll findest, wieso lebst du dann auf der anderen Seite? Ich will das iranische Volk weiß Gott nicht beleidigen, aber: Die Schafe, die hier wählen gehen, beunruhigen uns weniger als die, die auf der anderen Seite ihrem Vergnügen nachgehen. Du dort drüben hast verdammt noch mal kein Recht, für *uns hier* im Iran, für unsere zerstörten Leben zu entscheiden! Wenn dieser Reformer hier, den du da drüben unterstützt, reformierbar wäre, dann wäre er bereits reformiert. Wenn diese Regierung hier reformierbar wäre, sie wäre bereits reformiert. Wie viele noch, wie viele Tausende Leben sollen noch auf dem Friedhof begraben werden, bis ihr euch reformiert?»

Als das amerikanische Wirtschaftsmagazin «Forbes» im März 2021 die iranischstämmige und in den USA lebende Journalistin Negar Mortazavi in seine «Liste inspirierender Frauen» wählte und porträtierte, reagierten manche im Iran empört. Der ehemalige Studentenführer Majid Tavakoli, der 2009 auf die Straße und dafür ins Gefängnis gegangen war, attackierte Mortazavi als eine Expertin, die das islamistische Regime normalisiere. Sie sei ein Symbol für die Banalität des Bösen, ein Sinnbild für die Relativierung der Wahrheit: Während die Iranerinnen und Iraner am schwärzesten Punkt ihres Leids angekommen seien, säße Negar Mortazavi geistig im Mittelalter fest. Der Blogger Hossein Ronaghi, der ebenfalls 2009 für seine Überzeugungen ins Gefängnis gesteckt worden war, bezeichnete Mortazavi als eine Person, die den Iranern die Lippen zunähe, während ein anderer auf dem Nacken dieser Iraner knie. Als ein iranischer BBC-Journalist die Stromausfälle im Land allein auf den Klimawandel und die Sanktionen zurückführte, nicht aber auf das Missmanagement und die Nachlässigkeit der Regierung, schrieb eine Journalistin im Iran, dass sie ihm vor Wut am liebsten an die Gurgel gesprungen wäre: Es sei ihr unbegreiflich, dass ausgerechnet ein Kollege im Ausland nicht mit dem Finger auf die Verantwortlichen zeige – die doch jederzeit eine Politik der klugen Vorsorge für ihr Volk hätten realisieren können.

Die Auseinandersetzungen werden aber auch im Iran selbst geführt. Sie verlaufen entlang der Frage, wo das Volk mehrheitlich steht – und wo die Reformer. Die führenden Köpfe der Studentenbewegung, deren Mut und Solidarität viele inspirierten und die für ihre Überzeugungen viele Jahre Gefängnis eingingen, entzweiten sich. Ein zunehmend bitterer Streit wurde im Internet ausgetragen – zwischen dem «überwundenen Reformer» Majid Tavakoli und der Studentenaktivistin Bahareh Hedayat. Majid Tavakoli griff seine alte Gefährtin mit den Worten an: «Ihr, die Reformer, ihr seid gescheitert. Es ist die Niederlage eures Denkens, eures Nicht-Nachdenkens … die Gesellschaft überholt euch gerade. Akzeptiert das, damit ihr wieder nachdenken könnt, damit ihr zurückkommen und wieder reden könnt.» Hedayat hingegen warf Tavakoli indirekt vor, Trump und seine Politik des maximalen Drucks heimlich zu unterstützen. Als im Sommer 2021 Tausende Arbeiter der Öl- und petrochemischen Industrie einen Streik begannen, fragte sich der iranische Exiljournalist Mehdi Rostampour, ob die Reformer – «Linke, die aus den linken Rippen der Islamischen Republik geschnitzt wurden» – überhaupt noch einen Draht zu Streikenden hätten. Ob die Arbeiter in den Raffinerien überhaupt noch Zeitungen der Reformer lesen oder zumindest einen ihrer Köpfe kennen würden – die ihrerseits doch als Linke unmissverständlich auf der Seite der Arbeiter stehen müssten.

Vor dem Hintergrund dieser Debatte melden sich immer mehr Stimmen im Iran, die das enge Band zwischen den Reformern im Land und den Journalisten im Westen kritisieren. Die sich fragen, warum die «New York Times» den im Westen beliebten Reformer und ehemaligen Außenminister Mohammad Dschawad Sarif immer wieder Kolumnen schreiben lässt. Für sie kommt eine solche Berichterstattung einer «Kumpanei mit den Mächtigen» gleich. Sie wundern sich, dass Iran-Experten im Ausland sich in ihrer Analyse oft nur auf die Zeitungen der Reformer stützen, die sich als «unabhängig» bezeichneten, aber im Grunde nichts anderes seien als zensierte Parteiorgane der Reformerfraktionen: «Sprachrohre für süße Versprechen und einen Phantomwandel», die alle vier Jahre ihr «mythisches Narrativ weiterdrehen und die Idee fortspinnen, dass eine echte Opposition innerhalb der Islamischen Republik existiere und eine fundamentale Reform möglich sei», so das iranische Nachrichtenportal «Tehran Bureau» in einer klugen Analyse. Doch die Reformer «scheitern dabei regelmäßig, weil sie nach Spielregeln spielen wollen, die ihre Gegner eingeführt haben».

Für mich selbst haben sich – im Laufe der Recherche und der persönlichen Begegnungen – immer wieder Fragen gestellt: Können wir, die wir aus dem Ausland den Iran beobachten, aus unseren Gewohnheiten herauskommen, den repetitiven analytischen Rahmen verlassen und anerkennen, dass er überholt ist? Können wir die Selbsttäuschung der Reformer erkennen? Können wir uns journalistisch korrekt in unseren Einschätzungen von der Perspektive der Reformer trennen? Hinter den vielen Stimmen und der Vielfalt, die sich im Wahlkampf 2021 auf sozialen Medien wie Clubhouse inszenierte, steckte nicht im Geringsten ein pluralistisches, modernes Denken. Sondern nur eine vom iranischen Regime orchestrierte Taktik, um gegen die Apathie und Ablehnung der Präsidentschaftswahlen vorzugehen. Letztendlich lautet die grundlegende Frage: Wollen wir es den ganz normalen Menschen im Iran noch schwerer machen, indem wir das Geschehen im Land nur aus der Sicht der Herrschenden abbilden – oder nicht vielmehr alles unternehmen, um den Menschen zuzuhören? Wenn nicht, dann müssen wir uns nicht darüber wundern, dass viele im Iran westlichen Medienschaffenden mittlerweile misstrauen, sie gar verfluchen und ihnen vorwerfen, immer nur die Perspektive der Mächtigen des Landes einzunehmen. Ausgerechnet in einer Zeit, die viele Menschen im Iran als die dunkelste in ihrer ganzen Geschichte wahrnehmen, würden westliche Medien – so der Vorwurf – nicht mehr mit dem gleichen Scharfblick, nicht mehr mit der gleichen Beharrlichkeit über Menschenrechtsverbrechen und Missstände berichten wie vor 1979.

In den mehr als vierzig Jahren ihrer Existenz ist die Islamische Republik nicht nur einmal totgesagt worden. Ihre Überlebensfähigkeit hat jeder Prognose getrotzt. Vielleicht erleben wir in ihrer mittlerweile offenkundigsten Legitimitätskrise den langen Anfang vom Ende, eine Phase der Dämmerung. Aber wie können wir von einer Dämmerung des Systems sprechen, wenn revolutionäre Ideologie und Machtpolitik die Region nach wie vor so maßgeblich prägen und das Regime stark genug ist, um selbst die Zivilgesellschaft in seinen Einflusszonen, im

Irak und im Libanon, einzuschüchtern oder gar Aktivisten gezielt umzubringen? Wie können wir von einer Dämmerung sprechen, wenn unter Ebrahim Raissi die Revolutionsgardisten eine weitere Aufwertung erfahren – und das System um jeden Preis verteidigen werden? Sie betrachteten die protestierende Bevölkerung während der Novemberunruhen 2019 als «äußeren Feind» und wähnten sich tatsächlich in einem Krieg. In meinen Gesprächen wurde oft deutlich, wie groß die Angst vor den Folgen eines blutigen Umsturzes ist und für wie wahrscheinlich es viele halten, dass die Phase eines völlig legitimitätslosen und deshalb immer gewalttätigeren Systems, das nun erst recht die Gesellschaft einer erneuten «Islamisierung» unterwerfen will, über viele Jahre andauern könnte.

Zumindest nach den sogenannten Präsidentschaftswahlen von 2021 können wir sagen, dass der Machtkern endlich sein wahres Gesicht zeigt und die Täuschungsmanöver Richtung Westen einstellt. Ebrahim Raissi, ein ehemaliger Revolutionsrichter, der in den ersten Jahren nach der Revolution die Hinrichtung von mindestens fünftausend politischen Gefangenen mit zu verantworten hatte – der größte Massenmord in der Geschichte des Iran –, sollte eher vor dem Internationalen Strafgerichtshof erscheinen, als zum Präsidenten und möglichen Nachfolger des Obersten Führers ernannt zu werden, fordern nicht nur Menschenrechtler. Für Roya Boroumand, die das Netzwerk der Kleriker von Maschhad und ihre Macht- und Ränkespiele verfolgt, sind mit Raissi und dem neuen Justizchef Gholamhossein Mohseni-Ejeii «zwei Henker» eingesetzt worden: Ein Staatssicherheitsmann und Serienkiller als Justizchef passe zu einem Präsidenten, der als Massenmörder gewirkt habe. Die Botschaft an alle, die die Islamische Republik ablehnten, sei klar: «Wir haben getötet, wir töten, und wir werden töten.»

Die EU schwieg zur Wahl des neuen Präsidenten, schickte gar einen hochrangigen Gesandten zu Raissis Amtseinführung und signalisierte ihre Bereitschaft, mit der neuen Regierung zusammenzuarbeiten. Berlin wiederholte Brüssels Signale: Jetzt gehe es nur um die Atomverhandlungen – um nichts sonst. Kein einziges Wort aus Europa über die Natur der Macht in Teheran. Kein einziger aktueller Zwischenruf zu den nicht freien und nicht fairen Wahlen. Immerhin stellte eine Mehrheit im Bundestag den Antrag, die Menschenrechte ins Zentrum der Iranpolitik zu rücken, und forderte einen EU-Menschenrechtsdialog mit dem Iran. Aber das Schweigen der Europäer ist ohrenbetäubend. Tauwetter steht an: Der Atomdeal soll neu aufgelegt werden, so schnell wie möglich, nichts soll ihn gefährden. In dieser Zeit höre ich oft in Deutschland, dass eine Fundamentalkritik am System nicht helfe, Empathie für die Iranerinnen und Iraner zu entwickeln. Die Frauen, die ich kennenlernen durfte, können über einen solchen Einwurf nur bitter lachen. Sie fragen sich etwas Grundsätzlicheres: ob wir überhaupt die mentale Stärke und Klarsicht besitzen, uns mit dem wahren Charakter des Systems auseinanderzusetzen, in dem sie leben. Oder ob wir uns erst damit beschäftigen, wenn immer mehr iranische Flüchtlinge unsere Türschwelle erreichen – die legalen und illegalen Fluchtbewegungen sind die erste Auswirkung der zunehmenden Repression.

«Die Freiheit der Frau ist die Freiheit der Gesellschaft» stand auf den Bannern jener Frauen, die 1979 im Iran auf die Straße gingen, um ihre Rechte nicht zu verlieren. Die Geschichte ihres Kampfes ist die Geschichte der Kämpfe der gesamten Nation – sie sind untrennbar miteinander verbunden. Die Einsicht, dass Frauenrechte, Minderheitenrechte, Bürgerrechte und soziale Gerechtigkeit zusammengehören und nur zusammen gedacht werden können, hat sich bei führenden Aktivistinnen und Aktivisten durchgesetzt. «Die Männer sind korrumpiert vom System. Die Frauen hingegen sind nicht vorbelastet – weil sie außerhalb des Systems stehen. Sie sind dadurch unweigerlich Führende im Kampf um Freiheit und Gerechtigkeit», hörte ich während meiner Interviews von Männern, die ihre Partnerinnen in ihrem Kampf unterstützen.

In den vier Jahrzehnten seit der Revolution sind die Kämpfe der

Frauen oft als bloße Nebensächlichkeit dargestellt worden – obwohl sie bereits einen tiefgreifenden gesellschaftlichen Wandel bewirkt haben. Meine Großmutter, die 1979 aus dem Ministerium für Bildung und Erziehung entlassen wurde, nur weil sie eine Frau war, ließ sich entgegen dem Wunsch der neuen Machthaber nicht aus dem Arbeitsleben entfernen und wurde Sekretärin in einer Schule. Zahlreiche Frauen nahmen eine Arbeit auf, um ihre Familien zu ernähren. Sie machen weiterhin Kunst oder Musik und setzen sich heimlich und öffentlich über Verbote hinweg, jeden Tag. Die Geschichte ihres Kampfes und ihrer Selbstermächtigung ist oft vergessen, geschmälert, verdrängt worden. Doch in den Gefängnissen sitzen derzeit über fünfhundert Frauenrechtlerinnen.

In einer Zeit, in der der Westen der diplomatischen Beziehung zum Iran und der Reaktivierung des Atomabkommens eine so große Bedeutung beimisst, stellt sich für mich die Frage, ob sich die westlichen Verhandlungspartner ihrer Verantwortung bewusst sind, ebenso beharrlich für universelle Werte und Menschenrechte einzutreten, ein Zeichen der Solidarität an die Iranerinnen zu senden, Menschenrechtsverletzungen offen anzuprangern und Unterdrückung zu erkennen und zu verurteilen. Ihnen stehen dafür die Mittel der Vereinten Nationen zur Verfügung – und das Weltrechtsprinzip, das ihnen erlaubt, schwere Verbrechen auch im Ausland zu verfolgen. Gemeinsam mit anderen Ländern haben sie die Möglichkeit, die Islamische Republik vor den Augen der Welt friedlich zur Rechenschaft zu ziehen für Verbrechen gegen die Menschlichkeit. Als im Frühjahr 2021 hundertvierundfünfzig zufällig ausgeloste Deutsche in einem Bürgerrat unter der Schirmherrschaft des Bundestagspräsidenten ihre Empfehlungen zu «Deutschlands Rolle in der Welt» formulierten, lautete die Kernbotschaft: «Deutschland muss sich nicht verstecken und soll in der Welt selbstbewusster für seine Werte eintreten, gerade bei den Themen Menschenrechte, Nachhaltigkeit und Demokratie.» Wie selbstbewusst ein Land mit den Rechten der Menschen im Ausland umgeht, spiegelt auch seine innere Haltung zu den Menschenrechten. Ein selbstbewusstes Deutschland muss für die Menschen des Iran und insbesondere für die Iranerinnen eintreten und sie zu Wort kommen lassen. Es muss jene stützen und stärken, die als Mütter, Töchter, Schwestern, Witwen, Geschiedene, als Studentinnen und Aktivistinnen das Rückgrat der gebrochenen und gebeugten Menschen wieder aufrichten können.

Wir sehen die hellsten Sterne oft in der dunkelsten Nacht. Die Geschichten der neun Frauen erzählen die Geschichte einer Wandlung, einer Überwindung. Die Geschichte eines Wachstums, einer ungeahnten Kraft, eines unheimlichen Mutes. Fatemeh Sepehri in Maschhad lebt ihre Wahrheit. Wenn sie von ihrem Kampf erzählt, sind tiefe Freude und Zufriedenheit in ihrer Stimme zu erkennen – als ob sie sich selbst endlich gefunden hat, nach Jahren der Suche. Shiva und Asam erzählen von einer übernatürlichen Kraft, die sie beflügelte und in einen anderen Menschen verwandelte, mit allen Opfern, die sie für diese Verwandlung bringen mussten. Die Entschlossenheit von Atena oder Schahnaz entspringt einer Energie, die zu finden nur wenigen gelingt. Vielleicht legt sie der Schmerz erst frei – oder das wachsende Bewusstsein, die Machtverhältnisse mehr und mehr, bis ins Innerste, zu erkennen.

Die Kraft und Bewegung der Frauen wird niemand aufhalten, wie die iranische Dichterin Simin Behbahani, die «Löwin des Iran», einst schrieb:

Du willst mich auslöschen, ich aber werde nicht weichen von dieser Stätte
Ich werde weitertanzen, solange ich mich halten kann
...
Meine Stimme wird zu hören sein, solange ich lebe, in Wut, Getöse und Erhebung
Deine Steine und Felsen fürchte ich nicht, ich bin die Flut, du kannst meinen Fluss nicht bändigen

AUSGEWÄHLTE QUELLEN

PROLOG: HÖRT UNS, SEHT UNS!

Zinsser, Judith P.: From Mexico to Copenhagen to Nairobi: The United Nations Decade for Women 1975–1985, in: Journal of World History 13, Nr. 1 (2002), S. 139–168.

UN Women Training Centre: The Legacy of INSTRAW in Promoting the Rights of Women. A Historical Record of the Institute between 1976 and 2010, Santo Domingo 2016, https://trainingcentre.unwomen.org/RESOURCES_LIBRARY/Resources_Centre/Instraw%20Legacy%20English%20pdf.pdf (zuletzt abgerufen am 21. 8. 2021).

Sadjadpour, Karim: Ayatollah Machiavelli. How Ali Khamenei Became the Most Powerful Man in the Middle East, Hoover Institution, Stanford University, Mai 2017.

Eshraghi, Alireza/Mahdavi, Amir Hossein: The Revolutionary Guards Are Poised to Take Over Iran, in: Foreign Affairs, August 2020, https://www.foreignaffairs.com/articles/middle-east/2020-08-27/revolutionary-guards-are-poised-take-over-iran (zuletzt abgerufen am 21. 8. 2021).

Esfandiari, Haleh: Reconstructed Lives. Women and Iran's Islamic Revolution, Washington, D. C. 1997.

Sanasarian, Eliz: The Women's Rights Movement in Iran. Mutiny, Appeasement, and Repression from 1900 to Khomeini, New York 1982.

Shafak, Elif: Elif Shafak on What it Means to Belong in Many Places at Once, Literary Hub, Oktober 2020, https://lithub.com/elif-shafak-on-what-it-means-to-belong-in-many-places-at-once/ (zuletzt abgerufen am 21. 8. 2021).

Mirsepassi, Ali: Iran's Quiet Revolution. The Downfall of the Pahlavi State, Cambridge 2019.

1. DIE TOCHTER DES MULLAHS

Khalaji, Mehdi: Iran's Regime of Religion, in: Journal of International Affairs 65, Nr. 1 (2011), S. 131–147.

Farhang, Mansour: The Iran-Iraq War: The Feud, the Tragedy, the Spoils. In: World Policy Journal 2, Nr. 4 (1985), S. 659–680.

Mohammadi, Alireza: انقلاب نسل ها :انقلاب اسلامی و مواجهه با نسل سوم (über die Islamische Revolution und ihre dritte Generation), in: Humanwissenschaftliches Portal: Ausschnitte aus Aufsätzen zur Islamischen Revolution, Nr. 207, Iran 2007 (1386), http://ensani.ir/fa/article/63592/-انقلاب-نسل-ها-انقلاب-اسلامی-و مواجهه-با-نسل-سوم (zuletzt abgerufen am 21. 8. 2021).

Esfandiari, Haleh: Reconstructed Lives. Women and Iran's Islamic Revolution, Washington, D. C. 1997.

Kar, Mehrangiz/Pourzand, Azadeh: Iran, in: Afkhami, Mahnaz u. a. (Hg.): Feminist Advocacy, Family Law and Violence against Women. International Perspectives, New York 2019, S. 71–89.

Doublethink Institute: A Deep Dive Into Bonyads and How They Work, 3. Juni 2019, (zuletzt abgerufen am 21. 8. 2021).

Fathollah-Nejad, Ali: The Islamic Republic of Iran Four Decades On: The 2017/2018 Protests Amid a Triple Crisis, Brookings Doha Center Analysis Paper, Nr. 28, April 2020.

Buchta, Wilfried: Schiiten, München 2004.

2. DER WENDEPUNKT

Human Rights Watch: Iran: Rights Crisis Escalates – Faces and Cases from Ahmadinejad's Crackdown, 18. September 2008, Nr. 1, https://www.refworld.org/docid/48d749891a.html (zuletzt abgerufen am 21. 8. 2021).

Nickerson, Nicole: Human Rights Universalism in Practice: What the Iranian Women's Rights Movement Can Teach Us, in: Human Rights Law Review 20, Nr. 3 (2020), S. 453–479.

Wikipedia: جان‌باختگان اعتراضات به نتیجه انتخابات دهم ریاست جمهوری ایران («Opfer der Wahlunruhen 2009»), https://fa.wikipedia.org/wiki/جانباختگان_اعتراضات_به_نتیجه_انتخابات_دهم_ریاستجمهوری_ایران (zuletzt abgerufen am 21. 8. 2021).

BBC Persian: انتشار کامل سه ویدیو از سخنرانی مقامات ارشد سپاه پس از انتخابات سال ۸۸۳۱ (vollständige Publikation dreier Videos von Reden hochrangiger Funktionäre nach den Wahlen 2009), 8. Juni 2019, https://www.bbc.com/persian/iran-48568047 (zuletzt abgerufen am 21. 8. 2021).

3. MUTTER UND DIE VERLORENEN SÖHNE

International Federation for Human Rights u. a.: No One Is Spared. The Widespread Use of the Death penalty in Iran. Oktober 2020, Nr. 758a, https://www.fidh.org/IMG/pdf/iranpdm758ang.pdf (zuletzt abgerufen am 21. 8. 2021).

Amnesty International: A Web of Impunity. The Killings Iran's Internet Shutdown Hid, 2020, https://iran-shutdown.amnesty.org/ (zuletzt abgerufen am 21. 8. 2021).

Amnesty International: «They Shot Our Children». Killings of Minors in Iran's November Protests, London 2020, https://www.ecoi.net/en/file/local/2025820/MDE1318942020ENGLISH.PDF (zuletzt abgerufen am 21. 8. 2021).

Amnesty International: Trampling Humanity. Mass Arrests, Disappearances and Torture Since Iran's November 2019 Protests, London 2020, https://www.amnesty.de/sites/default/files/2020-09/Amnesty-Bericht-Iran-Folter-Trampling-Humanity-September-2020.pdf (zuletzt abgerufen am 21. 8. 2021).

Aparat.com: نطق نماینده ماهشهر خطاب به روحانی:شما چه کردید که آن شاه ملعون نکرد (Rede des Parlamentsabgeordneten aus Mahshahr an Hassan Rohani, 2020), https://www.aparat.com/v/uib7o/نطق-نماینده-ماهشهر-خطاب-به-روحانی (zuletzt abgerufen am 21. 8. 2021).

Reuters staff: Special Report: Iran's Leader Ordered Crackdown on Unrest – «Do Whatever it Takes to End It», 23. Dezember 2019, https://www.reuters.com/article/us-iran-protests-specialreport-idUSKBN1YR0QR (zuletzt abgerufen am 21. 8. 2021).

4. DIE UNBEUGSAME

Human Rights Watch: Iran: Afghan Children Recruited to Fight in Syria, 1. Oktober 2017, https://www.hrw.org/news/2017/10/01/iran-afghan-children-recruited-fight-syria (zuletzt abgerufen am 21. 8. 2021).

Rostami Niloufar: Iran Still Uses Child Soldiers – And There's No Way to Stop It, IranWire, 30. April 2019, https://iranwire.com/en/features/5997 (zuletzt abgerufen am 21. 8. 2021).

Mohammadi, Narges (Hg.): شکنجه‌ی سفید. درگفتگو با دوازده زن زندانی سیاسی (Weiße Folter. Im Dialog mit zwölf Frauen, die politische Gefangene sind), Baran Publication House (baran.se) 2020.

Amnesty International: Ebrahim Raisi Must Be Investigated for Crimes against Humanity, 19. Juni 2019, https://www.amnesty.org/en/latest/news/

2021/06/iran-ebrahim-raisi-must-be-investigated-for-crimes-against-humanity/ (zuletzt abgerufen am 21.8.2021).

5. DER KAMPF UMS BLEIBEN

Tasnim News: سیستان و بلوچستان „رکورددار" بازماندگان از تحصیل کشور («In Sistan und Balutschestan gibt es die höchste Bildungsrückständigkeit»), Oktober 2018, https://www.tasnimnews.com/fa/news/1397/07/22/1850584/سیستان-و-بلوچستان-رکورددار-بازماندگان-از-تحصیل-کشور-تصاویر (zuletzt abgerufen am 21.8.2021).

Untersuchungsbericht des iranischen Parlaments, https://rc.majlis.ir/fa/mrc_report/show/1089090 (zuletzt abgerufen März 2021).

Donya-e Eghtesad: نمای نزدیک از "خط فقر" (über die Armutsgrenze), August 2021, https://donya-e-eqtesad.com/بخش-سیاست-گذاری-100/3791418-نمای-نزدیک-از-خط-فقر (zuletzt abgerufen am 21.8.2021).

Mehrnews: ابلاغ دولت روی زمین ماند/شرکت پخش، شیر گازوئیل «طرح رزاق»را بست (über den Razzagh-Plan der Revolutionsgarden), Februar 2021, https://www.mehrnews.com/news/5155547/ابلاغ-دولت-روی-زمین-ماند-شرکت-پخش-شیر-گازوئیل-طرح-رزاق-را-بست (zuletzt abgerufen am 21.8.2021).

HRANA.Human Rights Activists News Agency: یک سال پس از تصویب قانون اعطای تابعیت به فرزندان حاصل ازدواج با مردان خارجی؛ صدور شناسنامه برای کمتر از ۱ درصد کودکان (ein Jahr nach Inkrafttreten des Gesetzes, das Kindern aus der Ehe mit ausländischen Männern die Staatsbürgerschaft verleiht; Ausstellung von Personalausweisen für weniger als ein Prozent der Kinder), Mai 2021, https://www.hra-news.org/2021/hranews/a-29975/ (zuletzt abgerufen am 21.8.2021).

6. AUF DER BÜHNE DER FREIHEIT

Fathollah-Nejad, Ali: آموزه‌ی نولیبرال دولت روحانی ایران را به کجا می‌برد؟ (über die neoliberale Politik Hassan Rohanis), 20. November 2017, https://pecritique.com/2017/11/20/آموزهی-نولیبرال-دولت-روحانی-ایران-ر/ (zuletzt abgerufen am 21.8.2021).

Iranian Center for Strategic Studies: گزارش نشست تخصصی .حجاب: آسیب شناسی سیاستهای گذشته،نگاه به اینده, Juli 2014, http://www.css.ir/Media/PDF/1396/11/14/636532375414083535.pdf (zuletzt abgerufen am 21.8.2021).

Mirsepassi, Ali: Iran's Quiet Revolution. The Downfall of the Pahlavi State, Cambridge 2019.

Fathollah-Nejad, Ali: Das «alte Spiel» ist aus, in: Internationale Politik, 1. Mai 2021, https://internationalepolitik.de/de/das-alte-spiel-ist-aus (zuletzt abgerufen am 21. 8. 2021).

Kamali-Dehghan, Saeed/Smith, David: US Had Extensive Contact with Ayatollah Khomeini before Iran Revolution, in: The Guardian, 20. Juni 2016, https://www.theguardian.com/world/2016/jun/10/ayatollah-khomeini-jimmy-carter-administration-iran-revolution (zuletzt abgerufen 21. 8. 2021).

7. DIE SONNENBLUMENLADY

Katz, Eliora/Maloney, Suzanne: Girls of Revolution Street. Iranian Women since 1979, in: Maloney, Suzanne (Hg.): The Iranian Revolution at Forty. Washington, D. C. 2020.

Alinejad, Masih: The Wind in My Hair. My Fight for Freedom in Modern Iran. London 2018.

Ghiasi, Saghar: واکنش فعالان حقوق زنان به مبارزه با حجاب اجباری: از آزادیهای یواشکی تا دختران خیابان انقلاب (Reaktionen von Frauenrechtlerinnen auf den Kampf gegen die Zwangsverschleierung), Dezember 2018, https://www.radiozamaneh.com/426213/ (zuletzt abgerufen am 21. 8. 2021).

Rosen, Armin: Washingtons Weirdest Think Tank, Tablet magazine, April 2021, https://www.tabletmag.com/sections/news/articles/quincy-trita-parsi-soros-koch-armin-rosen (zuletzt abgerufen am 21. 8. 2021).

United Nations Human Rights – Office of the High Commissioner: Iran: UN Experts Condemn Execution of Ruhollah Zam, 14. Dezember 2020, https://www.ohchr.org/en/NewsEvents/Pages/DisplayNews.aspx?NewsID=26603&LangID=E (zuletzt abgerufen am 21. 8. 2021).

United Nations Human Rights – Office of the Human Rights Commissioner: Execution of Iran Athlete Sends Deeply Disturbing Message to Protesters, Say UN Experts, 14. September 2020, https://www.ohchr.org/en/NewsEvents/Pages/DisplayNews.aspx?NewsID=26231&LangID=E (zuletzt abgerufen am 21. 8. 2021).

Salehi-Isfahani, Djavad: Iran’s Economy Forty Years After the Islamic Revolution, in: Brookings: Iran’s Revolution 40 Years on, März 2019, https://www.brookings.edu/blog/order-from-chaos/2019/03/14/irans-economy-40-years-after-the-islamic-revolution/ (zuletzt abgerufen am 21. 8. 2021).

EPILOG: WIR UND DER IRAN

World Economic Forum: Global Gender Gap Report 2021, 30. März 2021, http://www3.weforum.org/docs/WEF_GGGR_2021.pdf (zuletzt abgerufen am 21.8.2021).

Tehran Bureau: The Self-Delusions of Iran's Reformists and Why They Continue to Fail, 8. April 2021, https://tehranbureau.com/the-self-delusions-of-irans-reformists-and-why-they-continue-to-fail/ (zuletzt abgerufen am 21.8.2021).

Kar, Mehrangiz/Azadeh, Pourzand: Iranian Women in the Year 1400: The Struggle for Equal Rights Continues, Atlantic Council, Issue Brief, Washington, D. C. 2021.

Amnesty International: Iran: Security Forces Use Live Ammunition and Birdshot to Crush Khuzestan Protests, 23. Juli 2021, https://www.amnesty.org/en/latest/news/2021/07/iran-security-forces-use-live-ammunition-and-birdshot-to-crush-khuzestan-protests/ (zuletzt abgerufen am 21.8.2021).

ZEITTAFEL

April bis Mai 1951	Mohammad Mossadegh wird von Schah Mohammad Reza Pahlawi zum Ministerpräsidenten ernannt. Unter Führung Mossadeghs wird die iranische Ölindustrie verstaatlicht. Konflikt zwischen Großbritannien und dem Iran. Innenpolitisch wird Mossadegh zum Gegner des Schahs
August 1953	Mossadegh wird gestürzt. Teile der iranischen Armee führen mit Hilfe des US-amerikanischen Geheimdienstes CIA und der Briten einen Staatsstreich durch. Mossadegh wird unter Hausarrest gestellt und stirbt 1967
Januar 1963	Volksabstimmung mit mehr als 99 Prozent Zustimmung zum Reformprogramm «Weiße Revolution» von Schah Mohammad Reza Pahlawi (Frauenwahlrecht, Landreform, Privatisierung der Industrie, Alphabetisierungsoffensive)
Juni 1963	Demonstrationen der Religionsstudenten. Ruhollah Chomeini wird in den Unruhen als Hauptgegner des Regimes wahrgenommen. Hassan Pakravan, der Chef des Geheimdienstes, spricht sich gegen Chomeinis Hinrichtung aus und überzeugt den Schah davon, Chomeini unter Hausarrest zu stellen und 1964 auszuweisen. Nach der Revolution wird Pakravans Gnadenersuch bei Chomeini abgewiesen; er wird hingerichtet
September 1964	*Fatemeh Sepehri wird geboren*
März 1965	*Schahnaz Akmali wird geboren*
1967	Der Schah erlässt ein fortschrittliches Familienschutzgesetz, das Frauen vor allem bei Scheidungen besserstellt; 1975 wird es erweitert
September 1976	*Masih Alinejad wird geboren*
1978	Beginn der Anti-Schah-Demonstrationen und landesweiten Streiks. 300 inhaftierte Geistliche werden auf Befehl des Geheimdienstes aus der Haft entlassen. 477 Iraner sterben beim Brand in einem Kino. Der Geheimdienst

	wird der Brandstiftung verdächtigt, nach der Revolution gesteht ein Islamist die Tat. In Teheran werden über hundert Demonstranten von Sicherheitskräften getötet. Der Schah wendet sich an die Nation: Als Bürger und Schah des Iran habe er die Stimme der Revolution gehört und könne sie nur annehmen
Januar 1979	Mohammad Reza Schah geht ins Exil; er stirbt 1980 in Kairo
Februar 1979	Ajatollah Chomeini kehrt aus dem Exil zurück nach Teheran. Sturz der letzten vorrevolutionären Regierung unter Premier Schapur Bachtiar
8. März 1979	Erste Demonstration der Frauen in Teheran gegen die Pläne der neuen Regierung, eine Zwangsverschleierung einzuführen
April 1979	Gründung der Revolutionsgarden nach Erlass des Revolutionsführers
November 1979	Studenten besetzen die US-Botschaft in Teheran und nehmen über fünfzig Botschaftsangehörige als Geiseln
Mai 1980	Hinrichtung der vorrevolutionären Bildungsministerin Farrochru Parsa
Juli 1980	Letzte Demonstration von Frauen in Teheran gegen die Zwangsverschleierung
1979 bis 1982	Islamisierung des Justizwesens, der Schulen und Hochschulen, der Wirtschaft und Medien. Ein Großteil der Wirtschaft wird verstaatlicht
September 1980	Beginn des achtjährigen Iran-Irak-Krieges
Oktober 1981	Mir Hossein Mussawi wird Premierminister des Iran (bis August 1989)
Mai 1983	*Mostafa Karimbeigi, der Sohn von Schahnaz Akmali, wird geboren*
Juni 1983	*Asam Dschangrawi wird geboren*
Juni 1984	*Shiva Nazar Ahari wird geboren*
August 1985	*Maryam Schariatmadari wird geboren*
März 1986	*Ensieh Daemi wird geboren*
Dezember 1986	*Sahra Rusta wird geboren*
März 1988	*Atena Daemi wird geboren*
Juli 1988	Nach dem Ende des Iran-Irak-Krieges: größte Hinrichtungswelle politischer Gefangener im Iran

Oktober 1988	*Maryam Karimbeigi, Tochter von Schahnaz Akmali, wird geboren*
Juni 1989	Chomeini stirbt. Der Expertenrat wählt den bisherigen Präsidenten und Kleriker Ali Chamenei zu seinem Nachfolger. Akbar Haschemi Rafsandschani wird zum neuen Präsidenten des Iran gewählt
August 1991	Schapur Bachtiar wird in Paris ermordet. In den darauffolgenden Jahren werden Dutzende weitere regierungskritische Intellektuelle, Künstler und Politiker umgebracht. Die systematische Serie der Tötungen wird als Kettenmorde bezeichnet
Mai 1997	Der Reformer Mohammad Chatami wird zum Präsidenten gewählt
Juli 2001	Angriff der *Bassidsch*-Milizen auf ein Studentenwohnheim. Demonstrationen der Studenten
Frühjahr 2003	Truppen der USA und Großbritanniens marschieren in das Nachbarland Irak ein; Saddam Hussein wird gestürzt. Nach dem Ende des Irak-Krieges baut der Iran seinen Einfluss im Irak massiv aus und unterstützt verbündete Milizen
Februar 2005	*Masih Alinejad veröffentlicht ihre Recherche zu den Vergünstigungen und Neujahrsprämien der Parlamentsabgeordneten. Im März verliert sie ihre Akkreditierung*
Juni 2005	Wahl des konservativen Hardliners Mahmud Ahmadinedschad zum Präsidenten
Februar 2007	Beginn der Anschlagsserie der Terrormiliz Dschundallah in Zahedan
Mai 2009	Anschlag in Zahedan
Juni 2009	*Kurz vor den Präsidentschaftswahlen wird Masih Alinejad gezwungen, den Iran zu verlassen*
12. Juni 2009	Präsidentschaftswahlen: Der Kandidat der Grünen Bewegung, der ehemalige Premierminister Mir Hossein Mussawi, gilt als klarer Favorit. Ahmadinedschad wird zum Sieger ausgerufen. In den darauffolgenden Monaten zahlreiche Massendemonstrationen gegen Wahlfälschungen, gewaltsame Zusammenstöße und Festnahmen von mindestens 5000 Menschen

14. Juni 2009	*Shiva Nazar Ahari wird verhaftet*
27. Dezember 2009	*Schahnaz Akmalis Sohn Mostafa nimmt an der letzten Demonstration gegen die Wahlfälschungen teil und wird erschossen aufgefunden*
Februar 2011	Die ehemaligen Oppositionskandidaten Mehdi Karrubi und Mir Hossein Mussawi werden unter Hausarrest gestellt
Juni 2013	Der «moderate» Hassan Rohani wird zum Präsidenten gewählt. *Sahra Rusta beginnt, als Journalistin zu arbeiten*
Oktober 2014	*Festnahme von Atena Daemi*
Juli 2015	Nach vielen Jahren diplomatischen Verhandelns unterzeichnen der Iran, die fünf ständigen Vertreter des UN-Sicherheitsrats China, Frankreich, Großbritannien, Russland, USA sowie Deutschland das internationale Atomabkommen. Der Iran akzeptiert Auflagen für seine Nuklearaktivitäten. Im Gegenzug werden die Sanktionen gegen das Land formal aufgehoben
Frühjahr 2017	*Asam Dschangrawi engagiert sich im Wahlkampfstab von Hassan Rohani für dessen Wiederwahl als Präsident*
Dezember 2017	*Vida Movahed schwenkt ein weißes Kopftuch in der Revolutionsstraße.* Beginn von Massendemonstrationen in verschiedenen Städten. Die Proteste richten sich gegen Arbeitslosigkeit, ausbleibende Lohnzahlungen und steigende Lebensmittelpreise, aber auch gegen die politische Ordnung
Februar 2018	*Asam Dschangrawi schwenkt ein weißes Kopftuch in der Revolutionsstraße*
März 2018	*Maryam Schariatmadari schwenkt ein weißes Kopftuch in der Revolutionsstraße*
Mai 2018	US-Präsident Donald Trump kündigt das Atomabkommen auf. Die Sanktionen werden wieder in Kraft gesetzt. Auch der Iran kündigt das Abkommen auf
August 2018	*Asam Dschangrawi flieht in die Türkei*
Oktober 2018	*Shiva Nazar Ahari verlässt den Iran*
November 2018	*Fatemeh Sepehri unterzeichnet die Erklärung der 14 Frauen, die den Rücktritt des Obersten Führers und eine säkulare Demokratie im Iran fordern. Maryam Schariatmadari flieht in die Türkei*

August 2019	*Fatemeh Sepehri wird in Maschhad verhaftet*
Oktober 2019	Der Journalist, Blogger und Regimekritiker Ruhollah Zam wird in den Irak gelockt, in den Iran entführt und dort hingerichtet
November 2019	Massendemonstrationen in verschiedenen Städten gegen die Erhöhung der Benzinpreise, aber auch gegen die politische Ordnung. Tagelange Nachrichtensperre und Abschaltung des Internets. Die Nachrichtenagentur Reuters berichtet von über 1500 Toten
Januar 2020	Der General der Revolutionsgarden, Ghassem Soleimani, wird durch einen US-Luftschlag im Irak getötet. Revolutionsgarden schießen eine ukrainische Passagiermaschine über Teheran ab; 177 Menschen sterben, die meisten Exil-Iraner aus Kanada, die zum Familienbesuch im Iran waren
September 2020	*Sahra Rusta wird vom Geheimdienst der Revolutionsgarden verhört*
März 2021	*Atena Daemi wird aus dem Evin-Gefängnis nach Rascht verlegt*
Juni 2021	Ebrahim Raissi, ehemaliger Staatsanwalt, stellvertretender oberster Richter und später Justizchef, bekannt für seine federführende Rolle bei den Massenhinrichtungen Tausender politischer Gefangener im Jahr 1988, wird zum Präsidenten gewählt
Juli 2021	*Das FBI enthüllt, dass Masih Alinejad von Agenten der Islamischen Republik beobachtet wurde und aus den USA in den Iran entführt werden sollte.* Unruhen und Demonstrationen in verschiedenen iranischen Städten gegen das Missmanagement in der Wasserversorgung

DANK

Seit Wochen frage ich mich, ob ich mich von meinen Heldinnen verabschieden kann. Ich schiebe den Moment des Abschieds vor mir her und drücke mich davor. Ich will weiter in ihr Leben hineinblicken, ihre Entscheidungen nachzeichnen, ihren Weg verfolgen und auf ein Wunder warten. Die eine ist in Kanada angekommen. Die andere hat gerade ihren dritten Hungerstreik begonnen. Die Dritte musste in eine billigere Wohnung umziehen, die Vierte hat sich immer noch nicht von Corona erholt, die Fünfte lebt weiter mit der Angst, auf der Straße geschnappt und entführt zu werden. Die eine setzt weiter Zeichen am Grab ihres Sohnes. Die andere fragt sich, wann ihnen allen der letzte Rest Luft zum Atmen genommen wird: jener Moment, in dem der Zugang des Iran zum weltweiten Netz abgeschnitten wird. Sie alle blicken bange auf ihre afghanischen Schwestern und rufen die Welt auf, sie nicht zu vergessen. Die Offenheit und Vertrautheit, mit der meine Heldinnen die schmerzhaftesten Momente ihres Lebens mit mir teilten, berührt und bewegt mich immer noch. Ich sehe sie in ihrer Einsamkeit, ich roch die Luft in ihrer Zelle, ich musste ihre Wut spüren und ihre Trauer auf mich nehmen, bevor sie mit meiner Trauer verschmolz. Nun trage ich ihre Geschichten in mir, und sie sind Heimat geworden.

Ich danke Gunnar Schmidt, meinen Lektoren Sebastian Wilde und Ulrich Wank von Rowohlt Berlin, dass sie sich auf den Iran und diese Art der Annäherung eingelassen haben. Ich danke meinen kritischen Erstleser:innen und den geduldigen Transkriptor:innen. Ich bin dankbar für Marco, für meine Eltern und für den Klang der Kurzwelle auf unserem alten Transistorradio. Ich danke den Leser:innen, denen ich viel, sehr viel zugemutet habe. Ein Dank von Herzen allen, die die Iraner:innen nicht verlassen haben.

Ohne Fara wäre dieses Buch nie entstanden. Wie glücklich ich bin, diesen Weg an deiner Seite gegangen zu sein.

Eines Tages werde ich wieder im Iran sein. Ich werde den Duft des kalten Wassers einatmen, das die Bäume erfrischt und auf die Lehmmauer spritzt. Ich werde in die Stadt fahren und mich auf die neue Parkbank setzen, die vor der Französischen Konditorei stehen wird.